U0618421

四川师范大学学术著作出版基金资助

光明社科文库
GUANGMING DAILY PRESS:
A SOCIAL SCIENCE SERIES

·经济与管理书系·

中国信托公司
创新业务风险与防范

钟晨　吴雄｜著

光明日报出版社

图书在版编目（CIP）数据

中国信托公司创新业务风险与防范 / 钟晨，吴雄著 .
北京：光明日报出版社，2025.1. -- ISBN 978 - 7 - 5194 -
8449 - 1

Ⅰ. F832. 49

中国国家版本馆 CIP 数据核字第 2025K93Q57 号

中国信托公司创新业务风险与防范
ZHONGGUO XINTUO GONGSI CHUANGXIN YEWU FENGXIAN YU FANGFAN

著　者：钟晨　吴雄			
责任编辑：陈永娟		责任校对：许　怡　乔宇佳	
封面设计：中联华文		责任印制：曹　净	

出版发行：光明日报出版社

地　　址：北京市西城区永安路 106 号，100050

电　　话：010-63169890（咨询），010-63131930（邮购）

传　　真：010-63131930

网　　址：http：// book. gmw. cn

E - mail：gmrbcbs@ gmw. cn

法律顾问：北京市兰台律师事务所龚柳方律师

印　　刷：三河市华东印刷有限公司

装　　订：三河市华东印刷有限公司

本书如有破损、缺页、装订错误，请与本社联系调换，电话：010-63131930

开　　本：170mm×240mm

字　　数：440 千字　　　　　　　印　　张：24.5

版　　次：2025 年 1 月第 1 版　　　印　　次：2025 年 1 月第 1 次印刷

书　　号：ISBN 978 - 7 - 5194 - 8449 - 1

定　　价：99.00 元

版权所有　　翻印必究

序

我国信托行业资产管理规模总量仅次于商业银行，在金融行业中位列第二，是我国金融体系建设中十分重要的角色，其健康稳定的发展关乎整个金融体系的安全性和稳定性。

2019年以来，伴随着我国经济结构和增长方式的深刻调整，金融供给侧结构性改革持续深入，我国信托业面临的宏观环境、监管政策、竞争格局等均发生了深刻变化。面对百年未有之变局，加上科技革命引发的数字经济和产业生态发生日新月异的变化，信托行业持续转型面临着新要求和新课题。在这样的背景下，信托公司纷纷加快创新步伐，大部分信托公司要么出于主动转型需求，要么出于被动服从监管需求，纷纷走上推出各类创新信托产品的道路，在不少传统非标业务限制后寻求新的经济增长点。然而，进入转型期的信托业并非一帆风顺，诸多暴雷事件频频发生，导致社会公众对信托公司的创新类产品评价持续走低，不利于信托公司顺利度过转型期。

本书结合2018年以来信托业面临转型期的大背景，基于金融市场理论、行为金融理论和公司金融理论等理论基础，具前瞻性和创新性地提出信托行业在业务创新过程中所遇到的不同类型风险，对风险进行评价并最终建立风险防范机制。本书基于转型期信托公司风险识别与防范机制建设现状，将理论知识、笔者业界所获得的经验和同行业广泛开展实地调研结果进行有机结合，从信托传统产品创新（投资性房地产信托）、信托与实体经济融合发展（产融结合）、信托文化建设（信托公司定位）、其他服务信托创新业务（养老信托、特殊需求信托和家族信托）等4个维度，全面深入探讨信托公司创新业务各类风险及其防范策略，并最终设计了可用于全行业所有信托公司的"信托业创新业务风险综合评价指标体系"。该指标体系可对新时代背景下信托行业的创新实践进行有效且科学的评估，符合2023年11月16日国家金融监督管理总局印发《信托公司监管评级与分级分类监管暂行办法》的基本原则与思路，有利于信托公司准确衡量自身发展创新业务过程中的风险并做出规避与防范，以使公司在国家进一步出台的分级分类标准中占据有利名次。

本书研究成果将有助于信托行业在新的时代背景下形成良好的、风险可控的行业文化，平稳度过转型期，为信托公司从战略规划、产品设计、业务模式、服务水平、组织架构、能力建设等多方面提供支持深化转型的方法论和路径参考，进一步发挥金融机构为实体经济服务的本源职能，为未来我国金融体系的安全稳定持续贡献力量。

目　录
CONTENTS

第一章　导论 ·································· 1

第一节　研究背景与研究意义 ··················· 1

第二节　研究目标、内容与思路 ················· 19

第三节　研究方法 ··························· 22

第四节　研究创新与不足 ····················· 23

第二章　理论基础与相关概念 ················ 26

第一节　行为金融及其分支理论 ················· 26

第二节　金融风险管理理论 ···················· 38

第三节　信托行业相关概念 ···················· 42

第四节　本章小结 ··························· 47

第三章　信托公司创新业务过程中风险识别与预警机制建设现状 ········· 49

第一节　信托创新体系构建的理论内涵与构建方式 ········ 49

第二节　信托行业制度创新的总体特征 ············· 53

第三节　信托行业整体风险概况 ················· 55

第四节　信托行业存在风险的原因及类型 ············ 56

第五节　信托公司常见业务类型及其蕴含风险 ········· 63

第六节　创新类业务中基于各参与方行为的风险特征 ······ 78

第七节　信托公司展业风险防范的主要难点 ·········· 82

第八节　本章小结 ··························· 85

第四章 信托公司风险识别与预警机制——以创新类房地产信托业务为例…… 87

第一节 资本市场投资者非理性行为与信托公司风险的关系 ……… 88

第二节 上市房企管理者非理性行为与信托公司风险的关系 …… 103

第三节 信托项目经理非理性行为与信托公司风险的关系 ……… 117

第四节 本章小结 ……………………………………………… 131

第五章 信托公司风险识别与预警机制——以央企控股类信托公司产融结合

业务为例 ……………………………………………… 134

第一节 相关概念与国内外研究现状 ………………………… 135

第二节 我国央企与下属金融机构开展产融结合业务的背景 … 139

第三节 央企产融结合相关特质分析 ………………………… 140

第四节 产融结合相关案例调研与业务风险分析 …………… 144

第五节 央企下属信托公司开展产融结合业务的创新方向 … 152

第六节 央企产融结合业务主体联动机制及各自风险点分析 … 156

第七节 低风险产融结合业务的模式选择 …………………… 164

第八节 产融结合业务风险防范机制的建立原则 …………… 176

第九节 本章小结 ……………………………………………… 180

第六章 信托公司风险识别与预警机制——以信托文化出现受托人定位偏差为

例 ……………………………………………………… 182

第一节 信托公司回归受托人定位的迫切性 ………………… 184

第二节 受托人定位准确的重要意义 ………………………… 186

第三节 其他国家受托人定位的发展变迁与经验借鉴 ……… 188

第四节 我国当代对受托人定位的发展和丰富 ……………… 193

第五节 受托人定位准确的文化概念及基本特征 …………… 199

第六节 信托文化建设中的受托人定位偏差风险 …………… 204

第七节 受托人定位偏差风险防范机制建设思路与方案 …… 207

第八节 本章小结 ……………………………………………… 224

第七章 信托公司风险识别与预警机制——以其他创新类信托业务为例 … 225

第一节 信托行业在转型期发展服务信托的根本原因 ……… 226

第二节 服务信托创新发展的主要特征 ……………………… 228

第三节 服务信托创新发展过程中的主要风险 ……………… 229

第四节　服务信托类创新业务之一：养老信托 ……………… 231

第五节　服务信托类创新业务之二：特殊需要信托 ………… 252

第六节　服务信托类创新业务之三：家族信托业务 ………… 268

第七节　本章小结 ……………………………………………… 295

第八章　新时代背景下信托公司创新业务风险评价指标体系构建 ……… 296

第一节　构建风险评价指标体系的原则与步骤 …………… 297

第二节　信托公司创新业务综合风险评价指标体系的构建步骤 …… 299

第三节　引入行为金融后的指标构建原则与步骤 ………… 300

第四节　转型期信托公司风险评价指标的筛选 …………… 310

第五节　本章小结 ……………………………………………… 331

第九章　结语与建议 ……………………………………………… 333

参考文献 ………………………………………………………… 340

附录1 …………………………………………………………… 348

附录2 …………………………………………………………… 355

附录3 …………………………………………………………… 367

第一章

导　论

第一节　研究背景与研究意义

一、信托创新的时代背景

自 2001 年《中华人民共和国信托法》（以下简称《信托法》）颁布以来，信托行业在有法可依的道路上迅速发展，与改革开放和国家经济发展需求同步。经过 40 年的积累和沉淀，在行业监管部门的指导与监督下，68 家信托公司及 2 万余名信托从业人员创造了全行业资产管理规模超过 20 万亿元体量的发展规模和行业生态，为实体经济发展和国民财富管理提供了专业的受托服务，创造了巨大的商业价值和社会价值。信托行业在发展过程中，也存在着三个不平衡和三个不充分的发展困境。具体表现在信托公司提供的金融服务与非金融服务的不平衡、信托公司之间的分化发展不平衡、信托基本制度规范与配套制度支持发展不平衡；信托制度优势发挥不充分、信托文化培育不充分、受托服务能力供给不充分，由此导致信托业始终在深化转型和寻找本源的道路上徘徊，甚至遭遇主业不清、定位不明的争议和风险集中暴露导致的数次整顿危机。上述不平衡和不充分的发展困境虽然有来自宏观环境约束的外在客观原因，但是主要是信托公司自身战略思路不清、主动管理能力欠缺、创新能力不足、经营模式差异化较弱的内在主观原因所致。

面对当下国内外日益复杂的经济社会形势，在坚持金融供给侧结构性改革的进程中，信托行业如何在变局中坚守初心定位，在复杂和不确定性中积极应变，在变与不变中实现平衡充分的可持续发展？需要凝神静气、冷静思考的时刻已至，唯有坚持主动创新寻找可持续经营模式、自我变革提升经营能力与水平、创造价值服务实体经济和国民财富管理方有出路，围绕着定位再锚定、业务再厘清、创新再起航的发展路径，信托行业的健康可持续发展之路才可期。

本书致力于立足信托业的时代定位，探索适合中国国情的信托本源业务，以创新为引领和主题，持续跟踪并分析信托行业发展路径，围绕制度创新、产品创新、服务创新、管理创新、文化创新五个视角，构建信托业创新发展的研究体系，全面展示了信托业年度创新的研究与实践，助力信托业深化转型和可持续发展。

2019 年以来，信托业通过在优化产业结构、区域结构、融资结构和收入结构方面的努力，持续助力优化我国实体经济发展结构。例如，在优化产业结构方面，信托业不断提升工商企业投向占比，持续助力传统产业优化升级。在优化区域结构方面，助力"一带一路"建设，为京津冀、长三角城市群和粤港澳大湾区等主要城市集群提供发展支持，同时大力支持了中西部地区基础设施建设，促进中西部地区产业持续健康发展。在优化融资结构方面，信托业积极服务于中小企业融资，助力纾困民营企业，支持资金余额分别达到 6866 亿元和 4414 亿元。在优化收入结构方面，2019 年信托业服务客户超过 46 万人，为投资者创造了 5.49%的平均年化收益率。截至 2020 年第一季度末，全国 68 家信托公司资产管理规模合计约 21.33 万亿元，较 2019 年第四季度末下降 1.28%，仍位列整个金融行业第二位，在金融领域扮演着重要角色。信托公司在 2019 年直接投入实体经济（不含房地产）信托资产余额超过 13 万亿元，占全部信托资产一半以上，对实体经济的支持作用显而易见。在信托业务方面，2019 年全年信托业累计新增项目金额 6.58 万亿元，2020 年上半年累计新增项目金额 2.97 万亿元。在固有业务方面，2019 年全行业已公布固有资产分布的信托公司中，投向实体经济的规模余额已达到 3881.08 亿元。可见，信托行业对我国实体经济的发展做出了卓越贡献。

然而，尽管为我国实体经济的发展和产业结构调整做出了较大贡献，信托业的发展并非一帆风顺，过程中存在"三不平衡"和"三不充分"的发展困境。"三不平衡"指的是信托公司提供的金融服务与非金融服务不平衡、信托公司之间的分化发展不平衡、信托基本制度规范与配套制度支持发展不平衡；"三不充分"则是信托制度优势发挥不充分、信托文化培育不充分、受托人风险防范制度不充分。加上由于历史原因信托公司通道型业务常年占比过高、融资业务和地产业务规模较大，不符合最新监管要求和导向，使得全行业系统性风险持续累积。"三不平衡"和"三不充分"的发展困境导致信托行业在转型期面临更为艰巨的风险防范和预判任务，而在监管趋严背景下仍然频频爆发的风险事件也使得信托行业的负面社会舆论发酵，对信托公司的展业制造了不小的难题，不利于行业平稳度过转型期，甚至可能导致金融体系面临潜在的系统性风险。

为了有效指引信托公司化解风险、健康发展，监管部门密集出台各类政策法规，加强对行业的监管力度。2018 年至今与信托业转型升级和风险防范有关的政策文件梳理如表 1.1 所示。

表 1.1 转型期信托相关政策文件梳理

序号	文件名称	发布时间	监管部门
1	《关于规范金融机构资产管理业务的指导意见》	2018 年 4 月	中国人民银行、银保监会、证监会、国家外汇管理局
2	《中国银保监会信托部关于进一步做好下半年信托监管工作的通知》	2019 年 8 月	银保监会
3	《全国法院民商事审判工作会议纪要》	2019 年 11 月	最高人民法院
4	《信托公司股权管理暂行办法》	2020 年 2 月	银保监会
5	《中国银保监会信托公司行政许可事项实施办法》	2020 年 4 月	银保监会
6	《信托公司资金信托管理暂行办法（征求意见稿）》	2020 年 5 月	银保监会
7	《标准化债权类资产认定规则》	2020 年 7 月	中国人民银行、中国银行保险监督管理委员会、中国证券监督管理委员会、国家外汇管理局
8	《信托公司信托产品估值指引（征求意见稿）》	2020 年 9 月	中国信托登记有限责任公司

表 1.1 显示，2018 年 4 月，中国人民银行、银保监会、证监会和国家外汇管理局多个高级别监管部门联合印发了《关于规范金融机构资产管理业务的指导意见》（下文简称"资管新规"），标志着新的监管框架初步形成，信托行业正式步入"转型期"[①]。时至今日，与"资管新规"配套的系统性制度框架已基本搭建，信托公司业务运作进一步得以规范。2020 年 7 月 31 日，针对行业对新

---

① 王喆，张明. 去杠杆背景下的影子银行监管 [J]. 中国金融，2019（12）：60-62.

规的反馈和业务开展过程中遇到的实际情况，央行同意将"资管新规"过渡期延长至 2021 年年底，同时指出过渡期的延长旨在给予信托行业较充分的时间为转型做好准备，以助于信托公司有效化解存量风险，且不增加新的风险。过渡期的延长不代表"资管新规"中规定的相关监管标准会在以后发生变动，也不意味着信托行业转型的方向需要在未来进行调整。但是"资管新规"统一资管行业监管，引导资管行业转型发展根本方向不变，信托业真正进入统一资管规范下发展的新阶段。

此外，外部环境的变幻莫测也催化了信托行业展业和创新过程中的各类风险。2019 年宏观经济下行压力较大，叠加外部环境变化对经济的冲击影响，大部分与信托公司开展合作并从信托业务中获取资金支持的公司出现经营困难，其无法按期偿还信托公司借款，导致信托产品违约率明显攀升，信托行业风险项目个数与规模均呈上升趋势。监管部门分别在当年 4 月、8 月、11 月底组织了三次全面的风险排查。风险排查发现现有固有业务、信托业务、主动管理业务与事务管理业务，表内外风险均有一定程度的化解不充分问题，信托公司要更切中实质风险点，在当前外部环境下加强风险防控、提升合规意识。

由此可见，面临百年难得一遇之大变局、国内外经济社会形势复杂多变和监管趋严的局面，在坚持金融供给侧结构性改革进程中，信托业如何在变局中坚守初心和定位，在复杂和不确定性中积极应变，有效主动提升对创新型业务风险的防范能力，充分了解信托业务各参与方行为特征，并制定一套科学合理又行之有效的风险评价指标体系，是一个十分重要的研究课题。笔者致力于立足新时代背景下信托业转型发展面临的各类风险，结合行为金融理论，采用定性和定量相结合的方式深入分析信托业务各参与方非理性行为特征，锁定风险源头，直击问题要害，探索适合我国国情的信托展业方式并构建转型期信托公司风险评价指标体系，助力信托业深化转型和提升风险防控能力。

二、最新监管文件对信托公司风险管理的影响

（一）资管新规的发布时间线和逻辑

"金融安全是国家安全的重要组成部分"一直以来都是被反复强调的问题。金融体系的安全性、稳定性与实体经济的高速发展密不可分，金融体系各个层次的风险防范尤为重要，因为当某一金融机构或行业产生风险时，该风险具有较强的传播性，会导致其他金融行业与金融市场产生风险，进而导致整个金融体系爆发系统性金融危机，而严重的金融危机已经反复被人类历史证明对于实体经济的发展具有毁灭性打击。2017 年 10 月党的十九大报告提出："深化金融体制改革，增强金融服务实体经济能力，提高直接融资比重，促进多层次资本市场健康发展。健全货币政策和宏观审慎政策双支柱调控框架，深化利率和汇率市场化改革。健全金融监管体系，守住不发生系统性金融风险的底线。"① 可以看出，金融体系不仅需要高速发展以不断地为我国实体经济提供原料动能，还需要每一位金融行业从业人员不断提高自身的专业金融素养，对各类金融业务的每一步流程具有较高的风险防范意识。只有如此，才能将金融体系发展的一般规律与我国金融改革实践探索相结合，在新时代背景下关注各类金融行业与金融市场层出不穷的创新性业务所蕴含的特殊风险。以"风险防范"意识为主导从事与发展金融行业，才是指导金融改革发展稳定的行动指南，是做好新时代金融工作的根本遵循。

此外，2017 年 11 月，周小川行长在《党的十九大报告辅导读本》发表《守住不发生系统性金融风险的底线》，结合文中提到的我国金融市场目前可能具有的多方面的系统性金融风险，笔者总结了近年来我国金融市场与行业中较明显的金融风险，如下：

一是宏观层面的金融高杠杆率和流动性风险。高杠杆是金融行业区别于其他传统行业的根本特征，可以说，对于全球任何一个具有金融体系的国家而言，没有高杠杆就没有金融行业，但是，高杠杆在为金融行业与实体经济发展注入动能的同时，也成为当今社会各国宏观金融体系产生巨大脆弱性的总根源与潜在风险源头。实体经济部门往往为了自身扩张需求而过度负债，金融机构则喜闻乐见此类情况的发生，因此现代社会的发展就一直伴随着金融领域信用的过快扩张。我国作为发展速度最快的发展中国家之一，也没能有效逃脱金融体系"高杠杆化"产生的陷阱。金融机构出于自身利益的考虑，在没有认真且全面考虑各类风险与实际情况的前提下，不断推出一些高风险操作和业务，这些高风险业务几乎都打着"金融创新"的幌子，具有诱人的"外壳"，不断吸引新老投资者的注意并使之成为此类高风险创新业务的主要风险承担者，在随后不断发生在各类金融机构的暴雷事件中，拉低了整个市场与社会对金融机构的信用度，产生了较为恶劣的社会影响，同时推动泡沫在多个市场积聚。

二是国际经济整体发展处于下行期，国外政策与宏观经济外溢风险加剧。中国的金融市场虽然长期较为独立，但随着我国改革开放步伐的不断加快以及

---

① 习近平. 决胜全面建成小康社会 夺取新时代中国特色社会主义伟大胜利：在中国共产党第十九次全国代表大会上的报告 [EB/OL]. 新华网，2017-10-27.

各方面对外交流程度的显著提升，我国金融市场的大门也逐步被打开。以英美为主的西方发达国家具有比我国早上百年的金融体系风险管控经验，且在过去的大浪淘沙中不断积累实战经验与迭代市场，早就练就一身"金融战斗"本领，能够做到神不知鬼不觉地将风险转移至其他风险防范意识较为薄弱的国家而使后者浑然不知，而后者待发现风险出现时再进行补救已为时已晚。过去的历史已经证明，我国金融市场对外部风险与国际金融危机的输入不具备较强的防范能力，因此未来金融行业的发展也需要警惕国外金融势力的强势入侵。

三是微观层面的金融机构信用风险开始累积。我国金融体系发展较为全面和稳健，其中银行业的稳健程度在全球范围内也首屈一指，但是，由于其他金融行业开始推出一些具有较高风险的"创新业务"，导致风险传至银行体系，使得近年来我国银行业，甚至是国有银行业不良贷款率快速上升，侵蚀银行业资本金和风险抵御能力①。银行体系一旦出现风险，则会迅速蔓延至其他非银行金融领域与实体经济，最终造成系统性金融危机并严重威胁实体经济的发展。此外，近年来我国公司债券市场的信用违约事件也明显增加，部分地方债也有暴雷事件发生使得债券发行量有所下降，也导致当地发行债券的政府主体公信度显著下降。信用风险在相当大的程度上影响社会甚至海外对我国金融体系健康性的信心。

四是跨市场、跨业态、跨区域的"影子银行"和违法犯罪风险。鼓励创新一直是我国发展实体经济与社会主义市场经济的基本原则之一，为此监管部门与党中央多年来也不遗余力地简政放权，充分给予各类金融机构自主决策权与较高的自由度，以鼓励其推出符合我国国情的、市场上的确迫切需要的、可以显著提高金融资源有效利用效率的金融产品与业务。这些年来，"反应快速"的各类金融机构一方面出于对鼓励创新大环境的认可与支持，另一方面为了自身利益，不断推出了很多创新金融产品与服务，其中不乏一些受到业界与学术界高度关注和认可的服务与产品，但是，部分金融机构和企业出于自身利益的考虑，在充分研究监管政策后没有采取遵循政策要求的做法，反而努力寻求监管漏洞，以探索"灰色地带"，甚至利用一些政策模糊或真空地带频繁展开所谓的"创新活动"，实则在进行一些高风险的套利行为。这类"创新"将投资者的信任置之度外，不断推出表面低风险实则高风险、高杠杆的金融产品与服务，并通过其强大和训练有素的营销手段进行销售，获得了大量的利润，也使整个行业面临较大的风险。例如，理财业务多层嵌套，资产负债期限错配，存在隐性

---

① 周小川. 守住不发生系统性金融风险的底线 [J]. 中国邮政，2018（1）：62-64.

刚性兑付，责权利扭曲等问题。其中一些问题已经引起了监管部门的高度关注，并受到了警示与警告，但不久后待"风声"过去，这些高风险"创新产品"又重披一件外套，继续流传于市场，继续导致不少投资者"入坑"。

另一种高风险创新行为是各类金融控股公司的快速发展。金融控股公司的设立作为一种创新行为一开始就受到了监管部门的认可与支持，因其的确能够更为有效地为实体经济提供融资服务，以帮助其占领市场先机，不被资金不到位等问题所拖累。但是，部分实业企业热衷投资金融业，通过内幕交易、关联交易等赚"快钱"，不仅忘记了自己作为实体企业的"初心使命"，还主动"脱实向虚"，想尽办法通过金融控股等方式谋取收益。在互联网高速发展的大背景下，互联网技术结合金融高营利性，使得部分互联网企业以普惠金融为名，行庞氏骗局之实，线上线下非法集资多发，交易场所乱批滥设，极易诱发跨区域群体性事件。周小川行长指出，已经查明我国有少数金融"大鳄"与握有审批权监管权的"内鬼"合谋，通过"保护伞"实施利益输送。在这样的违法违规背景下，金融监管部门与监管干部的权威性受到严重威胁，金融投资者、消费者权益保护更不可能到位，金融风险通过互联网的传播更具威胁性。

周小川提到的这些金融风险中有一类特别的情况，即资管乱象，上文中的资管乱象具体为以刚性兑付的预期收益发行产品，资金池运作，期限错配，去放贷款（非标贷款就是一笔贷款）。

在这样的背景与高层关注下，信托业作为仅次于银行业的我国第二大可开展资产管理型业务的金融行业，也在近年来出现了一些高风险创新业务与产品，且其中部分产品出现了暴雷事件，导致了金融风险的累积和传导，使得监管层越发重视对信托行业出台更具针对性的监管政策与措施，在做到鼓励此行业创新发展支持实体企业运行的同时，有效规避其创新型风险的出现。

在众多针对信托业的监管政策中，对信托行业影响最深远的是 2018 年 4 月央行、银保监会、证监会、外管局联合发布的"资管新规"。这一规定被业内人士认为是专门"针对资管乱象"① 的。

值得一提的是，此新规的出台较为顺利，金稳委第一次会议后公开征求意见，深改委第一次会议审议通过。这么偏技术性的业务文件，为什么要这么高规格？因为监管方希望起到"一锤定音"的效果。以往出台针对某一类金融行业的监管文件，各方利益主体都不断进行符合自身利益的游说，甚至想尽各种办法，不惜冒着违法违规的风险和监管层博弈，公说公有理婆说婆有理，大量

① 马腾跃."双支柱"调控引导金融行稳致远［J］.中国金融家，2018（2）：38-43.

的时间浪费在无谓的争论中。而信托业"资管新规"的出台是最高决策层直接决定的，很多阻力直接消弭于无形，可见监管层和党中央高层对于整治信托业部分业务风险累积的决心巨大。

（二）采取"自觉"方式规范信托创新业务风险行不通

与所有行业类似，金融行业部分创新业务的风险点可能一开始就不能被有效预判，这也符合人类一切创新活动的根本特征，因此在业务开展过程中暴露出了大部分人难以预料的风险，这些风险也往往由此创新业务各方共同承担。但是也有一部分创新业务，可能从一开始就被人为掩盖和遮蔽了风险因素，设计此类产品的目的是淡化其风险部分，强化或虚假强化其可营利部分，以更好地将产品销售给经验不足的投资者。例如，信托业中一度风光无限，也被很多业内业外人士看好的"资金池业务"，就因其在环节中被不断"创新"而不断积累了风险，最终使得监管部门出台越发严格的法律法规来予以整治。

对信托公司资金池业务产生较大影响的相关规定最早可追溯到2014年4月8日银监会发布的《中国银监会办公厅关于信托公司风险监管的指导意见》（银监办发〔2014〕99号）。文件明确提出"做好资金池清理"，并要求"信托公司不得开展非标准化理财资金池等具有影子银行特征的业务。对已开展的非标准化理财资金池业务，要查明情况，摸清底数，形成整改方案"。可以看出，监管层对于此类业务的风险问题了如指掌，迫切希望信托行业在出台更严格的监管文件之前先"自行处理"风险业务。①

随后出台了"资管新规"和"信托新规"（《信托公司资金信托管理暂行办法（征求意见稿）》）两规，"资管新规"与"信托新规"两规条款总结如表1.2所示：

---

① 中国银监会办公厅关于信托公司风险监管的指导意见 [EB/OL]. 国家金融监督管理总局，2014-04-08.

表 1.2　资管新规与信托新规两规条款对照

要点	资管新规	信托新规
关联交易	二十四、金融机构不得以资产管理产品的资金与关联方进行不正当交易、利益输送、内幕交易和操纵市场，包括但不限于投资于关联方虚假项目、与关联方共同收购上市公司、向本机构注资等。金融机构的资产管理产品投资本机构、托管机构及其控股股东、实际控制人或者与其有其他重大利害关系的公司发行或者承销的证券，或者从事其他重大关联交易的，应当建立健全内部审批机制和评估机制，并向投资者充分披露信息。	第十三条　信托公司管理资金信托涉及本公司固有财产及关联方的，应当以公平的市场价格进行，交易价格不得优于同期与非关联方开展的同类交易价格，并符合以下规定： （一）按照法律、行政法规、国务院银行业监督管理机构和企业会计准则规定，全面准确识别信托公司的关联方，按照穿透原则将主要股东和主要股东的控股股东、实际控制人、关联方、一致行动人、最终受益人作为关联方进行管理。 （二）不得以信托资金与关联方进行不当交易、非法利益输送、内幕交易和操纵市场，包括但不限于投资于关联方虚假项目、与关联方共同收购上市公司、向本机构注资等。 （三）信托公司将信托资金直接或者间接用于向本公司及其关联方提供融资或者投资于本公司及其关联方发行的证券、持有的其他资产，应当事前就交易对手、交易标的和交易条件向全体投资者做出说明，取得全体投资者书面同意，事后告知投资者和托管人。信托公司以集合资金信托计划财产与固有财产进行交易，应当按照本款规定进行信息披露。信托公司以单一资金信托财产与固有财产进行交易，应当取得投资者书面同意。 （四）信托公司将信托资金直接或者间接用于本公司及其关联方单一主体的金额不得超过本公司净资产的百分之十，直接或者间接用于本公司及其关联方的合计金额不得超过本公司净资产的百分之三十。信托公司将集合资金信托计划的信托资金直接或者间接用于本公司及其关联方的合计金额不得超过本公司净资产的百分之十五。

要点	资管新规	信托新规
投资者标准及人数	五、资产管理产品的投资者分为不特定社会公众和合格投资者两大类。合格投资者是指具备相应风险识别能力和风险承担能力，投资于单只资产管理产品不低于一定金额且符合下列条件的自然人和法人或者其他组织： （一）具有 2 年以上投资经历，且满足以下条件之一：家庭金融净资产不低于 300 万元，家庭金融资产不低于 500 万元，或者近 3 年本人年均收入不低于 40 万元。 （二）最近 1 年末净资产不低于1000 万元的法人单位。 （三）金融管理部门视为合格投资者的其他情形。 合格投资者投资于单只固定收益类产品的金额不低于 30 万元，投资于单只混合类产品的金额不低于 40 万元，投资于单只权益类产品、单只商品及金融衍生品类产品的金额不低于 100 万元。 投资者不得使用贷款、发行债券等筹集的非自有资金投资资产管理产品。	第八条　资金信托面向合格投资者以非公开方式募集，投资者人数不得超过二百人。每个合格投资者的投资起点金额应当符合"资管新规"规定。任何单位和个人不得以拆分信托份额或者转让份额受益权等方式，变相突破合格投资者标准或者人数限制。国务院银行业监督管理机构另有规定的除外。

要点	资管新规	信托新规
回购		第十五条 信托公司开展固定收益类证券投资资金信托业务，经信托文件约定或者全体投资者书面同意，可以通过在公开市场上开展标准化债权类资产回购或者国务院银行业监督管理机构认可的其他方式融入资金，并应当符合以下规定： （一）每只结构化集合资金信托计划总资产不得超过其净资产的百分之一百四十。 （二）每只非结构化资金信托总资产不得超过其净资产的百分之二百。 信托公司计算资金信托总资产时，应当按照穿透原则合并计算资金信托所投资的资产管理产品的总资产。 信托公司开展固定收益类证券投资资金信托业务以外的其他资金信托业务，不得以信托财产对外提供担保，不得以卖出回购方式运用信托财产，不得融入或者变相融入资金，国务院银行业监督管理机构另有规定的除外。
自有资金比例		第二十三条 信托公司应当确保资金信托业务与固有业务相分离，与其他信托业务相分离，资金信托之间相分离，资金信托业务操作与其他业务操作相分离。 信托公司以自有资金参与单只本公司管理的集合资金信托计划的份额合计不得超过该信托实收信托总份额的百分之二十。信托公司以自有资金直接或者间接参与本公司管理的集合资金信托计划的金额不得超过信托公司净资产的百分之五十。因集合资金信托计划规模变动等因素导致前述比例超标的，信托公司应当依照国务院银行业监督管理机构规定以及信托文件约定在三十个交易日内调整至符合要求。

要点	资管新规	信托新规
资金池	十五、金融机构应当做到每只资产管理产品的资金单独管理、单独建账、单独核算，不得开展或者参与具有滚动发行、集合运作、分离定价特征的资金池业务。金融机构应当合理确定资产管理产品所投资资产的期限，加强对期限错配的流动性风险管理，金融监督管理部门应当制定流动性风险管理规定。为降低期限错配风险，金融机构应当强化资产管理产品久期管理，封闭式资产管理产品期限不得低于 90 天。资产管理产品直接或者间接投资于非标准化债权类资产的，非标准化债权类资产的终止日不得晚于封闭式资产管理产品的到期日或者开放式资产管理产品的最近一次开放日。资产管理产品直接或者间接投资于未上市企业股权及其受（收）益权的，应当为封闭式资产管理产品，并明确股权及其受（收）益权的退出安排。未上市企业股权及其受（收）益权的退出日不得晚于封闭式资产管理产品的到期日。金融机构不得违反金融监督管理部门的规定，通过为单一融资项目设立多只资产管理产品的方式，变相突破投资人数限制或者其他监管要求。同一金融机构发行多只资产管理产品投资同一资产的，为防止同一资产发生风险波及多只资产管理产品，多只资产管理产品投资该资产的资金总规模合计不得超过 300 亿元。如果超出该限额，需经相关金融监督管理部门批准。	第十七条 信托公司应当做到每只资金信托单独设立、单独管理、单独建账、单独核算、单独清算，不得开展或者参与具有滚动发行、集合运作、分离定价特征的资金池业务，不得将本公司管理的不同资金信托产品的信托财产进行交易。 信托公司应当合理确定资金信托所投资资产的期限，加强期限错配管理，并符合以下要求： （一）封闭式资金信托期限不得低于九十天。开放式资金信托所投资资产的流动性应当与投资者赎回需求相匹配，确保持有足够的现金、活期存款、国债、中央银行票据、政策性金融债券等具有良好流动性的资产。 （二）资金信托直接或者间接投资于非标准化债权类资产的，应当为封闭式资金信托。非标准化债权类资产的终止日不得晚于封闭式资金信托的到期日。 （三）资金信托直接或者间接投资于未上市企业股权以及其受（收）益权的，应当为封闭式资金信托，并明确股权以及其受（收）益权的退出安排。未上市企业股权以及其受（收）益权的退出日不得晚于封闭式资金信托的到期日。

要点	资管新规	信托新规
净值化	十八、金融机构对资产管理产品应当实行净值化管理，净值生成应当符合企业会计准则规定，及时反映基础金融资产的收益和风险，由托管机构进行核算并定期提供报告，由外部审计机构进行审计确认，被审计金融机构应当披露审计结果并同时报送金融管理部门。 金融资产坚持公允价值计量原则，鼓励使用市值计量。符合以下条件之一的，可按照企业会计准则以摊余成本进行计量： （一）资产管理产品为封闭式产品，且所投金融资产以收取合同现金流量为目的并持有到期。 （二）资产管理产品为封闭式产品，且所投金融资产暂不具备活跃交易市场，或者在活跃市场中没有报价，也不能采用估值技术可靠计量公允价值。 金融机构以摊余成本计量金融资产净值，应当采用适当的风险控制手段，对金融资产净值的公允性进行评估。当以摊余成本计量已不能真实公允反映金融资产净值时，托管机构应当督促金融机构调整会计核算和估值方法。金融机构前期以摊余成本计量的金融资产的加权平均价格与资产管理产品实际兑付时金融资产的价值的偏离度不得达到5%或以上，如果偏离5%或以上的产品数超过所发行产品总数的5%，金融机构不得再发行以摊余成本计量金融资产的资产管理产品。	第十八条 信托公司开展资金信托业务，应当遵守《企业会计准则》和"资管新规"等关于金融工具估值核算的相关规定，按照信托文件约定的方式和频率，确认和计量资金信托的净值。 信托公司应当建立资金信托净值管理制度和信息系统，确保估值人员具备净值计量的能力、资源和独立性，及时、准确、完整地反映和监督信托财产管理情况。

同一个金融行业在短时间内先后受到两部高规格规定的管制在我国金融监管历史上并不多见，促进两部规定先后出台的根本原因在于监管层注意到了信托行业传统业务开始出现大量违规操作，使得金融市场和金融产品投资者蒙受

较大潜在风险的情况日益严峻。

　　主要的高风险业务是信托行业的资金池业务，信托公司通过各种复杂甚至花哨的手段构造的资金池虽然在一定程度上为资金的充足性与流动性提供了保障，但随着业务的发展，此类资金池中的资金来源和资金运用往往不能一一对应、期限也不匹配，易引发多类风险。信托公司开展资金池业务或类似资金池业务的过程中发明了"分离定价"这一专业操作。"分离定价"一开始作为一项创新行为，没有引发监管层对信托公司风险防控能力的担忧，甚至被部分信托公司高层称为"革命性发明"，但其作为资金池的核心特征之一，其一可能导致资管产品的收益、风险在不同投资者之间发生转移，违背"收益共享、风险共担"的基本原则，引发投资者之间的不平等待遇，其二可能诱导管理人进行资金拆借，从而引发资金链断裂。

　　另外，信托公司有权对资金池进行滚动发行和集合运作，这两项"创新操作"也容易致使管理人对资金的分配及使用进行暗箱操作，如挪用资金、投入违法违规领域等，最终损害投资者利益。各类暴雷事件的出现已经表明，资金池业务的这些风险点是真实存在的，由于此类业务层层嵌套过程过于烦琐，风险转移的隐蔽性明显强于其他金融产品与业务，且由于资金池服务对象一般都是实体企业，故层层嵌套中也不乏实体企业"身影"，此类金融业务将自身风险转嫁给了实体行业。一旦此类业务暴雷，则实体企业会快速遭受损失，几乎没有任何保护屏障与风险防范措施可以进行预防与隔离。因此，资金池业务一直是监管的重点关注对象。这进一步表明两规的密集出台旨在禁止目前的信托公司采用的一般做法，根本上让资金信托产品打破刚性兑付。

　　从"资管新规"和"信托新规"具体条款的对比中可以发现，"资管新规"对信托公司流动性管理最主要的影响是要求打破刚性兑付，重新构建产品模式，这迫使信托业全行业重新思考和审视传统业务和创新业务的风险问题，以尽最大努力避免出现风险暴雷事件。在"打破刚兑"的呼声下，信托产品的销售也势必受到了不小的阻力，对投资此类产品的金融投资者而言无疑是一种变相的提醒，使之不再如以往一般轻易相信信托从业者对于创新业务与产品的推销。整个信托行业的资金池业务模式和随意向投资者许诺"刚性兑付"的销售方式双双走向了终结。

　　整体而言，"资管新规"对信托公司交易结构设计及业务项目管理等各方面能力提出了更高的要求，对于资金池业务各个环节可能出现的风险点十分清楚。"资管新规"希望信托公司须做好流动性风险管理及久期管理，彻底清理资金池业务，强调了信托公司在风险中应负的责任，要求信托公司建立流动性支持和资本补充机制。信托公司股东应承诺或在信托公司章程中约定，当信托公司出现流动性风险时，给予必要的流动性支持。信托公司经营损失侵蚀资本的，应在净资本中全额扣减，并相应压缩业务规模，或由股东及时补充资本①。

（三）监管文件相关条款对信托公司提出了更高的要求

上述监管文件的先后出台使得近年来信托业资金池业务受到一定程度的清理，但信托公司为解决自身募集资金困难、流动性风险等问题，仍会倾向于运用资金池这一模式，故信托公司资金池业务一直未能得到肃清。信托业对待各类规定的态度也较为模糊不清，认为监管层鼓励金融创新，故不会对此类已明显产生风险的业务"动真格"。

"资管新规"第十五条首度定调了资金池的三大本质特征，即"滚动发行、集合运作、分离定价"，并要求"金融机构应当做到每只资产管理产品的资金单独管理、单独建账、单独核算"。监管机构一改之前希望信托公司"自觉自愿"完成风险业务剥离的态度，开始采取严管资金池业务的姿态。从监管层态度的转变这一角度我们也可以看出，寄希望于这些以营利为根本追求的金融机构自觉分析、隔离、预防和控制创新型业务风险的思路和做法是行不通的。

因此，"资管新规"相关条款对信托公司提出了更高的要求，例如，细化了信托公司进行资金池管理的一些管理细节，主要包括：

（1）要求金融机构合理确定资产管理产品所投资资产的期限，加强对期限错配的流动性风险管理；

（2）要求金融机构强化资产管理产品久期管理，降低期限错配风险；

（3）规定投资与非标准化债权类资产和未上市企业股权及其受（收）益权的产品要求；

（4）要求金融机构不得通过为单一融资项目设立多只资产管理产品的方式，变相突破投资人数限制或者其他监管要求等。

"资管新规"还具有前瞻性地提出了资金池业务的风险具有向其他非创新型业务和整个信托行业传递的特征，因此"资管新规"指出，需要建立行业稳定机制，积极探索设立信托行业稳定基金，利用行业合力，消化单体业务及单体机构风险，避免单体机构倒闭给信托行业乃至金融业带来较大负面冲击②。可以看出，监管层对于某类单一业务在创新过程中产生影响全行业的流动性风险的

① 中国外汇.银监会严规控信托风险强调穿透原则［EB/OL］.中国外汇网，2016-04-05.
② 金融时报.信托一季报：马年开局平稳面临转型关键期［EB/OL］.中国金融新闻网，2014-04-24.

态度也是十分明确的，如果信托公司严格按照"资管新规"要求执行并积极预判和预防风险，则可以有效化解信托行业的流动性风险。

（四）监管层对信托公司已出现风险业务给出了处置意见

除此以外，鉴于部分信托公司的传统业务和创新业务已出现了暴雷事件，且造成了一定程度的不良社会影响，银监会于 2021 年 4 月 28 日发布《关于推进信托公司与专业机构合作处置风险资产的通知》（以下简称《通知》），为信托公司指明了 5 种处置信托业风险资产的模式：

1. 向专业机构直接转让资产

信托公司可向专业机构直接卖出信托业风险资产，在彻底将不良资产剥离给专业机构后，由专业机构独立处置此资产或与信托公司合作处置，具体采用哪种方式由买卖双方共同协商后决定。

2. 向特殊目的载体转让资产

信托公司与信托保障基金公司、资产管理公司等取得不良资产处置权的专业机构合作，设立特殊目的载体，卖断信托业风险资产。这种方式的优势在于整合各类机构在资金实力、专业人才、服务网络和信息资源等方面优势，共同推进风险资产处置。不足之处则在于参与方较多，风险资产处置过程效率可能较低，且各方利益不易协调，反而导致不能及时有效处置风险资产，从而酝酿出更大的风险资产，并最终导致参与风险资产处置过程的各方遭遇更大的风险。

3. 委托专业机构处置资产

对于自身处置风险资产经验明显不足或资产管理规模较小的信托公司，委托专业机构提供风险资产管理和处置相关服务不失为一个明智的选择。这类专业机构可以提供如债权日常管理、债务追偿、债务重组等有利于处置不良资产的比信托公司更专业的相关服务，充分利用专业机构优势，在资产出现风险早期开展风险处置，以提高处置效率，实现风险处置关口前移①。

4. 信托保障基金公司反委托收购

信托保障基金公司收购信托业风险资产，并委托信托公司代为管理和处置，以缓解信托公司流动性压力，助力其风险资产化解，同时也有利于稳定此类资产业务购买者（信托业务投资者）的情绪，使之对信托公司有能力处置风险资产的信心提升，避免造成群众恐慌，出现不利于社会稳定团结的事件。

---

① 金融工作动态 . 银保监会：信保基金、AMC 可处置信托风险资产［EB/OL］. 北京市地方金融监督管理局，2021-05-12.

5. 其他合作模式

鼓励信托公司与上述所提及专业机构以外的其他机构探索处置风险资产的模式，通过多种手段降低信托行业风险水平，如专业机构批量买断信托业风险资产包，并通过批量转让、证券化、财务重组或管理重组等方式进行后续处置。

《通知》对信托公司开展的各类业务已出现风险的情况予以明确，并为其化解流动性风险等指明了方向，此外还对信托公司开展资产减值、转让等情况做出了一些规定。

信托公司应当按照"卖者尽责、买者自负""卖者失责、依责赔偿"的原则，做好信托产品风险承担主体确认、损失认定和划分工作。出于对其他类型投资者负责的原则，《通知》也对信托公司会计分录的记录给予了明确规定——对于已经或预期发生信用损失的信托资产，依规在信托产品资产负债表中计提减值准备，并在信托产品损益表中确认减值损失，若信托资产转让价格低于其账面价值，在信托产品损益表中确认资产处置损失。这种方式可避免信托公司会计报表出现错误登记，没有准确反映可能出现的资产减值情况，从而误导外部投资者。

（五）监管层对信托公司以"创新业务"为名规避监管予以明确

在支持引入多元化市场参与主体的同时，《通知》还要求专业机构开展资产收购业务应当加强尽职调查，不得以业务创新为名义，协助信托公司变相规避监管展业，削弱国家宏观调控政策实施效果。信托公司在处置不良资产时不可避免地要与专业机构开展资产转让业务，在这一过程中不得违规进行利益输送。在开展买断式资产收购业务时，双方应当遵守真实性、洁净性、整体性原则，通过规范的估值程序进行市场公允定价，实现资产和风险的真实、完全转移，不得在资产转让合同之外达成改变风险承担和收益分配的约定，为信托公司隐匿风险或隐性加杠杆经营提供便利。在开展资产转让业务时，双方应当严格遵守企业会计准则关于"金融资产转移"的规定及其他相关规定，标的资产不符合终止确认条件的，不应当将其移出信托公司或信托产品资产负债表，对于继续涉及的情形应当充分进行信息披露。受让方、信托公司和信托产品作为第三类独立的会计核算主体，对资产的转出和转入应当做到衔接统一，风险承担主体在任何时点上均不得落空①。

通过如此详细且具体的规定与要求，信托公司不仅更注意自身不出现高风

---

① 中国工商银行. 银监会明确金融机构信贷资产转让三原则 [EB/OL]. 中国工商银行网，2011-09-16.

险业务，或在创新过程中更注意防范风险，且也打消了部分信托公司寄希望于与第三方违规开展合作以处置不良资产为名转移资产规避监督检查的念头，更有效地维护了信托产品投资者利益，降低了信托业面临系统性风险的可能性，也规范了信托公司开展创新业务的过程与方式，使之在不断推陈出新推动信托行业向前发展的同时，比以外任何时刻更具有风险承担与风险防范的意识。

三、研究意义

近年来，不少信托公司在原有业务常见风险防范体制尚不健全的情况下，加快了转型步伐。如在融资信托领域，信托公司通过开展供应链金融、产融结合、国企混改、纾困基金、小微金融、普惠金融等方面积极服务实体经济发展；通过产业基金、资产证券化方式助力新基建、国家大型基础建设工程项目实施。在投资信托领域，信托公司在股权投资信托业务方面显著发力，更加注重多领域、多模式探索，并积极与股东形成战略协同效应。在以资产证券化为代表的服务信托领域，则持续拓展资产和资金来源，拓展交易市场，不断丰富证券化产品类型。

为了保障转型创新的顺利进行，不少信托公司做出了努力。如加强了内部机制建设，将创新发展战略嵌入公司未来发展的整体规划之中；调整组织架构，构筑扁平化管理方式和差异化的激励机制；调配发行资源、人力资源、评审资源和股东资源支持信托业务创新。在实践中，不少信托公司因此获得了转型期新业务的利润，但同时也面临新的风险。

笔者以信托公司在转型期较多出现的创新型房地产信托业务、央企控股产融结合业务、创新型信托文化建设、其他创新类信托产品几种具体创新业务类型为例，结合当下信托公司文化建设背景，通过分析融资类房地产信托业务和股权投资类房地产信托业务各参与方行为，结合行为金融理论等金融风险分析与预防理论，揭示信托公司开展创新型业务过程中风险产生原理和传递机制，厘清各类参与主体行为对信托公司业务风险的直接影响与间接影响，并进一步完善信托公司风险评价指标体系。

笔者研究旨在进一步提高信托公司风险管理水平与信托业务在转型期的抗风险能力，同时防范风险通过信托业务在实体经济、资本市场和信托行业三方之间相互传导。因此，本研究的意义在于对转型时期信托公司的风险防范与评价具有借鉴意义和指导作用，有助于其进一步发挥为实体经济服务的本源职能，也有助于信托公司为未来我国金融体系的安全稳定持续贡献力量。

第二节　研究目标、内容与思路

一、研究目标

笔者的研究目标在于结合信托公司近年来处于转型期的背景，以行为金融理论为依据，对信托公司展业的可能风险点进行分析，着重研究信托公司在转型期开展创新型房地产信托业务、央企控股产融结合业务、信托文化建设、其他创新类信托产品几种具体创新业务的各参与方行为，旨在找出参与方行为非理性造成信托公司面临较高的兑付风险、流动性风险、声誉风险和投资风险，并将行为金融因素纳入信托公司风险评价指标体系，最终构建转型期信托公司创新业务风险评价指标体系，以使之更适应新的内外部环境下信托公司对各类型风险的防范，更好地在新时代指引我国信托公司开展创新型业务。

二、研究内容与思路

本书共分九大章，每章的主要内容和逻辑思路如下：

第一章　导论

提出笔者研究的背景、意义，研究目标、内容和思路，所采用的研究方法、技术路线和本书主要章节内容与结构，强调本研究的创新之处并指出不足之处。

第二章　理论基础与相关概念

本章梳理了本书研究所涉及的若干理论基础和与信托业展业风险有关的基本概念。理论基础主要是行为金融理论及金融风险理论。在行为金融及其分支理论方面，运用了如有效市场假说理论、股价异象、投资者情绪理论和管理者过度自信理论等，充分考虑金融市场各方参与者的非理性行为对金融机构风险管理的影响，为后文分析影响转型期信托公司风险的因素与构建评价指标奠定了良好基础。在金融风险管理理论方面，本章提出了金融风险管理的历史发展过程、基本流程和信托行业发展历程及相关理论，为后文构造更加完善的信托公司风险防范机制提供理论依据。

第三章　信托公司创新业务过程中风险识别与预警机制建设现状

本章主要描述转型期信托公司的主要风险类型。首先分析了信托公司展业存在风险的原因，指出我国信托业发展的历史背景是其在展业过程中蕴含风险的根本原因。接着从内外两方面，结合信托公司创新业务背景引出一类特殊的风险来源在于信托公司在开展创新型业务过程中，交易对手的行为可能存在非理性。在分析了信托公司常见业务类型及其蕴含风险的基础上，结合近年来监管部门出台的各项新规，提出信托公司创新类业务中基于各参与方行为的风险特征。最后提出信托公司现有风险防范体系存在的问题：信托公司信托文化定位仍不清晰、信托业务规范配套制度不完善、风险监管类制度建设的前瞻性有待提升和信托业务发展创新的专业能力仍须提升。

第四章　信托公司风险识别与预警机制——以创新类房地产信托业务为例

本章是全文重点章节之一。按照前文的理论分析和以第三章对转型期信托公司遭遇新的风险类型为基础，本章主要以融资类和股权投资类两种房地产信托业务为例，结合第二章行为金融相关理论，全面讨论在信托公司在开展这些业务的过程中，各类交易对手（主要是上市房企管理者与信托项目经理）的非理性行为风险。本章采用了实证研究方法，通过建立模型并收集数据，对当时信托行业所有开展房地产信托业务的信托公司进行了风险识别与防范机制建设的相关研究与分析。

第五章　信托公司风险识别与预警机制——以央企控股类信托公司产融结合业务为例

本章是全文重点章节之一。本章主要以央企控股产融结合业务为例，讨论信托公司在开展这些业务过程中的风险及防范机制建设。本章结合笔者前期的实地调研结果，首先介绍了产融结合诞生的背景，并着重分析了央企产融结合相关特质。接着采用实地调研获得的案例资料，详细分析了产融结合类创新信托业务的风险，并基于央企产融结合创新业务的主体联动机制分析了产融结合参与主体开展业务面临的风险点。

本章详细论述了适应于新时代背景下信托公司开展产融结合的具体模式，对央企产融结合风险防范路径进行了全面的分析，构建了央企产融结合项目中的参与主体联动机制，从合作共赢角度提出此类创新业务的风险防范思路，最终提出有利于信托公司风险防范的产融结合业务模式，以这些业务模式构建有效的针对新规下信托公司开展产融结合业务风险的防范机制。

第六章　信托公司风险识别与预警机制——以信托文化出现受托人定位偏差为例

本章主要以信托公司建设"信托文化"、明确自身定位、回归本源为例，讨论信托公司在文化建设过程中常见的文化定位偏差风险。本章结合笔者前期相关科研成果，详细论述了信托公司开展各类业务造成风险的源头之一在于"受托人定位偏差",这导致其不能依照其"本源定位"开展各类业务,且不会把受益人利益放在最优先考虑的地位,因此需要对受托人的定位进行重新梳理,力求准确且合乎新规和监管层的最新要求。

本章首先结合国内外信托公司作为受托人的历史发展轨迹,提出信托公司展业过程中常常由于受托人定位不准确而盲目签约,酝酿了较大风险。无论是传统业务还是新时代背景下按照新规开展的创新类业务,一旦出现受托人定位偏失,则信托公司业务风险更有可能发生,进而对全行业信托文化建设造成巨大阻力。接着本章提出受托人定位准确的文化概念及基本特征,并分析了产生定位偏差风险的原因,同时基于这些原因构建了适用于受托人定位偏差风险的防范机制。本章结合文化自信总基调,从文化、法律、金融多个角度阐述我国信托公司作为受托人出现定位偏差的问题、导致的业务风险和风险防范机制的建立,即基于重新认知受托人定位而构建信托文化体系。

第七章 信托公司风险识别与预警机制——以其他创新类信托业务为例

服务信托作为信托本源业务,是我国信托业深化转型的重要方向,也是可以有效发挥我国信托制度优势的重要体现。本章主要研究前面各章所述信托公司创新业务以外的其他类型创新业务,即养老信托、特殊需要服务信托和家族信托。这三类创新信托业务均属于服务信托范畴,是当今监管层大力支持发展的、最能体现受托人定位的、比前面各章所描述的业务更具有开创性与实验性的创新信托业务,部分信托公司在转型期已开展了实践,遭遇了不少的挑战,因此这三类业务的具体开展方式与潜在风险因素及如何防范风险等问题也值得研究。

本章首先明确信托行业在转型期发展服务信托的定位问题,提出发展以服务信托为代表的非金融受托服务应该成为信托业未来定位的重要方向,在服务社会民生的重要领域发挥积极作用;其次分析了服务信托类业务创新发展过程中的主要风险;接着结合具体实践案例,分别分析了服务信托类创新业务中的三大类业务,即养老信托、特殊需要服务信托和家族信托在我国信托业转型期面临的风险问题及讨论了如何对这些风险进行防范。

第八章 新时代背景下信托公司创新业务风险评价指标体系构建

信托公司在转型期需更关注业务参与方的非理性行为,主动采用完善后的风险评价指标体系对创新业务的风险进行量化、评价和预判。本章以信托公司风险影响因素为理论基础,结合之前各章节对信托业务三大参与方非理性行为影响的综合考量,充分借鉴各指标体系的优点,拟定了转型期信托公司风险评价指标体系。经过科学筛选和笔者优化改良后的评价体系分为外部风险和内部风险两类。其中外部风险包括经济金融风险、经济政策风险和行业风险3个二级指标，下设14个三级指标；内部风险包括管理风险、业务风险、财务风险和行为金融风险4个二级指标，下设共计39个三级指标，其中行为金融风险指标首次被纳入信托公司风险评价指标体系之中，为本书创新的研究成果之一。最终评价体系包含15个二级指标和53个三级指标。

本章提出的新指标体系结合了信托业务各参与方行为特征对信托公司风险的直接与间接影响，侧重于信托公司风险水平的综合评价。该指标最大的特点在于，充分考虑信托业务参与方在转型期可能出现的非理性行为，并对各方非理性行为进行定量评价，且不受信托公司具体业务类型的限制，因此操作性较强，能够比较全面、客观地评价转型期信托公司开展各类业务，尤其是创新类业务中较为真实的风险水平，有利于信托公司在开展创新业务时充分衡量风险，做到心中有数，可以进一步提升信托从业人员风险防范意识和理性行为程度。

第九章　结语与建议

最后，基于全书各个章节的分析讨论结果，本章给出了全书的结论，并基于结论提出了若干建议。

第三节　研究方法

笔者围绕转型期信托公司开展创新性业务所遭遇的新的风险敞口以及信托业务各参与方非理性行为对其造成的风险和影响等问题开展研究，综合运用实证分析、定性分析、定量分析、比较分析、综合分析和模型构建等方法，对转型期信托公司展业过程中可能遇到的各类风险进行识别，最终建立包含了交易各方行为因素在内、更为完备的信托公司风险评价指标体系。

具体研究方法如下：

1. 实证分析与规范分析

笔者将这两种方法的运用贯穿全文，以使研究结论更具科学性。比如，研究信托业务参与方非理性行为对房地产信托运行过程中的影响时，关于行为金融理论的文字性分析属于规范分析法，其后笔者建立了面板数据模型，采用实证分析法，通过公开交易的资本市场收集到了样本信息，最终完成了实证检验。

2. 定性分析与定量分析

首先，笔者从理论高度分析了金融市场参与方行为出现非理性的根源所在，以及金融机构面临新的时代背景与转型而更易滋生不同于以往类型的风险类型，此类分析属于定性分析；其次，在以房地产信托业务为代表展开的实证分析中，采用了定量分析方法寻找三类不同参与者行为非理性情况下信托公司遭遇风险的可能性；最后，笔者在建立更为完备的信托公司风险评价指标体系的过程中，采用了定性指标与定量指标两类指标，且采用统计学和问卷调研等科学方式，对指标进行了二次筛选。

3. 比较分析法

笔者在实证分析中对上市房企和信托公司进行了分组，分别讨论了参与者非理性行为和较理性行为对信托公司风险产生的不同影响。对比研究能够增强实证分析结论，使对于结论的理解更为全面和透彻。

4. 综合分析法

本章的研究内容涉及金融学、管理学、会计学、统计学与经济学等方面的知识，采用了面板数据模型、投资策略模型、定量评价指标筛选和定性评价指标筛选等实证方法，从总体上对转型期信托公司进行识别、分析和评价，因此需采用综合分析的方法。

第四节　研究创新与不足

一、研究创新之处

笔者主要的创新点有以下几个：

（一）学术思想方面

前期研究大多集中于信托公司开展传统类业务过程中的风险，而本书主要聚焦于信托公司出于自身转型需要和服从监管需要进行各类创新业务过程中出现的新风险的识别与评价。由于这些创新业务大多为首次出现，因此对其风险的分析和预警具有一定的学术思想上的独创性，对此类业务风险防范的研究具有一定的学术思想价值。

（二）学术观点方面

本书基于转型期信托公司风险识别与防范机制建设现状，将理论知识、笔者业界从业经验和在同行业广泛开展实地调研的结果进行有机结合，从信托传统产品创新（投资性房地产信托）、信托与实体经济融合发展（产融结合）、信托文化建设（信托公司定位）、其他服务信托创新业务（养老信托、特殊需求信托和家族信托）等 4 个维度，全面深入地探讨了信托公司创新业务各类风险及其防范策略，并最终设计开发了可用于全行业所有信托公司的"信托业创新业务风险综合评价指标体系"。这些研究大多为首次开展。

此外，前期研究较少从受托人定位偏差问题考虑风险成因，本书做到了从源头上对创新业务中各类经济主体进行了风险研究与识别，弥补了信托文化应用于信托行业风险防范等学术研究领域的空白，有利于信托行业开展更具风险防范效应的信托文化建设，具有一定的学术观点创新价值。

（三）研究手段方面

本书结合了行为金融与传统金融研究手段对问题进行全面而合理的分析，运用面板数据模型和行为金融模型，构建了转型期信托公司风险评价指标体系，属首次在风险评价体系中考虑参与方行为因素。这些内容体现了研究手段创新性，对量化金融机构风险具有一定的贡献。

（四）社会贡献方面

近年来我国信托行业出于各类原因频频暴雷，究其根源是对部分创新业务的风险来源和各参与方行为了解不透彻。本书以行为金融理论为依托之一，深刻研究其行为动机以及此动机在信托创新业务中所发挥的作用，在风险累积暴雷之前进行前期防范，最大限度减少创新业务暴雷后对社会投资者和其他社会公众造成的身心负担，促进了社会和谐稳定。因此，本书的风险防范研究和建议对于金融市场和经济社会的健康良性发展亦做出了一定的贡献。

二、研究不足之处

笔者研究还有一些不足之处和值得进一步深化的地方，比如：

（一）研究对象的不足与改进

笔者主要的研究对象为信托公司开展的融资类房地产信托业务和投资类房地产信托业务，暂没有以使用行为金融模型为方法，深入分析其他类型的创新性业务。主要原因在于房地产信托业务是绝大部分信托公司的首要业务，房地产企业和市场近年来面临较大的监管压力，与之合作的金融机构因此承担了更多业务创新的风险，而房地产股权投资信托业务正是符合新的监管要求的创新类业务之一。后续研究可以采取笔者的分析方法了解更多创新业务对信托公司造成的风险和影响。

（二）研究手段的不足与改进

笔者在研究房地产信托业务各参与方行为对信托公司的影响时，在实证检验中建立了静态面板数据模型。实证模型与结果虽具有有效性和稳健性，但研究对象受到其他因素影响的可能性是存在的。在后续研究中，可以考虑建立动态面板等其他类型计量模型来对笔者的研究重点进行进一步检测。

（三）风险评价指标体系适用范围的不足与改进

笔者在构建转型期信托公司风险评价指标体系时，虽然采取了定性指标和定量指标两类指标，且经过了严格的指标筛选程序，但过程中没有充分考虑全行业 68 家信托公司的禀赋特征，因此风险评价指标体系适用范围可能存在不足，后续可将信托公司按照一定标准（如是否为央企控股信托公司）进行分类后，分别建立风险评价指标体系予以改进。

以上不足之处笔者将在后续研究工作中予以改进和完善。

第二章

理论基础与相关概念

本书主要基于行为金融理论对信托公司在转型期开展各类创新业务可能蕴含的风险进行分析，相关理论基础与概念介绍如下。

第一节　行为金融及其分支理论

行为金融理论是一门交叉前沿性学科，包括了社会学、金融学、心理学、宏观经济学和微观经济学等多个学科领域，属于金融学理论的前沿学科理论。行为金融理论虽然相较于传统金融理论而言还"年轻"，但其在解释资本市场投资者的真实行为对市场的影响上的卓越表现，使得学术界和实务界越发重视此理论的研究与应用。行为金融理论从市场参与者的实际行为出发，以市场投资者为"正常人"而非"理性人"为前提假设，对影响资本市场运行效率的因素进行了更合理的分析与解释，因此越来越受到学术界和实务界的关注。随着行为金融学奠基者、芝加哥大学教授 Richard Thaler 因研究行为金融理论在 2017 年获得诺贝尔经济学奖，行为金融理论成为解释资本市场运行机制的理论中最为核心的经济理论之一。行为金融理论及其分支理论首次将金融业务各方参与者的心理活动纳入了风险测量与防范的考虑范围之类，因此也可认为其能够"从源头上"防止金融风险和金融危机的爆发。

Athanasoulis 和 Shiller 认为行为金融理论从人们在现实世界中进行决策时具有的心理状态入手，对这些心理状态的深入分析和了解可以理解决策者某种决策行为背后的动机，而不同的人具有不同的动机，某些动机能够带来良好的决策后果，而有些则可能导致毁灭性的后果。Shleifer 等认为行为金融理论研究的是在金融市场上投资者进行投资决策时所犯的一系列"错误"，这些错误表明他们并不总是理性人，而是正常人。作为一个受到感性与理性双重支配的"正常人"，其行为过程更多是"非理性"的。

采用行为金融理论解释诸多金融现象，如金融资产价格波动问题，会更符合实际情况。传统金融理论解释股价波动现象为：长期来看，股票价格反映其真实价值。但短期来看，因为资本市场有效性假设成立，股价波动反映供求关系的小幅变化，这种变化是不可预测和随机的。为了证明这个观点，传统金融理论模拟个体或组织（理论上）的行为建立数学模型，以模型求解的角度来研究整个金融体系的运作机制与机理。但是，传统金融理论的数学模型虽然趋于完美，但并不实用，那些按照模型最优解构建投资组合的人发现他们连市场平均收益率都达不到。传统金融理论在应用上存在局限性的根本原因在于，它们是建立在市场有效假说基础上的，但现实中资本市场的运行经常会受到市场参与者行为的影响。

因此，传统金融理论在研究投资者行为与资本市场运行有效性的关系方面逐渐失去了主流学派的认可，金融理论的发展势必经历传统金融理论向新兴金融理论过渡的转型。学术界对资本市场以及其他金融市场投资者往往具有非理性，其行为会影响金融资产价格波动，进而会放大风险的观点已有初步共识。

一、古典金融理论的根基：有效市场假说理论研究

在行为金融理论出现之前，金融市场理论由古典金融理论所独占。利用这一理论及其分支理论，人们开始逐步理解金融市场上金融资产与金融产品价格的形成原因和波动情况。由于此理论的发展具有"一呼百应"的效果，后期又采用了数据分析和建模等方法，数学推导的加持使得专业和非专业人士都自信地认为自己已经找到了破解当今金融市场上各类风险的"万能钥匙"。

20 世纪 50 年代，马科维茨（Markowitz）在 *Journalo Finance* 上发表了题为"Portfolio Selection"的论文，开启了传统金融理论的二分时期：20 世纪 50 年代以前的金融理论体系被称为古典金融理论，之后的则被称为新古典金融理论或传统金融理论。这两个时期都是以投资者是"理性人"为前提考虑金融市场发展问题的。在这一前提下，学者们推导出资本市场是"有效的"，其可以独立于市场各类参与者的意识之外，独立实现对所有金融资产的公允定价。由此可见，传统金融理论是以有效市场假说（Efficient Markets Hypothesis，下文简称 EMH）为根本前提的，没有 EMH 的建立，就没有传统金融理论在投资者决策选择问题、预期效用最大化分析、最佳投资组合和资产定价模型方面开展的各种研究。

具体来说，EMH 理论由 Harry 和 Samuelson 正式提出，后在一批学者，尤其是 Eugene Fama 的研究中发扬光大。EMH 源自 20 世纪 50 年代后期，金融学家 Harry、Osbome 等利用数学工具研究金融市场股票价格后发现证券资产价格的变化服从布朗运动，即价格服从随机游走模型。基于这一发现，美国经济学家 John F. Muth 在 20 世纪 60 年代提出了理性预期假说。随后，Mandelbrot 通过数学推导证明，资产价格遵循"鞅过程"，即随机游走过程。如此一来，几乎无人认为金融市场参与者具有影响资产价格波动的能力，可以说，几乎没有人考虑到资产价格的波动还会受到任何外力的影响。

基于前期研究成果，Fama 总结了著名的有效市场三种类型，如表 2.1 所示：

表 2.1　Fama 划分的三类有效市场

类型	类型名称	定义
1	弱有效市场	该类型指股票的当前价格完全反映历史交易记录中所包含的一切与之有关联的信息。在这种情形下，股价波动服从随机游走模型，股价变动没有任何规律可言，历史信息已经全部被反映在价格中，因此市场没有"有效"信息的存在，股价未来走势自然不可预测。
2	半强有效市场	该类型指股票的当前价格不但反映了历史记录中的价格信息，而且反映了上市企业包括财务信息在内的所有公开信息。
3	强有效市场	该类型指在半强有效市场假说成立的前提下，价格还反映了股票交易的内幕人所知的一切信息。此时，任何人不能隐瞒任何"有用的"私人信息。

一个有意思的现象是，Fama 在 20 世纪 90 年代对十几年前自己提出的有效市场定义与分类进行了必要的修正。他将有效市场的类型更新为"高等级"与"低等级"，并指出如果一个经济主体是"高等级"的有效市场，其获取信息的成本和投资者的证券交易成本都不存在。这种主张显然并不符合现实资本市场的情况。Malkiel 对有效市场假说做了进一步补充：如果某个或某些信息的披露没有造成证券价格的变化，那么资本市场在这个信息集上仍然可以被认为是有效的。

可以看出，EMH 理论的捍卫者不断更新 EMH 的适应范围及其对证券价格波动的解释力，以使之适应新的时代背景。但这种努力收效甚微，股价波动似乎总会表现出一定的规律，使得 EMH 的有效性受到广泛质疑。人们开始思考几个十分重要但似乎一直被遗忘的问题：是否还有其他的因素会导致金融资产价格发生变化？如果有，那么这一因素又应该是什么呢？以现有知识体系和技术手段，人们又能否找到受到广泛认可的影响因子呢？

二、股价异象的出现导致行为金融理论诞生

（一）股价异象出现的根本原因

资本市场在客观环境中存在很多不能被传统金融理论解释的情况，其中一种较常见的情况是股票价格出现异常波动的现象，简称"股价异象（Stock Price Anomalies）"。对资本市场资产价格变动"非随机性"的认识是由于股价异象的出现。在国外股票市场几百年的发展中，投资者们率先发现股票价格波动是存在一定规律的，谁能发现并按照"规律"进行投资，往往可以获得更高的回报，这种现实情况与直观认知就与"股票价格的波动没有规律"违背了，学者们将这种情况定义为"股价异象"。

股价异象的发现严重挑战了传统金融理论的根基，为此行为金融理论提出了传统金融理论部分失灵的原因在于其前提假设是"非现实性"的。基于此，行为金融理论得以快速发展，因为各界人士都认识到行为金融理论能够有效解释股价异象的出现。

行为金融理论提出股价异象出现的根本原因在于：

第一，市场不是有效的。EMH 面临的最大挑战在于它具有"不可证伪性"，即 EMH 本身不能被检验。以 CAPM 为例，CAPM 模型十分经典，其作用之一在于可以检测 EMH 理论，但 CAPM 自身作为检测工具的有效性和真实性没有得到认可。该模型具有一系列前提假设，假设之一就是市场是完备且有效的。此外，CAPM 还具有其他非现实的前提假设，如假设市场没有摩擦，因此 CAPM 模型本身可能也是错误的，不能用于检验 EMH。对此，Hawawini 和 Keim 认为一切金融手段都无法验证到底是 CAPM 的设定有误，还是市场无效。连 EMH 创始人之一的 Fama 也不得不承认，"市场有效性是不可检验的"。而行为金融理论直接提出市场上资产价格不能反映所有信息，市场不是有效的，也就不需要使用可能同样具有缺陷的 CAPM 来进行检测。

第二，投资者是非理性的。传统金融理论忽略了投资者在决策中作为真真切切的人，不可避免会受到各种情绪、心理和认知偏差的影响的事实。此外，传统金融理论提出的形成决策者偏好理性的一系列严格公理化假定，如优势性、恒定性与传递性等，都受到行为金融理论的质疑。行为金融理论指出，作为市场参与者，人们普遍具有认知心理偏差，这导致了其实际的金融决策并非与预期效用理论所表述的相一致，投资者是非理性的，因此其决策具有更高程度的不可预测性，这直接导致了金融风险的不可预测性，这一假定显然更符合现实。

第三，套利均衡思想不成立。套利均衡是古典金融理论的又一用以捍卫市场有效性的"武器"。该理论可以反过来保证资产价格最终相同，市场资产的"同一价格法则"得以实现。简单来说，这一理论没有像之前的古典金融理论一样直接"无视"非理性投资者的存在，而是首先肯定了非理性投资者的确可能是存在的（但只占据金融市场投资者的一小部分），这类投资者因为自身非理性，所以无法准确判断金融资产价格波动，其投资决策是"失败"的，因此会被清理出局，此时市场上只存在"理性投资者"，如此资本市场依旧有效。行为金融理论则认为，套利在真实情况下并非有效的，套利均衡几乎不会实现，因为套利过程充满了风险，风险来自未来再次出让资产时价格的不可知性。此外，"非理性投资者"往往可以获得高于市场平均水平的投资收益，并不是如古典金融理论预测的一般是"失败的"。可见市场不能自动出清，套利均衡不能成立。

第四，投资者具有异质信念。前文提到，EMH 的推论之一是投资者具有同质信念，他们能在同一时点获得所有市场上必要的信息，而市场上信息的传递不仅顺畅，而且免费，这显然不是一个符合现实情况的推论。行为金融理论假设投资者是有限理性的，他们不会完全按照数学模型的理性预测开展市场活动。此外，市场上信息不可能同时传递给所有投资者，信息的扩散方式是渐进的，且这些信息中有很大部分是"噪音"信息①，且不同水平的投资者也不具备可以准确分辨信息准确性的能力，故对某些投资者而言，即便信息传递到了，对方也难以有效接收到信息的真实含义。

事实上，对投资者持有异质信念的研究近年来得到了广泛的关注，比如，Hong 等提出异质信念的形成机制与人们的不同心理状态有关，但他们的研究并没有单独被提出，而只是用"disagreement"来形容意见与观点的"分化"，算是提出了"异质信念"产生的心理根基。Brock 和 Hommes 提出了基于有限理性的异质性模型，该模型明确提出了市场投资者不具备整齐划一的行为模式与思维方式。国内学者近年来对异质信念相关问题的研究也日益丰富，如张圣平将"异质性"描述为不同投资者面对不确定状态时具有不同的判断过程与机制，揭示了异质信念与主观概率之间的联系。张维和张永杰则认为，对资本市场投资者而言，异质信念专指不同投资者对所持有的同种股票未来收益率的变化具有不同的预测结果。

（二）股价异象的具体类型

行为金融理论认为，市场上投资者的行为会影响资本市场运行的有效性，

---

① 按照 Black 的定义，"噪音"是市场上错误的信息，投资者不能很好地分别这类信息与真实信息。

如果投资者会在某种程度上导致某一类或某几类股价异象的出现，则可以认为其对资本市场存在宏观影响。

近年来，研究影响股价异象出现的因素的成果日益丰富。Loand Mackinlay研究指出，在放宽前提限制的情形下，股价的变化不符合广义的随机游走模型。"股票价格波动不符合随机游走模型"实际上是最早出现的股价异象，只是由于当时技术分析手段的落后以及 EMH 的支持者队伍庞大，此类观点才没有引起足够重视。随着研究手段的进步，学者们发现股票价格可以被某些技术分析手段准确预测，价格会发生持续且长期的异常波动。现有研究发现，股价异象具有多种多样的表现形式，笔者总结了与投资者行为关系较为紧密的股价异象有以下几类：

1. 股票溢价之谜

股票溢价的概念最早由 Mehraand Prescott 提出，他们研究了美国资本市场上1880—1980 年近百年的交易数据后指出，一段时期内的股票平均收益率高出了无风险证券平均收益率，溢价接近 7%。随后，学者们陆续发现全球各地资本市场均存在不同程度的溢价现象。在股票价格波动应符合"随机游走模型"的假设下，股价溢价情况应该不会出现。当时学者们认为是采用的估计模型不准确导致了误以为资本市场无效，因此在利用传统的资产定价模型对股票平均收益率高出无风险资产收益率的部分进行解释后发现，溢价依旧存在，故在强大的事实证据与实验数据面前，学术界也不得不承认资本市场可能并非总是"有效的"，当市场无效情况较为严重时，股票溢价情况出现的可能性也就较高。

由于传统金融理论对此现象无法进行解释，故称之为"股票溢价之谜"。

2. 红利预测之谜

按照现代金融资产定价理论，股票的价格等于未来预期红利发放额的贴现值之和，因此对实行较固定红利发放政策的上市公司而言，可以通过对其未来红利的折现判断其内在价值。在市场是有效的情形下，股票价格不会被"高估"或被"低估"，而是会准确反映其内在价值，故采用"红利预测"手段不能获得超额收益。但是在现实中，使用"红利预测"等技术分析手段可对股价走势进行较为准确的预测，并能持续获得超额报酬。在实证方面，Shiller 的研究表明，美国大盘股指 S&P 在 1929 年 9 月到 1932 年 6 月期间下跌了 81%，而红利预测方式下股票仅下跌了 6%。以 EMH 为主的传统金融理论无法解释这一现象，因此称之为"红利预测之谜"。

3. 日历效应

根据传统金融理论，股票价格的变动与某些特定时间或时期没有任何关系，因为股票的价格只由其内在价值决定，而内在价值是未来估计红利折现之和，并不包含某一具体交易日的信息。但是大量实证研究发现股票市场价格变化与特定的交易月度之间存在着一定联系，这种异象被统称为"日历效应"。

"日历效应"中最突出的是"一月效应"，后者在理论上被发现已经接近30年之久，由于投资者可以通过提前套利活动来获得超额报酬，按理说这种异象在频繁套利下会逐渐消退，但事实上多个国家的投资者依然能够在每年1月发现股票的异常收益现象。部分美国学者试图对此异象进行解释，他们认为"一月效应"出现的原因在于投资者在每年年底时，出于避税目的会抛售表现不佳的股票，同时继续持有表现良好的股票。但是在英国和澳大利亚这些不把12月31日作为纳税年度终止日的国家，"一月效应"也同样被发现具有普遍存在性，因此该现象是一种股价异象。因"在某一特定时期进行投资"与某一日期有关，而日期严格意义上讲是一个非经济类变量，因此不仅难以用传统金融理论解释，甚至很难用经济学理论体系中的任何一种理论加以解释。

4. 动量效应与反转效应

股价异象中最容易被观测到，也最容易被理解的是"动量效应"与"反转效应"两类异象。按照传统"有效市场理论"，股票价格的变化应该符合随机游走模型，"随机性"的含义就否定了其存在任何"价格惯性"的可能。然而，动量效应指出股票收益率的变化具有可持续性：在过去一段时间表现好，获得较高收益的股票在投资者继续持有后仍然表现出高于平均水平的收益率；而过去收益率表现不好的股票在未来也没有任何起色。因此动量效应简单来说就是"强者恒强，弱者恒弱"，也被称为"惯性效应"。早在1967年，Levy就发现投资者可以通过买入过去的赢家组合的投资策略在未来获得显著的正收益，由此引发了学者对短期内股价呈现动量效应的讨论。如Rouwenhorst对澳大利亚等12个发达国家在1980—1995年间的股票数据进行了实证研究，研究发现动量效应在这12个国家的资本市场普遍存在，且投资者运用动量投资策略产生了大约每月1%的收益率。Foerster等通过研究，证明加拿大的资本市场也存在短期价格动量效应。Chui等则证明了新兴市场同样存在此现象。可以看出，动量效应普遍地存在于全球发达国家和发展中国家的资本市场之中，且往往受到投资者追捧，认为这样的投资策略更容易获得持久且稳定的超额收益。

与"动量效应"相对应的是"反转效应"。股票价格的反转指的是在过去股票市场表现差的股票，在未来岁月中可能会"反败为胜"，即被投资者持有一段时间后，反而出现了收益率的反转。同样的，也有过去表现好的股票没有延续自己的"辉煌"，反而在未来出现了价格下跌。因此，如果某一段时间内的某些投资组合符合"反转效应"，则投资者在其价格下滑期间应持有此类投资组合，等待后期其收益率的"反弹"。

此外，相较于"动量效应"的短期持有性，"反转效应"往往又被认为是一种长期的反转效应。关于反转效应，在早期比较有影响的研究来自 Thaler。他收集了在 1926—1982 年至少连续交易超过 7 年的普通股数据，对这些样本企业进行了分组。自 1926 年开始，每隔 3 年划分为一次形成期和持有期，逐月观察5 年的持有期收益率的变化。研究发现，那些在过去有较低回报率的股票组合在接下来的 3 到 5 年内出现了明显的较高的回报率，而在过去的 3 到 5 年具有较高回报率的股票组合则没有延续这一趋势，在后几年出现了明显的收益率下滑。因此，股票价格的"反转效应"与前文提及的"动量效应"一样，也是普遍存在于各国资本市场之中的，且也不能被传统金融理论有效解释。

5. 规模效应

"规模效应"中的"规模"二字主要针对上市公司市值，从其定义上讲属于一类股价异象，又叫"小公司效应"。股票市场上出现规模效应具体是指，在一定时期内，通过对样本企业进行跟踪与研究，发现投资者投资于市值较小的公司时可以获得更高的投资报酬，而投资市值较高的公司的股票时，在同一时间段内没有获得相应的回报率，甚至出现了亏损。按照有效市场理论，股票价格的变化与企业自身规模大小没有必然的关系，那么"小公司"较为集中和明显地出现了超额投资回报率的情况，是难以被传统金融理论所解释的。

Banz 首先发现了该现象的存在，他的研究指出在美国资本市场上，股票的平均收益率无论是否经过风险调整，都与所投资企业的流通市值大小呈现显著负相关关系，即投资者不需要具备多么高深的金融理论背景知识，只需要在投资股票时选择那些市值明显较小的公司即可实现超额收益。这一现象得到了后续学者的支持，研究发现，在样本形成期内，最小规模一组样本的平均每月收益率比最高一组高出 0.74%，这一结果验证了规模效应的存在。国内学者也纷纷证实了这一现象在我国金融市场是存在的，如汪炜和周宇对上海证券交易所上市企业交易历史数据进行了研究，他们发现上海证券交易所上市企业中规模较小的样本组往往可以在同一时期产生更高的收益。陈收和陈立波分析 1992—2000 年 8 年间股票的表现发现，我国资本市场也存在显著的规模效应。

6. 账面市值比效应

"账面市值比（B/M，Book-to-marketratio）"是在投资行业中经常被使用的一类指标，因为其常被用来表示股票价格的便宜程度。B/M 低的公司往往是较为昂贵的成长型公司，而 B/M 高的公司则是便宜的价值型公司。在证券市场中，经常观察到成长型公司股票平均收益率低于价值型公司的情况，即昂贵的公司反而具有较差的投资回报率和市场表现，这一股价异象被称为"账面市值比效应"。

Fama 和 French 以美国三大主流资本市场——NYSE、AMEX 和 NASDAQ 上市进行连续交易 1 年以上的股票为研究对象，将这些股票按照 1963—1990 年每年的账面市值比大小分为十组，测量每组在下一年的平均收益率。研究发现，高 B/M 比率的组平均收益率比低 B/M 比率的组的平均收益率每月高出 1.53%。这一差别远高于两组合间 β 风险系数的差别所能解释的部分。国内的研究也支持这一发现，如陈信元和张田余认为，账面市值比对股票收益具有显著的解释力。徐振华以 2002—2010 年中国 A 股股票作为研究对象，发现账面市值比效应甚至是比规模效应更显著的一类资本市场股价异象。

因此，行为金融理论因能对众多"股价异象"做出令人信服的解释，开始逐渐进入主流学术研究范畴。行为金融理论具有众多分支理论，可用于分析金融机构开展创新活动过程中以人的"非理性"为基本产生的一类风险，因此行为金融理论及其分支理论是本书最为重要的理论基础之一。与笔者研究内容紧密相关的行为金融理论主要有资本市场投资者情绪理论和企业管理者过度自信理论。

三、资本市场投资者情绪理论

（一）投资者情绪的定义和指标

自从行为金融学相关理论被学术界和业界普遍接受以来，人们发现，作为资本市场重要参与者的投资者，其投资决策和行为并不总是符合"理性人假设"的，即其投资具有非理性，且背后原因在于投资者在参与金融市场交易的过程中会受到"投资者情绪"的影响。因此，投资者情绪逐步发展为行为金融理论大家庭中一支不容受到忽视的重要分支理论。国外对投资者情绪的定义最早来自 Zweig，他将投资者情绪定义为"由于投资者错误地估计了企业未来的价值而产生的误差"。从行为金融理论角度看，投资者情绪是一个心理学概念，是投资者由心理或认知上的各不相同的一些偏见而产生的投资决策或者价值判断，这类决策和判断基本上都是基于情绪的偏差，所以称为"投资者情绪"。Baker 和 Stein 等认为投资者情绪主要指的是投资者对金融资产价格的有偏差预期和受自身心理因素影响而造成的投资偏好。

投资者情绪被广泛关注的另一个原因在于，其相对其他更偏向于心理学理论的行为金融指标而言，具有天然的数据易得性。关于衡量投资者情绪的指标有许多，例如，由美国散户协会所编制并于 1987 年提出的 AAII 指数，以证券业内人士为采访对象，通过对他们进行研究统计而建立起的"好淡指数"等直接指标。除此之外，还有换手率、IPO 首日收益率、动量指标、消费者信息指数等间接指标。相比之下，间接指标更易获取，因此在实证领域得到了更多的应用。

（二）关于投资者情绪影响的研究

1. 国外相关研究

Zalina Zainudin 等提供了投资者情绪与 IPO 公司业绩之间的关系和影响力的证据。研究发现，在金融危机爆发前，投资者情绪与公司绩效呈正相关，但在金融危机后，投资者情绪与公司绩效没有显著关系。Li Yan 和 Li Weiping 研究发现，投资者情绪对股票的收益率具有一定的促进作用，不过这种促进作用只对截面收益率起作用。投资者情绪具有短期持续性，它与股票每日收益和价格呈负相关关系，和企业长期表现呈倒 U 形关系，即当投资者情绪高涨时，企业绩效也随之增加，当投资者情绪增高到某一临界值时，企业绩效处于最大值，而随着投资者情绪继续增高，企业绩效逐渐降低。George Serafeim 分析得出，企业可持续性发展绩效与公众情绪呈正相关关系，即强劲的可持续发展绩效随公众的积极势头增加。Tze Chuan 等认为对生产性企业来说，由于有限理性，投资者错误地推断了过去的生产率增长及其相关的经营业绩和股票回报，使企业水平生产率与股票收益之间呈负相关关系。Elisabete 将投资者情绪作为调节变量，研究发现，公司承担风险与企业当前和未来绩效存在负相关关系，而当投资者情绪高涨时，公司承担风险会增加，进而使企业当前和未来绩效更大程度地降低。

2. 国内相关研究

在国内文献中，关于投资者情绪对企业产生的影响也存在着不一致的研究结论。刘国洁参照前期相关研究成果，定义了"大盘乐观指数"，将其作为衡量投资者情绪的指标。在选取了我国 2010—2017 年 A 股上市公司数据后，研究发现"大盘乐观指数"与企业超额利润回报之间正相关，即投资者情绪越高涨，资本市场非理性交易行为发生越多，对应上市企业的超额收益也越多。黄宏斌等对投资者情绪与企业绩效之间的关系得出了不同的结论，他们选取包括市场交易量在内的多个指标来衡量投资者情绪。研究发现，投资者情绪越积极，企业越愿意向银行大量借款，而这些借款会让企业后续的经营绩效明显下降。

另外，国内研究者关于投资者情绪对股票收益产生的影响也存在不一样的看法。一方面，部分国内学者认为投资者情绪对股票收益起正向的促进作用。王春选取2004—2012年开放式股票基金作为样本。实证结果表明，投资者情绪与股票市场收益之间呈正相关关系。李岩和金德环选取2010年到2016年沪深A股上市企业的月度数据，利用文本分析和机器学习的方法，将东方财富股吧发帖人的情绪进行分类，并用分类后的数据构造衡量投资者情绪的指标。研究发现，投资者情绪与股票收益之间呈显著正相关。姚远等人将投资者情绪水平划分为悲观、温和和乐观三类，选择新增A股开户数、消费者信心指数和市盈率，构建衡量投资者情绪的综合指数。研究表明，投资者情绪水平会促进股票的收益率。闵峰等人基于市场中理性和非理性因素的角度来研究投资者情绪对股票市场收益的影响，选取2003—2014年所有指标的月度数据。研究发现，投资者情绪无论在宏观经济处于繁荣期还是萧条期，都与股票市场收益的较剧烈波动率呈显著的正相关关系。

另一方面，因所采用的衡量方法和建模过程有所差异，部分学者就投资者情绪对股票收益产生的影响得出了不同的研究结论。蒋玉梅和王明照选取包括市场换手率在内的五个间接指标来构造能够反映我国投资者情绪变化的情绪复合指数。研究表明，从企业长期发展来说，投资者情绪与市场收益率负相关。文凤华等人选取了2003—2011年投资者情绪综合指数和上证综合指数收益率的月度数据。研究发现，积极的投资者情绪会明显促进股票收益率提高，而消极的投资者情绪与股票收益之间没有太大的关系。卢米雪和朱喜安认为行业的属性、规模和市场表现的不同，会使得投资者情绪和投资收益之间的关系也不同。实证结果表明，对当期收益来说，无论从短期还是长期来看，投资者情绪对收益率均起正向促进作用。而对于预期收益来说，投资者情绪只在短期内与收益率呈正相关关系，长期内，投资者情绪对收益率起抑制作用。吴海燕等选取腾落指数作为衡量投资者情绪的指标。研究表明，对创业板来说，投资者情绪与市场收益率之间没有太大的相关关系，这种现象产生的原因可能是创业板市场投资者更成熟，体现了更加稳健的投资风格。

四、企业管理者过度自信理论

（一）管理者过度自信的定义

决策有着较多的不确定性，传统经济人假设将人看作理性人，但事实上人并不是无时无刻保持理性的，尤其是在做重要决策的时候。许多认知心理学者认为人大多都是过度自信的，简而言之，人普遍存在一种优于平均的心理效应，这在行为金融理论中被视为一种非理性行为状态。

过度自信一般而言体现在错误估计与自负上，错误估计是对某事概率分布范围估计得比实际窄小，而自负则是对自己抱有不显示的良好判断，在人们觉得自己掌握了局面的时候。由于在各类企业中做出重大决策的一般是管理层，因此随着行为金融理论被更多学术界和实业界人士所接受，企业管理者过度自信分支理论逐步形成。尤其是对上市公司的管理者而言，其过度自信的程度更严重。决策是要经历复杂而困难的过程的，在决策前，我们需要进行信息的收集和分析，过度自信的管理者会对信息的准确性错误理解，并且高估自己分析处理信息进行妥善决策的能力。特别是在企业治理结构具有非完备性的公司，决策更依赖于个人的判断，因此作为该行业的专业人士及拥有企业管理权力的人，管理者不仅会更加容易过度自信而且所带给公司的不良后果也会更严重。

（二）管理者过度自信的衡量指标

关于过度自信的指标，目前文献中有着以下几种被广泛采用的构建方法：媒体评价、管理者个人特征打分法、管理者主动持股比例变动、盈余预告偏差、消费者信心指数以及资产负债比。本小节选择股票收益率作为管理者过度自信的指标。股票收益率是反映一个上市公司股票收益情况的指标，而股票收益反映了一个公司的经营状况。管理者在面对高股票收益率时，会认为企业经营状况好，对未来的预计乐观，而这正是管理者过度自信的三个经典表现之一。对未来乐观就可能导致管理者进行非理性决策，并将现在的成功归咎于自己的英明决策或是能力超群、见识卓著，从而做出如提高负债等行为导致企业效益受到损害。同理，这也是过度自信的行为往往在牛市比熊市发生得更多，且当牛市消退熊市来临，减弱而投资者行为逆转的原因。

（三）管理者过度自信的原因分析

按照行为金融理论，将人在社会中独具的一些心理状态和特征性格等引入常规的公司金融研究领域后，可以较容易地发现，较多公司高层管理者在日常经济决策中存在"过度自信"的情形，这是一种管理者群里常见的非理性行为。从心理学角度看，过度自信的个体以自我为中心，过高估计自身的认知和行为决策能力。管理层在日常经营管理过程中必须高度依赖自身能力和专业技能，对自身经验判断具有累积认知能力，相较于更低水平的管理者和普通职员，更可能具有更高水平的自信程度。按照行为金融理论的观点，这类自信程度在一定范围内是合理且必要的，但管理者个体并不具备理性地调节自信程度的动力与手段，故往往出现过度自信。近期研究指出，管理层的个人特质会加剧其有偏的心理预期，因此也会对其过度自信心理产生影响。其他影响因素还有如管理层获得的酬劳，以及上市公司的行业特征和财务政策等。

当良好的业绩体现了企业价值增长时，会助长管理层过度自信心理和乐观情绪，使其高估自身所具备的实际能力与专业水平。此时，过度自信的管理者更容易造成决策失误，其在经营方面甘冒更大的风险，对市场前景的估计过于乐观，使公司运营风险明显上升。谢众和孔令翔研究指出，我国 A 股市场上市企业大范围存在管理层过度自信情况。

但是，管理者过度自信并不全是缺点，如黄凯迪和韩良智认为管理者过度自信使得这类管理者更具有多元化战略决策思维模式，因此会引发多元化投资决策，而多元化投资是企业面临不确定性较高的外部环境时投资战略方面的必备策略之一，不但能有利于企业风险的分散，还可以增加企业获利的机会。过度自信的管理者在面对创新投入这种风险与收益双高的投入时，会高估成功的概率、低估失败的风险，更具有冒险精神地采取非保守的投资策略，避免企业创新发展机会的丧失。创新也是企业可持续发展不可缺少的元素，因此部分研究学者也指出，适当的过度自信也会在一定条件下带来正面的影响，提到过度自信也不用一味武断地反对，只不过需要重视其可能对公司发展经营造成的负面影响。

第二节　金融风险管理理论

一、金融风险管理的基本流程

不同金融机构具有不同的发展特征和经营特色，其面临的内外部环境和行业发展标准也不尽相同，因此也不可能具有一致或相似的风险类型。金融风险的复杂性决定了金融风险的管理流程同样复杂。按照当前金融风险管理理论的相关研究，有效的金融风险管理需具备科学化的管理流程。这些流程虽然没有统一的标准，但笔者参考较多其他类型金融机构风险管理方案措施后发现，当今金融风险管理的流程基本包括金融风险的识别、金融风险的量化评价、金融风险的对策控制和金融风险的管理四个阶段，只有做好这四个阶段的工作，才能对金融机构在日常展业过程中遭遇的各类风险进行有效管理。

（一）风险识别

金融风险识别是指通过科学合理的手段和方法，结合历史经验教训，对金融机构在不同宏观环境下面临的风险类型进行提前鉴别。一般来说这一过程有两个重点：一是需要借助一定的理论与技术方法明确金融企业面临风险的具体类型，并以科学的方法与模型，估计风险的影响程度以及梳理其传导机制，避免风险在金融系统内扩散；二是要分析金融风险形成的因素，根据不同类型风险特征，梳理各类风险的具体成因，做到从源头上认知风险，以便后续采取更有针对性的措施去防范风险。

（二）风险评价

金融风险评价是指采用模型或其他量化分析工具，对金融机构不同类型风险的水平进行定量，估计风险一旦发生后，金融机构损失的大小，也可估计风险爆发的概率，使企业管理者提前做好预判，并在危机真正到来之际及时止损。对金融风险进行准确评价极为重要，但操作上具有很大难处。原因在于金融风险不同于一般工商企业的经营风险，其预估和测量的准确度很低，且极易受到宏观经济环境和政策的影响，因此多年来理论界与业界都在持续开发更加有效和合理的评价方式，旨在提前判断风险的大小。笔者认为，对转型期的信托行业而言，现有的官方或学术界建议采用的风险评价指标体系，尚有进一步完善的空间，相关讨论将在本书第五章进行详细阐述。

（三）风险控制

金融风险控制是将前期"纸上谈兵"的过程用于实践的环节，具体可以理解为基于前期开展的风险识别与风险评价，有针对性地确定企业对于自身容易发生的几类风险出台管理策略，制订具体的行动方案，按照管理步骤对风险进行控制，最终使得即便风险爆发，也在企业可接受和可承担的范围内。此外，应对不同类型的金融风险可以考虑制定不同的风险管理策略，同时选择具体的、各不相同的风险管理工具。

（四）风险管理评估与调整

风险管理评估是指在风险管理决策方案实施后，不能听之任之，而应该予以及时查看，对方案实施后的各种效果进行跟踪、反馈，收集可量化指标开展科学的评估，以此来发现前期制订的风险管理方案是否尚需改动和修订。如果后期反馈检查中发现实施的效果不尽如人意，应着重防范的金融风险没有被事前准确预估出来，导致企业暴露于此类风险敞口之中，而同行业内其他企业则很好地控制住了此类风险，则说明前期的识别机制、评估机制或控制机制在某些环节出现了不小的问题，需要引起企业高度注意，企业需集中力量分析其中的原因，并根据内外环境的变化，对风险管理方案进行多次反复调整，以避免发生同样错误。

二、常见金融风险产生及管理理论

(一) 金融周期理论

金融周期理论从定义上看简单易懂，即金融风险的周期性发生与经济发展水平的周期性波动之间存在密切的关系。根据宏观经济理论，一国生产力的发展是具有周期性的，经济增长或发展曲线会有波峰和波谷的交替出现。当一国经济高速增长时，金融机构出于自身盈利水平提升的考虑，会优先将信贷资源集中在一些快速发展的领域，而这些领域和相关产业可能在随后的时光中被证明是低效率和高风险的，因此其难以按时偿还金融机构借款，最终当高峰期的浪潮过去，金融风险由于累积过度就会爆发，进而造成金融体系乃至实体经济层面的剧烈波动。因此，从经济发展和运行的角度看，宏观经济的不稳定是形成金融风险的重要根源，造成宏观经济不稳定的因素很大程度上也会造成金融市场的波动。

该理论认为，经济周期波动、包括货币政策和财政政策在内的宏观经济政策变化导致了一些宏观经济总量的改变，根据经济发展理论，总量改变后会不同程度地增加金融体系的不稳定性，使之更容易暴露于风险之中。

(二) 金融深化理论

20 世纪 70 年代金融深化理论提出以后，许多国家纷纷放宽了之前对金融体系的管制措施，开始逐步实行金融自由化，以促进本国金融市场纵向深度发展。虽然金融自由化在当时战后各国恢复重建的特殊历史背景下对本国经济的确具有巨大推动作用，也间接在经济全球化背景下，推动了经济增长与经济发展，但是，实行金融自由化的部分亚洲和拉美国家在过去 50 年间相继发生了危及国家经济发展根基的金融危机。金融深化理论能够支持一国金融体系的发展，其前提假设至关重要。该理论的前提为金融市场是完全竞争的，市场信息是透明且公开的，在市场中各类经济主体是理性的，其任何决策行为均需要符合其自身利益的最大化。而现实中的金融市场由于信息不完全对称、相关配套制度建设不完备，因此存在明显的"逆向选择"和"道德风险"，行为金融理论被广泛接受后，也使得大部分人意识到金融市场不是有效的。

(三) 风险平价理论

风险理论的兴起来自投资界意识到风险溢价意味着投资组合超高收益。1996 年桥水基金推出的全天候风险平价策略，目的在于穿越经济周期，使得组合在各种市场环境下均可获得稳定表现。与同时期其他关于资产配置理论所不同的地方在于，风险平价理论指导下的资产配置核心不在于不同市场组合的权重分配，而在于风险的分配。资产风险平价组合的目标函数是使得各类资产对组合的风险贡献相同。

该理论的优点在于表明了不同宏观环境下金融企业在投融资过程中面临的风险暴露情况和程度是不一致的，因此需要采取不同的投资策略以规避风险。而该理论的争议则在于较多地配置了债券资产，此类资产在历史上由于美国利率长期下行而获得了较好的表现，因此投资组合的高收益不能完全归因于风险策略。

（四）投资组合风险控制理论

对金融机构投资组合而言，风险控制的核心在于对风控制度和风控阈值的设立，以采用这两套制度对持仓进行动态调整。具体到操作层面，该理论认为，在组合管理过程中，需要根据预期收益要求和策略特征制定风控制度。该理论的特点是指出在金融资产交易系统中要设置符合公司情况的风险阈值，防范操作风险。在风险控制模型中，还要加入公司股权变动、关键投研人员职位变更或离职与否、业绩不及预期和合规问题等因素。该理论的优势在于能够很好地进行操作实践：在组合比例偏离资产配置目标情况下卖出占比偏高资产，买入占比偏低资产，回到初期设置的目标比重。当市场出现大幅波动导致风险敞口增加时，及时采取再平衡策略，将配置比例调整到目标配置比例。目前常用的再平衡方法主要有时间频率再平衡、波动区间再平衡和定期再平衡等。

（五）金融主体具有有限理性理论

从行为金融学角度来看，任何参与金融市场中的个体都只是具备有限理性，而不是完全的理性，所以在有限理性的干扰下，人们并不能总是做出有利于个体利益最大化的决策和行为。金融市场主体的非理性行为是金融风险形成的重要因素，这也是笔者提出的核心观点之一，将在后续章节中详细展开。金融主体的有限理性行为主要表现为其在进行投资决策等金融行为时，不会以个体理性收益最大化为唯一的思考出发点，而是会受到心理因素影响，使得投资行为非理性，最终导致了股价异象。例如，投资者对于失败的投资组合具有短视行为，指投资者在已知投资收益小于投资成本的前提下，依旧不舍得放弃投资组合。此外，在部分西方发达国家，随着经济持续发展，投资者反而会采取更大胆的行为甚至冒险的行动，直到资本市场出现危机。部分投资者的投资行为具有冒险倾向，因此往往只有经过一场危机才得以矫正，但金融危机带来的教训并不总是"吃一堑，长一智"，其教育意义并不会持续太长时间，金融危机因此周而复始出现。

第三节　信托行业相关概念

一、信托诞生的历史

信托的雏形——"用益制（Use）"发源于英国13世纪，当时英国社会对盛行的教会遗赠行为有"没收条例"的限制，于是人们设计出用益制，将土地的所有权、经营权、收益权等进行分离。同时，当时的英国固守封建制度且政治动荡频繁，人们为了规避沉重的封建赋税、规避长子继承制、规避法律、规避战争战胜方没收土地等自由处置土地的意愿，在社会需求层面推动了用益制的迅速发展。这是"灵活创新"和"财产独立"两大特征的最初萌芽。

信托从用益制中诞生，由衡平法院赋予真正的法律地位。衡平法的干预促进了用益制的发展。但是，15世纪的英国经济发展迅速，财产多元化的趋势已不可阻挡。在用益向信托的转变中，有两个里程碑意义的事件，一是1536年《用益法》正式颁布并在英国境内普遍适用，二是1635年萨班奇诉达斯顿案判定。一以贯之的是上升的新贵族、新兴资产阶级与没落的旧贵族在各个领域时而妥协、时而斗争的历史进程，是人类社会不断进步完善的缩影，同时也为世界法律体系提供了重要概念，为各种生产活动提供了重要载体。

二、信托公司

我国信托公司的发展具有悠久的历史。1979年，中国国际信托投资公司成立，标志着我国第一家信托公司诞生，也意味着我国现代信托业出现。作为改革开放窗口，信托公司展业之初一直以类信贷和证券类业务为主，发挥的实质作用是提供融资功能的金融服务，契合当时国家经济转型发展的迫切需求，具有很强的时代烙印。但由于缺乏基本信托法律制度支持，信托本源业务几乎没有开展，整个行业经历了多次重大整顿，信托公司大多显现出主业不清晰的问题。

随着2001年《信托法》颁布施行，信托法律法规逐步完善，信托公司主营信托业务的商业模式逐步确立。一方面，以服务实体经济发展需求为导向的信托贷款业务在牌照红利保障下蓬勃发展，另一方面，以保值增值为目的的理财信托逐步吸引了社会上高净值客户的目光，集合资金信托成为支撑信托行业发展最重要和最成熟的展业方式。在众多展业中，信托公司实质还是提供金融供给，基于信托本源的非金融受托服务没有得到真正的发展。而由于金融供给类业务本身蕴含了极高的风险，因此信托公司如果此类业务开展比重过大，则不可避免地会受到各类系统性和非系统性金融风险的影响。

前文提到，近年来监管部门也看到了问题症结所在，自2018年起至今，密集出台了诸多督促信托公司主动积极探索转型发展道路的文件。有关部门释放了明确的信号，发展以服务信托为代表的非金融受托服务将成为信托公司未来定位的重要方向，并在服务社会民生重要领域发挥积极作用，如养老信托、遗嘱信托、慈善信托、特殊需要信托等创新业务日益成为大部分信托公司转型的首选业务。按照最新监管要求，以资金信托为代表的信托金融服务也应从"大而全"的规模优先型发展方式，向"专而精"的质量优先型发展方式进行转变。

值得注意的是，在转型过程中，信托公司不仅要努力调整自身业务结构和发展策略以适应最新监管要求，还需要时刻注意来自其他金融机构开展类似业务的激烈竞争问题。

随着资管新规的推进以及我国金融业的对外开放力度加大，资管行业竞争日趋激烈，信托公司为了保持核心竞争优势，需要加快转型升级。资管新规将所有资管子行业纳入统一管理，信托的制度优势逐渐丧失，尤其是资管新规后银行理财子公司的大量设立，对信托公司形成较大冲击。《商业银行理财子公司管理办法》（中国银保监会令2018年第7号）于2018年12月2日正式发布，从相关文件来看，银行理财子公司可进一步向资产管理机构、财富管理机构转型，将成为信托公司未来的主要竞争对手。甚至有人称银行理财子公司拥有"万能牌照"，除了不能发放贷款，其他业务都能做。银行理财子公司成立后，银行将银信业务大量优先分配给这些银行理财子公司，从而信托公司的银信业务将大幅度减少。截至2019年年底，已有11家银行理财子公司开业，并已有6家理财子公司向市场推出了353款理财产品，对信托公司的业务影响已有一定程度的显现。

可见，为迎接金融业开放带来的影响和冲击，我国的信托公司需要提升自身能力，加快业务转型升级。

三、信托行业

信托作为我国第二大金融子行业，从2016年开始资产规模迈过20万亿元大关，对社会经济发展起到了较大的促进作用。但同时也存在一些问题，其中最突出的问题在于信托公司的业务结构不合理，通道业务占比较大，一度被视为"影子银行",游离在监管体制之外,蕴含不少展业风险。

（一）信托行业业务规模发展情况

信托行业的业务主要分为两大类:固有业务和信托业务。

2016—2019 年全行业业务规模情况如表 2.2 所示。

表 2.2 2016—2019 年信托行业业务规模（单位：万亿元）

年份	固有业务规模	信托业务规模	小计
2016 年年底	0.56	20.22	20.78
2017 年年度	0.66	26.25	26.91
2018 年年底	0.72	22.7	23.42
2019 年年底	0.77	21.6	22.37

数据来源：中国信托业协会。

从表 2.2 可以看出,信托业务规模在 2016 年突破 20 万亿元后,在 2017 年达到顶峰,为 26.91 万亿元。2018 年和 2019 年在 2017 年的基础上,规模逐年小幅下降。

（二）信托业务结构及存在的问题分析

2018 年资管新规发布后,不少信托公司加大了业务转型升级的力度,但 2018 年业务专项成效不够显著,2019 年开始显现部分成效。因此,本书以 2016—2018 年的数据作为基础进行分析。

1. 从信托资产来源角度分析

信托资产来源主要有三方面:集合资金信托、单一资金信托和财产信托。2016—2018 年信托资产来源情况如表 2.3 所示。

表 2.3 2016—2018 年信托资产来源情况

内容		集合资金信托	单一资金信托	财产信托
2016 年	金额（亿元）	733533236.9	1012309957	276017536.3
	占比（%）	36.28	50.07	13.65
2017 年	金额（亿元）	990504033.9	1200181913	433843534.6
	占比（%）	37.74	45.73	16.53

续表

内容		集合资金信托	单一资金信托	财产信托
2018 年	金额（亿元）	910803156.7	983663628.4	375659510
	占比（％）	40.12	43.33	16.55
三年平均	金额（亿元）	878280142.5	1065385166.1	361840193.6
	占比（％）	38.05	46.38	15.58

数据来源：中国信托业协会。

从表 2.3 来看，单一资金信托三年平均占比为 46.38%。单一资金信托绝大部分是行业通常所说的"通道"意味的业务，也是受到社会诟病的具有"影子银行"意味的业务，是金融监管部门要求大力压缩的业务。集合资金信托三年平均占比为 38.05%，且占比在逐年提升。但从信托公司发展的角度来看，集合资金信托占的比例仍不够，需要大力加强此业务的发展。财产信托业务是信托的本源业务，其三年的平均占比为 15.58%，占比过低，与金融监管部门鼓励的"信托回归本源"要求差距较大。

总体来看，优化信托公司业务结构，需要降低单一资金信托占比，提高集合资金信托和财产信托占比。

2. 从信托资产的功能角度分析

2016—2018 年按功能分类的信托资产情况如表 2.4 所示。

表 2.4　2016—2018 年按功能分类的信托资产情况

内容		融资类	投资类	事务管理类
2016 年	金额（亿元）	416244924.7	598937391	1006678414
	占比（％）	20.59	29.62	49.79
2017 年	金额（亿元）	442846782.1	617027192.8	1564655506
	占比（％）	16.87	23.51	59.62
2018 年	金额（亿元）	434682320.9	510600330.6	1324843644
	占比（％）	19.15	22.49	58.36

内容		融资类	投资类	事务管理类
三年平均	金额（亿元）	431258009.2	575521638.1	1298725854.7
	占比（%）	18.71	24.96	56.33

数据来源：中国信托业协会。

从表 2.4 可以看出，融资类信托三年平均占比为 18.71%。表面看来，其占比并不高。但由于这几年中不少信托公司以"明股实债"的形式开展了较多的信托项目，考虑到这个因素，融资类信托的占比应高于 18.71%。投资类信托三年平均占比为 24.96%，超过了融资类信托的占比。考虑到"明股实债"因素，投资类信托的占比应低于 29.96%。事务管理类信托三年平均占比为 56.33%，由于事务管理类信托中主要为通道业务，而不是贴近信托本源的服务类信托，因此在事务管理类信托中要大力压降通道业务规模，扩大服务类信托的占比。

从信托计划的功能角度看，优化信托公司业务结构，需要降低融资类信托的占比，提升投资类信托的占比以及事务管理类信托的占比。在事务管理类信托中，要压降通道业务规模，大力发展服务类信托。

3. 从信托资产的投向角度分析

2016—2018 年全行业信托资产投向如表 2.5 所示。

表 2.5　2016—2018 年按投资划分的信托资产投向

投向	2016 年		2017 年		2018 年		三年平均	
	金额（亿元）	占比（%）	金额（亿元）	占比（%）	金额（亿元）	占比（%）	金额（亿元）	占比（%）
基础产业	272989422	15.64	317414514	14.49	276401028	14.59	288934988	14.87
房地产	142953738	8.19	228283197	10.42	268727398	14.18	213321444	10.98
证券市场	282974412	16.21	310065468	14.15	219621082	11.59	270886987	13.94
金融机构	361501761	20.71	410994116	18.76	302930244	15.99	358475374	18.44
工商企业	433280255	24.82	609978820	27.84	566531267	29.9	536596781	27.61
其他	252143604	14.44	313949830	14.33	260255765	13.74	275449733	14.17

数据来源：中国信托业协会。

从三年平均数据来看，投向工商企业的信托资产规模最多。这体现了信托业支持工商企业发展、服务实体经济的大方向没有改变。投向占比第二大的是金融机构，占比18.44%。作为同业业务，信托公司应减少该业务占比，将更多的资金投向实体经济。在这些资金投向中，基础产业领域占比14.87%，位居第三位。这些资金不少投向了政府平台公司或者地方政府控制的国有企业。而国家从2014年以来开始规范地方融资行为、降低地方政府隐性债务，因此不少地方政府平台近年来也出现了无法按期偿付借款的暴雷事件，导致为其提供融资服务的信托公司风险陡增。

房地产信托业务在"房住不炒"的严格政策监管下不是信托行业资金最高投向领域，虽然占比只有10.98%，但房地产信托是大部分信托利润的重要来源，出于思维惯性和对其他业务在转型期不确定的担忧，至今仍有不少信托公司对房地产信托业务的依赖性极高。国家为了抑制房地产价格过快上涨，在2016年年底就确定了"房住不炒"的房地产调控原则，也要求金融机构控制向房地产企业提供融资。具体而言，监管部门密集出台各类文件，要求信托公司严格执行房地产贷款的相关规定，防止信托资金违规进入房地产市场。另外，我国房地产市场经过近20年的高速发展，在一线城市和部分二线城市已进入存量房时代，房地产行业的投资收益率正在向社会平均收益率靠拢，近几年房地产信托项目风险也时有爆发。从这两方面看，信托公司开展房地产信托业务具备了一定的风险基因。

从信托行业的资金投向来看，优化信托公司业务机构，需要加大对资本市场的投资，提高其占比，以契合国家今后一段时期内大力发展资本市场的战略；要加大对工商企业的融资支持力度，服务实体经济；要降低对房地产企业的融资，依循国家房地产调控的指导；也要降低对地方政府的融资额度，不为地方政府增加隐性债务提供渠道。

第四节　本章小结

本章梳理了笔者研究所涉及的若干理论基础和与信托业有关的基本概念。理论基础中最重要的是行为金融理论及其分支学说部分。行为金融理论在运用金融学、经济学和心理学等交叉学科知识的基础上，可以对不确定条件下投资者的认知偏差进行描述和观测。行为金融及其分支理论，如有效市场假说理论、股价异象、投资者情绪理论和管理者过度自信理论等，充分考虑金融市场各方参与者的非理性行为对金融机构风险管理的影响，因此为后文分析影响转型期信托公司风险的因素奠定了良好基础。此外，在金融风险管理理论方面，本章提出了金融风险管理的历史发展过程、基本流程和较为流行的几种理论，为后文构造更加完善的信托公司风险评价指标体系提供了理论依据。本章第三小节对信托行业相关概念进行了梳理，主要分析了我国信托业诞生的契机、信托公司展业现状及其具有的显而易见的转型期风险源头，最后对我国信托行业的现状进行了描述。

　　总的来看，结合我国信托行业发展实际情况，根据行为金融及其分支理论和金融风险管理理论可以看出，在信托公司开展转型期业务过程中，各参与方行为出现非理性的可能性极大，而行为非理性造成的后果必定是信托公司会遭遇前所未有的新的风险类型，且对风险进行防范的手段也需相应有所更新。本章为后续实证研究影响转型期信托公司风险的影响因素以及构建风险评价体系提供了可借鉴的理论框架、研究思路和具体方法。

第三章

信托公司创新业务过程中风险识别与预警机制建设现状

2018 年被视为我国信托业集体进入艰难转型期的开端之年。2019 年信托行业拓宽风险范畴、加大风险暴露,除安信信托外的其余 67 家信托公司不良资产总额为 356.07 亿元,平均不良率达到 6.31%,而同期银行资产不良率只有 1.86%,可见信托行业不良资产占比较高。2020 年以来,行业内的风险仍在持续暴露。转型期的信托公司进一步加强了项目评审各个环节,旨在从更细致的层面筛查风险、引导业务部门回避风险,甚至暂缓了部分高风险项目的推进。

值得注意的是,转型期信托公司风险类型较之前出现了新的特点,信托公司要想对风险时刻保持高度警惕,就需要先厘清信托公司传统业务和创新业务各自对应的风险类型及相互差别,并对新时代背景下更易出现的交易对手行为风险进行全面识别和认知。以上问题将在本章进行详细探讨。

第一节 信托创新体系构建的理论内涵与构建方式

一、信托创新的理论内涵

"创新"的概念最早是由美国经济学家约瑟夫·阿罗斯·熊彼特提出的,在其 1912 年著的《经济发展理论》一书中首次使用。熊彼特认为,创新就是建立一种新的生产函数,即实现生产要素和生产条件的一种从未有过的新组合,并将之引入生产体系。这种新组合包括:引入新产品、引进新技术、开拓新市场、开拓并利用新的原材料来源、采用新的生产组织和管理方式,实现企业的组织更新[1]。

---

[1] 张继光,杨文圣. 知识资本与技术创新 [J]. 理论探索,2004(6):62-64.

金融创新的概念由熊彼特对创新的观点衍生出来，金融创新是指金融内部通过各种要素的重新组合和创造性变革所创造或引进的新事物，在效益最大化原则基础上构造新的金融生产函数①。具体的金融创新包括金融工具创新、金融组织结构创新、金融企业管理创新、金融业务创新、金融监管创新等。

信托创新不仅具有金融创新的本质特征，而且具备法律关系的基本属性，是金融创新与法律创新的结合。

（一）信托制度创新：金融工具与法律安排的有机结合

信托本质上是一种体现法律关系的制度安排，反映了委托人、受托人、受益人等信托当事人之间的权利义务关系。根据我国《信托法》的定义，信托是指委托人基于对受托人的信任，将其财产委托给受托人，由受托人按委托人的意愿以自己的名义，为受益人的利益或者特定目的，进行管理或处分的行为②。

按照制度经济学的理论，在一个不确定的世界里，制度发挥着重要作用，市场的有效性直接决定于制度框架。法律作为最正式的制度安排，是现代经济增长的必要条件。信托制度源远流长的生命力也在相当程度上诠释了其作为一项稳定而正式的制度所具有的制度魅力和应用价值。

起始于法律制度安排的本源，信托具有财产转移和财产管理功能。经过经济和社会的发展变迁，横跨不同的法律体系和社会制度，信托逐渐演进并形成了金融契约特征，成为一种金融工具，进而发展成独立的金融业态。信托公司作为持牌金融机构，运用信托制度设计发行的信托产品能够充分集中体现信托的法律要素属性和金融要素特征，发挥信托制度的金融功能和法律安排，同时接受相应法制及金融监管。由此，信托创新是在信托制度范畴内部，信托公司为开展业务需要，针对特定市场上客户的信托需求而设计和发行的产品，其基本形式为以信托合约确定的或与之相关的信托服务。

与改革开放同步，经过 40 年的持续发展，我国信托业已经形成了经由 68 家信托公司组成的、管理近 22 万亿元资产规模的金融行业，信托制度的金融创新属性已经得到了有效验证和发展。致力于人民群众对于财富管理的新愿望与新需求，信托机制在资产流转，资金结算，财产监督、保障、传承、分配等非金融服务领域的创新推广应用将得到进一步加强，发挥信托在账户管理、财产独立、风险隔离等方面的制度优势和服务水平，使之成为维护人民群众财产安

---

① 唐晔，李杨，ALEX，等．金融创新：举国体制与自由竞争 ［J］．沪港经济，2010（11）：46-49.

② 陶士贵．科技融资工具的创新与选择 ［J］．南京邮电大学学报（社会科学版），2013，15（3）：45-50.

全、提升社会治理能力的有益工具。

（二）信托业务创新：多样化服务与多层次市场的资源整合

信托业务创新是指信托公司投入人员、技术、资金、数据等要素进行新产品、新技术、新市场和新组织的开发，以丰富信托产品、提高风险处置能力、提升主动管理能力，满足客户资产管理和财富管理需求，以获得增值价值的创新行为和活动①。

信托公司通过业务创新可以开辟新的市场，深入服务实体经济的多类产品，积极参与多层次资本市场，通过提供金融服务与非金融受托服务等多种方式，发展差异化优势，提升资金筹集和使用效率，满足客户不断变化升级的个性化财富管理需求，增强自己的核心竞争力②。

信托公司的业务创新，并不仅限于对各项信托监管规则的遵守，还需要对旧有业务主动革新，按照市场需求推动业务转型与升级，通过组织体系和业务程序的再造完善公司治理，加强信托产品研发与创新设计，使信托制度设计的灵活性和应用范围的广泛性能得到充分的发挥。

近年来，信托公司积极探索开展了诸多创新业务，例如，基金化信托产品、结构化信托产品、消费权益信托、绿色信托、保险金信托、特殊目的信托、服务信托、数字信托等，信托业务创新在促进信托业可持续发展方面具有非常重要的作用。

二、信托创新的体系构建方式

信托创新研究不仅仅是信托公司转型升级的重要方式，也决定着信托业未来发展的方向。从创新研究相关文献梳理来看，当前不管是学术还是业务实践层面，对于信托行业创新发展的系统研究都相对较少，对于信托行业创新力的评价更是存在空白，本书将围绕信托创新理论内涵，结合金融属性和法律属性双重维度，结合行业发展重点和未来发展方向，构建信托制度、信托产品、信托服务、信托管理和信托文化"五维创新模型"，从制度、产品、服务、管理、文化等核心视角，探索信托公司战略转型、业务模式和经营优化之道，不断探寻信托本源，为信托业的健康可持续发展提供方法和路径研究支持。

---

① 赵晟，周青，耿瑞利，等．中国信托业服务创新能力评价［J］．技术经济，2015，34（11）：85-92.

② 赵晟，周青，耿瑞利，等．中国信托业服务创新能力评价［J］．技术经济，2015，34（11）：85-92.

（一）制度创新

信托制度创新侧重关注信托的外部环境适应力，具体指信托公司可持续发展的法律法规保障、监管规则指导、配套机制建设过程中的制度要素创新。制度要素是信托业务创新的首要基本要素，因此制度环境对于信托创新的意义，首先就在于通过制度供给为信托业生存提供合理性的制度基础①。其次，在信托业务创新过程中，制度环境中特定的法制和监管内容不但会对创新本身产生直接的制约或激励，也会对信托展业的市场环境、市场需求等外部因素产生不同程度的影响，从而规划了信托业务的边界和行为特征，使信托业务创新体现明显的制度烙印。

（二）产品创新

信托产品创新是信托业务创新的载体和表现形式，具体指信托公司针对客户的资产管理和财富管理需求，综合运用多元金融工具，提供投融资、资产配置、托管运营等综合金融服务和非金融受托服务过程中形成的创新模式。信托公司通过发行标准化和定制化的信托产品，输出业务创新的结果，为信托客户提供相应的信托服务，从而实现规模化、体系化和可持续发展的商业模式。

（三）服务创新

信托服务创新主要表现为信托的受托服务创新，具体指信托公司在信托产品的发行与运行管理过程中，结合委托人需求，按照信托目的，在既定的服务场景中，基于主动提供的全周期、全流程的受托服务形成的创新服务模式。服务创新表现在财富管理领域比较典型，例如，围绕委托人需求，遵循信托目的，信托公司可以提供家族财富分配与传承、协助公益慈善项目执行、家族企业托管运营等信托本源服务创新。

（四）管理创新

信托管理创新侧重关注信托的内部环境适应力，具体指信托公司的战略管理、运营管理、科技管理、人力资源管理、知识管理等领域的创新模式。信托管理创新的价值一方面是信托公司自身治理水平优化的必要途径；另一方面是促进信托业务创新和产品创新的动态保障，可以促进信托创新过程中内部要素和外部环境的协同互动，提升信托公司组织生命力，以更有效地适应外部市场环境及竞争压力。

（五）文化创新

信托文化创新关注的是影响信托生存与发展的底层要素与生存土壤，具体

---

① 翟立宏. 信托产品创新：要素解构与环境分析［D］. 成都：西南财经大学，2005.

指信托公司以受托人定位为根本，建立与委托人、受益人、利益相关方的良好互动生态，建立信托文化共同体，涵盖公司战略、企业文化、受托人尽职体系、投资者教育等具体细分领域，核心目的是构建信托文化体系。

历经几个世纪的历史筛选，诚信、守则、尽职的信托文化逐步成为各国财富管理和资产管理的选择认同，信托的制度优势在长期发展中形成了成熟的信托文化，成为各国信托从业者共同遵循的话语体系和行为准则，也成为信托投资者和委托人共同认同的服务模式。

基于此，本书将结合信托制度、信托产品、信托服务、信托管理、信托文化五大维度，分别对 2018—2022 年的信托创新发展实践进行梳理、总结、归纳及未来发展展望，旨在通过对信托创新发展的持续研究，提升信托创新的制度建设和营业能力，启发信托公司从战略思维、组织结构、能力建设、产品设计、服务水平等多方面主动变革，将创新作为最重要的发展动力，深化信托公司转型，在信托本源发展之路上行稳致远。

第二节　信托行业制度创新的总体特征

制度创新是行业转型升级的基础，也是业务创新发展的前提。2019 年以来，随着金融供给侧结构性改革的持续推进和资产管理制度体系的逐步完善，信托制度创新也在持续推进。总结来看，信托行业制度创新呈现出以下特征。

一、坚守控风险底线，保障行业稳健发展

落实防范化解金融风险攻坚战基本要求，2019 年银保监会开展了三次风险排查，持续推进"治乱象、去嵌套、防风险"各项监管工作，严格控制房地产信托业务规模。进入 2020 年，监管部门下发监管意见，要求压降融资类信托业务规模、压降通道业务规模，引导信托公司回归本源，转型发展。然而，外部环境的改变也导致信托业发展受到影响，2020 年 6 月，压降融资类信托规模、压降通道业务规模、压降资金池规模的监管要求才真正落地实施。落实"资管新规"要求的《资金信托新规（征求意见稿）》发布，在规范资金信托的同时，也明确了服务信托的定义，鼓励服务信托和公益慈善信托的发展，这有助于从根本上引导行业稳健长远发展。

二、严监管态势延续，夯实转型发展基础

新的经济环境和金融环境下，金融强监管、严监管成为常态，2019 年以来，严监管态势延续。严监管一方面表现为出台规范信托业务发展和信托公司经营的监管文件，另一方面表现为信托公司收到的监管罚单逐渐增多。严监管态势短期内会对信托业务发展造成一定影响，并且可能造成信托项目风险的加速暴露，从数据看，信托项目风险规模增加，不良率也呈现上升趋势。长远来看，严监管有助于夯实信托业转型发展的基础，以实现行业长远持续发展。

三、规范与引导并重，引导信托结构优化

从 2019 年以来信托制度发展情况看，规范与引导并重是信托行业制度创新的又一特点。《信托公司股权管理办法》从股权治理层面规范信托公司管理，奠定信托公司转型发展的基础；《信托公司行政许可事项实施办法》落实金融业对外开放要求，简化信托公司行政许可相关事项程序，以保障信托公司转型发展。"服务信托"自被引入信托公司业务以来，已成为除资金信托外公司重要业务类型之一，也成为信托公司专属业务之一。《资金信托新规（征求意见稿）》明确信托公司非标业务规模占比不超过 50%，未来信托公司股权投资和标品投资会迎来新发展，与此同时，服务信托的定义和范畴得以明确。总体来看，信托业务将朝着资金信托与服务信托并重的方向发展，资金信托的内部结构也将进一步优化，信托业务转型本质上就是信托业务结构优化和信托业务模式升级。

四、着眼未来谋发展，制度建设任重道远

发展是解决问题的关键。2019 年以来，信托制度创新也体现出监管引导信托公司谋求长远发展、特色发展的特征。2020 年 1 月，银保监会发布的《中国银保监会关于推动银行业和保险业高质量发展的指导意见》提出要有效发挥理财、保险、信托等产品的直接融资功能，培育价值投资和长期投资理念，改善资本市场投资者结构。信托公司要回归"受人之托、代人理财"的职能定位，积极发展服务信托、财富管理信托、慈善信托等本源业务，这为信托公司的未来发展指明了方向。在资本市场的广度和深度日益增进的情况下，在居民财富配置从房地产向资本市场转移的大形势下，证券投资信托业务既是信托业内部主动转型的发展要求，也是外部财富管理需求的体现。然而，证券投资类信托、服务类信托等信托业务的发展，不仅需要信托公司的努力，更需要相关配套制

度的完善。从目前发展情况看，信托制度建设仍有很长的路要走。

第三节　信托行业整体风险概况

第一章提到，目前我国信托行业经过多年的发展，其整体风险不断累积，多次出现了暴雷事件，使得上至监管层，下至投资者群体，都充分感知到了信托行业整体风险不断攀升的实际情况。《中国金融不良资产市场调查报告2021》指出，现阶段信托资产风险率水平在5%以上。

社会信托业资产整体风险比例的关切度是实际存在的，目前信托行业资产风险率到底是多少？2020年第一季度之后，中国信托业协会停止了对这一指标的披露。《中国金融不良资产市场调查报告2021》显示，现阶段信托资产风险率水平在5%以上，由于金融风险的暴露往往存在滞后性，因此行业当下实际风险率可能远高于5%。笔者根据用益信托网不完全统计，2020年全年集合信托产品共发生310多起违约事件，涉及违约项目金额超过1600亿元。2021年1月到8月，集合信托产品共发生产品违约事件135起，涉及金额逼近600亿元①。

因实体行业发展的千差万别和宏观环境的不断变化，房地产、工商企业和基础产业等领域均为信托产品违约事件高发的领域。从融资方来看，在融资活动中，国有企业、大型民营企业、发达地区政府融资平台往往具有良好的信用评级，多直接融资。而中小民营企业、欠发达地区政府融资平台、无强股东支持的房企，无奈背负融资成本较高的信托融资。而当下的经济下行，又加剧了融资方的分层，让信托融资方的偿还能力面临着更大的不确定性。

同时，信托公司固有业务的不良率也高企。根据年报数据，2020年约10家信托公司固有业务不良率超10%。民生信托2020年年末不良率升至55%；华宸信托不良率从2020年年初的39.26%上升到年末的44.19%；中粮信托不良率达到了29.72%；渤海信托不良率达到了16.8%；中建投信托不良率达到了15.31%；杭州工商信托不良率为13.85%；长安信托不良率为12%；等等。

2020年，在监管从严叠加经济下行压力影响之下，信托业风险加速暴露。一方面是由于部分信托公司经营风格激进，积聚大量市场风险；另一方面，部

---

① 樊融杰.成立规模109.85亿元 TOF业务11月增量明显［EB/OL］.金融界网，2021-12-14.

分信托公司治理不健全，存在违法违规经营现象①。以信托公司传统营利较高的房地产信托业务为例，其在转型期面临了更多风险，且风险点主要集中在委托人一端。2021年以来，部分较激进的房企延续此前高举高打的思路高价拿地，但到了2021年下半年尤其是央行、住建部纷纷约谈房企和城市主管部门负责人后，上述项目可能无法按原有较高的预期价格去化，增大了项目失败甚至房企违约的风险。此外，部分房企资产规模虽然大，但是财务杠杆较高、负债规模大、债务到期集中度高，这些企业十分广泛地与信托公司进行着各类合作。

综上所述，信托业整体风险在近5年时间内持续上升，需采用多种理论和措施来对全行业风险进行重新定位与分析，以控制整体风险的扩散与蔓延，避免造成更大范围的金融危机。

第四节　信托行业存在风险的原因及类型

一、信托业务产生风险的根本原因

金融市场的任何一类风险产生都不是空穴来风，从根源上分析往往可以找到某一类金融风险产生的根本原因。我国信托业与西方发达国家信托业相比，具有发展较为落后、起步时间过晚、制度建设有待完善和配套设施略显滞后等诸多特点。我国信托公司由于历史发展问题，造成了行业从业人员和信托公司自身一定的定位模糊问题。笔者认为，正是这种模糊定位导致其在开展传统类和创新类业务的过程中，天然更加具备产生金融风险的可能性。

从历史角度看，我国信托公司在成立伊始，出于改革需求，被赋予金融改革"试验田"的使命，因此在实际经营中带有相当的灵活性，具备一定的金融"全能"属性，其业务范畴一度比银行业还要宽广，且没有受到类似银行业一样严格的监管和规制，因此快速进入了"野蛮增长"阶段。历史上，为了促进社会融资，监管层和社会经济主体将"社会融资"的重担转移给了信托公司，后者被视为一类特殊的、带官方认可的正规融资机构，即我国历史上一度用办银行的办法办信托，一开始信托公司就带有较为强烈的"类银行"色彩。后来，信托业在数次"膨胀—整顿—再膨胀（频繁推出创新业务）—再整顿（创新业

---

① 郭志强. 信托业：多家爆雷，倒逼行业"回归本源"［J］. 中国经济周刊，2020（24）：80-81.

务出现了新的风险）"的循环中，始终没有跳出自身作为社会融资工具的角色定位。自第五次清理整顿后，国家才在制度层面重新确立信托公司的功能定位，督促其"回归本源""不忘初心"，逐步建立了信托公司的监管体系，缩小了其业务范围，不再给予其"全能型"金融机构的认可。

在这样的发展背景下，从风险来源看，信托业风险积累主要有以下几方面原因。其一，融资类信托的债务人通常因自身原因或所处实体经济的行业特色，无法从银行渠道获取贷款资金，故其虽然是被迫承担高边际融资成本的主体，但也十分渴望通过信托业筹集资金。这些融资主体通常信用等级较低、违约风险较高（故一开始无法从银行获取较低利率的贷款资金），且其融资信托规模需求较大，因此与之合作提供资金的信托公司会承担更多的风险。但是，在发展初期，这些信托公司自身的风险管理能力较弱，易导致风险加速暴露。其二，当信托产品产生兑付风险时，部分信托公司通过高收益产品吸收资金建造"资金池"以偿还需兑付资金，自认为资金池的创设是一种金融创新活动，却暗地里以此掩盖不良资产，大行"拆东墙补西墙"之道。然而资金池的滚动并不会消除风险，反而会不断放大风险，在经济增速下行的情况下，过去累计的风险隐患有可能加速暴露，导致通过此类方式筹集兑付资金的信托公司快速面临还本付息困难，乃至导致了金融机构间的连带反应，引发系统性风险。例如，安信信托、四川信托的违约事件便是来自资金池模式造成的隐患。其三，近两年监管部门加大了对信托业风险的监管与排查力度，导致之前被隐匿的风险得到了充分暴露，也导致在数据上直观反映出信托业风险项目与风险资产规模显著增加。因此，并不是近3到5年信托公司突然集体进入"无法防范风险"的阶段，而是过去很多遗留但被巧妙掩盖了的风险进入了"集中暴雷"阶段，因此社会上短期内相继看到数个知名信托公司面临"兑付困难"，甚至出现了经营危机，造成了较为恶劣的社会影响，也促使监管层一再出台越发严厉的整顿措施，向社会各方面传递了强有力的要根治信托公司部分业务累积风险过大的决心。

"一法两规"实施后，我国信托业进入规范发展时期，但其作为金融机构，一直以来没有专属的业务领域，且由于规范发展起步时间较晚，不同于银行业具有长期规范发展的经历，因此其在资金端和资产端都形成了后发劣势。多年来，在整顿中不断调整定位和发展方向的信托公司一直积极地寻找生存空间，在提高自身盈利水平的同时与其他金融机构展开错位竞争，行业内部也日益形成激烈竞争局面。虽然我国信托公司总数不多，但因为展业雷同度较高，所以在内外双重压力下，信托公司纷纷尝试开展各类金融创新活动，努力通过不断推出创新类产品填补市场空白。

从积极角度看，信托公司的"紧迫感"使得金融市场上的确形成了一股强大且持续的创新动力，但因部分信托公司为了抢占市场先机，同时相关监管政策和制度规范往往较为滞后，所以其创新步伐较为激进，在转型和开展新业务前没有进行全面而深入的前期调研，新型业务风险累积，不能采用传统的风险防范方式予以预判和阻断风险传导，从而为整个行业的发展带来了更多的隐患。

二、内部风险类型

基于以盈利为主导的经营模式和思维方式，近年来，伴随较为宽松的监管环境，信托业风险项目个数与规模快速上涨，业务主要集中于受宏观经济因素影响较大的房地产信托与基础设施信托领域。信托业风险项目个数从 2015 年一季度末的 425 个增长至 2020 年一季度末的 1626 个，风险项目规模增长量突破了 6000 亿元，信托资产风险率持续走高，且短期内没有下降趋势。2020 年一季度资产风险率达 3.02%，首度破三，同比增长 139.68%。从风险分布来看，信托业传统业务的风险的确主要集中于房地产信托与基础设施信托。

统计数据显示，2018 年，共有 21 家信托公司收到 24 张罚单，合计处罚金额 1450 万元，罚单数量和处罚金额相较上一年同期有所增长。2019 年，共有 21 家信托公司收到 34 张罚单，处罚金额超过 2200 万元，罚单数量和处罚金额再次在上年的基础上大幅增长。

在"强监管"的环境下，处罚已成为常态。近年来，未受到过处罚的信托公司寥寥无几。虽然不少信托公司已经意识到需要加强合规意识、风险意识，争取少受处罚，维护自己的社会形象，但传统业务与创新业务的持续暴雷依旧在一定层面上对我国金融市场的稳定性造成了影响。受到处罚的原因正是在于部分信托公司在转型期存在明显不合乎监管层要求的种种行为，这些行为导致了信托业务风险累积较转型期之前更快，也使得风险类型更为多元化。

对内来看，金融市场同业竞争也日趋激烈。信托公司作为大资管行业中的一个子行业，信托关系事实上已变为资管行业的通行制度，并不为信托公司专属。2012 年，信托资产规模占资管规模的比例为 27.67%，而 2018 年降至了 20.56%，且近年来还在不断下降，可见全行业都面临了较为激烈的市场竞争环境。2019 年，银行理财子公司中 12 家已批筹，分别为六大国有商业银行，股份制银行中的光大银行、招商银行、兴业银行，以及宁波银行、杭州银行和徽商银行 3 家城商行。另有 18 家银行也已明确公告表示要设立理财子公司。目前法规已经明确，银行理财子公司可以直接发行具有结构设计的产品，基本可以判定以往由银行出资，信托公司开展的结构化阳光私募配资业务等结构化产品将面临银行理财子公司的激烈竞争①。

这些违规行为主要有以下几类：

第一，违规开展房地产业务。银保监会 2019 年 23 号文明确规定，要求信托行业停止"优先股+劣后债"的交易模式，同时加大对信托行业开展房地产业务的监管力度以及业务总量的控制。监管机构对于房地产贷款"四三二"② 不合规或违规使用资金购买土地等问题也更加重视。

近年来因房地产业务违规受到监管处罚的信托机构中，不乏一些业内享有较好声誉、具备较强资产管理能力的公司。因房地产业务违规对信托公司开出的罚单高达 10 张，占比总数达到 22%。

第二，违规开展银信合作业务。对于银信合作业务的监管分为两方面：其一是通过压降政策以及采取监管措施乱象整治等方式，抑制通道类业务的开展；其二是逐渐加强对银信合作业务违规问题的处罚力度，信托公司被处罚的主要原因在于其未能对信托目的的合法合规性进行严格审查，为银行提供通道便利以规避监管。近年来信托公司受到处罚的原因及涉及罚单数量如图 3.1 所示。

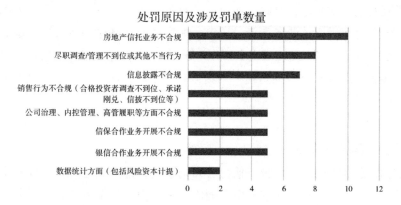

图 3.1　信托公司被处罚原因及涉及的罚单数量

资料来源：中国银保监会官网。

第三，违规开展信保合作业务。2019 年发布的《关于保险资金投资集合资金信托有关事项的通知》，对保险资金与信托公司开展合作的限制有所放开，然而也对开展此类业务的信托公司提出了更严格的合规要求。不少信托公司因违

---

① 赵萌．成立一周年回望：银行理财子公司"三看"［EB/OL］.中国金融新闻网，2020–06–16.

② "四三二"规定，具体是指地产商必须具备项目四证齐全、企业资本金达到30%、开发商二级以上资质。

反合规要求，将保险资金投资到事务管理类及单一信托而遭到处罚。

第四，尽职调查/管理不到位或其他不当行为。根据处罚的情况，信托机构受到处罚的主要原因是贷前/贷后调查管理不到位，这类处罚的依据可总结归纳为违反了信托公司在《信托公司管理办法》中的"审慎经营"要求。

第五，销售行为不规范。在"资管新规"一再强调"买者自负，卖者尽责"的背景下，监管检查的核心逐渐变为信托公司是否严格核实了投资者的合格资质和风险适应性以及是否承诺直接或间接的刚性兑付。

第六，信息披露不到位。信托公司因信息披露不到位而收到罚单的情况日益常见，其中包括未按照监管规定对信息及时进行披露、未按照规定报送案件风险信息、未向受益人及时披露产品信息等。

第七，公司内部治理存在瑕疵。金融机构合规经营还需重视公司内部治理的合规性，一些信托公司因股东会、董事会、监事会运行不规范、隐瞒变更企业实控人的信息等，遭受监管机关的处罚。

由此可见，信托公司发生严重风险暴雷事件的部分原因正是在于自身对风险的重视程度严重不足，因此在展业中具有不少违规行为。违规行为中最典型的是信托公司运用通道业务，绕过监管，为房地产和基建项目融资，这被监管称为"影子银行和交叉金融业务"。不少资金通过部分违规操作的信托公司所谓的"转型期创新"最终投向房地产和地方融资平台，规避监管的同时大量进行套利，酝酿了不小的风险。

三、外部风险类型

作为金融体系的组成部分，信托公司与其他大部分金融机构一样，是经营风险的企业，因此其在经营过程中会面临诸多风险。本小节结合信托公司传统业务类型以及在转型期开展的若干创新业务，分析其当前面临的主要内外部风险和展业特点，指出信托业务参与方行为非理性是其在当前宏微观局势下新的风险点。

笔者分析后认为，新时代背景下信托公司展业遇到的主要外部风险有以下几类：

第一，宏观经济平稳运行但下行压力加大。近年来，我国始终坚持稳中求进的工作总基调，宏观经济保持了总体平稳、稳中向好的态势。三大攻坚战取得关键进展，金融运行总体平稳，防范化解金融风险取得初步成效，这为信托公司的发展提供了良好的外部环境。

从经济结构调整转型的角度看，以新产业、新业态、新商业模式为核心的战略性新兴产业迅速崛起，对 GDP 的支撑作用不断强化，新旧动能的转换正成为我国经济发展的中心议题之一。我国产业结构的进一步优化，为信托公司创新业务模式、完善信托服务提供了较好的机遇，为信托丰富资产类型、提升专业能力等提供了新途径。

但与此同时，我国发展面临诸多困难挑战。然而信托公司资产端业务领域主要集中于房地产、政信业务、工商企业等领域，这些领域受到经济周期和资管环境的影响十分深刻。房地产调控不断升级，"房住不炒"成为共识，房地产开发和销售高度依赖信贷杠杆、房地产行业集中度加速提升等问题，导致信托公司在房地产领域展业难度明显加大。而地方融资平台近年来也频频出现危机，部分平台经营存在项目建设周期长、回款较慢、自身现金流较弱、营利能力不强等特点，被剥离为地方政府融资的职能后，依靠自身实力进行项目融资存在还款来源不确定，且能够接受的资金成本与信托产品不匹配等问题。最后是工商企业，受实体经济下行压力的影响，实体企业出现大面积营利能力较低而企业信用风险和流动性风险陡增问题。

在信托风险管理方面，伴随着我国经济下行以及金融严监管、去杠杆的推进，信托产品违约事件有所增多，部分依靠信托通道融资的企业融资受限，流动性紧张对企业信用风险和信用利差带来持续暴露压力，潜在信托违约事件快速增长势头难以下降。因此，外部经济环境依然不容乐观，风险挑战增多，潜在风险隐患短时间内难以消除，信托行业面临违约风险加剧，转型升级压力上升，业绩增长将持续放缓。这些外部经济的影响对信托公司发展创新时的风险控制能力、短期增长和长期发展平衡等方面提出了更高的要求。

第二，居民财富管理需求进一步释放。我国高净值人群数量及个人可投资资产规模持续增长，财富管理需求处在高速增长期。2020 年我国 GDP 首超 100万亿元，实现了历史性的突破。国内理财市场的环境与 40 年前的美国非常接近，均处于起步高速增长的阶段，投资者对财富如何保值增值有着浓厚的兴趣。中国已开始逐渐进入私人享有一定量财富的社会发展阶段，其财富管理和传承需求日益强烈，寻找合适的财富管理和传承模式已成为非常紧迫的任务。

随着我国高净值人群对自身或家族财富管理需求的日益上涨，其与信托公司在各类金融服务方面的合作进一步深入，这些合作包括但不限于理财、财富合理传承、企业融资和其他方面。信托，依据其自身设立初衷，具有与生俱来的制度优势，在多元化金融市场保持着较高的参与度，因此其宽泛的投资领域和灵活的交易安排，极大程度地满足了这一部分较特殊群体对财富进行管理和传承的个体需求。目前，大力发展包含家族信托业务在内的服务信托是符合监管要求和导向的，大额资金向信托靠拢将是一种长期趋势，财富管理市场的长期繁荣完全有可能取代现有"通道业务"，构成信托公司未来大发展的重要支撑，其中蕴含的风险包括此类业务一般历时较长，对信托公司的声誉风险管理能力提出了更高的要求。

第三，宏观政策与监管导向趋严。从 2017 年开始，我国推动金融供给侧改革和去杠杆、稳杠杆等一系列措施，体现在金融监管上，业内人士的统一感受就是监管趋严。

四、有关部门对内外风险进行控制的决心日益增强

前文提到，"资管新规"的发布标志着资管行业步入统一监管新时代。"资管新规"要求对资产管理业务实施监管遵循如表 3.1 所示原则。

表 3.1　对资产管理业务实施监管需遵循原则

原则	定义
1	机构监管与功能监管相结合，按照产品类型而不是机构类型实施功能监管，同一类型的资产管理产品适用同一监管标准，减少监管真空和套利。
2	实行穿透式监管，对于多层嵌套资产管理产品，向上识别产品的最终投资者，向下识别产品的底层资产（公募证券投资基金除外）。
3	强化宏观审慎管理，建立资产管理业务的宏观审慎政策框架，完善政策工具，从宏观、逆周期、跨市场的角度加强监测、评估和调节。
4	实现实时监管，对资产管理产品的发行销售、投资、兑付等各环节进行全面动态监管，建立综合统计制度。

从监管原则中可以明确看出监管层的态度，即在业务结构方面，"资管新规"鼓励投资标准化资产，对在非标准化债权类资产的投资上做了严格的限定，实际上对具有非标融资优势的信托资管是一种削弱，信托公司的传统业务将受到较大的限制。信托公司必须加大向标准化产品、服务信托、慈善信托等业务的转型力度。这类转型往往不受信托公司青睐，因其营利性较低（部分业务甚至没有任何营利性），故"向新业务转型"有时也就只是信托公司的一句口号罢了。

在资金来源方面，"资管新规"要求资管产品只能有一层嵌套，对信托产品的同业资金来源产生了一定的规范和限制。过去资金池的层层嵌套甚至被部分信托公司标榜为一种"创新活动"，实则在层层嵌套中信托公司也在不断以隐秘

的方式转移风险，最终导致投资者对于资金池的底层资产全然不知，将自己暴露在了巨大的潜在风险之中。此外，相关政策要求提高合格投资者准入门槛、打破信托公司的刚性兑付等要求也大大提升了信托公司进行资金营销的难度，部分信托公司倾向于选择更具风险性的营销方式和渠道。

作为改变资管行业的历史最高规格纲领性文件，"资管新规"从最基本的业务定义到产品设计、销售、运作等方面都提出了具体要求，其首次系统且全面地构建了未来资管业务的新范式，超过100万亿元的大资管格局被重塑。随着"资管新规"及配套文件的出台，资管行业的资产管理规模增幅大幅放缓。2020年的"征求意见稿"明确了资金信托的私募定位，加强了合格投资者管理，回应了适当性义务的履行，而在资金信托财产运用方面，则严控投资非标准化债权资产。

受金融严监管政策及"资管新规"的影响，信托行业的紧缩效应已开始显现。虽然较为严厉的政策和规定可以保障信托公司较为顺利地度过转型期，并且最大限度保障信托公司的"创新活动"是比较安全和风险可控的，进而有效保护投资者权益和金融市场的稳定性，但信托资产规模的负增长态势基本确立，同时信托违约事件增多，到期信托产品面临着较大的违约压力。

下面着重分析信托公司常见的传统业务与非传统业务的类型与风险。

第五节　信托公司常见业务类型及其蕴含风险

一、传统业务类型

传统业务主要依据资金投向的不同领域进行分类：

（一）工商企业领域

长期以来，作为实体经济主要命脉的工商企业的融资需求从未减弱，因此其也与各类金融机构开展了广泛和深入的合作。而工商企业信托业务稳定占据资金信托投向的第一位，是信托行业支持实体经济发展的直接体现。截至2021年第二季度末，投向工商企业的资金信托余额为4.79万亿元，同比下降13.90%，环比下降2.00%[①]。伴随资金信托整体规模的收缩，工商企业信托规

---

① 胡萍．二季度资金信托投向结构优化：证券市场信托增长显著标准化是重要趋势［EB/OL］．金融时报网，2021-08-30.

模有所减小。尽管如此，作为信托支持实体经济最直接的途径，工商企业信托占比仍稳居信托业务的第一位。

（二）证券市场领域

证券市场是资金信托投向的第二大领域。可以发现，证券市场信托的增长主要源自投向股票和债券资金信托产品，尤其是投向债券的资金信托产品同比大幅增长①。

标准化是金融行业发展的重要趋势，能够使金融资源得到更高效合理的配置，进而更好地支持实体经济。《信托公司资金信托管理暂行办法（征求意见稿）》对非标资产的投资比例做了明确限制。在政策的引导下，预计证券市场信托的规模和占比将持续提升。

（三）基础产业领域

尽管在房地产市场低迷和宏观经济下行压力加大情况下，基础产业信托近期发展受到一定的阻碍，但在新基建的发展理念下，基础产业信托仍有较大发展空间。然而，从传统基建领域向新基建领域转变的过程中，信托公司将面临现有专业能力和专业工具与新基建需求难以匹配的难题。因此，信托公司需要积极推动新基建相关的专业能力建设，并根据新基建的实际需求创新业务模式和专业工具，积极为新基建项目提供资金和服务支持。

（四）房地产业领域

在"房住不炒"的政策定位下，监管对房地产行业的管控持续加码，虽然各类房地产企业面临较大的融资压力，但各类金融机构也为了响应国家政策和号召，不断收紧房企借贷的条件，因此投向房地产的资金信托业务占比近年来持续下滑。

房地产行业调控升级有助于防范金融资源过度集中，避免由此带来的资源浪费和潜在系统性金融风险。同时，房地产信托业务规模和占比的压降，有助于信托公司积极推动业务转型，将更多资金投入经济转型升级的重点领域，更好地发挥信托服务实体经济高质量发展的职能。

（五）金融机构领域

"资管新规"以来，信托行业去通道效果显著。当前投向金融机构的资金信托规模较 2017 年年末的高点（4.11 万亿元）已压缩过半，资金空转现象明显减少。信托公司之前所扮演"通道"角色的淡化有利于提高金融资源在不同金融

---

① "吸金"能力 强劲 二季度信托资金持续涌入证券市场［EB/OL］. 新华网，2021–08–19.

机构与行业之间的配置效率，因此金融机构的资金信托规模的减小有助于减少资金链条过长隐匿的风险，避免信托业的风险向其他金融行业和金融市场转移。

二、传统业务风险类型与预警机制

信托行业历经多年发展，多次经历转型期与整顿后，逐步探索完善的符合自身特色的风险管控模式。信托传统业务的风险预警机制往往以较为固定化的风控模式出现，且在部分头部信托公司实践下获得了不少同行认可，并被同行纷纷效仿。目前行业中除了以中信信托为代表的"主流"风险管理模式外，平安信托积极探索形成了"工厂模式"，中融信托开创性地结合中信信托和平安信托模式发明了"独立审批人模式"，这些模式被实践证明可以有效管理和防范信托传统业务中暴露的风险。相关模式的具体介绍如下：

（一）模式1：中信信托"嵌入式"风险管理模式

该模式由中信信托首创，使得风险管控涵盖了整个业务全流程，从风险识别、评估、决策、执行、监控、处置等环节对项目风险进行全面把控，得到行业多数公司的认可，因此行业内大多数公司长期采用该模式对已开展的各类传统信托业务进行管控。

以此为代表的主流风险管理模式业务评审流程如图3.2所示。

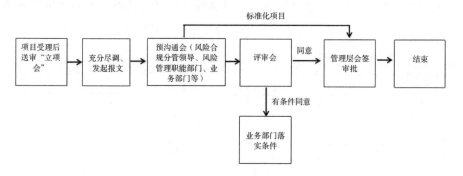

图3.2 "嵌入式"风险管理模式

资料来源：中国信托业协会。

（二）模式2：中融信托"独立审批人"风险管理模式

2013年，中融信托对传统的"嵌入式"风险管理模式进行了更适合自身发展需求的改革，设定了一套称为"独立审批人"的风险控制体系，在此基础上对风险管理流程进行了重塑。该模式的关键在于根据信托公司不同的传统业务类型，将风险管控工作划分后，根据专业匹配度由不同的风险管理团队负责，并将其审查意见作为最终决策委员会审议的参考依据，提高了业务决策审批的专业度及有效性。

"独立审批人"模式的业务评审流程如图 3.3 所示。

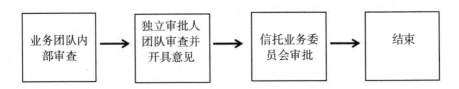

图 3.3　"独立审批人"风险管理模式

资料来源：中国信托业协会。

（三）模式 3：平安信托"工厂式"风险管理模式

该模式的核心在于采用定量与定性相结合的方式，建立一套标准化的风险管控体系，在此基础上，大部分业务都能够模式化地执行匹配的交易结构、定价方案、审批流程等，提高了风险管理的专业性及有效性，特别是运作成熟、长期合作的业务，特别适合该方案。

笔者调研发现，平安信托目前已完成了覆盖 13 个行业的交易对手评级模型建设，并且搭建了一套以巴塞尔协议为基础的风险计量体系，为实现风险管理标准化流程奠定了基础。"工厂式"模式的业务评审流程如图 3.4 所示。

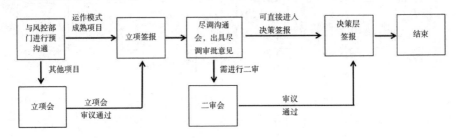

图 3.4 "工厂式"风险管理模式

资料来源：中国信托业协会。

综上，无论哪种模式，当前信托业风险管理体系现状是风险管控已嵌入至业务的投前、投中、投后阶段，并建立了以四道防线为基础的风险管理体系，四道防线具体内容如表 3.2 所示。

其中第一道防线为业务部门的前端控制，第二道防线为风险管理职能部门的风险把控，第三道防线为稽核部门的事后检查，第四道防线为董、监事会的持续监控。

表 3.2　风险管理体系的四道防线

防线	内容	执行部门
第一道	前端控制	业务部门
第二道	风险把控	风险管理职能部门
第三道	事后检查	稽核部门
第四道	持续监控	董、监事会

三、创新业务风险类型与预警机制

按前文所述，在转型期背景下信托公司比以往任何时候都更加积极地寻找转型契机，由此也诞生了较多种类的创新业务，具有明显规模并符合"资管新规"一系列要求的系列业务主要有以下几类。

（一）资金信托业务

此类创新业务一般分为：（1）融资类信托业务：是信托公司"压舱石"，其投研范围主要针对交易对手主体以及债项的信用体系研究，在风险研究前提下，确保资金安全，实现收益稳定、可控；（2）投资类信托业务：在监管外部约束和信托公司未来发展导向方面，信托公司从融资类业务向投资类业务转型已是必然，而投研能力是投资业务的重要基础。从业务实践来看，信托公司投资业务实践主要包括资本市场证券投资业务、私募股权/PE 投资业务、FOF/MOM 组合配置业务和其他创新型投资业务类型，从大类上属于专业度要求更高的固定收益投资、权益投资、资产配置业务范围，因此需建立健全投研体系，夯实展业基础。

（二）服务类信托和慈善信托业务

这两类信托业务在国外有着长期的发展历程，被认为真正发挥了信托的本源优势。按照法律法规定义，信托财产在委托人与受益人之间流转，从而形成的权利义务关系明显区别于传统的物权关系和债权关系，信托公司利用其牌照的特殊性，应加强对国内外法律法规、相关税收政策的研究。同时，信托业的未来发展将更多地依赖于金融科技，各家公司在金融科技中的布局及节奏也将深刻影响其在资管市场中的竞争地位①。

---

① 肖鹰．信托业亟须解决的四大矛盾［J］．中国金融，2019（22）：96-98.

（三）财富管理业务

此类业务是信托公司未来重要的转型与发展方向之一，因为此类业务是受到监管层鼓励与支持的业务。对信托公司而言，如何改变过去"销售媒介"的传统角色，去掉自身"通道中介"的外衣，是未来财富管理业务做大做强的关键因素。目前信托公司开展财富管理业务需要从销售导向向客户需求导向转变，而需求导向下的财富管理核心是资产配置。资产配置需要从大类资产配置的确定入手，经过产品池筛选，最终确定客户的投资风险偏好，并依据客户需求制订投资方案，可见此类业务过程中处处都蕴含着风险。

四、创新业务的风险特征

前文提到，自 2018 年以来，国际国内形势复杂多变，国内经济增速放缓，去杠杆持续开展，信托业站在新的历史定位，必须积极寻找转型发展方向，并进行一系列创新业务的探索。在新的历史机遇下，信托公司谋求高质量发展模式，同时坚持持续回归信托本源，以更好地服务实体经济、服务人民美好生活为基础，不断进行创新。

（一）创新类资金信托业务的风险特征

资金信托业务反映了信托公司在金融资源方面的配置能力，是信托公司的主要业务，实践中展业主要体现在以下几个领域：

1. 工商企业领域

该领域长期是信托公司主要业务发展领域，此类业务风险与宏观经济形势与行业周期发展变化过程中的各类风险紧密相连。在"六稳""六保"政策导向下，信托公司持续为工商企业提供融资服务，充分体现了信托公司助力金融行业脱虚向实和支持实体经济发展。

自 2018 年以来，宏观经济下行压力加大，融资条件逐步收紧，实体经济尤其民营企业融资渠道持续紧缩。不少信托公司在供应链金融、产融结合、国企混改等方面加大了创新力度以支持实体经济发展。

（1）供应链金融业务创新。针对工商企业在经济下行周期融资难问题，部分信托公司开展了以核心企业上下游之间的债权、物权融资为特点的供应链金融业务，针对特定行业开创性地缓解了工商企业，尤其是中小企业的融资压力。

（2）产融结合业务创新。金融服务实体经济发展是金融机构的初心所在，为全面落实中央关于金融服务实体经济发展的基本国策和根本要求，落实国资委、监管机构有关"产融结合、以融促产"等指示精神和决策要求，68 家信托公司中有 13 家具有产业背景的公司，如中航信托、华能信托、英大信托等一方面加强与集团公司主营业务的融合，服务于主业发展，另一方面坚持市场化原则，按市场规律办事，积极探索市场化以融促产路线。创新方法包括通过股权、债权、投资基金、资产证券化等多种金融工具组合运用，帮助集团内企业实现业务协同发展。

（3）支持国企混改。近年来，国家战略和政策对国企混合所有制改革大力支持，吸引了包括信托公司在内的诸多金融企业参与其中。目前，在央企中混合所有制改革企业占比已达到 70%，不少央属企业正在持续推进混合所有制改革，说明下一步的改革仍有较大空间。而已经进行混合所有制改革的企业中，在金融资产的支持下，国有股权的变动仍有一定余地。

2. 基础产业领域

2018 年 7 月 23 日，国家微调政府融资监管政策，在防范风险框架下保障融资平台合理融资需求后，信托公司基础产业信托业务自 2018 年下半年开始出现快速增长，并在 5G 等新基建领域、基础产业资产证券化等方面进行创新探索。目前，创新方向主要有两个：一是密切关注并尽力参与国家级重大项目的融资业务，二是在优质地区加强新型基础设施项目的建设。

传统的政信合作主要是为基建工程提供流动性支持，对项目整体运营和管理的参与不够深入。具体来说，传统基础设施信托主要基于清晰的债务关系，因为在管理方面集中于信用风险评估和流动性风险管理，关注点主要集中于信用担保、财产回购等信用风险控制安排，并不会积极参与基础设施建设环节。而基础设施项目的特征是融资规模大、建设周期长，随着社会资本的参与，在项目建设和运营中必然在综合化融资方案与平台方面产生需求，而信托机构灵活的制度优势能够实现多种融资形式、融资结构与项目方偿付能力的匹配。

3. 房地产领域

过去优质房企较容易获得银行类金融资源的局面可能面临终结。2021 年 9 月初，银保监会新闻发言人就房地产金融监管、网络平台企业金融业务整改、理财业务存量整改与转型、车险综合改革进展等市场热点话题回答记者提问。银保监会新闻发言人介绍，截至 2021 年 7 月末，房地产融资呈现"五个持续下降"。一是房地产贷款增速创 8 年新低，银行业房地产贷款同比增长 8.7%，低于各项贷款增速 3 个百分点；二是房地产贷款集中度连续 10 个月下降，房地产贷款占各项贷款的比重同比下降 0.95%；三是房地产信托规模自 2019 年 6 月以来持续下降，房地产信托余额同比下降约 15%；四是理财产品投向房地产非标资产规模近一年来持续下降，相关理财产品余额同比下降 42%；五是银行通过特定目的载体投向房地产领域规模 18 个月持续下降，相关业务规模同比下降 27%①。

可以看出，从"资管新规"过渡期开始至全面出台，房企类信托业务无论是传统类型还是创新类型，都面临严格的勒令整改状态。整体来看，金融机构中银行业的整改进展情况符合预期。截至 2021 年 7 月末，全部理财存量整改任务已完成近七成，预计 2023 年年底前绝大部分银行机构可完成整改。对于个别银行剩余的少量难处置资产，按照相关规定纳入个案专项处置，直至全部清零。

因此，房企开始将目光转向信托行业，纷纷开展与信托公司的合作。房企一直是我国实体经济的支柱产业，不少信托公司也十分愿意与房地产企业合作，甚至将房地产信托业务的发展壮大放在了自身获取更大利润的首要位置。

信托公司与房企的传统合作方式是为房地产企业提供融资，即开展融资类信托业务。然而，近年来监管层对于房地产定位的变化对此类业务造成了不小的影响。2019 年以来，监管要求继续大力加强房地产信托业务管控。在监管"去通道、控地产"的严格要求下，2019 年以来我国房地产销售业务受到了较大的影响，2019 年第四季度房地产信托募集资金环比下滑超 25%，为 2018 年以来季度规模新低，各家信托公司纷纷主动压降了相关业务，将有限资源进行整合，努力在新的业务领域开展探索。2020 年上半年新增房地产信托 4.46 万亿元，较 2019 年上半年新增 6.57 万亿元，下滑 32.12%。

在房企面临严峻监管环境背景下，信托公司房地产信托业务的转型和创新迫在眉睫，不断通过优化交易结构满足房企多样化的融资需求，强化在抵押担保、交易对手选择、资金监管等方面的风控措施，并取得了初步成效。

股权投资是近年来信托公司在房地产领域的重要创新。与贷款及夹层融资模式不同，信托计划真实地持有项目公司股权，全面享有股东在公司经营管理中的各项权利，承担房地产从开发、建设到销售各个环节相关风险，并在项目实现退出后分享开发收益。对信托公司而言，房地产项目整体运行逻辑清晰，投资收益高，股权模式也符合监管要求。对房地产企业而言，股权模式虽然增加了经营管理中的审批监管流程，但对资金紧张、急于实现资产出表的地产公司而言，此类融资模式效率较高，因此广受欢迎。

此外，不少信托公司也在利用信托功能优势和在房地产领域长期深耕的专业优势，积极探索不动产投资信托并实现规模化发展。在探索 REITs 业务中，

---

① 陆肖肖. 楼市新一轮调控来临：年内调控超 215 次，叫停"赎楼贷""过桥贷"［EB/OL］. 北方网，2021-06-07.

信托公司充分利用自身优势，以多种模式参与 REITs 业务。由于大部分信托公司在转型期来临前就长期专注于房地产融资领域，与大量房地产企业形成了战略合作关系，在交易对手和客户资源方面具有较大优势。因此，在充分加强自身主动管理能力和产业理解能力的基础上，信托公司积极发挥在项目论证、交易结构设计、募集资金方面的优势，主导 REITs 项目操作。此外，不少信托公司还在积极探索以投资者身份募集信托资金或以固有资金投资 REITs 产品，或者为 Pre-REITs 收购提供过桥资金支持。

因此，无论是融资类还是投资类房地产信托业务，其风险点都可以从短期、中期和长期来予以分析。短期来看，宏观经济环境的变化会拉长房企资金回笼周期，从而削弱项目在单位时间内的投资收益，存量项目逾期风险上升；中期来看，中央"房住不炒"总基调未变，房地产信托业务规模可能持续受到监管部门控制，新增资金投放将面临困难；长期来看，随着房地产市场黄金时代的结束，更多的新增房地产业务机会将主要向一线城市和大都市圈集中，之前非核心地区房企面临更大的资金链断裂导致无法偿还金融机构借贷资金的风险。

监管部门显然也十分重视对此类风险进行防范。2020 年 6 月 20 日，银保监会下发《关于信托公司风险资产处置相关工作的通知》，指出资金类信托业务的风险处置问题，对于信托公司积极压降信托通道业务有了明确要求，包括要求信托公司压降违法违规严重、投向不合规的融资类业务等。可以看出，政策不会"一刀切"信托公司的资金类业务，而是会逐步压缩违规资金类业务规模，进而促使其优化业务结构。

（二）创新类股权投资信托业务的风险特征

在"资管新规"叠加监管进一步趋严的大背景下，各类传统债权资产受到更加严格的监管，信托机构纷纷开始加强自身主动管理能力以及投研能力，信托资金逐步在股权投资领域寻找机会。2014 年 4 月，中国银保监会发布《中国银监会办公厅关于信托公司风险监管的指导意见》，鼓励信托公司大力发展真正的股权投资业务。

转型期的投资类信托业务是信托公司向主动管理转型的重要领域。2020 年第二季度以来，投资类信托快速发展，规模迅速接近事务管理类信托。截至 2021 年第二季度末，投资类信托规模增至 7.64 万亿元，同比大幅增长 45.33%，环比增长 8.96%；投资类信托占比升至 37.00%，同比上升 12.31 个百分点，环比上升 2.61 个百分点[1]。

---

[1] 樊融杰. 转型 4 年 信托业企稳回升［EB/OL］. 创投网，2022-03-23.

私人股权投资信托在总体信托资金中的占比并不高，但与整个私人股权投资市场的发展紧密相关。截至 2019 年第二季度末，我国私人股权投资信托规模为 457.167 亿元，占整体信托资金的比例为 0.2%。清科集团及中商产业研究员统计，2017 年中国股权投资市场投资总量超过 8.7 万亿元，占我国 GDP 的比重为 1.5%。目前我国信托行业开展股权投资信托业务的主要创新点在于展业过程中呈现资金来源广泛化、投资领域新兴化、业务模式特色化和业务协同战略化四大发展趋势。

1. 资金来源广泛化

一般而言，此类信托的项目周期较长，在资金募集过程中需要寻找长期投资资金与之匹配。与传统融资类项目相比，股权投资信托的资金募集难度较大。随着"资管新规"落地，刚性兑付的预期逐步被打破，部分资金投向偏好将逐步转向长期权益类产品，因此此类业务资金来源更加广泛，如扩展到高净值客户资金、保险资金、实体企业资金、其他金融机构资金，甚至合规合法范围内的境外资金等。

2. 投资领域新兴化

在国家层面大力推动混合所有制改革以及债转股以降低企业负债率的过程中，股权投资迎来了发展红利期。推进供给侧结构性改革是我国经济工作的长期主线，以支持实体经济为指导，以推动产业转型升级为核心，股权投资信托业务投资领域进一步多元化。从笔者前期调研来看，大部分投资领域在高端制造业、大数据、云计算、半导体、新能源汽车、人工智能、新材料等战略性新兴产业。

3. 业务模式特色化

股权投资业务模式也涌现了不少创新点。一是传统的专业投顾模式中，投资顾问角色不再受限于 VC/PE 基金，部分信托公司加强了与实体行业龙头企业的联动，积极拓展龙头企业作为投资顾问，实现产融联动；二是与子公司协同发展模式逐渐成熟，如中融信托、中信信托等头部信托公司皆采用该模式发展股权投资信托业务。

4. 业务协同战略化

在业务转型过程中，部分信托公司股权投资业务发展实现了与战略业务发展的深度协同，通过发挥信托公司自身股东优势或专注自身所擅长领域，在前期业务合作基础上积累了投资经验，在有效控制住了风险蔓延的同时也实现了双赢。

中国信托登记数据显示，2021 年 8 月行业新增完成初始登记的信托产品为

3011 笔，环比下降 10.76%；初始募集规模为 4911.26 亿元，环比下降 36.52%。其中，投向房地产行业的规模为 420.96 亿元，占当月各行业新增规模的比重为 8.57%，较近 12 个月均值下降 41.03%，创今年以来新低。虽然总体规模和数量呈现双下降，但投向证券市场的规模占比在不断提高。2021 年 8 月，行业投向证券市场的规模为 896.8 亿元，占当月各行业新增规模的比重为 18.29%，规模和占比均有所提升。笔者梳理历史数据发现，近一年来，投向证券市场的资金信托余额占比不断提升①。中国信托业协会数据显示，截至 2021 年第二季度末，投向证券市场的资金信托余额为 2.8 万亿元，同比增长 35.39%，环比增长 15.17%；证券市场信托占比升至 17.53%，同比上升 5.82 个百分点，环比上升 2.31 个百分点，已超过投向基础产业信托和房地产信托的占比，跃升为资金信托投向的第二大领域（第一大领域为工商企业）。这一现象表明：此前从房地产信托流出的资金，仍有一部分将继续向证券类信托"搬家"。

近年来股权投资业务的创新也不断涌现，例如，信托公司与交易方企业携手打造产业基金是常见的创新方向之一，而信托公司将自身完全暴露于行业波动风险之下。例如，2018 年某信托公司及其全资 PE 子公司携手国内某知名教育科技集团发布了某文化产业基金，总规模 15 亿元。PE 子公司与教育集团成立合资公司与交易方旗下投资团队共同担任基金管理人，出资方则包括银行、地方政府以及其他产业资本，基金主要聚焦教育培训和线上教育。然而 2021 年中央政府在提倡为学生减负的背景下明令禁止了义务教育阶段学生学科类课外培训与辅导，该业务发展前景堪忧，信托公司也面临不小的投资风险。

综上，该业务在创新中的主要风险在于受政策变化和行业周期性发展的影响较大，资金投向领域可能蕴含风险，信托公司在过程中作为股东实际上承担了巨大风险，而无法扭转投资环境变化导致的投资失败。

（三）创新类证券投资信托业务的风险特征

自 2018 年以来，信托公司按照"资管新规"要求推进信托产品净值化。在其他监管要求标准化和净值化导向下，证券投资信托已成为信托公司现阶段展业的战略方向之一。为了能够在错综复杂的证券投资领域较好展业并有效防控金融风险，不少信托公司积极提高投研水平、提升自主投资管理能力，通过提高科技含量，向量化投资、人工智能方面迈进。创新方向主要有：

---

① 吴林璞. 投入 2.8 万亿 资金信托大力布局证券市场 ［EB/OL］. 中国经济网，2021-08-30.

1. 提升自主投资管理能力

专业化主动管理能力，是海外成熟资产管理机构成功的不二法宝。自泛资管大幕开启后，国内信托行业的制度优势和红利逐步弱化，"资管新规"的颁布倒逼行业快速进行自我革命。近年来多家信托公司加快主动提升自主投资管理能力的步伐，推动行业证券投资信托从"通道化"向"平台化"提升。

如笔者调研某头部信托公司发现，其专门组建了证券投资总部，专注于主动管理证券投资业务。该总部下设权益投资部、量化投资部、固定收益部、研究部、市场部、产品发展部6个专业化团队，共计30余名员工，均毕业于国内外知名院校，且在各大券商、保险资管、基金等金融机构有丰富的从业经验，超过1/4员工为博士或博士后。2014—2020年，该团队累计管理数十只产品、具有数百亿元规模，为投资者创造了近百亿元投资回报。种种改革方式无不透露着转型期信托公司须提升自主投资管理能力。

2. 探索新型投资管理方式

随着人工智能、FinTech等技术快速发展，指数基金、量化基金、智能投顾等新型投资管理方式发展迅猛①。以科技赋能，以高度敏感性和前瞻性探索新型投资管理方式，指数基金及低成本交易运营模式和精细化产品线的推行，使得部分信托公司在白热化竞争区的资管行业中持续占领高地。

3. 围绕客户需求投资优质资产

不同投资人风险偏好是不一致的，信托公司充分考虑不同类型客户投资特点，围绕不同客户的需求，从单一时间点到长周期维度进行综合评判，创设安全资产，通过大类资产配置，分享周期内不同时点优质资产，降低资产类别相关性，从而有效降低了投资风险。

此外，中国目前处在一个全球资产配置时代，而金融开放速度日益加快，如何抓住境内金融市场重塑机会，帮助境内高净值客户进行全球化资产配置，引入高质量国际投资管理人或吸引境外投资人，加快全球业务布局，成为行业内公司业务着力点之一。例如，民生信托证券投资团队已成功发行两只境外A股基金，民生信托作为投资顾问，主要投资于境内A股市场，为客户提供了具有全球化视角的投资组合产品。

可以看出，证券投资类业务创新点很多，其风险也不少。在投资过程中，为符合监管要求，大部分信托公司开始投资于境内外具有市场价格的金融产品。

---

① 刘向东. 促进产业、消费双升级的信托长期投资策略［J］. 当代金融家，2020（10）：
3.

在场内交易金融产品最大的风险无疑是金融产品价格波动的市场风险。例如，债券市场存在较高违约风险，2015 年信用债违约 25 只，共计 115.19 亿元，到 2018 年，违约 125 只，共计 1209.61 亿元，可见信用债违约数量和金额不断增加，因此信托公司参与债券市场投资风险也随之增加。另外，股票市场收益具有更大的不确定性，上证指数在近 10 年发展中波动幅度巨大，呈现出"牛短熊长，涨少跌多"的特征。此外，自 2018 年以来，中美贸易摩擦升级、全球宏观经济下行压力加大以及人民币贬值预期等因素进一步加剧了资本市场震荡。

证券投资类业务是转型期监管提倡的业务类型，反映信托公司综合的主动投资管理能力。信托公司不同于证券公司，其没有悠久的代客投资理财的资本市场投资历史，在人才储备和专业人才占比方面显著落后于证券公司，因此对资本市场金融产品价格走势的判断稍显经验不足，一旦判断失误，会直接增大此类信托项目的风险。此外，根据权益投资的法律属性和相关规定，在信托项目结构化融资方式中，一旦交易对手经营不善最终需进行破产清算，权益投资要在债务投资清偿完成后要求清偿，这加大了证券投资类信托业务的风险。

（四）创新类服务信托业务的风险特征

在过去，我国信托业的发展主要满足社会经济发展过程中产生的大规模投融资需求，主要发挥的是信托的投融资职能。近年来，随着经济结构调整和去杠杆推进，以风险隔离功能为基础的资产证券化业务取得一定发展。服务信托领域是监管层提倡的重要改革方向，伴随我国老龄化社会逐渐来临，家族信托、养老信托、财产权信托和实质的事务管理信托等类型的创新型服务信托发展空间巨大。本小节主要介绍两类核心创新类服务信托业务，资产证券化和家族信托业务。

1. 资产证券化领域

中国资产证券化起步较晚，从 20 世纪 90 年代末开始进行初期探索。2009—2011 年受到国际金融危机影响，资产证券化产品发行被叫停，2012 年重启试点；2015 年，业务监管从逐笔审批制走向备案制、注册制，对企业 ABS 实施负面清单管理，基础资产范围极大扩宽，资产证券化步入快速发展期。而"资管新规"等文件的出台，对此业务整体而言支持大于限制。

2019 年上半年，我国资产证券化市场规模持续扩大，截至 2021 年 7 月底，市场发行规模仍稳中有升，共发行标准化 ABS 产品 16000 亿元。市场整体运行保持平稳，7 月末存量规模为 48100 亿元；发行利率震荡下行，信用风险整体可控。从基础资产方面来看，RMBS 发行规模持续领跑。在政策推动下，资产证券化市场创新继续推进，绿色 ABS、碳中和 ABS 迎来快速发展，知识产权 ABS 创新继续推进，公募 REITs 试点区域和试点行业进一步拓宽。总的来讲，资产证券化市场对加快盘活存量资产、支持绿色发展、助力中小科创企业融资、提升金融服务实体经济效率等方面，均发挥了积极作用。

以银行间信贷资产 ABS 发行为例，截至 2021 年 7 月，从发起机构类型来看，全国性商业银行仍然是发行主力军，汽车金融公司发行占比逐年上升，股份制银行、城商行发行规模也较可观，汽车财务公司、消费金融公司、资产管理公司发行规模较小。从发行载体机构来看，与银行、汽车金融公司合作紧密的信托公司排名靠前，如建信信托、外贸信托、中海信托、中粮信托等。信托公司在该领域的创新主要体现在，信托公司针对各类机构需求，进一步扩展基础资产类别和资金来源，努力实现从资产获取、产品设计、项目报审、承销发行到资产配置全流程闭环运作，逐步形成了符合监管要求的标准化业务全产业链运作。主要创新业务有以下几类：

（1）中小企业贷款资产证券化。自 2018 年以来，国务院、中国银保监会和中国银行间市场交易商协会对中小企业贷款资产证券化出台了一系列引导政策，该类业务的发展得到大力支持，信托公司也积极参与其中，或通过开展此类基础资产的类资产证券化业务，提供高质量中小企业金融服务。

（2）不良资产证券化。在国内经济增速放缓和金融监管趋严背景下，商业银行不良贷款处置压力逐步上升。不良资产证券化创新应运而生，为商业银行处置不良贷款提供了批量化、市场化和透明化的方式，有效阻断了风险自金融领域向实体经济领域传导的路径。在此情况下，信托公司利用资产证券化工具助力商业银行对存量不良信用卡资产进行市场化处置，有利于其降低不良率，分散金融资产风险，为新的优质信贷投放腾挪信贷额度。

（3）拓展境外资金渠道。随着境内标准化债券市场的不断完善和创新，越来越多的境外投资人接触和认可境内企业，信托公司参与的资产证券化业务逐渐吸引了境外投资者的资金。为积极开展转型创新业务，也为了响应债券市场对外开放的监管政策，满足客户融资需求，拓展融资渠道，信托公司作为受托机构，配合企业及各中介机构通过"债券通"ABN 项目成功引入境外投资人，进一步开拓企业国际化融资渠道。

（4）积极发展 Pre-ABS 业务。信托公司主动寻求直接与基础资产生产方合作，制定基础资产批发与采购标准，获取优质资产，如金融（类金融）机构零售业务形成的汽车金融、消费金融、融资租赁等，商业活动形成的应收账款、保理等，以及企业运营持有的长租公寓租金等。

（5）信托型 ABN、REITs 业务。前文提到，我国房地产市场已由增量时代进入存量时代，充分发挥信托工具可受托管理不动产的专属制度优势，大力发展 REITs 业务，盘活商业地产、租赁地产、养老地产等。应积极争取承销牌照，运用信托型 ABN 工具推动"非标转标"，降低融资成本，拓宽展业范围，实现标准化和非标准化业务联动发展。

2. 家族信托领域

近年来，随着高净值客户人群增多和家族企业管理者对待财富传承视角的转变，国内家族信托的认可度不断提高，客户对于家族信托的功能需求已经突破货币管理的单一层次，开始向非货币领域拓展。与此同时，国内部分家族企业迎来了"交班"的高峰期，如何实现企业管理和传承已成为国内高净值客户群体面临的迫切需求。家族信托业务要在监管导向下进行创新、回归本源，就必须主动打破信托财产的单一性，满足不断多样化、复杂化的财富管理新需求。

自 2018 年以来，笔者观察到行业内不少信托公司开始在此领域发力，如积极创新开展股权、房产、车辆等非货币型财产家族信托业务。而其他类型金融机构为了更好地维护高净值客户资产，解决客户自身财富传承需求，也希望同信托公司在家族信托上建立合作。目前主要创新业务有以下 2 类：

（1）股权家族信托。自 2018 年以来，该类创新业务取得较大突破。此业务一方面为业界对股权家族信托的操作提供了实践性参考，另一方面也可以帮助委托人实现如下三大功能：一是提升公司股权安全性，对现有股权进行重新梳理，在家族企业中引入现代企业治理结构，在保障股权管理灵活性的同时，实现家族企业管理的规范性；二是通过引入信托制度安排，构建控股平台管理模式，在一定程度上实现经营权、所有权和分红权的分散，实现家族财富对于公司主营业务的支持和放大功能；三是通过信托持股方式，在一定程度上协助家族企业释放财务管理空间，实现财务管理优化。此类创新业务风险点在于，涉及对公司股权的结构性调整，对家族股权进行了信托化处理，因此信托公司很大限度上类似于介入了企业的管理工作，承担了部分企业层面面临的各类风险。

（2）保险金家族信托。保险金信托是信托公司与保险公司开展业务创新合作的重要窗口，保险制度项下，投保人等主体实现了风险分散化管理，并同时取得财富的杠杆效应。保险金信托业务结合了保险和信托的双重制度优势，一方面实现保障目的，另一方面则对保险金请求权益做出管理和传承安排，将保险金请求权"装入"家族信托，确保在未来保险理赔发生时保障家族财富能够按照委托人意愿或信托目的进行安排。该创新的主要风险点在于，保险金信托存续期管理较为复杂，具有特殊性，难以规避理赔不到位的风险，且时间久远，容易引发信托公司对该类业务的管理风险。此外，保单类信托资产一般用于委托人（可以同时作为保单的投保人和被保险人）质押借款，借款资金则由委托人自行使用，资金使用目的不能被信托公司及时准确地掌握，由此也造成了信托公司新的风险。

总之，服务信托开展过程中的商业价值大小取决于应用场景对该业务的需求程度，这决定了信托公司开展服务信托业务的营利方式与能力。服务信托应用场景广泛，在金融领域中可作为某些特定金融工具创设或资金投放的载体。例如，在贸易与消费中，除预付卡消费、共享单车押金等场景，还包含二手房交易中的过户前资金保管、家族财产保管，以及劳务外包公司薪资福利保管和供应链金融中预收款保管等。在法律和维权领域，对于维护持有某种财产份额较少群体的合法权利，如表决权、诉讼权、经营权、财产分配权等，也可根据不同场景设立服务信托。正是由于场景选择过多过细，过程中也涌现了不少与场景有关的风险，需要在开展服务信托的过程中予以高度关注。

第六节 创新类业务中基于各参与方行为的风险特征

"一法两规"颁布后，虽然从监管高层释放了严格监管各类创新信托业务的信号，同时也对信托公司的负债进行了约束，但在资产运用方面并无调整，少数信托公司存在挪用信托资金、违规开展关联交易等情况。少数信托公司形成了"一股独大"的局面，大股东过度干预日常经营，甚至使得信托公司沦为股东及关联方的"圈钱工具"，将信托公司推向破产倒闭的边缘，并将风险包袱扔给了社会和国家，影响经济金融安全稳定，性质极其恶劣。如近年不少信托公司产生了兑付问题，某些信托公司不能兑付的信托产品金额高达数百亿元。

信托公司的创新业务所包含的风险具有一定的特殊性。按照行为金融理论，金融市场参与者大多具有一定程度的非理性思维与动机，这会导致非理性的投融资决策与行为，这些行为会导致从事金融业务的金融机构面临较大的经营风险。按前文所述，笔者认为，信托公司在开展各类传统信托业务与创新信托业务的过程中，除了关注按照业务类型分类后呈现的不同风险特征，还应从业务各交易主体行为的角度深入探讨其非理性经济行为对信托公司造成了何种影响。

从目前信托公司开展各类业务的现状来看，基于行为金融理论，笔者认为信托公司主要面临两类交易对手的非理性行为风险。

第一类是来自非上市公司型委托人（包括金融机构、工商企业、房地产企业与政府平台）自身经营风险。

　　第二类是来自上市公司型委托人。这类委托人与第一类的区别在于，它们在日常经营活动中会受到资本市场投资者行为的影响。按照行为金融理论，这类投资者往往在投资过程中具有非理性行为，会导致上市企业股价出现异常波动，导致其面临较大的市场风险，进而造成上市公司型委托人的经营风险，最终风险会从委托人处通过信托业务传递到受托人处，即造成信托公司风险积聚。需要注意的是，第二类委托人可能同时也面临第一类委托人的经营风险，因此理论上讲，第二类委托人的风险更高，因此它们也是笔者后面章节实证研究的主要对象。

　　基于这两类不同类型的委托人，下面分别分析其对信托公司造成的不同风险及其影响。

一、第一类非上市公司型委托人对受托人造成的风险

　　前文提及，信托公司的投资领域众多，且不同金融子市场之间差异性很大。本小节主要以房地产信托业务为例，通过对其业务模式和特征的梳理，寻找信托公司在展业过程中来自第一类交易对手非理性行为的风险点。

（一）房地产信托业务特征

　　房地产行业是国民经济的支柱行业之一，且大部分房企长期采取高杠杆发展模式，因此对金融资产的融资需求一直很大。房地产信托业务在转型前一直是我国信托公司的传统业务，房地产企业在过去20年中国经济的蓬勃发展中扩张迅速，是不少能够提供融资服务的金融机构争相追逐的"优秀"交易对手。最早的房地产信托产品于2002年首次发行，此后伴随着我国房地产市场的持续繁荣，房地产信托业务迅速成为信托公司最为主要的业务类型之一。此后，监管层控制房价的决心日益加剧，例如，2019年中央经济工作会议强调不将房地产作为短期刺激经济的手段。2020年以来，在宏观经济环境发生具体变化的背景下，房地产宏观调控依然延续"以稳为主、因城施策"的基调，坚持"房住不炒"、稳妥推进房地产市场发展长效机制建设。尤其是"23号文"的出台，重点关注针对违规向房地产行业领域放款、强化房地产宏观调控政策执行，监管层严格限制各类金融机构通过各类方式直接或间接地为房地产企业融资，并积极进行渠道监管，严防资金违规流入房地产相关市场领域。

　　前文提到，当房企在银行业频频遇冷时，其纷纷考虑转向信托公司开展借贷。2019年7月，监管部门对部分信托公司房地产信托业务实行余额管控窗口指导。8月下发的"64号文"进一步强调房地产信托合规管理和风险控制，总

体目标在于控制房地产信托规模过快增长，导致前期风险进一步积累。这些都倒逼传统的房地产融资类信托业务纷纷开始转型。

笔者前期调研发现房地产信托业务模式一直较为丰富，转型期背景下，各信托公司对房地产信托业务的创新热情达到了前所未有的高度，演变出主要包括债权型信托、股权型信托、混合型类型信托和财产受益型信托在内的带有"创新特色"的房信业务。此外，由于信托制度的灵活性，还有公司研发了通过引入有限合伙形式帮助投资者直接参与项目，获得权益投资收益等业务。因此，诸多创新类业务蕴含了一些新的风险点。

（二）创新类房信业务新的风险点分析

根据长期观察和收集相关舆论与理论信息，笔者认为，房地产信托业务的风险点主要体现在：

第一，房地产价格出现市场普遍预期外的剧烈波动，或监管政策具有一定时滞效应，导致房地产企业资金链断裂的发生较为意外，与之合作的信托公司不能通过传统风险预警系统或工具提前预测交易对手的经营意外，最终影响信托资金的按期偿付。此外，近年来为了达到监管部门"三条红线"的严格要求，部分房企放慢了开发步伐，已经开发项目出现了"打折销售"等情形，说明房企在售项目的销售滞缓。由于房地产行业产业链长且关联面广，房地产市场形势复杂，即便监管政策在一定时期内相对比较稳定，房地产的市场价格波动风险依旧较大。

第二，开发商财务杠杆过高引发的风险。此类风险较为常见，具体指的是开发商在进行房地产开发过程中，使用自有资金的比例是很小的。房地产企业常常被称为"金融企业"的原因，正是在于其具有通常采用银行贷款、信托贷款等多种融资方式，造成过高的资产负债率。一旦房企某个资金环节出现问题，则相较于别的企业，更容易发生资金链断裂，造成信托项目的兑付压力，甚至直接造成信托公司兑付风险。

第三，上市房企资本市场价值波动风险。相比于没有在二级市场公开交易股票的房地产企业，已上市房企在资本市场具有第二还款源。但是股票市场价格波动十分剧烈，因此房企在熊市期间难以有效从金融市场筹集资金，第二还款源的作用难以有效发挥。本书后文会进一步分析，在房地产上市企业受到非理性行为影响出现预期之外的股价异象等市场风险时，市场对房企的评价会普遍降低，担保资产的变卖很难在短时间内完成交易，信托公司无法及时将资产进行变现，从而引起信托公司兑付风险。此外，在转型期很多信托公司开展了房地产股权投资类业务，此时信托公司作为上市房企股东方之一，自身非理性行为风险也会直接影响交易对手资本市场的股价表现，导致后者无法从金融市场上筹集足够的资金，最终信托公司出现更大的风险。

二、第二类上市公司型委托人对受托人造成的风险

资本市场投资者非理性行为对行为金融而言并不新鲜，围绕投资者投资行为与公司发展和经营之间关系的探讨一直是学术界研究的重点，也是行为金融理论在金融投资领域的重要贡献。前期研究具体主要集中于机构投资者在资本市场的各种行为与被投资对象（各类上市企业）之间的关系方面，具体研究情况如下。

（一）机构投资者持股与企业成长正相关

最早认为机构投资者持股能够提升公司绩效并促进企业成长的是美国国家经济研究员 Shleifer 和 Vishny，他们提出了"有效监督假说"理论。该理论认为，机构投资者往往是各类金融机构，其具有持股比例高和从业人员专业化水平高的特征。他们出于自身利益最大化目标的追求，有主动监督公司管理者经营管理行为是否有效的动机和能力，无形中给予了这些管理者一定的压力，促使其将公司经营管理得更好，因此企业就成长得更好。此外，机构投资者由于持股量比较大，难以在不引起股价下跌情况下抛售股票，所以不得不参与所投资对象的公司治理中。机构投资者积极地参与公司治理可缓解企业管理层与股东之间的委托代理问题，有助于企业成长与发展。

学者大多支持"有效监督假说"的观点，如杨合力等也得到了类似结论，即认为机构投资者能够促进公司发展，改善公司现有经营状况与内部治理结构。一些研究考虑了企业股权成分对机构投资者发挥有效监督作用的影响，如彭丁将上市公司按照股权性质的不同分为"国有组"与"非国有组"，在分别对两组企业进行研究后发现，机构投资者对"非国有组"公司治理的影响更加显著，而含国有成分股东的企业中，机构投资者会在一定程度上限制所投资上市公司经营管理效率的提升。

（二）机构投资者持股与企业成长负相关

并不是所有学者都支持"有效监督理论"，部分学者认为机构投资者持股也可能与公司成长能力负相关。Bcrysinger 认为存在同盟组织的企业难以有效对管理层进行监督，也不利于员工工作积极性的提升，从而导致公司的业绩和声望双双下滑。可见，机构投资者会出于想要获取投资收益以外的其他收益的目的而放弃对管理层进行监督，此时管理层可能做出损害企业成长的决策。

此外，机构投资者持股可能间接不利于企业的成长。因为企业成长能力与其创新能力密切相关，而在机构投资者参与持股的企业中，开展创新活动可能会造成信息不对称的投资者（尤其是短期投资者）内心出现不安，从而抛售股票，并承担更大的投资风险，因此经理人有动机缩减 R&D 支出。有研究指出，当某公司中的机构投资者股东无视经理人决策有效性时，后者更有可能出于谋私利的考虑做出降低企业创新水平与潜能的决策。

（三）机构投资者持股与企业成长不相关

除了支持机构投资者对企业成长有正面或负面影响的学术观点，还有部分学者指出机构投资者对上市公司存在"无效监督"的情况，即他们不会主动参与企业经营，也不会刻意与管理层结为同盟，损害其他中小股东的权益，因此机构投资者更有可能对投资对象的成长没有产生任何显著的影响。这一观点在采用实证方式进行的研究中多次得到证明，比如，Wahal 研究指出，养老基金虽然也会参与企业日常经营管理活动中，但监督的效果并不显著，被投资公司的绩效并没有因为机构投资者的持股而有所改变。花贵如等（2010）指出，衡量企业成长的财务指标和金融指标与其机构投资者股东参与公司治理的程度无显著关系。

第七节　信托公司展业风险防范的主要难点

信托行业大部分信托公司对于当下所面临的内外部形势了然于心，在创新业务过程中也常常取长补短，集各类金融机构创新业务中的经验与教训于一体，但还是常有暴雷事件发生，说到底是因为在信托公司开展风险防范的过程中存在诸多难点与困境。具体有：

一、信托公司业务定位仍不清晰

"资管新规"规定，信托公司可开展典型资产管理业务。长期以来，由于实体经济融资需求得不到满足，信托贷款一直发挥着货币政策传导机制、为以房地产行业为主要拉动力量的实体经济提供资金的功能，融资类信托成为信托主业，这与中国经济发展不同阶段的不同需求相适应。"资管新规"出台以来，监管要求信托回归受托人定位、开展具有直接融资特点的资金信托业务，对于信托资金池业务严格限制，都是引导信托业进一步找准自身定位，降低传统融资类业务展业风险的过程，最终引导信托业成为真正的资产管理机构。

以前文提及的房地产信托业务为例。从风险来源看，房地产信托业风险积累主要有以下几方面原因。其一，传统房地产信托业务属于融资类信托，其债务人通常是无法从银行渠道获取资金、被迫承担高边际融资成本的主体，而这些融资主体通常信用等级较低、违约风险较高，外加融资类信托规模较大，且信托公司自身的风险管理能力较弱，极易导致风险加速暴露。其二，当信托产品产生兑付风险时，部分信托公司通过高收益产品吸收资金建造资金池以偿还需兑付资金，掩盖不良资产。然而资金池的滚动并不会消除风险反而会不断放大风险，在经济增速下行的情况下，过去累计的风险隐患有可能加速暴露，导致还本付息困难乃至机构间的连带反应，引发系统性风险。其三，近两年监管部门加大了对信托业风险的监管与排查力度，导致之前被隐匿的风险得到了充分暴露，也导致在数据上直观反映出的信托业风险项目与风险资产规模显著增加。这几个风险防控难题产生的本质原因，都在于过去开展此类业务的信托公司对自身定位模糊，难以有效提前甄别和预防潜在风险点，导致风险隐患非但没有随着业务做大做强而减少，反而积累更多。

为明确信托公司定位，行业和监管部门积极开展信托文化建设。2019 年以来，信托行业自上而下开始开展信托文化建设，核心在于明确"信托文化"的特殊性，尤其是其与"银行文化"必须存在区别。信托公司并非信用中介，需要在全行业加强风险防范意识，贯彻尽职免责文化。资产管理的核心在于"受托尽责"，当下新的资管要求已将信托资产规模与信托公司净资产紧密联系起来，以提高融资类信托业务的资本占用。下一步，信托公司需明确开展资管业务的定位，"名不正，则言不顺"，只有在定位明确的前提下，才能从源头上控制风险。

但是信托文化建设本身也蕴含不小的风险，笔者会在第六章具体展开描述。

二、信托业务规范配套制度不完善

相关资产管理行业配套制度建设仍需进一步完善，例如，资产管理产品估值体系、净值化管理要求、风险等级划分等尚需统一标准。目前新规对于鼓励发展的服务信托还缺乏明确规范的指引，制约慈善信托发展的税收优惠问题也没有得到充分解决。此外，信托公司参与定向增发、网下申购新股、股指期货以外衍生品等受到诸多限制，导致其无法参与公平竞争。相关制度的缺失也导致信托公司在转型发展过程中存在"摸着石头过河"的情形，此时极易对新业务形态不熟悉而导致风险，因此未来需从资产管理行业发展顶层规划和统筹监管方面入手。

三、风险监管类制度建设的前瞻性有待提升

信托"新两规"出台后，伴随信托业务快速发展，涉及信托公司监管、集合信托业务监管以及各细分业务的相关规范文件陆续出台，形成"一法三规+具体业务监管意见+窗口指导"的监管框架。具体来看，2013 年以前，监管重点在于信托公司开展具体业务的合规性风险；2014 年以来，随着监管框架的完善，信托公司风险防控方面的监管与指导开始更加受到重视，行业基础设施建设和监管体系的完善进一步强化。而此时与风险管理相关的监管文件也陆续出台。这些监管文件在进一步明确信托公司转型方向的同时，对其展业过程中出现的风险提出了更高的防范要求，如提出行业需回归本源，实现健康和可持续的发展。虽然对信托公司风险防范的监管力度持续加强，但在新的时代发展背景下，相关制度建设的前瞻性还有待提升。大部分监管侧重于事后监管，对风险事件缺乏预判性，对转型期信托公司如何规避新业务的风险没有进行明确指导。

在公司层面，相关难点在于公司需根据市场状况动态调整风险策略，而传统风控对于风险策略的调整大多滞后于业务的发展，属于被动型调整，当业务模式随市场环境变化进行相应调整时，为适配新的业务模式，风险策略才需进行相应更新，故公司制定的策略本身的前瞻性及对业务的指导意义无法得到有效发挥。因此，在相关制度建设前瞻性尚显不足的情况下，信托公司如何实现风险策略的主动调整，提前预测市场环境变化趋势并做好策略的动态更新，对业务发展提供科学、合理的指导，强化风险策略的引领作用，是目前行业风险策略亟须改进的方向。

四、信托业务从业人员的专业能力仍须提升

基于前文分析可知，近年来信托公司加大了业务创新力度，过程中涌现了不少风险。除了新业务本身造成了传统风险管理和防范方法有效性降低以外，信托公司在发展创新业务过程中缺乏专业能力也是直接和间接造成风险的原因。

一是专业人才方面。投资信托业务，尤其是股权投资信托业务周期较长、专业要求高、投后管理严格，信托公司在展业过程中需要投入更多更专业的人才资源，因此需要专业化人员对于标的企业的财务状况、管理运作情况、盈利状况进行管理和跟踪。这里的专业化，包含具备财务背景、法律知识、管理经验，而同时具备这些技能的人才在信托行业中十分紧缺。

此外，对于押品估值也要求评估人员具备专业能力，对行业有深入研究。以房地产行业为例，评估人员需熟悉使用各类估值模型，且对不同区域的政策及市场情况有充分了解，才能对押品的可变现价值进行准确、有效的评估。目前行业内尚未形成对押品评估的标准化流程，同时由于无法精准计量交易对手预期损失，无法前瞻性地判断押品价值变化，因此高度依赖于评估人员个人职业判断及专业能力。

二是新型风险控制有待强化，投资信托新业务项目操作复杂、退出周期长，因此要求信托公司对于项目有较强的把控能力，对于投资标的企业的经营情况具备分析研判能力，对于项目正常退出具有较强的风险处置能力。这要求信托公司在面临创新业务时，进一步提高现有风险控制水平，包括项目风险审查、运作流程、投后管理等，因此对于信托公司的风险管理能力提出了更高的要求。

三是信托行业的从业人员应努力增加自身金融风险防范的理论知识储备，尤其是应提高对创新型业务交易各方非理性行为导致信托公司承担风险的认知水平。前文提到，结合行为金融理论可知，任何一类创新业务都离不开委托人与受托人，而委托人可能是上市公司也可能是一般企业。对上市公司而言，在新时代背景下，其不仅面临各类变幻莫测的宏观经济影响具有较高经营风险，还因股价波动易受到资本市场投资者非理性行为的影响而易导致股价异象，进而易遭遇市场风险，因此此类风险极易通过相关信托业务从委托人处传递给受托人，导致作为受托人的信托公司在转型过程中面临更大的不确定性。

如果相关业务的从业人员对此毫无感知能力，也没有行为金融理论基本知识，还是用惯用的较为老套的思维处理新时代下新的各类问题，则很容易导致风险在信托公司中发酵，进而引发暴雷事件，不利于信托行业平稳地完成转型。

第八节　本章小结

本章主要描述转型期信托公司的主要风险类型。首先，本章分析了信托公司展业存在风险的原因，指出我国信托业发展的历史背景和其在中国金融行业中一些特殊的角色问题是其在展业过程中蕴含风险的根本原因，但是，即便充分控制了风险的根本原因，近年来部分信托公司为了在转型期维持前期较高的利润水平，也存在不少违规行为，导致风险累积。接着，本章从内外两方面，结合信托公司创新业务背景分析了转型期信托公司展业的风险类型，由此引出一类特殊的风险来源在于信托公司交易对手的行为可能存在非理性。最后，本章提出信托公司现有风险防范体系存在的一些主要难点在于：信托公司业务定位仍不清晰、信托业务规范配套制度不完善、风险监管类制度建设的前瞻性有待提升和信托业从业人员的专业能力仍须提升。

本章为第四章以房地产信托业务各交易方非理性行为为切入点，分析转型期信托公司所遭遇的新类型风险奠定了基础。

第四章

信托公司风险识别与预警机制——以创新类房地产信托业务为例

在我国实体经济各行业发展历程中，房地产是典型的资金密集型行业和高负债行业，具有投资周期长、投资规模大、区域性及政策性强等特性，为我国经济发展做出了重要贡献。房地产行业兼具消费品和资本品属性，与金融业之间具有强烈的共生性①。近年来，为了进一步加强对金融风险的防控，央行和中央政府提出金融机构需降低自身杠杆率，要求房地产类资本密集型企业降低整体负债率。2020年5月，李克强总理所做政府工作报告中提到要坚持"房住不炒"的原则，各地政府要求房地产类资本密集型企业降低整体负债率，这使得房企通过传统银行渠道借款越发困难。

为了尽快回笼资金，确保资金链不断裂，也为了加快流动资金周转率和维持一定程度的短期偿债能力，房企纷纷开始主动寻找新的融资渠道，这使得房地产信托业务脱颖而出，迅速发展为房地产企业最受青睐的融资方式。信托公司发行的房地产信托产品是我国金融市场不可代替的金融产品，它为广大投资者带来了更多选择，对于投资者分散风险、优化资产配置具有深远意义。前文提到，房地产信托业务一直是我国信托公司的主营业务之一，其不仅具有悠久的展业历史，是信托公司传统业务之一，还在新的时代背景下展现了较强的灵活性与创新性，如股权类房地产信托业务的出现，大大提高了房企融资效率，也在一定程度上降低了信托公司传统房信业务展业过程中蕴含的巨大风险。

结合行为金融理论、信托公司房信业务的展业实际情况与监管最新动态，笔者认为，转型期信托公司将更多地开展股权类房地产信托业务，而传统融资类房地产信托业务虽被管制，但短期内依旧是信托公司的主要业务类型。

本书认为，无论哪类房地产信托业务，其造成信托公司风险提升的主要原

---

① 王辉，李硕. 基于内部视角的中国房地产业与银行业系统性风险传染测度研究 [J]. 国际金融研究，2015（9）：76-85.

因都在于各参与方的非理性行为，具体主要存在三类风险来源：

第一类风险来自资本市场投资者非理性行为。前文提及，当信托业务交易对手为上市企业时，信托公司需要关注对方在资本市场的表现。房地产类上市企业一直都是资本市场投资者青睐的对象，后者投资行为的非理性可能影响上市房企的日常经营管理，造成其盈利水平降低。

第二类风险来自上市房企管理者非理性行为。上市房企管理者非理性行为主要表现为过度自信，这类行为容易导致上市房企面临决策失误，最终导致信托产品无法按约定从房企处回笼资金，增大了信托公司兑付风险。

第三类风险来自信托项目经理非理性行为。房地产股权投资信托业务使信托公司相当于房企股东方之一，信托项目经理非理性行为将更直接地影响上市房企在资本市场的表现，最终导致信托公司投资风险增加。

以上三类风险将在本章逐一展开分析讨论，样本企业选择了上市房地产企业，除了数据易得性较高，还因为近年来上市公司成了信托计划违约的集中区域，同时涉及多家信托公司风险激增，而且此类违约事件通过诉讼或资产保全等司法途径化解风险周期较长，因此上市企业与转型期信托公司风险点之间的关系需重点关注。

第一节　资本市场投资者非理性行为与信托公司风险的关系

一、研究背景

房地产信托业务最主要的交易对手是房地产企业。企业作为一个营利组织，获取利润是其亘古不变的主题，因而影响企业绩效的因素早已受到各界广泛关注。按照前文所述，随着行为公司金融理论研究的深入和发展，投资者情绪对上市企业经营活动造成的影响越来越引起人们的重视。我国证券市场中的投资者由大部分经验匮乏的个人和少部分相对理性的机构组成，非理性的行为时有发生。由此可见，投资者情绪容易对上市房地产公司产生重要影响，进而影响其经营绩效，造成其不能按时偿还信托公司融资类借款，使得信托公司此类业务面临较大的兑付风险。

鉴于此，本小节通过建立面板模型，探讨投资者情绪与企业绩效的关系，进而讨论上市房企的日常经营管理和盈利水平是否会受到资本市场投资者情绪影响，导致其不能按照合同约定偿还信托借款，最终导致信托公司兑付风险较高的问题。

二、研究假设

前文提到,在"新资管"时代背景下,识别和防范房地产信托业务各参与方的非理性行为及其导致的风险,需要引起业界和学术界的高度关注。为了有效控制信托行业风险,监管部门明确指出,金融机构应"打破刚性兑付"。2020年6月,《中国银保监会关于开展银行业保险业市场乱象整治"回头看"工作的通知》提出,要严查"未严格执行房地产信托贷款监管政策,向不满足'四三二'要求的房地产开发项目提供贷款;直接或变相为房地产企业提供土地储备贷款或流动资金贷款"的信托公司。诸多事实与监管动态表明,信托公司开展房地产信托业务的风险日益增大,会对交易对手的经营绩效造成一定影响。

在与房地产企业开展合作的过程中,上市房企是一类特殊的交易对手。其特殊性在于不仅要面对非上市企业所共同具备的经营风险,还需要考虑其在资本市场股价波动中可能出现的市场风险,最终导致市场风险影响企业经营管理与营利能力。基于第二章和第三章的分析,行为金融理论认为,资本市场的投资者普遍存在非理性行为,其对于所选择投资对象的判断并非基于理性人的分析。此类投资者行为会影响上市房企盈利水平,进而使得这些与信托公司开展了合作的房企难以按时偿付所借资金,最终导致信托计划面临较大的兑付风险,因此本小节着重考虑资本市场投资者非理性对于上市房企盈利水平的影响。

本节选择开展过房地产信托融资业务的30家上市房企,并按照其注册地分为东部组与西部组。同时,以投资者换手率衡量投资者非理性行为程度,体现为换手率越高,投资者非理性行为程度越高。由此提出实证研究假设为:

H1:西部组上市房企盈利水平与投资者非理性行为程度负相关;

H2:东部组上市房企盈利水平与投资者非理性行为程度负相关;

H3:东部组上市房企盈利水平与投资者非理性行为负相关程度强于西部组。

三、实证分析与结果讨论

(一)模型设计与数据来源

本小节通过使用 EViews10.0 等数据分析软件进行实证检验并得出最终结论。实证检验的过程主要包括单位根检验、异方差检验、协整检验和回归分析等。为了对比研究在企业不同所属地下投资者情绪对企业绩效的影响,本小节选取我国30家上市房企并分为西部组和东部组,基于上文研究假设,建立了以下面板模型：

第一组：西部组上市房企

$$Y_{1,it} = \alpha_1 + \beta_1 X_{it} + \gamma_1 C_{1,t} + \gamma_2 C_{2,it} + \gamma_3 C_{3,it} + \gamma_4 C_{4,it} + \varepsilon_{it}$$

$$Y_{2,it} = \alpha_2 + \beta_2 X_{it} + \delta_1 C_{1,it} + \delta_2 C_{2,it} + \delta_{3,it} + \delta_{4,it} + \varepsilon_{it}$$

第二组：东部组上市房企

$$Y_{1,it} = \alpha_3 + \beta_3 X_{it} + \theta_1 C_{1,t} + \theta_2 C_{2,it} + \theta_3 C_{3,it} + \theta_4 C_{4,it} + \varepsilon_{it}$$

$$Y_{2,it} = \alpha_4 + \beta_4 X_{it} + \lambda_1 C_{1,it} + \lambda_2 C_{2,it} + \lambda_{3,it} + \lambda_{4,it} + \varepsilon_{it}$$

其中，东西部组划分的标准为，西部组是指企业所属地为经济欠发达的西部地区，包括四川在内的 9 个省份（自治区）；除此之外的省市都归为东部组。经过综合考虑，本小节选取总资产净利润率（ROA）和净资产收益率（ROE）作为衡量企业绩效的指标。在公式中，被解释变量 Y_1 为总资产净利润率，被解释变量 Y_2 为净资产收益率，解释变量 X 为上市房企的月度换手率。控制变量的选择依据主要是各类宏观经济总量指标，其中 C_1 为国内生产总值（GDP），C_2 为居民消费价格指数（CPI），C_3 为消费者信心指数，C_4 为第一大股东持股比例。按照模型设置原则，公式中的 β 是 X 对 Y 的回归系数，反映了个股月换手率对总资产净利润率和净资产收益率的影响。

本小节选取上海证券交易所上市的曾在 2010—2020 年参与过信托项目的 30 家上市房企作为研究对象，选择其 2010—2020 年的月度数据，并对其进行如下处理：第一，剔除信息不全或数据缺漏较多的上市公司；第二，剔除所有 ST、ST * 的企业。最终样本组名单与参与信托融资时间见表 4.1。

表 4.1 样本组名单与参与信托融资时间

沪市上市房企名称	参与信托融资时间（2010—2020 年）	融资规模（亿元）	沪市上市房企名称	参与信托融资时间（2010—2020 年）	融资规模（亿元）
冠城大通 600067	2014 年 1 月 1 日	4.5	首开股份 600376	2010 年 1 月 1 日	14
	2018 年 7 月 1 日	5		2010 年 2 月 1 日	25
格力地产 600185	2011 年 6 月 1 日	4.5		2011 年 7 月 1 日	19
	2011 年 11 月 1 日	6.3		2012 年 3 月 1 日	25
云南城投 600239	2013 年 12 月 1 日	5		2012 年 6 月 1 日	23
	2014 年 5 月 1 日	3		2012 年 7 月 1 日	5
	2014 年 6 月 1 日	10		2012 年 12 月 1 日	6
	2015 年 6 月 1 日	10		2013 年 1 月 1 日	7

续表

沪市上市房企名称	参与信托融资时间（2010—2020 年）	融资规模（亿元）	沪市上市房企名称	参与信托融资时间（2010—2020 年）	融资规模（亿元）
云南城投600239	2016 年 11 月 1 日	36	首开股份600376	2015 年 7 月 1 日	7.5
	2016 年 12 月 1 日	8		2015 年 10 月 1 日	25
	2017 年 3 月 1 日	11.2		2015 年 12 月 1 日	1.22
	2017 年 4 月 1 日	10.6		2016 年 1 月 1 日	3.03
	2017 年 11 月 1 日	5		2017 年 5 月 1 日	12
	2018 年 6 月 1 日	7.5		2017 年 6 月 1 日	22
	2018 年 10 月 1 日	14		2017 年 12 月 1 日	4
	2019 年 1 月 1 日	6.7		2018 年 7 月 1 日	7.41
	2019 年 11 月 1 日	5.3		2019 年 5 月 1 日	20
华发股份600325	2012 年 4 月 1 日	12		2019 年 6 月 1 日	17
	2012 年 6 月 1 日	2		2019 年 11 月 1 日	17
	2014 年 4 月 1 日	10		2020 年 1 月 1 日	6.75
	2015 年 4 月 1 日	10		2020 年 2 月 1 日	7.67
	2015 年 5 月 1 日	15	绿地控股600606	2009 年 9 月 1 日	150
	2015 年 8 月 1 日	20	天地源600665	2012 年 7 月 1 日	1.5
	2016 年 2 月 1 日	13.8		2012 年 11 月 1 日	3.1
	2016 年 6 月 1 日	5		2012 年 12 月 1 日	2.5
	2017 年 6 月 1 日	5		2014 年 4 月 1 日	5
	2017 年 7 月 1 日	10		2014 年 6 月 1 日	33
	2017 年 9 月 1 日	25		2016 年 10 月 1 日	3
	2018 年 5 月 1 日	12		2017 年 10 月 1 日	4.5
	2018 年 12 月 1 日	11		2018 年 10 月 1 日	4.3
	2019 年 1 月 1 日	8		2019 年 1 月 1 日	4
	2019 年 7 月 1 日	10		2019 年 6 月 1 日	3
蓝光发展600466	2010 年 6 月 1 日	0.5		2019 年 8 月 1 日	6.8

沪市上市房企名称	参与信托融资时间（2010—2020年）	融资规模（亿元）	沪市上市房企名称	参与信托融资时间（2010—2020年）	融资规模（亿元）
信达地产600657	2015年5月1日	5	上实发展600748	2010年6月1日	10
珠江实业600684	2013年3月1日	3		2012年6月1日	6
	2016年9月1日	25	北辰实业601588	2017年6月1日	16
保利地产600048	2010年7月1日	4.6		2017年9月1日	5
	2011年6月1日	4.23		2018年3月1日	28
	2012年6月1日	6.6		2018年9月1日	20
	2012年9月1日	2		2018年11月1日	6
	2012年10月1日	4		2019年1月1日	14
	2014年3月1日	10		2019年4月1日	15
香江控股600162	2012年3月1日	3.3		2019年7月1日	20
	2013年11月1日	3.5		2019年9月1日	16
华业资本600240	2010年8月1日	6.1		2020年3月1日	10
华夏幸福600340	2012年3月1日	4.01	大名城600094	2018年1月1日	4.8
	2012年7月1日	3		2018年5月1日	9
	2013年8月1日	6.12		2018年9月1日	10
	2013年11月1日	10		2019年1月1日	15
	2014年3月1日	22.3	鲁商置业600223	2016年5月1日	10
	2014年5月1日	4.9		2016年7月1日	10
	2014年7月1日	10	北京城建600266	2018年5月1日	10
	2014年11月1日	30.5		2019年6月1日	13
	2016年6月1日	15		2019年11月1日	2
	2016年7月1日	20	金地集团600383	2009年8月1日	100
	2017年3月1日	10		2019年12月1日	16.17
	2017年4月1日	15	栖霞建设600533	2013年1月1日	8
	2017年5月1日	6		2014年4月1日	2.5

续表

沪市上市 房企名称	参与信托融资时间 （2010—2020 年）	融资规模 （亿元）	沪市上市 房企名称	参与信托融资时间 （2010—2020 年）	融资规模 （亿元）
华夏幸福 600340	2017 年 7 月 1 日	96	中华企业 600675	2010 年 9 月 1 日	7
	2017 年 12 月 1 日	30		2011 年 6 月 1 日	3
	2018 年 6 月 1 日	24.5		2012 年 4 月 1 日	5.5
	2018 年 11 月 1 日	2.03		2012 年 9 月 1 日	11
	2019 年 3 月 1 日	50		2013 年 3 月 1 日	6
	2019 年 9 月 1 日	20		2013 年 5 月 1 日	20
浙江广厦 600052	2012 年 9 月 1 日	8		2013 年 6 月 1 日	6
宋都股份 600077	2017 年 6 月 1 日	4		2014 年 12 月 1 日	5
	2017 年 7 月 1 日	7		2015 年 6 月 1 日	5.88
	2018 年 7 月 1 日	4	光明地产 600708	2018 年 12 月 1 日	5
	2019 年 3 月 1 日	4	天津松江 600225	2012 年 6 月 1 日	0.9
	2020 年 3 月 1 日	1.12		2015 年 5 月 1 日	2
卧龙地产 600173	2011 年 2 月 1 日	1.75		2015 年 6 月 1 日	7
万通地产 600246	2010 年 11 月 1 日	50		2015 年 9 月 1 日	3
	2012 年 7 月 1 日	1		2016 年 1 月 1 日	5.01
天房发展 600322	2015 年 7 月 1 日	7.5		2016 年 5 月 1 日	12.5
	2018 年 9 月 1 日	2		2019 年 1 月 1 日	8.08
	2018 年 11 月 1 日	2	粤泰股份 600393	2017 年 3 月 1 日	8
	2019 年 2 月 1 日	12.75			
	2020 年 3 月 1 日	3			

数据来源：中指院。

　　有效观测样本中，东部组的上市公司为 12 家，西部组的上市公司为 18 家。本小节样本数据全部来自中指院。

（二）变量说明

1. 被解释变量

本小节选取了总资产净利润率（ROA）和净资产收益率（ROE）作为衡量上市房企的企业绩效的两类指标，以评判企业的营利能力。

具体来说，总资产净利润率是企业净利润总额与企业资产总额的比率，主要用于评价企业资产使用获取收益的能力。该指标越高，表明企业能更多地增加营利收入或更好地节约资金的使用。其计算公式为：

总资产净利润率＝企业净利润总额/企业资产总额

净资产收益率指的是净利润与股东权益的百分比。该指标是从投资者角度进行企业营利能力分析的核心指标，反映了投资者从企业中获得的真正回报情况。指标值越高，说明投资者获得的收益越多。其计算公式为：

净资产收益率＝净利润/股东权益

通常来说，总资产净利润率和净资产收益率都与企业绩效呈正相关的关系，即总资产净利润率与净资产收益率越大，上市公司企业绩效越高。

2. 解释变量

本小节将个股月换手率作为衡量投资者情绪的指标。换手率作为反映股票流通性强弱的指标之一，是指在一定时间内股票转手买卖的频率。多数研究已经证明，对我国股票市场来说，投资者情绪越积极，市场流动性越强。第二章提到，大部分学者也选择采用换手率来衡量投资者情绪。个股月换手率的计算公式如下：

个股月换手率＝个股月成交量/流通股股数

通常来说，个股月换手率与投资者情绪呈正相关的关系，即个股月换手率越高，投资者情绪越高涨。

3. 控制变量

本小节考虑到国家宏观经济环境和公司内部企业环境都能对上市房企的企业绩效产生影响，为了让模型能够对上市房企的企业绩效的解释更为准确和合理，选取国内生产总值、居民消费价格指数、消费者信心指数、第一大股东持股比例四个指标作为此模型中的控制变量。表4.2为控制变量选取表。

表4.2 控制变量名称及含义

控制变量	含义
国内生产总值（GDP）	衡量国家经济状况

控制变量	含义
居民消费价格指数	衡量通货膨胀程度
消费者信心指数	反映消费者信心强弱并预测经济走私与消费趋势
第一大股东持股比例	该公司持股最多股东的持股数量占公司总股数的比例

（三）描述性统计

表 4.3 为西部组上市房企各变量描述性统计表。

表 4.3　西部组上市房企各变量描述性统计表

变量名称	均值	标准差	最小值	最大值
Y_1：总资产净利润率	0.029	0.017	-0.014	0.083
Y_2：净资产收益率	0.039	0.024	-0.016	0.114
X：个股月换手率	27.403	42.849	3.097	407.865
C_1：GDP	173758.100	88350.700	33053.570	362772.700
C_2：CPI	33.996	0.128	33.770	34.362
C_3：消费者信心指数	116.457	8.183	99.800	126.600
C_4：第一大股东持股比例	16.010	4.623	8.616	21.938

由表 4.3 的数据可以看出，被解释变量总资产净利润率的均值和标准差分别为 0.029、0.017，而最大值 0.083 与最小值 -0.014 相差 0.097，差距不大。另一个被解释变量净资产收益率的均值和标准差分别为 0.039、0.024，而最大值 0.114 与最小值 -0.016 相差 0.13，相差也较小。说明在西部组中，上市房企的企业绩效间没有太大的差异。由此表明，在西部组中各上市房企对应的资本市场投资者换手率存在着较大的差异，投资者之间异质化程度较高。

控制变量中，GDP 均值为 173758.1 亿元，最大值 362772.7 亿元与最小值 33053.57 亿元相差 329719.13 亿元，差距较大，并且其标准差为 88350.7，数值也较大，说明我国经济状况存在较大波动，查看原始数据后发现，这是由于我国生产总值存在总体逐年增长的趋势。而这种经济形势的变化将会对上市房企的企业绩效产生一定影响。CPI 的均值和标准差分别为 33.996、0.128，标准差不大，说明大部分数值和其平均值之间没有太大的差异，其最大值 34.362 与最小值 33.77 相差 0.592，差距不算太大，说明近年我国物价指数虽然存在一定的变化，但仍处于合理范围内。消费者信心指数的均值和标准差分别为 116.457、8.183，而最大值 126.6 与最小值 99.8 相差 26.8，存在一定差距。查看原始数据后发现，我国消费者信心指数总体呈上升趋势，我国消费者信心逐渐增强。描述性统计说明，在西部组中，上市房企的第一大股东持股比例存在一定差异，而这种差异可能会对上市房企的企业绩效产生一定影响。

表 4.4 为东部组上市房企各变量描述性统计表。

表 4.4　东部组上市房企各变量描述性统计表

变量名称	均值	标准差	最小值	最大值
Y_1：总资产净利润率	0.026	0.017	-0.024	0.062
Y_2：净资产收益率	0.039	0.024	-0.031	0.092
X：个股月换手率	28.135	29.369	2.611	298.528
C_1：GDP	172849.400	88677.910	33053.570	362772.700
C_2：CPI	33.996	0.128	33.770	34.362
C_3：消费者信心指数	116.204	8.215	99.800	126.600
C_4：第一大股东持股比例	15.347	6.088	5.873	26.800

由表 4.4 的数据可以看出，被解释变量总资产净利润率的均值和标准差分别为 0.026、0.017，最大值与最小值的差距不大。另一个被解释变量净资产收益率的均值和标准差分别为 0.039、0.024，而最大值 0.092 与最小值 -0.031 相差 0.123，相差也较小。说明在东部组中，上市房企的企业绩效间没有太大的差异。观察解释变量个股月换手率，可以发现该变量标准差较大，说明大部分数值和其平均值之间差异较大，而最大值和最小值相差 295.917，说明最大值与最小值之间也存在较大差异。由此表明，在东部组中，各上市房企间的换手率存在着较大的差异。

控制变量中，GDP 的均值是 172849.4 亿元，最大值 362772.7 亿元与最小值 33053.57 亿元相差 329719.13 亿元，差距较大，并且其标准差为 88677.91，数值也较大，说明我国经济状况存在较大波动，查看原始数据后发现，这是由于我国生产总值存在总体逐年增长的趋势。而这种经济形势的变化将会对上市房企的企业绩效产生一定影响。CPI 的均值和标准差分别为 33.996、0.128，标准差不大，说明大部分数值和其平均值之间没有太大的差异，其最大值 34.362 与最小值 33.77 相差 0.592，差距不算太大，说明近年我国物价指数虽然存在一定的变化，但仍处于合理范围内。消费者信心指数的均值和标准差分别为 116.204、8.215，而最大值 126.6 与最小值 99.8 相差 26.8，存在一定差距，查看原始数据后发现，我国消费者信心指数总体呈上升趋势，我国消费者信心逐渐增强。第一大股东持股比例的均值和标准差分别为 15.347、6.088，说明在东部组中，上市房企间的第一大股东持股比例存在一定差异，而这种差异可能会对上市房企的企业绩效产生一定影响。

（四）模型检验

为了确定各变量之间是否存在伪回归，以此来说明估计的有效性，故本小节在对面板数据模型进行设定之前，对个股月换手率、总资产净利润率、净资产收益率进行单位根检验、协整检验以及异方差检验，由此来检查各变量的平稳性。各变量的检验结果如下所示：

1. 单位根检验

表 4.5 为上市房企各变量的单位根检验结果。在初始检验中，总资产净利润率、净资产收益率的单位根检验结果的概率值大于 0.05，说明面板数据总资产净利润率、净资产收益率数据不平稳，存在单位根。故对总资产净利润率、净资产收益率取自然对数，进行一阶差分序列的检验。

表 4.5　上市房企各变量单位根检验结果

方法	分组	变量	统计值	P 值
Levin，Lin and Chut *	西部组	LnY_1	−6.056	0.000
		LnY_2	−5.641	0.000
		X	−9.766	0.000
	东部组	LnY_1	−11.923	0.000
		LnY_2	−9.373	0.000
		X	−11.023	0.000

如表 4.5 所示，一阶差分后各变量检验结果的概率值远小于 0.05，说明模型变量一阶差分后序列平稳，不存在单位根。

2. 协整检验

为了检验总资产净利润率和净资产收益率是否能被个股月换手率的线性组合解释，对各个变量进行协整检验。表4.6是对总资产净利润率和个股月换手率的协整检验结果。表中主要的 P 值小于 0.05，表明总资产净利润率与个股月换手率之间存在协整关系。

表 4.6　总资产净利润率与个股月换手率协整检验结果

方法	分组	统计值	P 值
Grouprho-Statistic	西部组	−1.140	0.127
GroupPP-Statistic		−1.367	0.086
GroupADF-Statistic		−5.418	0.000
Grouprho-Statistic	东部组	−0.107	0.457
GroupPP-Statistic		0.136	0.554
GroupADF-Statistic		−3.406	0.000

表 4.7 是对净资产收益率和个股月换手率的协整检验结果。主要的 P 值小于 0.05，表明净资产收益率与个股月换手率之间存在协整关系。

表 4.7　净资产收益率与个股月换手率协整检验结果

方法	分组	统计值	P 值
Grouprho-Statistic	西部组	−1.179	0.119
GroupPP-Statistic		−1.320	0.093
GroupADF-Statistic		−5.008	0.000
Grouprho-Statistic	东部组	−0.167	0.434
GroupPP-Statistic		0.491	0.688
GroupADF-Statistic		−2.977	0.002

综上所述，无论是东部组还是西部组的上市房企，总资产净利润率、净资产收益率与个股月换手率均通过协整检验，可以建立实证模型进行分析讨论。

3. 异方差检验

如果变量间存在异方差则会影响结论的准确性，所以需要对个股月换手率、总资产净利润率、净资产收益率的面板数据进行异方差检验。表4.8为总资产净利润率、净资产收益率和个股月换手率异方差检验的结果。

表 4.8　各变量异方差检验表

分组	变量	统计方法	P 值
西部组	总资产净利润率	Bartlett	0.000
	净资产收益率		0.000
	个股月换手率		0.000
东部组	总资产净利润率		0.000
	净资产收益率		0.000
	个股月换手率		0.000

由表 4.8 的数据可知，三种主要方法下的 P 值都为 0，说明无论是东部组还是西部组的上市房企，总资产净利润率、净资产收益率与个股月换手率的面板数据均通过异方差检验。

（五）模型估计结果

豪斯曼检验发现使用固定效应模型（FE）能够更好地对面板数据模型进行估计，对比 CSSUR 与 CSweights 后，发现使用 CSweights 修正"自相关与异方差"以后的 FE 估计更为显著。本小节同时对面板数据中的被解释变量总资产净利润率、净资产收益率和解释变量个股月换手率做了对数处理。相关实证检验结果分析如下：

1. 西部组上市房企模型估计结果

表 4.9 是西部组的上市房企面板计量模型的实证结果。

表 4.9　西部组：投资者情绪与企业绩效的实证分析结果

项目	LnY_1：总资产净利润率的对数	LnY_2：净资产收益率的对数
LnX：个股月换手率的对数	-0.113^{***}	-0.125^{***}
	（0.020）	（0.018）
C_1：GDP	$4.26E-06^{***}$	$4.36E-06^{***}$
	（1.41E-07）	（1.38E-07）
C_2：CPI	-0.396^{***}	-0.367^{***}
	（0.104）	（0.103）
C_3：消费者信心指数	0.003^{*}	0.003^{*}
	（0.002）	（0.002）

续表

项目	LnY_1：总资产净利润率的对数	LnY_2：净资产收益率的对数
C_4：第一大股东持股比例	0.109***	0.094***
	(0.021)	(0.020)
R^2	0.858	0.870

注：本实证分析采用固定效应模型（FE）；*、**、***分别表示在10%、5%和1%的统计水平下显著；括号里报告的是标准误差。（下文实证结果同此注释）

表4.9说明上市房企投资者情绪与企业绩效的关系，可知西部上市房企在资本市场上投资者情绪变动与其经营绩效之间为负相关关系，个股月换手率对总资产净利润率、净资产收益率会造成负面影响，假设1成立。

具体而言，实证结果显示，个股月换手率的自然对数在1%的统计水平下显著（$\beta = 0.113$，p<0.01），意味着个股月换手率每升高1%，总资产净利润率就降低0.113%；个股月换手率的自然对数在1%的统计水平下显著（$\beta = 0.125$，p<0.01），个股月换手率每升高1%，净资产收益率就会下降0.125%。

在控制变量检验结果中，GDP与总资产净利润率、净资产收益率相关关系较小；而CPI与总资产净利润率、净资产收益率均呈负相关关系，且在1%的统计水平下显著，这表明消费者物价指数对西部组的上市房企企业绩效有较大影响；消费者信心指数、第一大股东持股比例对总资产净利润率、净资产收益率均造成正面影响，并且分别在10%和1%的统计水平下显著，说明消费者信心指数、第一大股东持股比例对西部组的上市房企企业绩效有较大影响。

2. 东部组上市房企模型估计结果

表4.10是东部组的上市房企面板计量模型的实证结果。

表4.10　东部组：投资者情绪与企业绩效的实证分析结果

项目	LnY_1：总资产净利润率的对数	LnY_2：净资产收益率的对数
LnX：个股月换手率的对数	−0.038**	0.031
	(0.015)	(0.016)
C_1：GDP	3.43E−06***	3.67E−06***
	(1.08E−07)	(1.06E−07)
C_2：CPI	0.056	0.063
	(0.075)	(0.073)

项目	LnY_1：总资产净利润率的对数	LnY_2：净资产收益率的对数
C_3：消费者信心指数	0.007***	0.007***
	(0.001)	(0.001)
C_4：第一大股东持股比例	−0.020*	−0.047***
	(0.012)	(0.013)
R^2	0.787	0.810

对东部组的上市房企来说，个股月换手率对总资产净利润率产生了显著负面影响，对净资产收益率有正向促进作用。假设2成立。

进一步分析发现，实证结果并不显著，因此仍然可以认为东部组房企投资者情绪与企业绩效呈负相关关系，不过负相关程度低于西部组，故假设3不成立。具体来说，个股月换手率的自然对数在5%的统计水平下显著（$\beta = 0.038$，$p<0.05$），东部组个股月换手率每升高1%，总资产净利润率就降低0.038%。

在控制变量检验结果中，GDP与总资产净利润率、净资产收益率相关关系较小；CPI与总资产净利润率、净资产收益率均呈正相关关系，但没有通过显著性检验；消费者信心指数与总资产净利润率、净资产收益率均呈正相关关系，且在1%的统计水平下显著，说明消费者信心指数对东部组的上市房企企业绩效有一定影响；第一大股东持股比例与总资产净利润率、净资产收益率均呈负相关关系，分别在10%和1%的统计水平下显著，说明第一大股东持股比例对东部组的上市房企企业绩效有较大影响。

（六）实证结果讨论

上文的实证分析发现，对西部的上市房企和东部的上市房企来说，在控制国内生产总值、第一大股东持股比例、居民消费价格指数和消费者信心指数的情况下，投资者情绪与企业绩效之间存在着显著的负相关关系，这表示投资者情绪越高涨，样本房企的当期绩效会下降。并且，在西部组的上市房企中，投资者情绪对企业绩效的抑制作用比东部组更明显，说明投资者非理性行为会对房地产上市企业的盈利水平造成负面影响。笔者认为，出现这种结果的原因主要包括以下几方面：

1. 反复变化的投资者情绪不利于企业良性发展

由行为金融学的理论可知，因为受投资者自身的认知、能力等因素的影响，在现实股票市场中，投资者是相对理性的。其情绪会给企业股票价格造成影响，使股票价格不符合其本身的价值,从而影响企业所获取的收益。当投资者情绪积极时,企业价值通常会被投资者高估,更多的投资者看好企业所发行的股票而进行购买,有利于公司股价的提升,但公司市场的增加带有较大泡沫成分,不利于公司良性发展,企业绩效有所下滑。

2. 投资者情绪高涨造成"假象"

在公司本身可能面临一定经验风险甚至较大经验困难时,投资者情绪过于高涨使得换手率较高,会造成公司股价的提升,进而产生"假象",即上市公司管理层和员工更倾向于认为公司处于良性发展态势,进而可能做出有损于公司绩效增长的决策。

3. 投资者情绪改变管理者自身的决策行为

由行为决策理论可知,公司管理者是相对理性的,投资者积极或消极的情绪更能影响到管理者的情绪,从而使管理者的决策行为发生改变,做出"急功近利"的企业投资决策,进而使企业在某些项目上出现亏损,最终使绩效下滑。

4. 近年来房地产企业在西部地区开疆拓土更为明显

由模型结果可知,对上海证券交易所上市房企来说,投资者情绪对企业绩效的负面影响在西部组中表现得更为明显。这可能是因为在国家严控房地产价格态势下,东部地区房地产市场已较为繁华,且房企拿地更易受到诸多限制,故其纷纷转战西部地区。故而西部地区房企更容易受到资本市场投资者青睐,也更容易受到投资者非理性情绪的影响。

(七)实证结论

本小节基于理论分析和实证模型,按照企业所属地的不同将沪市上市房企分为东西部两组后,基于 2010—2020 年面板数据,研究了 30 家历史上与信托公司开展过融资类房地产信托业务的上市房企绩效与资本市场投资者情绪之间的关系。本小节研究结果表明:

(1)在不同地区中,投资者情绪与企业绩效的关系均为显著负相关,即资本市场投资者非理性行为程度越高,上市房地产企业绩效越低,假设 1 和假设 2 成立;

(2)西部组中,投资者情绪对企业绩效的抑制作用比东部组更大,假设 3 不成立;

(3)在资本市场投资者非理性行为程度较高时,通过信托计划融资的上市房地产企业绩效会受到严重干扰,出现收益下滑情况,其与信托公司开展的业务也可能受此影响,出现房地产信托产品兑付困难等问题,故而与之合作的信托公司风险随着资本市场投资者非理性行为程度的增加而增加。

可见，信托公司开展房地产信托业务过程中，由于交易对手大多为上市房企，其经营绩效受到资本市场投资者非理性行为程度加剧的影响，未来需积极关注并有效预测资本市场投资者情绪变动情况。此外，由于近年来大量房企将生产经营中心向西部地区转移，所以西部地区的上市房企相较于东部地区，更容易出现资本市场投资者非理性，因此与西部地区上市房企开展合作的信托公司更应加强对资本市场投资者非理性投资行为风险评价和预警机制的建立，避免风险自资本市场通过交易对手传递到信托公司层面。

第二节 上市房企管理者非理性行为与信托公司风险的关系

一、研究背景

房地产企业的经营绩效与其偿还金融机构借款的能力密切相关，对企业经营绩效影响因素的研究也会对信托公司房地产信托业务的风险防范能力产生一定影响。上一节分析了资本市场投资者情绪对房企绩效的影响，而实际上企业的发展更易受到其经营管理者日常决策的影响。因此，本小节将基于行为金融理论关于上市房企管理者非理性行为的分支理论，探讨管理者过度自信对企业绩效的影响，进而分析房企经营风险对信托业务的影响。

随着行为金融学近年来的不断发展，各种现实假设都被纳入了经济决策分析中，该理论对有限理性、社会偏好等进行了充分探索，由认知偏差引起的过度自信更是一个研究热点。由于近年来我国发展蒸蒸日上的房地产企业创造出了一个又一个事业新高峰，这类企业管理者可能因为已有的成绩而对未来充满信心，并归因于自身学识能力与英明决策，从而产生过度自信的心理。管理者过度自信时所做出的决策可能与现实情况存在偏差，这些非理性的决策往往会造成一些不良影响，从而损害企业效益。

例如，与过度投资相似的是，吕彦照等在行为金融学中提到管理者过度自信可能会引发恶性增资。很多因素的综合作用导致了恶性增资，"过度自信"便是其中一个重要的心理动因。过度自信的管理者为了证明自己决策的正确性，即使已经偏离了理性的尺度，也选择在事情变坏后孤注一掷地进行恶性增资，这样的恶性增资会使企业效益进一步受到损害，更有可能造成恶性循环。有调查显示管理者过度自信并非个例，并且过度自信具有传递性，可能会影响到其他管理者，关注管理者过度自信对企业发展的影响是十分重要的。

二、研究假设

行为金融理论指出，管理者在认知偏差下存在以过度自信为代表的非理性行为，体现为其倾向于做出过于激进和冒险的投资管理决策，进而不利于企业的可持续性发展。

约翰·R.诺夫辛格认为一些错误的认知误区是由"自欺"心理产生的，因为人们通常自认为比实际表现得要更好，而偏差的另一个来源是"启发式简化"，也就是迫于认知的限制，把原本复杂的分析简单化处理，高估控制力、自我归因偏差（把成功归因于能力，把失败归因于运气）等。这些都是过度乐观的本质来源。如今企业高管往往对企业的投资决策有较大的发言权，并且高管作为股东的代言人左右企业的投资也不少见。过度自信的管理者总会认为自己掌握了局势，而事实并非如此，在这样的认知偏差下，管理者通常会对未来充满信心，特别是现有的一些情况刚好又可以被他当作证明（比如，企业股票收益率明显上涨）时，他们会认为企业在资本市场受到了追捧与认可，企业正按照自己的构想发展，这都得力于自身能力水平较高。因此，其在后续进行一些决策时会偏好选择冒险但高回报的项目，投入更多的资金，选择更高的负债率，以获得更多的利润，很有可能使得企业效益受损。

对于过度自信的指标，目前文献中有着以下几种被广泛采用的方法：媒体评价、管理者个人特征打分法、股票收益率、管理者主动持股比例变动、盈余预告偏差、消费者信心指数以及资产负债比。考虑到数据的可得性，本小节选择股票收益率作为衡量过度自信的间接指标。管理者在看到本公司股票收益表现优异时，更容易对企业经营现状与未来发展产生过度自信的心理，其非理性行为程度也更高。除此之外，股东背景也是一个不可轻视的重要因素，管理者过度自信程度可能因股东背景而异，如具有国企背景的房地产企业管理者可能更容易将企业成就归因于自身的特质，也就更容易出现非理性行为，因此本小节也将股东背景纳入研究中，探究不同股东背景下上市房企管理者过度自信与企业效益之间的关系，以了解房地产信托业务交易对手非理性行为是否间接导致信托公司兑付风险增加。

综上所述，本小节研究假设为：

H1：国企背景组上市房企盈利水平与管理者非理性行为程度负相关；

H2：非国企背景组上市房企盈利水平与管理者非理性行为程度负相关；

H3：国企背景组上市房企盈利水平与管理者非理性行为负相关程度强于非国企组。

三、实证分析与结果讨论

（一）模型设计与数据来源

与上一节研究思路类似，本小节选取了在深圳证券交易所上市，且在过去10年时间发生过信托融资的房地产企业，共计26家，其中国有控股或参股企业15家，非国有控股11家。样本组企业名单与参与信托融资时间如表4.11所示。

表4.11　样本组企业名单与参与信托融资时间

深市上市公司	参与信托融资时间（2010—2020年）	融资规模（亿元）	深市上市公司	参与信托融资时间（2010—2020年）	融资规模（亿元）
万科 000002	2011年12月1日	10	中天金融 000540	2012年2月1日	3
	2012年3月1日	30		2012年10月1日	14.7
	2012年12月1日	11		2015年6月1日	4
	2014年4月1日	7.5		2015年11月1日	5
	2017年12月1日	4.8		2017年5月1日	9.7
泛海控股 000046	2011年11月1日	6		2017年9月1日	10
	2012年5月1日	6.5		2019年6月1日	6.5
	2012年6月1日	15	美好集团 000667	2010年9月1日	4.9
	2014年4月1日	10		2012年8月1日	3.2
	2015年6月1日	10		2019年1月1日	3.5
	2015年11月1日	17		2019年12月1日	2.5
	2016年2月1日	40	中交地产 000736	2017年5月1日	8.5
	2016年11月1日	45		2017年7月1日	9
	2016年12月1日	28		2018年3月1日	4.2
	2017年5月1日	8		2020年2月1日	7
	2017年6月1日	17	津滨发展 000897	2011年2月1日	3.5
	2017年8月1日	20		2015年5月1日	5
	2017年9月1日	8.9	莱茵体育 000558	2014年6月1日	0.8
	2017年10月1日	90	中国武夷 000797	2019年11月1日	3
	2017年11月1日	8	嘉凯城 000918	2011年1月1日	12
	2017年12月1日	25		2011年9月1日	10.7

续表

深市上市公司	参与信托 融资时间 （2010—2020 年）	融资 规模 （亿元）	深市上市公司	参与信托 融资时间 （2010—2020 年）	融资 规模 （亿元）
泛海控股 000046	2018 年 7 月 1 日	9.1	嘉凯城 000918	2012 年 9 月 1 日	10
	2019 年 3 月 1 日	5		2013 年 9 月 1 日	5
	2019 年 7 月 1 日	15		2016 年 3 月 1 日	19
阳光股份 000608	2014 年 7 月 1 日	3		2016 年 12 月 1 日	14
	2016 年 5 月 1 日	7.5		2019 年 7 月 1 日	2.4
大悦城 000031	2010 年 12 月 1 日	6	银亿股份 000981	2016 年 6 月 1 日	9
	2015 年 5 月 1 日	7.75		2017 年 3 月 1 日	3
	2016 年 3 月 1 日	20		2017 年 5 月 1 日	6
	2018 年 1 月 1 日	15		2017 年 9 月 1 日	3
	2019 年 12 月 1 日	16		2017 年 11 月 1 日	11.7
金科股份 000656	2012 年 6 月 1 日	3	荣盛发展 002146	2012 年 8 月 1 日	2.2
	2012 年 8 月 1 日	4		2013 年 12 月 1 日	3
	2012 年 9 月 1 日	2.2		2014 年 5 月 1 日	3
	2012 年 10 月 1 日	4.8		2015 年 4 月 1 日	5.49
	2012 年 12 月 1 日	8		2015 年 8 月 1 日	16.8
	2013 年 2 月 1 日	15.5		2016 年 5 月 1 日	6
	2013 年 3 月 1 日	3		2016 年 8 月 1 日	20.3
	2013 年 4 月 1 日	5		2016 年 10 月 1 日	6.25
	2013 年 9 月 1 日	4.4		2017 年 3 月 1 日	6.22
	2015 年 1 月 1 日	5		2019 年 9 月 1 日	1
	2015 年 5 月 1 日	6	中洲控股 000042	2014 年 3 月 1 日	15
	2017 年 7 月 1 日	29		2014 年 5 月 1 日	5
	2017 年 10 月 1 日	26.2		2016 年 10 月 1 日	50
	2017 年 11 月 1 日	17.5		2017 年 6 月 1 日	4.9
	2018 年 6 月 1 日	9.48		2017 年 11 月 1 日	3.3
	2018 年 8 月 1 日	9.5		2019 年 5 月 1 日	8
	2018 年 9 月 1 日	10	金融街 000402	2018 年 8 月 1 日	20

续表

深市上市公司	参与信托融资时间（2010—2020年）	融资规模（亿元）	深市上市公司	参与信托融资时间（2010—2020年）	融资规模（亿元）
金科股份000656	2018年11月1日	1.7	荣安地产000517	2018年8月1日	4
	2018年12月1日	4		2019年1月1日	3.5
	2019年1月1日	3.8	新华联000620	2014年6月1日	2
	2019年3月1日	7.8		2016年10月1日	5
	2019年6月1日	9		2019年3月1日	20
	2019年9月1日	12.7		2019年12月1日	3.85
泰禾集团000732	2016年12月1日	5	阳光城集团000671	2015年5月1日	7
	2017年2月1日	5		2015年9月1日	9
	2017年6月1日	17		2015年10月1日	3.5
	2018年4月1日	14.1		2015年12月1日	2
	2018年6月1日	15		2016年2月1日	7.5
	2018年8月1日	50		2016年3月1日	27.8
	2018年10月1日	10		2016年5月1日	10
	2018年12月1日	3		2016年10月1日	15
	2019年3月1日	7		2017年3月1日	23
	2019年6月1日	27.3		2017年5月1日	37
	2019年7月1日	75.4		2017年6月1日	14
	2019年8月1日	2		2017年7月1日	10.3
	2019年9月1日	23		2017年9月1日	9
	2019年11月1日	15.1		2017年11月1日	21.18
	2020年1月1日	26.7		2017年12月1日	34
中南建设000961	2010年6月1日	6.35		2018年1月1日	62.1
	2011年2月1日	3		2018年2月1日	7.1
	2013年5月1日	2		2018年3月1日	22.3
	2013年9月1日	4		2018年5月1日	38.32
	2013年10月1日	3		2018年6月1日	34
	2015年5月1日	4		2018年7月1日	10

深市上市公司	参与信托融资时间（2010—2020年）	融资规模（亿元）	深市上市公司	参与信托融资时间（2010—2020年）	融资规模（亿元）
中南建设 000961	2017年6月1日	13	阳光城集团 000671	2018年8月1日	2.3
	2017年10月1日	9		2018年9月1日	10.2
	2018年2月1日	2		2018年10月1日	27.6
	2018年5月1日	1		2018年11月1日	41.85
	2018年8月1日	5.5		2018年12月1日	15.52
	2018年12月1日	11		2019年2月1日	7.2
	2019年1月1日	9.5		2019年3月1日	54.88
	2019年2月1日	10		2019年4月1日	30.72
	2019年3月1日	4		2019年5月1日	1.7
	2019年5月1日	4		2019年6月1日	15.8
	2019年7月1日	13.95		2019年7月1日	67.01
	2019年8月1日	13.6		2019年8月1日	10.3
	2019年10月1日	12		2019年9月1日	29.5
	2019年12月1日	48.7		2019年10月1日	11
	2020年1月1日	1.92		2019年12月1日	34.43
	2020年2月1日	5		2020年1月1日	11.2
	2020年3月1日	7		2020年2月1日	6
滨江集团 002244	2013年5月1日	8		2020年3月1日	35.15
	2014年6月1日	6.9		2020年4月1日	8.56
	2017年11月1日	10	财信发展 000838	2016年12月1日	2
中国宝安 000009	2010年9月1日	2		2017年5月1日	1.1
	2012年5月1日	1.4		2017年8月1日	14.6
福星股份 000926	2010年6月1日	10		2019年1月1日	10
	2010年9月1日	8		2019年9月1日	2.5
	2011年1月1日	16		2020年1月1日	1.4
	2018年5月1日	4.8		2020年2月1日	5
	2018年9月1日	6	招商蛇口 001979	2014年3月1日	24.5
				2019年5月1日	70

本小节整理了这 26 家上市企业 2010 年第一季度到 2021 年第二季度的面板数据，并基于上文所述的研究假设，建立了以下面板模型：

国有控股组：

$$Y_{1,it} = \alpha_1 + \beta_1 X_{it} + \varphi_1 C_{1,it} + \varphi_2 C_{2,it} + \mu_{it}$$

$$Y_{2,it} = \alpha_2 + \beta_2 X_{it} + \gamma_1 C_{1,it} + \gamma_2 C_{2,it} + \mu_{it}$$

非国有控股组：

$$Y_{1,it} = \alpha_3 + \beta_3 X_{it} + r_1 C_{1,it} + r_2 C_{2,it} + \mu_{it}$$

$$Y_{2,it} = \alpha_4 + \beta_4 X_{it} + \delta_1 C_{1,it} + \delta_2 C_{2,it} + \mu_{it}$$

其中，本小节考虑到指标的代表性与数据的可得性，选择了股票收益率作为解释变量，用以衡量上市房地产企业管理者过度自信水平；选取总资产利润率与净资产收益率作为被解释变量，国内生产总值与企业景气指数为控制变量。除此之外，公式中的截距项为 α，待估参数为 β，反映了企业股票收益率对总资产利润率以及净资产收益率的影响，μ_{it} 是随机扰动项。

（二）变量说明

1. 被解释变量

本小节选取的被解释变量为较为常见的用于衡量企业收益的指标，分别为总资产利润率和净资产收益率。

（1）总资产利润率

总资产利润率反映企业所拥有资产的综合利用能力以及利用效果，体现了企业利用资源进行经营活动并产生营利的能力。该指标计算公式为：

$$总资产利润率 = \frac{利润总额}{资产平均总额} * 100\%$$

（2）净资产收益率

净资产收益率是净利润与平均股东权益的比例，用于反映股东权益收益水平。净资产收益率越高，投资带来的收益越高，该指标的计算公式为：

$$净资产收益率 = \frac{净利润}{净资产} * 100\%$$

以上两个被解释变量在一定程度上足以代表企业的营利能力，因此能准确地衡量企业效益。

2. 解释变量

由于目前常见的几种衡量管理者过度自信的方法存在着一些局限性：媒体评价存在主观性，国内企业激励机制起步较晚，管理者主动持股比例变动难以被完整精确地统计，部分企业盈余预告偏差数据存在着一定缺失，消费者信心指数作为一种预估存在着一定的不可靠性。而上文中提到的股票收益率作为股票收益的指标反映了企业未来发展是否乐观，当管理者看到股票收益高时会认为公司的运营好、前景好，从而更加相信自身能力，产生过度自信的心理。因此，将股票收益率作为本研究的解释变量是合理的，该指标的计算公式是：

$$股票收益率 =（今日收盘价 - 昨日收盘价）/ 昨日收盘价 * 100\%$$

由此公式可以得出每日股票收益率，再用每日股票收益率取平均值得到月平均收益率，进而求出季平均股票收益率作为 X 的衡量指标。

3. 控制变量

为了获得更加准确的研究结果与更加合理的模型解释，考虑到国家宏观经济发展对企业效益的影响，本小节选择国内生产总值和企业景气指数两个控制变量对模型进行控制。

（1）国内生产总值

国内生产总值即为 GDP，是衡量国家宏观经济状况发展的重要指标，它的含义为一个国家或地区在一定时期内生产出的全部最终产品和劳务的市场价值。根据定义，GDP 明显是一个地域概念，同时也是流量概念。当 GDP 高时，说明该国家或地区的经济实力强、市场规模大，本小节用它来衡量国家宏观经济发展的状况。

（2）企业景气指数

企业景气指数一方面反映了企业生产经营状况，另一方面还突出了企业家个体主观对宏观经济环境的感受，并采用二者相结合的方式，预测宏观经济发展变动趋势[①]。管理者可以通过企业景气指数来了解生产动态，引导投资方向，为之后的管理决策提供重要参考，因此企业景气指数也会对企业效益产生重要影响，故选择它作为控制变量对模型进行控制。

（三）描述性统计

本小节在选取样本量时，考虑到解释变量与被解释变量的可得性，剔除掉信息披露不全、财务状况不佳的样本，最终选取了 26 家上市房地产企业作为样本，选取其 2010 年第一季度到 2021 年第二季度的数据，数据主要来自新浪财经、东方财富网、同花顺和万得数据库。

前文提到，为了研究股东背景是否会产生影响，同时使得研究结论更准确，本小节将样本分为国有控股企业与非国有控股企业两个组来分开进行讨论。描

---

① 甘凯莎 . 深圳股票价格指数与宏观经济变量关系的实证研究［J］. 时代金融，2020（21）：149-152.

述性统计如下：

表 4.12　国有控股组变量的定义和描述性统计

变量	均值	标准差	最小值	最大值
Y_1：总资产利润率	1.774	2.004	-0.745	9.552
Y_2：净资产收益率	4.553	6.199	-2.78	30.99
$Ln|X|$：股票收益率绝对值的对数	2.331	0.951	-1.05	4.608
C_1：GDP	246103.316	105319.055	162410	666808
C_2：企业景气指数	117.978	9.388	88.22	126.6

由表 4.12 国有控股组变量的定义及描述性统计的结果可看出各项描述性统计数据：首先，总资产利润率与净资产收益率的均值差异为 2.779，其中 Y_2 标准差为 6.199，均值为 4.553，因而可看出 Y_2 数据离散程度比 Y_1 大；其次，总资产利润率的极差为 10.297，净资产利润率的极差为 33.77，股票收益率绝对值对数的极差为 5.658；最后，在控制变量中 GDP 的均值为 246103.316，极差为 504398，这体现了我国经济的快速发展，企业景气指数均值为 117.978，说明企业大部分时候都处于景气的状况。

表 4.13　非国有控股组变量的定义和描述性统计

变量	均值	标准差	最小值	最大值
Y_1：总资产利润率	5.783	3.532	0.662	16.169
Y_2：净资产收益率	10.915	6.626	1.14	28.27
$ln|X|$：股票收益率绝对值的对数	2.35	1.025	-1.386	4.611
C_1：GDP	246103.316	105319.055	162410	666808
C_2：企业景气指数	117.978	9.388	88.22	126.6

由表 4.13 非国有控股组变量的定义及描述性统计的结果可知，首先，被解释变量中总资产利润率均值更小，为 5.783，而净资产收益率的均值为 10.915。其次，二者中净资产收益率的极差更大，为 27.13，总资产利润率的极差较净资

产收益率的小，为 15.507。最后，解释变量股票收益率绝对值的对数均值为 2.35，标准差为 1.025，极差为 5.997。与国有控股组相比，非国有控股组解释变量数据分布相差不是特别大，而被解释变量的差异较大，由此可以推测管理者过度自信可能在不同的股东背景下造成的影响不同。

（四）模型检验

本小节为了确定各变量之间是否存在伪回归，以此来说明估计的有效性，故在对面板数据模型进行设定之前，对个股月换手率、总资产净利润率、净资产收益率进行单位根检验、协整检验以及异方差检验，由此来检查各变量的平稳性。各变量的检验结果如下所示：

1. 单位根检验

对每个 X 和 Y 两个主要变量分别进行单位根检验，检测结果如表 4.14 所示。

表 4.14　单位根检验结果

Method	变量	Statistic	Prob.
Levin，Lin and Chut*	X	−9.905	0
	Y_1	15.11	1
	Y_2	17.039	1

表 4.14 的结果说明各变量单位根检验通过。

2. 协整检验

为了检验因变量是否能被自变量的线性组合解释，需要对自变量与因变量进行协整检验。

表 4.15　各组协整检验结果

组别	Grouprho−Statistic	Prob.	GroupPP−Statistic	Prob.	GroupADF−Statistic	Prob.
国企组：X、Y_1	−3.429	0.0003	−5.611	0	−1.937	0.0264
国企组：X、Y_2	−3.596	0.0002	−5.709	0	−1.944	0.026
非国企组：X、Y_1	−5.756	0	−9.532	0	−3.023	0.0013
非国企组：X、Y_2	−5.645	0	−9.326	0	−2.97	0.0015

根据表 4.15 主要 P 值可以看出，总资产利润率、净资产收益率可以被股票收益率的线性组合解释，拒绝变量间无协整的原假设，可以进行模型实证。

3. 异方差检验

以下是各组异方差检验结果。

表 4.16 各组异方差检验结果

Method	股东背景	df	Value	Probability
Bartlett	国有控股	2	287.571	0
	非国有控股	2	328.838	0
Levene	国有控股	-2, 282	43.1446	0
	非国有控股	-2, 396	125.934	0
Brown-Forsythe	国有控股	-2, 282	24.3986	0
	非国有控股	-2, 396	119.562	0

根据表 4.16 结果可知，P 值在三种不同方法下都为 0，FE 回归中存在异方差，拒绝原假设，故需要修正异方差。

（五）模型估计结果

由豪斯曼检验可知，使用固定效应模型来对面板数据进行估计更为合理，故本小节采用 FE 估计方法对国有组和非国有组管理者过度自信与企业绩效的关系进行实证分析。表 4.17 与表 4.18 为面板模型的评估结果，为了使实证结果更显著，本小节对面板数据中的解释变量股票收益率做了对数处理，由于股票收益率存在负数，因此在对数处理前先取绝对值。

1. 国有控股组的面板计量模型的计量结果

表 4.17 为国有控股组管理者过度自信与企业效益的实证分析结果。

表 4.17 国有控股组：管理者过度自信与企业效益的实证分析结果

项目	总资产利润率 Y_1	净资产收益率 Y_2
实证方法	FE	FE
Ln｜X｜：股票收益率绝对值的对数	-0.213***	-0.308*
	(0.071)	(0.172)
C_1：GDP	-4.72E-07	-1.73E-06
	(1.27E-06)	(2.56E-06)

项目	总资产利润率 Y_1	净资产收益率 Y_2
C_2：企业景气指数	0.017	0.037
	(0.143)	(0.029)
R-squared	0.456	0.424

由此可知，在国有控股背景下，股票收益率与总资产利润率、净资产收益率都存在负相关，假设1成立。由于股票收益率提升意味着管理者更容易出现过度自信，故国有控股背景下管理者越过度自信，企业效益就越受到损害。根据检验结果，股票收益率每增加1%，总资产利润率就下降0.213个单位，而净资产收益率下降0.308个单位。对控制变量而言，GDP的系数过小，因此对总资产利润率与净资产收益率影响较小，可以不考虑，而企业景气指数和总资产利润率与净资产收益率都呈正相关，企业景气指数每增加1%，总资产利润率就增加0.017个单位，净资产利润率就增加0.037个单位，但该系数并不显著，故意义不大。

2. 非国有控股组的面板计量模型的计量结果

表4.18为非国有控股组管理者过度自信与企业效益的实证分析结果。

表4.18 非国有控股组：管理者过度自信与企业效益的实证分析结果

项目	总资产利润率 Y_1	净资产收益率 Y_2
实证方法	FE	FE
Ln｜X｜：股票收益率绝对值的对数	-0.154^*	-0.217^*
	(0.048)	(0.085)
C_1：GDP	3.46E-06	8.02E-06
	(2.20E-06)	(3.23E-06)
C_2：企业景气指数	0.004	0.047
	(0.025)	(0.036)
R-squared	0.714	0.755

由表4.18可知，在非国有控股背景下，股票收益率与总资产利润率和净资产收益率都存在着负相关，即非国有控股背景下管理者越过度自信企业效益就越受到负面影响，假设2成立。股票收益率的绝对值每增加1%，总资产利润率下降0.154个单位，净资产收益率下降0.217个单位。而对控制变量而言，GDP

的系数过小，接近于 0，因此其对企业效益的影响较小，另一个控制变量企业景气指数与企业效益呈正相关，但不显著，故也没有较大影响。

综上，实证分析发现，股票收益率与国有控股和非国有控股的房地产上市企业效益都呈负相关，且国有组的负相关程度更高，假设 3 成立。因此，管理者越过度自信，企业效益就越受到损害，与这类房地产上市企业合作的信托公司也就面临越高的潜在兑付风险和信用风险。

（六）实证结果讨论

由两组实证分析结果可以看出，房地产上市企业股票收益率衡量的管理者过度自信与企业效益负相关。可能原因分析如下：

1. 管理者过度自信造成非理性决策增加

决策是一个复杂的过程，进行一项决策需要考虑到各方面，如果只经武断的思考就进行决策，往往会造成不良的后果，而在影响管理者决策的因素中，除环境因素、组织因素、人际因素、信息的及时与准确之外，个人因素也非常重要，过度自信就是个人因素中的重要部分。例如，张振生认为这些有着巨大非理性与随意性的决策，会造成诸如引发盲目多元化投资等不良后果。

事实上，影响企业发展的因素有很多，但由于管理者的过度自信，他很可能会将企业良好的经营状况归因于自己的英明领导或者有效管理，并对自己的能力与水平更加肯定。如果股票收益率接连数次表现良好，管理者就可能会认为自己已然掌控了市场的规律、掌握了未来继续蓬勃发展的财富密码，从而使过度自信越来越膨胀并难以被自己觉察，因此可能在决策时对有利的信息非常敏感，忽视不利的信息，造成带有偏差性的非理性决策的增加。因此，控制管理者过度自信从而减少非理性决策是十分必要的。

2. 国有控股比非国有控股企业的管理者更容易存在过度自信心理

Kirchler 和 Maciejovsky 的研究认为，当企业管理者具有较多的成功经验或者位高权重时，更容易将公司所取得的成绩视为自身努力的结果，由此会产生过度自信的心理。回顾我国的经济发展历史，特别是改革开放后仍旧活跃的这些国有控股企业，过度自信的心理在其取得了成功后更容易产生。对具有国企背景的企业的高层管理者而言，他们认为自己曾经引领企业走向辉煌，那么今后也可以再创佳绩，因此会更加相信自己的决定，在公司股价收益率提升时过度自信并高估自己。

对国有控股企业而言，由于岗位定级定工资，绩效奖金与年终奖并不如非国有控股企业般更有激励作用。同时，国有控股企业中仍旧存在着因对国有控股企业稳定性的自信，认为国有控股企业不易失业，而对企业成功与否不如其他企业那般休戚与共的情况。这导致其部分员工对工作得过且过：面对管理者的非理性决策不会及时地提出异议并竭力阻止来规避可能存在的风险，在面对管理者已出现的过失时，也可能更少地关注并进行及时上报与补救。同时，国有企业出现官僚风气的可能性与范围面会更大，这样的环境可能使得管理者更独断专行或者缺少理性。因此，综上所述，国有控股企业的管理者可能比非国有控股的管理者更过度自信，其非理性行为对企业经营收益造成的负面影响更大。

（七）实证结论

本小节基于理论分析和实证模型，按照股东背景分组后，研究了我国深圳证券交易所上市的 26 家房地产企业 2010 年第一季度到 2021 年第二季度期间管理者过度自信对企业效益的影响，研究结论为：（1）在不同股东背景下，管理者过度自信都与企业效益存在负相关，即管理者越过度自信，企业效益就越受到损害；（2）国有控股组中，管理者过度自信对企业效益的负面影响比非国有组更大。

本小节认为，这样的结论的出现是因为管理者过度自信增加非理性决策，进而做出过度投资、过度举债偏离最佳负债比等行为，最终损害企业效益。由此可见，与上一小节分析资本市场投资者非理性行为的结论一致，在管理者过度自信的上市房企中，无论其是否具有国企背景，在股价收益率较高时期，管理者过度自信行为程度较高，其做出不利于公司盈利水平提升的决策也更多，因此会降低企业收益，影响房企按时偿还信托公司贷款的能力，信托公司开展房地产信托业务的风险进而增大。

此外，国有控股企业的实证结论比非国有控股企业更为显著，可能的原因在于，管理体系和公司制度不同，国有控股企业管理层更容易出现过度自信倾向，做出错误决策的概率更大。因此，信托公司对房地产信托业务在管理和防范风险时，虽然难以在第一时间立刻了解和收集到交易对手管理者的非理性心理变化情况，但可以通过关注其股东背景和其在资本市场上的股价收益率的突然变化（主要关注股票收益率显著提升的情况），防范交易对手管理层出现过度自信，最终导致企业出现营利下滑、影响其按期偿还信托融资的风险。

第三节 信托项目经理非理性行为与信托公司风险的关系

一、研究背景

前文提到，房地产信托监管政策的改变促使信托公司在合规情况下努力向多元化方向发展，在展业领域和展业方式上不断进行创新。在"房住不炒"大背景下，在传统的房地产信托领域，创新业务更是层出不穷。例如，部分信托公司开始尝试房抵贷业务，探索转型发展新方向。此外，在房地产信托余额管理窗口指导下，各家信托公司的新增额度十分有限，因此信托公司纷纷积极开拓主动管理型房地产项目，提升项目报酬率。

第三章提到，股权投资是近年来信托公司在房地产领域的重要创新和积极实践。按照监管层出台文件的导向，股权投资类房地产信托已具有一定的市场基础，甚至该业务被不少信托公司视为未来重点展业方向之一。原因在于：一是真实股权投资房地产业务不受监管对房地产融资类项目"四三二"的硬性要求，能够满足部分资金紧张的房地产公司融资需求与轻资产运作趋势，最终实现信托公司与房地产公司的双赢；二是满足投资者高收益要求，由于股权投资类信托在收益上能够分享整个项目利润，信托报酬自然高于其他交易模式，因此一经推出就受到信托公司不少高净值客户的青睐；三是信托公司能够积累股权投资项目经验与管理经验，为开展多元化房地产业务奠定基础。

在合作模式方面，一般信托公司会选择与经营稳健、开发经验丰富、财务规范且具有较强品牌优势和运营能力的上市房企开展真实股权投资业务。从地产公司角色来看，主要有两种模式。一种是共同开发模式，即合作主体作为项目公司股东，提供全流程的开发服务，与信托公司共担风险、共享收益；另一种是代建模式，即合作主体不作为股东，而是作为经营管理者，通过专业运营和品牌号召力提供全流程开发，收取代建管理费和品牌使用费，以获取固定收益。

在交易结构方面，项目公司的资金投放形式主要涉及股权投资、股东借款和永续债等，具体根据公司对标的项目前景判断以及项目资金实际需求进行配置。信托公司对项目公司的持股比例在50%~100%，均为同股同权同分红。在债权出资方面，原则上信托公司与其他股东按股比同比例向项目公司提供债权融资，对债权部分的增信一般为股权质押及合作主体方的保证担保。

若信托公司参与的股权投资项目来自上市房企，相当于信托公司是该房企的股东之一，因此信托公司与上市房企的关联度达到了前所未有的新高度，信托公司潜在的投资风险会较大。结合近年来信托公司房地产相关业务的一些负面舆情，笔者认为，信托公司房地产股权投资类业务的管理者，即项目经理层也存在过度自信的非理性行为。金融机构的管理者与实体企业管理者一样，可能因为已有的成绩而对未来充满信心，并归因于自身学识能力与英明决策，从而产生过度自信的心理。管理者过度自信时所做出的决策可能与现实情况存在偏差，这些非理性的决策往往会造成一些不良影响，导致信托公司无法实现投资退出，从而为信托公司带来真正的风险，不利于此类创新业务的推广和发展。

因此，信托公司非理性行为是否导致交易对手出现股价异象，使交易对手市场风险增加，进而导致作为股东方之一的信托公司投资风险增加，是本小节着重研究的问题。

二、研究假设

（一）股价异象

本书第二章已详尽分析了股价异象的各类表现及其对传统金融理论造成的各种冲击，可以认为，股价异象的产生使得行为金融理论的有效性和被接受程度大幅提升。

经典行为金融实验——Grether 实验指出，在面临不同信号时，实验参与者并不总是采用理性的"贝叶斯原则"进行判断与计算得失，他们往往根据自身固有的认知体系对信号进行不同的解读，最终会基于自身的认知心理偏好形成"异质信念"，做出彼此不同的非理性决策行为。按照前文所述，行为金融理论认为，资本市场上非理性投资者可以分为两类，"乐观者"与"悲观者"。其中所谓的乐观者对于股市未来发展是不具备客观认知（"理性判断"）的，他们只会考虑自己当初的选择更可能是没有错误的，因此会采取"动量投资策略"，继续持有赢家股票；而悲观者同样不具备对股市的理性认知，但与"乐观者"不同的是，他们会不断怀疑自己之前的投资策略，因此在当期或未来会采取"反转投资策略"，即在下一期抛售股票。此时股价波动出现诸如"动量效应"或"反转效应"的异象，加大了上市房企的市场风险。

按照行为金融理论，股价异象出现的根本原因在于资本市场的各类参与者。以上市公司本身管理层为例，如果信托公司管理者存在过度自信这类非理性行为，信托公司更有动力加强与夸大对房地产信托融资方式的宣传力度，弱化产品风险，以带动信托投资者对产品的认可，同时实现管理者个人业绩的提升和成就感的满足。

所以，作为具体项目的股东之一，信托公司管理层过度自信可能导致上市房企股价异象。前文提到，上市公司常见的股价异象有"节假日效应""规模效应""日历效应""动量效应"和"反转效应"等。股价异象会影响上市公司的经营决策与绩效，损害股东利益，不利于企业的稳健发展。如果与信托公司合作的上市房企出现股价异象，将在一定程度上影响上市房企的经营能力与盈利水平，导致信托公司难以按约定顺利退出股权投资项目，并导致风险暴雷事件。

（二）实践案例分析

以下案例基于某信托公司在转型期创新性开展的房地产股权投资业务，分析实践案例可以更好地理解股权类房地产信托业务的诞生背景，以及为何其会在短时间内成为最受信托公司欢迎的创新类业务之一。相关交易过程简述如下。

1. 基本信息

投资标的公司：RY 置业有限公司（新设立公司，注册资本 500 万元，以下简称"RY 置业"）；

项目公司：YUE 置业有限公司（以下简称"YUE 置业"或"项目公司"）；

共同投资人：RH 置业有限公司（以下简称"RH 置业"）；

控股集团：RC 房地产集团有限公司（以下简称"RC 集团"）。

2. 信托计划规模

不超过 6.XX 亿元（以实际募集为准），分次募集和发放，1% 信保基金由RY 置业在我司每笔股权投资款发放后 3 个工作日内按每笔股权投资款规模对应的信保基金金额缴纳。

3. 信托融资期限

该信托计划不设固定期限，每笔信托资金投资期限预计不超过 24 个月，可提前结束，最终以实际运行情况为准。

4. 置业情况

我司拟发行信托计划募集信托资金 6.XX 亿元对 RY 置业进行股权投资，其中 200 万元用于受让 RH 置业持有的 RY 置业（该公司为新设立公司，我司自该公司设立初期即参与公司管理）40% 股权，剩余信托资金 67500 万元用于增资RY 置业（计入资本公积）。股权投资后 RY 置业基本情况如下：

（1）RY 置业注册资本 500 万元，其中我司出资 200 万元，持股 40%，分红比例 70%（该分红比例在公司章程或股东会议事规则中明确）；RH 置业出资

300万元，持股60%，分红比例30%（该分红比例在公司章程或股东会议事规则中明确）。

（2）RY置业资本公积部分，我司出资67500万元，可按项目运行情况分期到位。

5. RY置业对YUE置业投资情况

RY置业认缴出资1亿元，持股100%，分红比例100%（在公司章程或股东会议事规则中明确）。RY置业在收到我司及RH置业对其投资款后，同步投入项目公司，用于项目公司开发的某文旅城A区03、06地块开发建设（包括但不限于支付土地款及税费、前期费用、建安费用、销管费、税费等）。

6. 信托退出方式

（1）YUE置业退出条件：文旅城A区03、06地块项目住宅销售去化率（以住宅网签面积/住宅可售面积计算）已达到90%或自我司首笔信托资金投资起届满23个月孰早之日进行模拟清算，RY置业通过模拟清算后实施分红，将持有的YUE置业股权向第三方转让实现退出。后续滚投的项目公司退出条件与YUE置业一致。

（2）RY置业退出条件：RY置业所投项目公司（包括YUE置业及滚投的项目公司）达到模拟清算条件或已将持有的项目公司股权向第三方转让后不再继续滚投，或自我司首笔信托资金投资起届满23个月孰早之日进行模拟清算，公司通过模拟清算后按分红比例实施分红，将持有的RY置业40%股权向第三方转让实现退出。

（3）模拟清算计算公式：项目公司税后净利润=目标项目已销售额（指模拟清算时点项目公司签约生效的《商品房买卖合同》累计销售金额）+尚未销售的面积×约定未售物业售价+自持商业销售均价（或评估价）-总成本（含土地成本和契税、管理费用、销售费用、财务费用及相关税费）。

7. 控制权措施

（1）RY置业层面控制权措施。

①股东会：RY置业所有股东会决议事项（具体以RY置业公司章程及股东会议事规则约定为准）必须经全体股东一致同意方可通过，我司持有RY置业40%股权，根据股东议事规则，我司在RY置业层面的分红比例为70%，我司对RY置业股东会决议事项具有一票否决权。

若触发对赌指标且项目管理服务方未按照约定履行违约责任，我司有权将以资本公积形式投入RY置业的出资全部转增为RY置业的资本金，并相应地将我司在RY置业中的表决权比例调整为70%，RH置业在RY置业中的表决权调整为 30%。我司在 RY 置业中的分红权及公司清算（含模拟清算）时的财产分配权调整为 70%。

②董事会：RY 置业董事会由 3 人组成，其中信托公司指派 1 人，RY 置业董事会所有决议事项（具体以 RY 置业公司章程及股东会议事规则约定为准）须经全体董事一致同意方可通过，我司对 RY 置业董事会决议事项具有一票否决权。

若触发对赌指标且项目管理服务方未按照约定履行违约责任，我司有权自行决定 RY 置业的董事会成员、经营管理层人员（含财务人员）的调整，并有权代表 RY 置业委托其他第三方对 YUE 置业名下项目进行受托管理。

综上所述，每一个信托项目的收益分配都要以成功退出为前提条件。房地产股权信托项目的退出路径更为多样，主要包括股权转让、销售清算、REITs 上市等。大部分项目会选择通过转让股权的方式退出，其转让价格一般为项目到期时的市场公允价值，信托公司需要对项目进行前期估值。信托公司在此类型房地产信托项目中需要拿出不少自有资金和投资者共同资金购入此房地产项目的较高比例股权，因此，若交易对手为上市房企，在与信托公司合作过程中其股价异象程度将直接影响信托公司的股权转让情况，导致其存在不能按前期估值价格退出项目投资的风险。

为了探索信托公司管理层行为非理性与房地产股权投资信托业务风险点之间的关系，本小节将上市房企按照与之合作开展房地产股权投资业务信托公司管理层过度自信与否分为"自信组"和"非自信组"。在"自信组"中，股票投资者受到信托公司管理层释放的夸大宣传效果影响，可能会激化"异质信念"，产生更多的"乐观者"与"悲观者"，这两类投资者可能采取更多的"动量投资策略"和"反转投资策略"。所以，"自信组"中的上市房企更易出现非理性的投资决策，导致股价异象，其股价波动较大，造成的市场风险也较大。由此，实证假设如下：

H1："自信组"较"非自信组"更容易出现股价异象，说明信托公司房地产股权类业务的管理者过度自信会加剧上市房企股价异象，导致信托公司投资风险增大。

三、实证分析与结果讨论

（一）样本企业选取

为了进一步验证实证假设，本小节以"盈余预测偏差"作为信托公司管理层过度自信的衡量指标，基于问卷调查结果对信托公司进行分组，接着考察合作上市房企是否存在股价异象问题，进而分析信托公司管理者过度自信在房地产股权投资信托业务中是否导致自身投资风险增大。

由于大部分上市房企在 2011 年之后发行信托产品，故本研究将研究期间选为 2012 年 1 月—2021 年 4 月。首先，所选期间内一共有 45 家上市房企与 25 家信托公司合作过房地产股权投资类项目，笔者在 2020 年年中向这 25 家信托公司相关业务管理人员发出问卷，请其评估 2020 年度净利润的值，收回有效问卷25 份。2021 年 8 月前，这 25 家信托公司 2020 年的报表全部出台，手工收集数据后发现，18 家信托公司管理层对 2020 年净利润预测值高于当期公司实际净利润，故这些管理者存在过度自信心理，与之合作的上市房企有 31 家。因此这些房企被定义为"自信组"，剩余 14 家上市房企则为"非自信组"。

数据来源于 wind 和同花顺数据库，以及企业年报等公开信息。在样本数据选取过程中，执行如下筛选原则：剔除经营连续两年亏损的 ST 类上市公司样本数据、剔除数据存在严重缺失的上市公司样本数据。"自信组"和"非自信组"共计观测值 8256 个。与管理者过度自信信托公司开展房地产股权投资业务的上市房企名单列表如表 4.19 所示。

表4.19 与管理者过度自信信托公司合作房地产股权投资业务的上市房企名单（"自信组"样本企业）

信托公司管理层过度自信

名称及代码	发行房地产信托产品次数	预计盈余水平与实际净利润的差距（年化平均）	名称及代码	发行房地产信托产品次数	预计盈余水平与实际净利润的差距（年化平均）
云南城投 600239	13	-20%	泛海控股 000046	19	-19%
华发股份 600325	15	-15%	大悦城 000031	5	-4%
保利地产 600048	6	-18%	金科股份 000656	23	-9%
华夏幸福 600340	19	-26%	泰禾集团 000732	15	-12%
宋都股份 600077	5	-33%	中南建设 000961	23	-24%
首开股份 600376	21	-12%	中天金融 000540	7	-26%
天地源 600665	11	-10%	美好集团 000667	4	-12%
北辰实业 601588	10	-6%	中交地产 000736	4	-16%
大名城 600094	4	-15%	嘉凯城 000918	7	-30%
鲁商置业 600223	2	-14%	银亿股份 000981	5	-23%
北京城建 600266	3	-19%	荣盛发展 002146	10	-40%

123

续表

			信托公司管理层过度自信			
金地集团 600383	2	-35%		中洲控股 000042	6	-6%
中华企业 600675	9	-22%		阳光城集团 000671	40	-9%
天津松江 600225	7	-20%		财信发展 000838	7	-15%
天房发展 600322	5	-41%		福星股份 000926	5	-13%
万科 000002	5	-33%				

（二）模型设定

第二章提及，"动量效应"与"反转效应"是一类较早被学术界和业界认可的股价异象，因其具有较为简便的验证方式而被广泛验证存在于全球各类金融市场之中，这也反过来加深了人们对这一类股价异象的认可程度。

参照行为金融学家 Jegadeesh 于 2009 年提出的研究方案，检验股价异象的方式是利用股票历史收益率验证其是否出现"动量效应"与"反转效应"，进而可以分析资本市场投资者是否采取了动量交易策略与反转交易策略，因此也可用以判断某国某时期内资本市场投资者的非理性程度（因为"理性投资者"不会采取动量交易或反转交易策略）。为剔除其他因素对投资者行为非理性的影响，这里只考察长期持有股票组合的投资者，即设定投资策略形成期 J 为 {1周，3周，6周，9周}；每个形成期对应的持有期 K 为 {9周，12周}。

将样本组股票根据 J 期的超额收益率进行从高到低的排序，前十分位的组合命名为"赢家"，后十分位的组合为"输家"。非理性股票投资者分为动量者与反转者。动量者在 J 期会采取的投资策略为"买入过去的赢家并卖出过去的输家"且维持 K 期，这种投资组合是"即期动量投资策略组合"；反转者在 J 期采取的投资策略则为"买入过去的输家并卖出过去的赢家"，同样维持 K 期，这种投资组合称为"即期反转投资策略组合"。在设定好投资策略后，实证检验的具体步骤如图 4.1 所示。

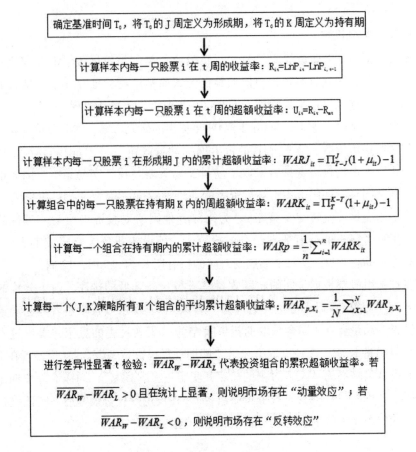

图 4.1 实证检验流程设计图

（三）模型估计结果

基于假设，本部分主要讨论信托公司管理者过度自信是否会导致与之合作股权投资类业务的上市房企出现股价异象，进而影响上市房企的正常经营活动，使得信托公司对于该创新业务的顺利开展和合理退出存在难度。检验方法是针对"自信组"与"非自信组"分别构建"即期套利组合"，按照投资策略判断哪一组更容易出现股价异象。如图 4.1 所示实证流程对两组进行对比，结果如表 4.20 所示。

表 4.20 "自信组"与"非自信组"股价异象的检验结果对比

J	K	自信组 6	自信组 9	非自信组 6	非自信组 9
1	WP	−0.00543	0.00168	0.00947	0.00622
		(−4.56)	(1.23)	(1.06)	(0.03)
	LP	0.00655	0.00989	−0.00304	−0.00604
		(1.32)	(1.56)	(−1.62)	(−6.02)
	W−L	−0.01198	−0.00821	0.01251	0.01226
		(−5.52)***	(−2.981)***	(1.95)*	(0.09)
	结果说明	反转效应	反转效应	动量效应	无异象
3	WP	0.00400	0.00418	0.00249	0.00582
		(1.60)	(1.52)	(0.65)	(0.77)
	LP	0.00910	0.00412	0.00603	0.00098
		(1.85)	(2.03)	(0.68)	(1.09)
	W−L	−0.00509	0.00006	−0.00354	0.00484
		(−2.02)**	(1.59)	(−4.85)***	(1.11)
	结果说明	反转效应	无异象	反转效应	无异象
6	WP	0.00854	0.00279	0.00283	0.00365
		(1.06)	(1.69)	(0.66)	(3.33)
	LP	0.00345	−0.00234	0.00069	−0.00312
		(4.02)	(−0.54)	(1.01)	(−1.55)
	W−L	0.00509	0.00513	0.00214	0.00677
		(3.32)***	(1.71)*	(1.04)	(3.23)***
	结果说明	动量效应	动量效应	无异象	动量效应

续表

9		自信组	自信组	非自信组	非自信组
	WP	0.06110	0.00274	0.00607	−0.00848
		(1.78)	(0.88)	(2.11)	(−0.31)
	LP	0.00450	−0.00140	0.00115	0.00811
		(3.97)	(−0.99)	(1.22)	(0.72)
	W–L	0.05660	0.00415	0.00492	−0.01659
		(2.69)***	(1.70)*	(3.99)***	(−1.25)
	结果说明	动量效应	动量效应	动量效应	无异象

由表4.20，可以得出以下结论：

表中第1、2列对应的是"自信组"样本企业股价超额收益表现，而第3、4列是"非自信组"的表现。总的来看，J=｛1、3｝时，"自信组"具有较为明显的反转效应，而J=｛6、9｝时，两组都出现了动量效应，且"自信组"动量效应更为明显，说明短期市场投资者容易受到反转效应的影响。

在J=｛1、3、6、9｝时，"自信组"的投资组合有3次反转效应和4次动量效应，而"非自信组"只有1次反转效应与3次动量效应，说明"自信组"中的样本企业在信托公司管理层过度自信的影响下，更容易出现股票的异常波动。

当｛J=9，K=6｝时，两组样本企业都出现了"动量效应"；但当｛J=9，K=9｝时，只有"自信组"出现了动量效应，而"非自信组"没有出现股价异象。这说明，当考虑持有股票周期较长时，投资者更易受到信托公司管理层过度自信的影响，从而改变原有的理性投资策略而选择具有"动量效应"的非理性投资策略。

基于表4.20的结论分析发现，信托公司开展房地产股权投资业务时，如果管理者存在过度自信心理，就可能对发行该业务的过程和自身的退出路径过于乐观，因此降低对股权投资对象（房地产企业）的风险把控标准，进而简化信托产品发行审核流程，向社会释放更多有利于产品销售的宣传信号。

"过度宣传产品"叠加管理者非理性心理，会持续向资本市场投资者释放信号，使得非理性投资者行为分化程度加剧，体现为"乐观者"与"悲观者"分别采取更多的非理性投资策略。最终结果是，"自信组"上市房企股价更易出现异象，房企市值波动的不确定性持续上升。因此，存在管理者过度自信情况的信托公司开展房地产股权投资业务会激化股票市场投资者的非理性投资行为，导致交易对手在合作期间内市场风险增大，造成信托公司的投资风险增加，也可能导致信托公司所发行的房地产股权投资类信托产品的兑付风险增加。假设 1 成立。

（四）稳健性检验结果

为检验上述实证结果，本研究需对样本进行稳健性检验。Jegadeesh 在其研究中指出，股票的买入和卖出价格之差往往存在 1 期滞后效应，因此可以构建持有期（K）滞后形成期（J）1 期的投资策略，即"滞后 1 期动量（或反转）投资策略组合"用于稳健性检验[①]。稳健性检验结果见表 4.21。

表 4.21 稳健性检验结果[②]

J	K	自信组 9	自信组 12	非自信组 9	非自信组 12
1	WP	0.004	0.009	0.003	0.001
		(0.23)	(0.85)	(1.21)	(1.09)
	LP	0.006	0.030	0.007	0.006
		(6.89)	(1.29)	(−0.84)	(0.64)
	W−L	−0.002	−0.021	−0.004	−0.006
		(−2.13)**	(−6.03)***	(−1.45)	(−1.07)
	结果说明	反转效应	反转效应	无异象	无异象
3	WP	0.004	0.008	0.001	0.007
		(0.33)	(1.09)	(4.02)	(1.50)
	LP	−0.004	0.009	0.004	0.072
		(−1.18)	(2.02)	(1.21)	(0.99)
	W−L	0.008	−0.001	−0.003	−0.065
		(0.97)	(−1.08)	(−2.42)**	(−0.75)
	结果说明	无异象	无异象	反转效应	无异象

---

① 按照滞后 1 期的原则，稳健性检验中 J= {1、3、6、9}，K= {9、12}。

② 实证结果显示了滞后 1 周的发行组、非发行组、自信组与非自信组股票异象情况。

		自信组	自信组	非自信组	非自信组
6	WP	0.004	0.001	0.009	0.010
		(0.87)	(0.06)	(1.12)	(1.60)
	LP	-0.001	0.000	0.001	0.005
		(-1.62)	(1.04)	(1.19)	(1.70)
	W-L	0.004	0.000	0.009	0.005
		(3.56)***	(1.09)	(0.31)	(0.90)
	结果说明	动量效应	无异象	无异象	无异象
9	WP	0.005	0.010	0.092	-0.002
		(1.88)	(1.91)	(0.69)	(-1.57)
	LP	0.001	-0.003	0.003	0.003
		(0.36)	(-0.98)	(1.06)	(0.88)
	W-L	0.004	0.013	0.089	-0.004
		(2.14)**	(1.77)*	(1.99)**	(-0.55)
	结果说明	动量效应	动量效应	动量效应	无异象

由上述得出的稳健性检验结果可知:"自信组"包含的样本企业仍然在较短形成期(J= {1、3})内呈现了比对比组更为明显的反转效应,而在长期则存在更显著的动量效应,与上文实证结果一致。此外,因投资者持有期滞后了1期,理性投资决策更多,故从稳健性检验整体来看,股价异象较原模型而言略有下降。这说明原模型的稳健性检验得以通过,原模型结论的成立有充分的依据。

(五) 实证研究结论

本小节基于行为金融理论的视角,将开展了房地产股权投资业务的信托公司管理层过度自信作为分组依据,以 2012 年 1 月—2021 年 4 月我国沪深两市 31 家上市房企为样本,通过构建投资策略模型对比了"自信组"和"非自信组"样本企业的股价异象情况,实证检验了信托公司管理者过度自信对上市房企市场风险的影响。

本小节与前两小节的不同之处在于,没有考察传统的房地产融资类信托业务,而是考察了房地产投资类信托业务,即此时信托公司作为股权投资方之一,其管理者过度自信直接对房地产上市企业股价造成异常影响,进而造成后者市场风险和经营风险提升，信托公司难以按照合同规定按期退出，可能导致信托公司投资风险与兑付风险加剧。本小节实证研究结果表明：

（1）存在项目管理者过度自信心理的信托公司在进行房地产股权投资业务时，更容易激化股票市场投资者非理性分化程度，投资者倾向于采取更多"动量投资策略"与"反转投资策略"，使得企业股价异象的程度加剧，信托公司投资风险加剧。

（2）由于房地产股权投资业务是监管层鼓励发展的创新型业务，因此此类业务势必成为未来信托公司大力推广和发展的业务，其可能导致信托公司投资风险上升，需引起高度关注。因此，未来信托公司在投资房企过程中要严格对股票市场投资者非理性行为进行预判，加强对资本市场投资者的教育，提前布局防止上市房企出现程度较高的股价异象，加强自身作为项目公司股东之一的风险防范自觉性，提高市场对此类创新业务的接受能力。

基于本小节结论，笔者认为未来开展股权类房地产信托业务需注意几个问题。当前信托公司开展股权投资信托业务部分是通过内设的专业股权投资信托业务部门或子公司来进行，但多数是通过传统信托业务部门开展，专业化程度较低，业务配套的风控和投后管理制度尚未建立，因此面临业务转型期不小的风险敞口。信托公司一方面需要从自身禀赋、专业领域、战略需求等角度出发，找准股权投资业务的发展起点与赛道，同时注意获得股权过程中对交易对手公开市场金融交易产品价格波动的影响；另一方面则应搭建专业的股权投资业务团队或部门，健全股权投资业务的投资决策和投后管理机制，提升专业投资管理水平，可向证券公司学习积极开展投资者教育工作，进一步提高资金的募集能力和优质资产获取能力。

第四节　本章小结

本章是全文的重点章节之一。前文提到，全国 68 家信托公司积极为各类企业提供全方位的金融服务，在服务实体经济和推动经济结构升级方面取得了明显成效。尤其是信托业在房地产投融资领域不断加强研究与实践，对房地产市场动向敏感，对优质地产资产具有较强识别能力，因此房地产信托业务占比逐年攀升。但是，在转型期不少信托公司也因对房地产信托业务进行创新而"爆雷"，信托公司的各类风险持续累积。

本章主要以融资类和股权投资类两类房地产信托业务为例，讨论信托公司开展这些业务过程中交易对手非理性造成的行为风险。首先，考虑资本市场投资者行为非理性时，本章按照企业所属地的不同将沪市上市房企分为东西部两组后，研究了我国 30 家与信托公司开展合作的上市房企 2010 年到 2020 年期间投资者情绪与企业绩效之间的关系。研究结果为：（1）在不同地区中，投资者情绪与企业绩效的关系均为显著负相关，即资本市场投资者非理性程度越高，上市房地产企业绩效越低；（2）西部组中，投资者情绪对企业绩效的抑制作用比东部组更大。

其次，考虑交易对手即房地产上市企业管理层行为非理性时，本章按照股东背景分组后，研究了我国深圳证券交易所上市的 26 家房地产企业 2010 年第一季度到 2021 年第二季度期间管理者过度自信对企业效益的影响，研究结论为：（1）在不同股东背景下，管理者过度自信都与企业效益存在负相关，即管理者越过度自信，企业效益就越受到损害；（2）国有控股组中，管理者过度自信对企业效益的负面影响比非国有组更大。

最后，考虑信托公司管理层非理性时，本章基于行为金融理论的视角，考察了与存在管理者过度自信信托公司开展业务的上市房企（"自信组"）投资策略，对比了"自信组"和"非自信组"样本企业的股价异象情况。研究结论为："自信组"上市房企股价更易出现异象，房企市值波动的不确定性持续提升。

进一步地，本章分析说明，在信托公司开展创新业务交易各方非理性行为程度较高时，通过信托计划融资的上市房地产企业绩效会受到严重干扰，甚至出现收益下滑情况，因此其与信托公司开展的业务也可能受此影响，出现兑付困难等问题，信托公司风险增加。未来信托公司在投资房企过程中要严格对股票市场投资者非理性行为进行预判，加强对资本市场投资者的教育活动，提前布局防止上市房企出现程度较高的股价异象，加强对自身兑付风险与经营风险的防范，提高信托业服务实体经济的能力。

此外，转型期信托公司需进一步明确风险管理理念，具体做到以下几点：一是根据公司长期以来的战略定位、经营理念和公司文化，选择自身的风险偏好，并积极关注信托业务各参与方以及与参与方经营风险密切相关（如资本市场投资者）的群体行为特征；二是稳步开展风险项目处置工作，根据风险事件性质与严重程度，分类施策努力化解风险，实现公司稳健发展，避免风险管理不善等利空消息刺激资本市场投资者做出非理性行为；三是注重风险处置制度和具体流程建设，尤其是需要时刻紧跟资本市场投资者情绪变化和具有上市身份背景的交易对手管理层心态变化，也需要时刻关注信托公司内部管理层是否具有过度自信等非理性心理，一旦发现风险苗头，立即成立处置组织和制订处置方案，并构建科学的公司治理机制；四是建立更科学合理和更体现转型期业务特色的信托公司风险评价指标体系，相关研究将在下一章详细展开。

第五章

信托公司风险识别与预警机制——以央企控股类信托公司产融结合业务为例

伴随新时代的来临，信托公司在原有传统业务基础上纷纷进行创新与转型。监管层释放了关于金融机构转型的重要信号，即需要切实实现金融为实体经济服务的功能。因此，为了更好地体现金融机构为实体经济服务的转型初衷，不少信托公司，尤其是具有央企股东背景的二级信托公司开辟出一条别具一格的转型道路，那就是依托母公司发展优势，开展产融结合业务。此类业务不仅仅符合信托行业监管当局的要求，也有利于国有企业完成利益增效等改革措施。

国资委强调："产融结合、以融促产是中央企业开展金融业务的出发点和落脚点。"例如，在 2019 年的经济活动分析会上，我国某具有二级信托公司的央企 Z 的书记在讲话中明确要求"各单位都要围绕与主业相关的业务持续给力""金融单位要努力为主业服务，而不是与企业主业毫不相干"。他表示，在国家实施系列监管新政、大力防范化解风险的背景下，企业在经营过程中要吃透政策、用好政策，更好地促进企业创新发展，并加强金融培训，提高金融运营能力，积极发挥金融和产融结合在企业发展中的决定性作用。2020 年 8 月 3 日，Z央企"2020 年经营工作年中推进会"在京召开，领导特别提出，"要提升投资经营质效，把握投资经营方向和重点，提升产融结合能力和资本周转效率，发挥投资促转型作用，发挥引擎带动作用"。事实上，Z 集团内部的产业单位长期面临"两金压降"、资产负债率红线指标、表内有息负债额度受限等约束条件，同时也面临新签合同额、营业收入增长等较大的经营压力，因此与 Z 集团下属二级信托公司开展产融结合业务也被部分兄弟产业单位视为"雪中送炭"。Z 集团对此类业务高度重视，寄予厚望，存在真真切切的现实需求，而信托公司虽为二级单位，但也切实发挥了自身金融资源配置优势，有利于 Z 集团长期持续向好发展，进一步实现了金融服务实体经济。

因此，本章以我国部分建筑类央企与下属信托公司开展产融结合业务为例，采取实地调研和理论分析相结合的方式，全面分析新时代背景下信托公司与母公司开展产融结合业务的创新类型及其对应的不同风险及解决风险的途径。从产融结合实践出发，探讨业务模式、业务风险、业务沟通，进而对业务模式提出创新，以有效应对新时代背景下开展该业务过程中信托公司可能遇到的各类风险，为促进合法合规展开产融结合业务，做优做强产融结合提供合理化建议。

本章研究内容主要包括：

（1）产融结合诞生背景、相关概念与国内外最新研究趋势；

（2）央企产融结合相关特质分析，结合案例分析了央企开展产融结合的动机、特点、作用和可行性与必要性；

（3）央企产融结合项目中参与主体联动机制，主要包括产融结合参与主体的相互关系，产融结合参与主体的沟通重点，产融结合参与主体的利益分配机制以及产融结合参与主体开展业务面临的困难，这些困难也是后文分析产融结合业务蕴含风险的基础；

（4）梳理现有产融结合业务中涉及的业务模式，对已实施的产融结合项目业务特征、合作对象选取、项目风险进行总结，归纳产融结合业务中的风险因素，并尝试性提出新的业务合作模式，最终从现有产融结合开展实际情况与案例调研中总结出在我国已开展的产融结合业务模式，并结合实地调研情况，提出部分业务具有更强的借鉴价值和推广意义；

（5）央企产融结合风险防范路径分析，包括产融结合面临的主要风险、可以采取的风控措施、过程中可能涉及的法律合规性问题，并以实地调研情况为例，分析产融结合业务新增机会与合作模式。

第一节　相关概念与国内外研究现状

一、相关概念

（一）产融结合

国内关于产融结合的概念界定很多，但大多数学者认同股权关系是产融结合的纽带。在学者界定产融结合的概念时，由于出发的角度不同，产融结合主体的界定存在分歧，但总体来说，产融结合按照结合双方的角色与定位，可分为四类：产业与金融业、工商企业与金融企业、产业部门与金融部门、金融企业与非金融企业之间的结合。从广义上看，工商企业也包含金融企业。所以，与其他主体相比，将金融企业与非金融企业作为产融结合的主体较为合适。因此，本书在本章提出的"产融结合"业务主要是指一种具有国企股东背景的信托公司与非金融类企业开展合作共同完成项目并按约定比例获得分红的合作模式。

（二）产融结合相关理论基础

1. 交易费用理论

1937年，科斯首先在《企业的性质》一书中提出了"交易费用"这一概念，它是指企业在寻找对象进行交易的整个过程中带来的诸如搜索、谈判、签约和监督等行为所形成的成本。在市场逐渐完善的过程中，为了节约交易成本，一些企业、集团会选择并购、重组等方式使得"外部交易内部化"，而产融结合往往就是一个企业集团内部相互合作的典型例子。通过进行产融结合，原本交易过程中产生的外溢类成本变为"内化成本"，因为"内化"的存在，这类成本被无限压缩，甚至接近于以零成本完成交易。由于降低交易费用往往是双方的一致愿望，因此产融结合的诞生具有天然的土壤与实际需求。

2. 信息不对称理论

信息不对称理论广泛地存在于经济社会生活中，这一理论意味着在市场上，不同类型企业出于自身能力与禀赋的不同，其收集信息的能力是不同的，他们获取信息的数量和质量也不同。其结果就是，具有强大信息收集能力或具备充足信息的一方通常在经济活动中处于有利地位，甚至在谈判与商业交易中处于"主导地位"。以商业银行为例，为了规避贷款过程中的道德风险和逆向选择问题，各个国家的大部分商业银行都不能保证自己做好了充足的前期调研准备，因此不能通过准确信息来确定贷款定价，只能选择较高的利率水平，这增加了企业的贷款利息，使得优质企业无法与非优质企业分开来，故而企业的还贷压力持续上升。这就是信息不对称带来的负面效应。为了应对这些不利影响，产融结合业务可以在各方成员之间实现信息互通有无，最大限度打破交易各方信息交流的屏障与壁垒，实现"信息对称"，提高交易实现的效率并降低由于信息不对称而额外产生的成本。

3. 企业多元化理论

大部分企业进入成熟的发展期会选择多元化的经营发展模式，即在不同领域开展不同的业务。企业做出这样的选择，原因有很多：第一，通过多元化经营，企业进入了一个新的领域，有利于扩大自身经营范围，避免单线单点经营造成的局限性；第二，通过多元化经营，企业可以寻求新的利润增长点，这样在原有经营领域出现销售下滑时可以用新的业务产生新的利润，弥补原有业务范畴导致的亏损，确保企业不发生经营困难；第三，通过多元化经营，企业可以更便捷地从资本市场获取资金，缓解融资困难，实践表明，资本市场更青睐有能力开展多元化经营的企业，虽然多元化经营具有一定的投资风险，但相较于业务单一的投资对象，多元化经营模式因其产生利润的渠道更多，也间接保障了资本方的投资收益；第四，因为产业资本与金融资本的融合，更容易形成内部市场，从而可以显著降低交易费用，基于企业多元化发展理论，央企进行产融结合也是多元化的一种方式，通过产融结合，央企可以分散经营风险、扩大经营范围、优化资源配置、满足不同产业主体的融资需求、量身定制个性化的金融产品、降低融资成本等。故企业多元化理论为此提供了理论基础。

二、文献综述

（一）国外产融结合发展概述

国外对产融结合的研究始于"金融资本"这一概念的提出。早在 1903 年，保尔·拉法格在其发表论文《美国托拉斯及其经济、社会和政治意义》中最早提出了母公司制度是产业部门资本加速集中的原因。他认为，工业资本和银行资本的相互渗透、相互融合是必然的。鲁道夫·希法亭在拉法格的基础上，提出了"金融资本"的概念。他在著作《金融资本》一书中将"金融资本"定义为，在实际中转化为产业资本的货币形式的资本。可见，金融资本因其天然具备与实体产业发展相结合的特性，被认为是一种"资本"而与实体经济进行合作就再自然不过了。

进入 20 世纪 80 年代以来，以美国为代表的产融结合业务发展出现了诸多新动向，产业资本金融化的现象率先在美国出现。在经济全球化的进程中，这种现象逐渐向世界经济蔓延。产业在资本逐利性的驱使下，积极主动地向金融机构渗透，以放松金融管制、实行金融自由化为代表的金融自由化政策主张迅速兴起。到 21 世纪初期，证券业取代银行业成为美国最重要的金融部门，并提升了整个金融业在美国的地位，使金融业成为美国经济的中心。金融行业和金融机构的快速发展和壮大使之"看不上"单纯为实体产业提供发展动能，而独立出来以自身特有的"高杠杆"经营方式在各类金融子市场中广泛获取金融利润。因此，在这一阶段，西方发达国家社会中金融行业"脱实向虚"现象进一步发展，并开始产生不利于整个社会进步的严重后果。

（二）产融结合的经济后果分析

某些国外研究者认为产业金融化的趋势有利于推动产业的发展。他们的理论观点主要有：作为虚拟经济业态，金融化的过程有利于消除企业和产业的边界，使经济资源的跨空间组合成为可能，通过资本的积累和集聚效应，促使规模经济的实现；在时间和周期上有利于促进资本的流动性，从而带动了资本使用效率的优胜劣汰。近年来全球主要经济体普遍面临产业结构调整和产业升级问题，更需要充分发挥金融机制的作用，促使生产要素的优化配置，全面提高要素生产率。

但是并非所有的学术研究都认可"产业过度金融化"，例如，Li 和Greenwood 试图解释金融化战略的选取对产业型企业整体价值、运营效率是否产生影响，以及产生何种影响。然而他们的研究结果表明：产融结合并未在企业内部产生相应的协同效应且还存在大量的无效性，企业的整体运营效率并没有得到显著提高。

综上所述，国外的产融结合起源于金融资本概念，但是出于混业经营的金融环境，产融结合最初发展较快的是由融到产，后期由于垄断资本的发展，产融结合向由产到融演进。但是整体上，促进产融结合发展的关键因素是资本市场的完善程度和公司战略的选择，缓解融资约束后的产融结合并不一定能带来规模效应和集聚效应。

（三）国内产融结合发展历程

国内对产融结合的研究围绕传统金融资本理论展开，并且对产融结合的含义形成了两类代表性研究。以郑文平和苟文均、傅艳、王继权为代表的学者认为，产业经济和金融业在彼此独立发展的过程中势必会因双方优势各不相同而发生相互渗透和相互影响，这种互动性的产生就是产融结合的基础，具体内容涵盖了资本联系、信贷联系、资产证券化以及与此联系的人力资本结合和信息共享等方面。而以张庆亮和杨莲娜为代表的学者则强调股权参与的重要性，认为通过股权关系渗透实现产业资本和金融资本的融合才是产融结合的本质特征①。

综上所述，对我国建筑类央企而言，其在日常经营中大多是承接建筑与工程类项目，这类项目具有周期长、投资回报期长、前期资金投入较为巨大等特点，产融结合是这些企业内部产业单位和金融单位优势互补、强强联合，促进央企母公司规模扩张、提升发展质量的重要途径。因此，作为央企下级单位的金融公司近年来也十分积极地参与产融结合相关业务之中。

---

① 张晓丹，曹阳. 产融结合的动因及启示 [J]. 财务与会计（理财版），2013（4）：12-14.

第二节 我国央企与下属金融机构开展产融结合业务的背景

由于中国的金融法律法规限制金融机构投资经营实业，因此中国的产融结合模式主要表现为产业资本向金融行业的渗透。基于提高内部的资源配置效率、降低外部的市场交易成本、满足内部的多元化金融需求、实现多元化经营以寻求新的利润增长点等多元化需求的考虑，各类央企纷纷通过开展产融结合满足自身战略规划需求。

产融结合模式选择多样，包括：发起设立以服务集团内部为主的金融机构，如财务公司；并购或者发起设立完全市场化的金融机构；或者设立金融投资公司或者控股公司独立发展金融业务；等等。数据显示，央企参股非上市金融机构中业绩区别较大。上述多种模式研究发现我国企业产融结合总体上有效性不显著。随着结合程度的提高，其有效性也在不断提高，其中，参股券商获取的正向收益比较显著，但是参股信托公司的收益存在低效问题。

就我国具体国情而言，本章所研究的产融结合业务是指央企母公司内产业单位与金融单位互相合作，在金融行为合规、风险可控的前提下，金融单位为产业单位提供金融支持，做强做大央企母公司实体产业的行为。笔者调研发现，某建筑类央企母公司（下文简称"Z央企"）在其《Z有限责任公司"十三五"规划》中明确指出"以服务内部金融需求为基础、以促进建筑主业发展为中心和以创造价值为导向"的产融结合业务战略定位。如何利用产融结合优势服务主业发展，并带动企业整体经营效率提升，是产融结合实施过程中的重要课题。

从战略定位角度来看，Z央企以服务实体经济为主业，建造施工，服务于地方基础设施建设。从产融主体之间的关系来看，系统单位的金融机构在保证投资收益、规避投资风险的过程中，既有其必须客观遵守的监管要求，也有来自央企母公司的产业单位服务定位需求。因此，产融结合本身就是回应产业单位和金融机构之间关系的重要连接，且站在信托公司视角看，此类业务具有较强的创新性。

第三节 央企产融结合相关特质分析

一、产融结合的动机分析

按照央企产融结合业务开展的经验，结合学术界研究结论，可以发现产融结合动机主要有以下几点：

第一，降低央企企业交易成本。中央企业实施产融结合的最直接动因是降低交易成本，即外部交易从企业内得到解决。作为担负国家经济发展重任的央企，其对于成本的控制一直以来是国资委监督央企运行效率的首要指标之一。首先，企业原先与外部金融机构开展的金融交易活动所产生的高额交易费用，通过产融结合成为企业集团内部的低额交易费用，同时，资金循环途径变化后，央企的利润也增加；其次，产融结合后产生信息比较优势，有效降低了经济交往双方的谈判成本与履约费用，资金的快速运转与金融资源的优先配给到位，也从侧面降低了央企开展项目的经营风险。

第二，提高资本集中度。产融结合是资本发展到一定程度的产物。随着企业集团规模的扩大，其对资金的需求日益增加，而单纯依靠金融机构的资金融通往往受到制约，因为需要固定的资金保障，中央企业往往重视对于外来资金的使用，因此倾向于新设或收购一批金融牌照[①]。从金融机构的角度看，为了保证资金的安全和营利，同时适应近年来监管部门出台的新要求，金融机构会选择合适的企业（或某一类需要集中资金支持的项目），以股权资本向企业渗透，实现金融资本向实业资本的转化。

第三，资本趋利本性。中央企业实施产融结合，很大程度上是要追求利润。如果产融结合在扩大经营范围并降低交易成本的过程中没有产生更多的利润，则这类合作方式会被多方诟病，进而叫停。金融牌照稀缺，以及金融机构在要素上的相对垄断性，使得该行业经常获得超额利润。沪深两市公开资料显示，金融类的企业毛利率和净资产收益率均达整个行业的峰值水平，分别为50%和20%。在产融结合的模式下，对金融资本的控制使得企业集团能够更有效地参与竞争，追求资本增值及最大化。

---

① 张晓丹，曹阳. 产融结合的动因及启示 [J]. 财务与会计（理财版），2013（4）：12-14.

第四，满足多元化金融需求。企业集团在经营过程中形成相对齐全的产业链和数量居多的上下游相关经济主体，在产业链的各个环节的运营中，产生了庞大的对资金的需求。在各个环节的运营中，央企内部各个部门因为实际运营产生了高效率的需求信息，这种信息更为高效，通过产融结合，可以发挥更有针对性和目的性的服务功能。

第五，发挥企业资源的内外协同优势。企业集团通过长期积累，拥有了大量难以复制和模仿的独特资源，包括资金、市场、品牌等。通过产融结合，产业资本的优势可以复制到金融产业，依托现有的体系，使得一些更有突出优点的资源得到开发利用，使得协同效应能够更好地发挥出来。

二、央企产融结合的作用

虽然央企开展产融结合业务不是"完美"地解决其融资需求的方案，但也需充分意识到产融结合所具有的积极意义和作用。

第一，促进央企主业更好发展。金融机构参与实体企业的发展，具有服务对象的特定性，并非所有的业务都须如此。社会金融机构不能、不愿意服务或服务成本高的业务领域，往往是央企急需发展的主业领域，对外融资的困难限制了央企主业的发展。通过自主控股的金融服务，在熟悉行业运作背景的情况下，自觉规避风险，追求特定目的，提供有效的金融服务。例如，由于中石油的海外业务具有较强的特殊性、行业风险性和专业技术性，中石油集团主办的金融机构可以发挥特殊融资作用①。

央企内部的产融结合，并非拒绝外部金融服务，只有在特定领域、特定对象和特定业务范围内，才能体现产融结合系统金融机构的优势，建立与社会金融服务机构优势互补的保障体系。

第二，追求综合资金成本最低。产融结合中的产业单位往往具有组织机构庞大、业务门类多、经营范围广的特点。这类企业资金筹集和投放量较大，金融需求渠道和形式多样，运行链条较长，内外部交易环节和主体多。这对实体企业尤其是集团化经营过程中统筹配置企业所需资金提出了挑战。如何降低交易成本、减少流转环节、提高运行效率、分散风险等成为企业资金管理必须考虑的因素。

可以看出，通过产融结合这一模式，提供资金或资金替代品功能的金融服务，实现多样化配置，发挥优化结构和分散风险的作用，通过内部的资金调度、

---

① 赵奎. 产融结合寻找特有优势 [J]. 当代金融家，2015，116（2）：96-100.

产业单位和金融机构的协同配合，提供更加多样化的金融产品，统筹资金或资产运营，可以提高集团资金经营价值，降低资金的综合运营成本。

第三，与产业单位共同促进客户价值提升。产融结合不仅仅是以产促融、以融助产的单一应对关系，如何共同面向集团外的社会客户提供综合服务，是产融结合发展到一定程度需要考虑的问题，这也是产融结合趋于成熟的表现。以产融结合的运营模式，向产和融共同发展的客户集群提供综合服务，既有利于客户群体的经营，也有利于产融结合企业进一步挖掘客户价值，增强协同能力，获得增值回报。

三、央企产融结合的可行性与必要性

前文指出，产融结合在国外发达国家的发展已经经历了一波又一波的高潮，其在学术界一直是管理学领域的热门研究课题，这股热潮近几十年来已席卷中国，我国市场经济环境发展已日渐成熟，奠定了中央企业实行产融结合的理论与实践基础，国外成功的产融结合案例也为我国企业发展类似业务带来了诸多可借鉴对象。近年来各大企业纷纷开始建立金融平台，2009 年涌现了一些案例，一些银行的股东变为央企，这使得监管当局对产融结合中可能蕴藏的风险予以关注。随着各大央企产融结合的不断实施，相关文件密集出台，进一步规范央企的此类行为。从国家目前的举措来看，制度上会进一步规范产融结合方式与行为，政策上允许这类业务进一步发展，这为央企产融结合发展提供了政策上的可行性。

事实上，我国央企开展产融结合业务具有一定的必要性，主要体现在以下几方面：

第一，央企综合经营的必要性。产融结合能够有效提高金融资本和产业资本的运营效率，在运营过程中，两类资本的趋利性是一致的，很容易结合起来。企业在金融资本的支持下，资金、资本方面的优势都体现出来，为企业生产规模的增大及经营积累都提供了相关的保障，同时，企业竞争优势凸显，追求利润和规模扩张的需求更加强烈，这对我国央企提高自身综合竞争力具有积极意义。

第二，央企发展产业的必要性。根据产业发展理论，随着国家社会经济的成长和发展，各大产业会不断相互融合，各产业间关联会日趋增强。央企走产融结合发展之路实现了各产业内部生产的协助，能有效地发挥产业协同效应，规模扩大后经济效益上升，有效促进各产业发展，同时使产业在发展过程中对资源进行整合，对结构进行调整。

第三，央企整合信用资源的必要性。产融结合使得银行和企业之间的合作更为紧密。依托中央企业的信用资源，可实现金融服务平台企业与外部金融机构的"总对总"合作，竞争力也通过这种"总对总"体系的建立来得以提升。另外，企业和金融机构间可以实现人脉的互通往来，很好地促进企业的未来发展。

第四，央企提升经济效益的需要。在央企内部，各机构的经营活动都是在一个大框架下运行，资金流入流出能够在合适的时间节点上很好地补充这部巨大企业机器的运行需求，而外部的金融机构的运作会产生高数额的费用，并且风险在体外沉淀。

因此我国央企大多有自己的金融服务，它们通过控制定价权的方式将利润留在自己集团内部的金融部门以更加方便支配，或让利润在集团战略的指导下流向那些需要重点配置的部门。同时，利润的内部流动可以更好地调节企业的税赋，便于国家对这些企业进行有效管理和监督。

四、信托公司在央企产融结合中的功能定位及意义

信托公司在央企产融结合中的功能定位主要体现在：

第一，调整资本结构，拓宽融资来源。信托公司可以通过发行信托产品来为企业集团的项目进行融资，并通过灵活多样的手段调整资本结构，改变企业直接融资与间接融资相互之间的比例，有利于企业进行合理的管理，提升经营效率。

第二，协助企业集团实施战略性并购。信托公司可以采用产业投资基金的形式，集聚内外部资本，在企业集团的主营业务领域进行战略性布局。在一些受政策影响较大、运营风险比较突出的领域，企业集团可以借助信托平台使战略顺利落地，使之成为企业集团海内外并购的有力工具。

第三，提供个性化金融服务。信托公司的经营优势非常突出，包括营业范围广、金融工具品种多、交易结构多变、服务效应突出等，可以针对中央企业的经营特色，发挥投融资领域的专家角色作用，更好地契合中央企业经营的实际金融需要，提供外部金融机构不能提供的特色化、定制式金融服务业务。

第四，设立财产权信托，优化资产配置。集团及成员单位以旗下财产设立财产权信托，信托公司受托管理。这种模式可将相应资产移到表外，或者将其从固定资产转移到金融资产项下。根据实际情况，探索设立财产权信托，可以将其用于实体企业资产结构调整。

发展信托公司在央企产融结合中的业务范围，能够在产融结合的基础上，进一步对其资源进行整合，其积极意义包括：第一，有利于降低金融交易成本，实现利润内部化，增加集团效益；第二，有利于培育央企核心竞争力，创造产业机会，实现利润来源多元化，央企进入信托子行业，增加了风险管理水平，在提升集团竞争优势的同时，可使其在产业链的扩张中孕育更多机会，使得收入结构不再单一，业务发展能够更加抗周期性；第三，有利于集团价值链管理，提高风险管理水平，保障经营安全；第四，有利于充分利用中央企业品牌与资源优势，创造协同价值。

总的来说，中央企业具有品牌、经济实力，在其经营领域中享有政策扶持，并积累了相关的经验，交易对手固定，经营管理者也更为专业，因此央企自身雄厚的实力也是信托公司愿意与之开展相互合作的重要因素之一。

第四节　产融结合相关案例调研与业务风险分析

一、案例 1#：H 金融控股有限公司

2006 年，国家出台《中央企业投资监督管理办法》，规定中央企业在境内兼并投资均要上报国资委并且严禁违规使用银行信贷资金投资金融、证券、房地产和保险等项目。2008 年全球金融危机爆发后，为了寻求新的发展机会，国资委对中央企业发展金融业务的态度转为支持。2009 年 11 月，H 集团成立 H 金融控股有限公司（以下简称"H 金融"）。2010 年，H 集团在"十二五"规划中确立了"发展产融结合"的战略方针，即将 H 金融控股有限公司的定位予以明确，即为 H 集团的日常经营服务。2010 年 7 月，H 资产管理有限公司成立。之后，H 集团又相继将 H 信托有限公司、H 投资控股有限公司等企业纳入 H 金融体系。至此，H 公司旗下拥有及管理 H 银行、H 信托、H 资产、H 资本、H 租赁、H 保险经纪等金融机构，业务范围覆盖银行、信托、公募基金、资产管理、融资租赁、保险经纪、股权投资等领域。此外，庞大的金融体系构造完毕后，H 企业明确对外表示，其产融结合的发展战略形式主要是以 H 银行为主要平台开展以资源为基础的产融结合模式。

在产融结合战略指引下，H 银行在总行层面成立专职开发和管理产融结合业务的行业金融部，并着力在集团内部 6 大产业领域推行符合行业需求的配套

产品①。

站在 H 集团角度可以更好地理解为何其"热衷于"多元化其金融力量的配比。可以用资产负债表的思维展开分析。企业管理资产负债表的左边有三个科目。第一个是现金，信托和银行需要建立资金池或资产池来提供专业服务，整体提高资金使用效率；第二个是运营资本需求，企业日常管理最重要的就是利用金融平台开展供应链融资，缩短现金流转的周期；第三个是固定资产，H 金融没有租赁牌照，但可以利用金融平台探索资产证券化业务和转型，可做一些结构性的安排，把资产负债表"变轻"，从而单从报表层面起到优化企业负债结构的作用。

从财务管理质量提升角度也能更好地理解大型央企开展产融结合业务的动力。从报表角度看，过去几十年全球范围内提高股东回报率的方法主要只有两个，一个是资产负债表左边的资产瘦身，另一个是资产负债表右边的财务杠杆提高。产融结合就是解决怎样让 H 的资产瘦身。H 金融有了资金池产品和供应链融资以后，可以创新资产结构，如 H 集团的某些固有业务相对稳定，可把固定资产投入转化成一种表外融资，可以放大原有固有业务的增长能力，利用它来解决 H 的财务问题。当 H 集团的财务资源处于有限的情况时，更要有效利用财务杠杆来提高投资回报率，这对 H 金融体系中的 H 银行和 H 信托恰好是非常重要的协同出发点②。

有关部门对类似 H 集团开展的产融结合业务的态度是偏向于支持的，因为从金融改革和促进我国国有资产效益提升角度来说，监管层支持产融结合业务的出发点是希望国企与金融机构合作，更多地发挥市场配置资源的基础性作用，使社会各类资金更好地服务于实体经济发展。在较为明确的政策导向下，总体来说，H 银行与 H 集团开展产融结合第一阶段的指导思想是银行紧紧依托集团的产业资源，分析集团子公司及其上下游的融资需求，设计出符合监管部门对"产融结合"业务规范的金融方案和具有普遍操作性的金融产品。以集团子公司以及参股公司为核心企业，针对核心企业的上下游解决其融资问题。

二、案例 2#：建筑类央企 Z 公司下属 A 局

（一）总体概况

Z 央企 A 局投资业务涵盖土地一级开发、房地产、基础设施投资等领域，

---

① 李东. 华润集团"产融结合"创新经营模式研究［D］. 湘潭：湘潭大学，2014.
② 李东. 华润集团"产融结合"创新经营模式研究［D］. 湘潭：湘潭大学，2014.

项目总数为 41 个，总投资规模约 450 亿元。主要包括土地一级开发项目 1 个（巫家坝蛤蟆山城市更新项目）、房地产二级开发项目 18 个（Z 央企塔米亚、Z 央企奥维尔、Z 央企缇香郡、Z 央企骑士公馆、Z 央企骑士府邸、Z 央企丽景书香、Z 央企丽景书院、Z 央企水岸青城、Z 央企御花府、Z 央企尚城馨苑、Z 央企尚城郦苑、Z 央企尚城熙苑、Z 央企尚城麓苑、Z 央企瑞景颐城、Z 央企瑞景誉都、Z 央企瑞景汇、Z 央企百年印象、峨半家园），基础设施投资项目 22 个（BT 项目 1 个，资本金项目 17 个，PPP 项目 4 个）。

截至目前，Z 央企 A 局累计已完成投资 246 亿元，累计回收资金 222 亿元。已中标 PPP 项目股权出资总额 10.66 亿元，已完成出资 6.4 亿元，剩余出资 4.26 亿元。

（二）发展历程

1. 2014 年以前

Z 央企 A 局自 1999 年开始参与投资项目，但主要以自有资金和信托资金投资模式，参与土地一级开发、房地产及 BT 项目，因为大部分是自有资金投资，投资效率较低。

2. 2015—2017 年

随着 PPP 模式投资建设的浪潮兴起，Z 央企 A 局也开始转变投资模式，由自有资金全投资模式转向以部分资本金撬动较大施工份额的主导主投模式，积极开始运作资本金 BT、PPP 项目。

3. 2018 年至今

随着国资委对央企投资规模的限制、各部委的严格监管，以及央企母公司对投资项目决策的严格把控，Z 央企 A 局开始由主导主投模式转向以参股跟投模式为主，以极少的出资获取高比例施工份额运作投资项目。

（三）项目运作模式

目前 Z 央企 A 局投资项目运作模式主要分为两类，分别是主导主投模式、参股跟投模式。

1. 主导主投模式

一是 Z 央企 A 局单独成立项目公司运作投资项目，Z 央企 A 局将项目公司纳入合并范围核算，主要为 Z 央企 A 局房地产公司运作的土地一、二级联动开发项目，房地产开发项目，及个别 PPP 项目；二是 Z 央企 A 局与政府方代表、其他央企、地方国企、民营企业等组建联合体，Z 央企 A 局作为联合体牵头方与政府磋商、运作的 PPP 项目。

2. 参股跟投模式

一是参与股份内投资集团牵头运作的 PPP 项目。该类项目一般体量较大，由央企母公司投资集团主导发起，Z 央企 A 局（及其他工程局）根据出资比例切分对应部分的施工任务。二是 Z 央企 A 局参与其他央企、地方省属企业主导发起的 PPP 项目。Z 央企 A 局一般出资较少（一般为 20% 以下，多数为 1% 左右），承揽部分或全部施工份额，并向联合体牵头方缴纳一定比例的管理费。

（四）项目决策程序

Z 央企 A 局投资项目主要依据局及央企母公司投资管理办法，履行局及央企母公司两级决策流程。

1. 局内决策程序

投资项目由局所属子分公司负责前期运作，主责公司自行组织投资项目内部评审，将初步审核意见、项目可研报告及其他附件提交至局部门专题评审会议审核。主责公司根据部门专题评审会意见修改、完善投资项目可研报告及议案，待具备上会条件时，由局投资部将项目议案提交局党委会、局总经理办公会、局董事会审议决策。

2. 央企母公司决策

通过 Z 央企 A 局董事会审议决策的项目，视项目情况提交央企母公司投资发展部备案、央企母公司总裁办公会决策或央企母公司董事会决策后方可实施。

（五）项目融资分析

目前 Z 央企 A 局除并表 PPP 项目公司向金融机构贷款外，投资项目股权出资全部来源于企业积累，满足金融机构"资本金穿透审查"要求，其他资金主要通过保理解决。资金成本按照市场利率，基本维持银行现行基准利率。融资方案与投资项目决策同时履行相同流程，方案变更也须履行局及央企母公司两级决策。

（六）与金融机构合作情况

Z 央企 A 局目前跟各大行均有合作，主要是 PPP 类项目，通过项目公司向银行贷款，其他项目均为 Z 央企 A 局自有资金投资。

（七）项目运作重点及难点

主要重点有以下几点：

1. 寻求战略合作伙伴

重点寻求财务投资人，资源共享、发挥各自优势、互利互惠，共同运作投资项目。

2. 确保项目依法合规

主要关注项目可研、立项、实施方案审批，项目建设审批手续完备情况，如按 PPP 模式的，须协助政府方完善两评一案、入库等事项。

3. 沟通协商有利的投融资合作条件

协助政府方完善项目投资实施方案、主要商务合作内容、合作条件，确保项目的合作条件能满足央企母公司过会条件。

4. 创新投资模式

针对国家有关部委不断变化的各种监管政策（降杠杆、防范金融系统风险、强化地方债管理等），并结合企业自身限制（如国资委对央企的投资规模限制、央企母公司关于投资项目"两平衡"等），创新投资模式，推进项目顺利实施。

5. 制订适宜的投融资方案

确保投融资方案可行，包括落实股权端、债权端资金进出路径。尤其重点关注金融方案的前端出表的结构化设计。

6. 参与政府方招标方案编制，确保运作项目顺利中标

要提前介入政府方的招标文件编制工作，协助制定评标评分细则，根据我方优势设置有利评分项，并且做好标前营销工作，确保中标。

7. 严把合同签订关，确保合同条款周密

与政府方开展投资合同谈判，严格合同评审程序，反复与政府方协商修订合同条款，控制投资风险、确保投资目标实现。

三、案例 3#：建筑类央企 Z 公司下属 B 局

与案例 2#母公司同为 Z 央企的 B 局，自 2014 年至今，其投资业务已有 500 多亿元的规模，说明其形成了一套成熟的投资体系及决策机制。其资本金投入主要依靠各股东方的自有资金，项目资金依靠项目公司的项目贷款。Z 央企 B 局投资项目主要在安徽、江苏、山东、广东、海南等区域，与安徽、江苏、山东等地政府关系较为密切，与南京城建、上海城投集团、山东高速、齐鲁发展、南通港集团、无锡地铁集团等平台公司有较好的合作基础。Z 央企 B 局迫切期望与 Z 央企下属金融机构建立长效合作机制，发挥各方优势资源，开展投资项目合作，在项目融资、资产盘活等方面得到信托公司的大力支持，这些需求对 Z 央企下属金融机构如何参与产融结合业务提出了很好的建议。

（一）总体概况

Z 央企 B 局投资业务涵盖土地一级开发、房地产、养老、基础设施投资等

领域，项目总数为 79 个，总投资规模约 1290 亿元、承揽建安 1004 亿元。主要包括土地一级开发项目、房地产二级开发项目、养老项目、基础设施投资项目等。

截至目前，Z 央企 B 局累计已完成投资 539 亿元（出资 282 亿元），累计回收资金 213 亿元。已中标 PPP 项目股权出资总额 77.45 亿元，已完成出资 41.76 亿元，剩余出资 35.69 亿元。

（二）发展历程

1. 2014 年以前

Z 央企 B 局自 2005 年开始参与投资项目，但主要以自有资金全投资模式，参与土地一级开发、房地产及 BT 项目，因为全部是自有资金投资，投资效率较低。

2. 2015—2017 年

随着 PPP 模式投资建设的浪潮兴起，Z 央企 B 局也开始转变投资模式，由自有资金全投资模式转向以部分资本金撬动较大施工份额的主导主投模式，积极开始运作资本金 BT、PPP 项目。

3. 2018 年至今

随着国资委对央企投资规模的限制、各部委的严格监管，以及央企母公司对投资项目决策的严格把控，Z 央企 B 局开始由主导主投模式转向以参股跟投模式为主，以极少的出资获取高比例施工份额运作投资项目。

（三）投资组织体系

1. 投资组织架构

案例企业投资组织架构如图 5.1 所示。

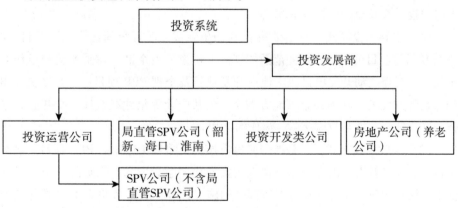

图 5.1 Z 央企 B 局投资组织架构

2. 管理职能

（1）投资发展部。局投资业务的主管部门，主要职能是：负责投资战略、计划、制度的制定并督导落实；负责投资政策、市场动态的研究与分析；负责全局投资项目开发、建设管理、运营业务的指导和监管，统筹协调各方关系；负责与上级主管部门的对接；负责牵头组织投资项目的评审；协助全局投资类公司绩效考核及投资业务人才队伍梯队建设与培养等工作。

（2）局投资运营有限公司。局三级公司，局授权其全权负责投资项目的建设与运营管理以及对部分市场的投资开发等工作。投资运营公司的主要职责：一是代表局对投资项目股权和资产实施管理；二是负责投资项目的建设管理、投资控制、运营管理、股权退出；三是负责运营业务的市场开发；四是负责其他投资开发类公司主责区域外或重点领域市场的投资开发。

（3）局直管项目公司。目前局设韶新、海口等直管项目公司，项目公司属于局出资设立的控股或参股子公司，局按照表外业务表内管理的原则实施管理，项目公司负责投资项目全生命周期管理。

（4）投资开发类公司。目前局设开投、建投、海投、华南投、北投等5个投资开发类公司，结合局投资业务区域布局，设立若干投资开发类公司。投资开发类公司主要职能是负责区域市场的投资开发，牵头主责投资协议的谈判与签订，负责组建项目公司。

（5）房地产公司。主要负责房地产开发以及健康养老产业的投资开发。

（四）投资业务的具体开展情况

1. 项目运作模式

目前 Z 央企 B 局投资项目运作模式主要分为三类，分别是主导主投模式、参股跟投模式及短期股权投资模式。

（1）主导主投模式。一是 Z 央企 B 局单独成立项目公司运作投资项目，Z 央企 B 局将项目公司纳入合并范围核算，主要为 Z 央企 B 局房地产公司运作的土地一、二级联动开发项目，房地产开发项目及个别 PPP 项目；二是 Z 央企 B 局与政府方代表、其他央企、地方国企、民营企业等组建联合体，Z 央企 B 局作为联合体牵头方与政府磋商、运作的 PPP 项目。

（2）参股跟投模式。一是参与股份内投资集团牵头运作的 PPP 项目。该类项目一般体量较大，由央企母公司六大投资集团主导发起，Z 央企 B 局（及其他工程局）根据出资比例切分对应部分的施工任务。二是 Z 央企 B 局参与其他央企、地方省属企业主导发起的 PPP 项目。Z 央企 B 局一般出资较少（一般为20%以下，多数为1%左右），承揽部分或全部施工份额，并向联合体牵头方缴纳一定比例的管理费。

（3）短期投资模式。Z 央企 B 局通过认购基金份额、信托出资的形式换取投资项目全部、对应比例的施工份额，业主、牵头方一般在项目完工后 3 到 5 年内回购 Z 央企 B 局资本金出资，并支付约定比例的资金占用费。

2. 项目决策程序

Z 央企 B 局投资项目主要依据局及央企母公司投资管理办法，履行局及央企母公司两级决策流程。

（1）局内决策程序。投资项目由 Z 央企 B 局所属投资类开发公司负责前期运作，投资类开发公司自行组织内部评审，将初步审核意见、项目可研报告及其他附件提交至局专家评审委员会审核。投资类开发公司根据专家评审委员会意见修改、完善投资项目可研报告及议案，待具备上会条件时，由局投资发展部将项目议案提交局党委会、局董事会审议决策。

（2）央企母公司决策。通过 Z 央企 B 局董事会审议决策的项目，视项目情况提交央企母公司投资发展部备案、央企母公司总裁办公会决策或央企母公司董事会决策后方可实施。

3. 项目融资分析

投资项目资金来源分为股权融资及债务融资。Z 央企 B 局主导主投项目的股权融资来源于各股东方的自有资金；债务融资主要来源于银行贷款，视项目体量、金融机构参与意愿及成本因素分为银团贷款及拼盘贷款。

目前 Z 央企 B 局除并表 PPP 项目公司向金融机构贷款外，无其他有息负债类融资事项。Z 央企 B 局投资项目股权出资全部来源于企业积累，满足金融机构"资本金穿透审查"要求，其他资金主要通过银行贷款解决。资金成本按照市场利率，基本维持银行现行基准利率，部分优质项目约有 5% 下浮。

融资方案与投资项目决策同时履行相同流程，方案变更也须履行局及央企母公司两级决策。

4. 与金融机构合作情况

（1）股权投资合作情况。目前股权端主要有山高资本金项目，通过与 Z 央企信托合作，通过购买信托份额参与项目施工总承包。有 9 个 PPP 项目前期拟引入基金代持，但因政策变化，后变更为 Z 央企 B 局自有资金出资进行整改。目前仅有徐州迎宾大道 PPP 项目通过与政府方基金合作，参与股权投资。其他如土地一级开发、房地产以及其他投资项目均为自有资金投资。

（2）债权端合作情况。目前 Z 央企 B 局跟各大行均有合作，主要是 PPP 类项目，通过项目公司向银行贷款，其他项目均为 B 局自有资金投资。

第五节 央企下属信托公司开展产融结合业务的创新方向

结合以上实地调研案例分析结论,各类央企在与下级金融公司(主要是信托公司)开展产融结合业务时具有以下一些新的方向:

一、资产端供应链

通过资产证券化、保理等资产端供应链业务盘活存量,压降两金。

一是募集资金,投资兄弟单位发行的资产证券化产品次级份额。次级对外转让是出表的关键,信托公司可以通过发行信托计划投资次级,快速募集资金完成缴款,助力兄弟单位资产证券化产品的成功发行。同时,其也为系统内职工提供了收益较高、安全性较高的投资选择。

二是大力拓展保理业务。自2016年以来,集团公司通过开展正向保理和反向保理业务,开拓了融资渠道,特别是通过业主端还本付息的保理业务,既降低了集团授信占用,缓解了还款压力,提前收回了工程款,又优化了集团资金结构。

二、负债端供应链

针对供应商,采用Z央企E信等方式,进行负债端供应链融资,向供应商提前支付,然后由供应商通过购买业主发行的基金或信托产品达到融资目标。

三、融资租赁业务

通过融资租赁的方式对三级公司进行融资,既解决资金不足的问题,又解决项目设备、材料短缺的问题,采用名义价款收购租赁物可为公司积累一定的资产,避免单一的外部租赁。

四、区域综合开发模式

区域综合开发模式是指与地方政府紧密合作,以一二级联动开发、EPC、代建、定向开发、施工总承包、委托管理、棚改旧改等合作模式,做熟做透区域市场。

区域综合开发项目有三个特点。一是体量大,资金需求量大。例如,Z央企建工的章丘区域综合开发项目，将为建工集团带来新签合同额上千亿元，预计实现施工合同额超过 500 亿元。二是政企合作内容广泛。Z 央企建工的章丘项目涉及房地产开发、城市大交通、市政道路、地下综合管廊、水环境综合治理和环境保护、棚户区（城中村）改造、特色小镇基础设施等领域。三是实施周期长，开发原则一般为"整体开发、分步实施、一次锁定、包干到底"。区域综合开发模式是目前股份区域经营、立体经营的重点，适合央企母公司作为特大型、综合型建筑类央企的优势发挥。央企母公司正在推进的哈尔滨市综合交通项目"PPP+配套土地开发"，涉及哈尔滨地铁 4 号线、机场第二通道（含智轨）等综合交通项目的投融资、建设、运营以及相关配套土地的一、二级开发。Z 央企 A局目前跟踪中的区域性开发项目主要有成都市武侯区城市更新项目、遂宁船山区城市综合开发项目、德阳天府旌城新区综合开发项目、云南大理新城项目等。Z 央企 B 局目前跟踪中的区域性开发项目主要有合肥中央公园、宁马城际、凯里棚改、无锡具区路综合开发、巢湖佰和佰乐二期等项目。

主动参与 Z 央企一类的区域综合开发项目，也是以 Z 央企信托为代表的金融单位产融结合业务拓展的努力方向。为此，建议金融单位：

一是提前介入项目前期工作。公司项目组提前介入项目前期运作，或者与产业单位作为联合体，共同作为社会资本方，与政府部门沟通项目合作方案，通过各主体的协调，公司可凭借自己的专业经验和技能设计出好的融资计划、风险控制方案、收益共享方案，促使项目顺利落地。

二是适应市场需要，不断创新投融资模式。与产业单位确立长期战略合作伙伴关系，借鉴当前市场成功案例，探索全周期真股权投资、类优先股、基金份额收益权等多种参与模式。

三是联合相关金融机构，共同推动项目的落地实施。区域综合开发项目资金需求量大，开发周期长，需要银团贷款、银信合作、银保合作、信保合作等多业态金融机构的共同参与。

五、"F+EPC" 模式

信托全资成立的项目公司与平台公司签署"F+EPC 协议"+Z 央企产业单位负责施工+平台公司按约回购。本业务中，信托与 Z 央企产业单位联合成立公司参与招投标，中标后由信托持股的项目公司与政府平台公司签署"F+EPC 协议"，并由该项目公司与产业单位签署施工合同。项目公司按施工产值总额下浮一定比例（"投资回报+工程下浮比例"为信托资金成本）后，按 60% 左右付款比例向产业单位支付工程款，剩余款项待平台公司回购时按回购进度支付给产业单位。

该模式下，产业单位需要投入 40% 的建设资金，共同承担一定比例的商业风险。信托实质上承担了投资公司的角色。因此，信托公司最好拥有一定数量的工程行业专业人才。

此类模式可优先选取优质区域的过往工程款支付记录优良的平台企业合作，可率先在 AAA 或 AA+ 平台范围内合作，如能实现平台对信托融资的担保为最佳。该模式的交易结构以及风控要点需公司进一步研究完善。据悉，其他央企类信托公司（五矿信托）正大力推广这种模式。

六、为系统内员工提供优质理财服务

Z 央企系统的内部员工有着较大的理财需求，这也是公司的优势禀赋资源，公司应继续加大内部理财市场的培育与拓展，让系统内的员工可以就近购买信托产品。

七、地铁 TOD 模式

地铁 TOD 模式即地铁上盖物业的开发模式。"TOD 模式"就是以公共交通为导向开发商业区或居民区，在 400 米到 800 米的步行范围内，建立集工作、商业、文化、教育、居住为一体的城区，提升城市功能空间的贯穿度。地铁上盖物业因其优质的交通配套和强大的人流量成为高端社区打造和优质商业品牌入驻的首选。目前统计的各国楼盘升值的数据显示，无论是地铁上盖的住宅楼还是商业项目，其涨幅和升值潜力都较周边无地铁项目要大。近年来，国内新建的北京光大中心、重庆在建的沙坪坝龙湖光年等上盖物业不断出现。应该说，地铁上盖物业因其具有高保值属性，是较为优质的房地产项目。

2016 年，国家发改委在北京召开城市轨道交通投融资机制创新研讨会。会上称据统计，我国目前有 43 个城市正在建设地铁，年投资额超过 3000 亿元。Z 央企在城市轨道交通基建市场的份额超过 40%，参与地铁上盖物业的开发有较大优势，集工程建设及房地产开发于一体，是未来产融结合业务的一个重要发展方向。Z 央企 B 局目前正在跟踪的地铁上盖物业项目包括：无锡地铁 1 号线、3 号线、4 号线，合肥地铁上盖物业，等等。其中，无锡地铁 4 号线具区路车辆段生态综合开发项目是 Z 央企系统内首个地铁车辆段上盖开发 TOD 项目，拟由无锡地铁、Z 央企 B 局、无锡万科、京投发展合作开发。

二级金融单位可通过以下两种方式参与此类物业——

一是股权代持。前期金融单位参与项目公司股权投资，Z 央企产业单位到期受让股权。此模式与 Z 央企信托目前参与的 Z 央企产业单位的股权投资房地产业务类似。

二是股权直投。优质的地铁上盖物业，是试水股权投资相对优质的标的。信托公司可将此作为股权直投项目的尝试，同时考虑到风险共担的机制，金融单位如 Z 央企信托可邀请相关产业单位认购相关信托理财产品的信托计划份额。

八、股权代持模式

金融单位阶段性权益投资+产业单位实质性开发管理。此类业务大多涉及的是兄弟单位自身主导的房地产投资项目。

产业单位负责项目的前期跟踪、合作模式、合同谈判、风险控制、央企母公司投资评审、项目招投标、组建项目公司、项目运作、按期足额归还信托资金本息等全过程管理。

Z 央企信托作为项目实施的法律主体，负责设计融资方案，按时足额为项目引入信托资金，并按照金融机构通行做法实施贷后管理。

此类项目节省了产业单位的项目资本金开支，实现了项目的表外运行，也降低了企业负债率。如 Z 央企文旅的黑龙潭项目、Z 央企五局遵义棚户区改造项目和 Z 央企五局湘潭项目。

九、养老信托①

购买信托理财产品+享受养老服务。位于安徽巢湖的某康养项目设施齐全，是国内较为一流的兼具医疗功能的养老项目，因前期门槛设置过高（永久卡或全生命周期卡，一次性需要缴纳费用过高），仅销售会员卡 58 张，入住长者仅数位，项目设施出现了闲置。Z 央企 B 局向 Z 央企信托提出希望信托面向该项目的潜在长者销售信托产品，Z 央企 B 局代销。但该群体需要签署信托合同补充协议降低产品收益，而收益降低的部分返给 Z 央企 B 局，信托产品购买者可在信托存续期间入住该康养中心。

---

① 养老信托为近年来兴起的一类创新业务，具体分析将在第七章展开。

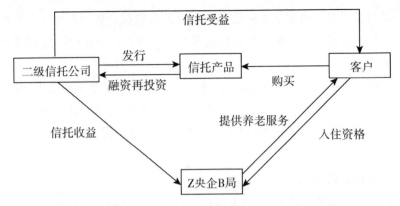

图 5.2 Z 央企佰和佰乐项目信托产品端合作模式交易结构图

通过与 Z 央企 B 局的合作，金融单位也可获取一些忠实且长期的投资客群，也能为 Z 央企 B 局带来更多的养老产品客户，实现双赢。

第六节 央企产融结合业务主体联动机制及各自风险点分析

一、央企产融结合参与主体概述与沟通重点

基于上述调研结果，可以看出由于各个国家及地区的资本市场存在着千差万别的特征，形成了不同的资本市场发展规律，并且借助自有的资本市场运作平台，在各自的政策制度监管环境下，产融结合的具体模式也大相径庭①。需要注意的是，我国资本市场不足 40 年的发展时间相对不长，因此资本市场发展尚处于初级阶段，多层次资本市场的建设处于尝试探索阶段。

在这样的现实条件下，产融结合概念及模式在我国的开展也经历了不断"创新—犯错—完善—再创新"的过程，不同企业产融结合的方式存在着显著性差异。同时，即使同在国内资本市场中，由于相互之间的行业背景、发展历程、业务规模等存在显著不同，央企之间的产融结合模式也千差万别。因此，央企在选择产融结合发展战略模式时，必须在充分了解与掌握公司所处行业及资本市场的客观真实情况下，寻找到真正符合公司自身情况的产融结合模式，梳理清楚各类参与主体，找到相互沟通的重点与要点，以更好地分析在产融结合过

---

① 赵天阳. 中国上市公司产融结合与市值管理研究［D］. 上海：上海社会科学院，2019.

程中的不同业务主体的风险点，为制定更有针对性的风险预警机制提供参考与借鉴①。

按照前文所述，目前我国央企产融结合的主要模式为公司凭借着自身良好的经营绩效，借助外部资本市场以资产证券化为主要表现形式的上市或发行债券的方式来获得金融资本，并将募集获得的资金用于产业或公司发展本身，同时依托央企较为稀缺的资质，利用资本市场获取更多包括银行信贷在内的金融资本，达到产融结合共同促进金融机构与实体企业营利的目的。就具体模式的选择而言，企业凭借自身良好的固有产业资本，通过上市或发债等方式进行直接融资，形成金融平台，在增加企业融资渠道的同时获得金融资本。在这一模式下，产业与金融两大资本协同发展，逐步实现产业资本与金融资本的融合与协调，最终形成产融结合的协同效应。

因此，这一模式常被认为是当下产融结合的较佳模式，在很大程度上反映出当前产业资本与金融资本相互融合发展的必然趋势。就此类产融结合模式的具体机制而言，产融结合业务中各方参与主体沟通的要点如下②：

第一，央企凭借良好的产业资本获取上市资格，在外部资本市场中借助一系列融资行为获得经营发展所需的金融资本，再投入公司经营发展过程中。央企运用金融资本不断提升自身发展能力、扩大市场份额，优化经营管理方式和资本结构，其自身的产业资本数量与质量均有所提升，获得相对更好的经营绩效，并扩大企业生产规模。随着经营规模的扩大与业绩的提高，金融需求进一步扩大，央企再次进行外部融资行为活动，并将所获得的金融资本投入产业资本之中，如此反复。

第二，在这一过程中，产业资本一开始作为存量资本获取增量的金融资本，并通过生产经营活动，将实际产生的金融需求落到实处，使之继续转化为产业资本，由此获得了更好的经营绩效，从而促使产业资本得到提升。这一过程使得企业自身和与之合作的金融机构双方都获取了更高的收益，为未来可能进行的"由产到融"提供更好的基础性支撑。

第三，央企在凭借产业资本进行融资的过程中，对获取的金融资本会有明确的使用用途规范，并将其作为公司生产经营所补充的特定资金。对于金融资源的补充，央企经过合理使用后往往会产生较好的投资或生产收益或绩效，进而有动力进一步使用更多金融资源带动产业资本的发展壮大。

---

① 赵天阳. 中国上市公司产融结合与市值管理研究［D］. 上海：上海社会科学院，2019.
② 赵天阳. 中国上市公司产融结合与市值管理研究［D］. 上海：上海社会科学院，2019.

第四，在资本的属性类别当中，可以认为产业资本与金融资本这两类资本具有完全不同的表现形态，在运作方式中也存在着差异。一般而言，产业资本运转周期相对较长，而金融资本运转时间相对较短，主要是用于购买央企生产经营所需要的原材料、工具设备，及用于人员开销等，即通过转化为生产资料来为下一步生产经营提供基础。因此，在产融结合过程中有必要明确认识这两类资本的差异性，并能够准确有效地对两类资本进行合理安排与转化，从而能够更好地进行资本整合，达到产融结合预期的协同效果。

需要注意的是，产融结合经营方式并非没有风险。由于生产经营与金融融资的实质性差异，在产融结合过程中组织结构、人力资本、管理模式等方面的整合也需要考虑到两类资本对实体企业和金融机构展业活动运营方式的不同影响，以免产生的风险影响央企的整体效率，甚至采取了产融结合经营方式反而导致了经营管理能力的下滑。

二、产融结合参与主体的原始动机分析

了解产融结合业务各方参与主体在展业过程中的原始动机有利于分析其风险点产生的原因。就产融结合的具体模式而言，主要是通过在内部打造金融板块或平台，在有效降低融资成本的同时，更合理化地获取外部金融资本，来满足其自身对于金融服务的实际需求，从而进一步提升，尤其是上市央企的企业价值与市场地位，最终通过有效的市值管理来到达合理有效的市值范围区间。因此，就本质而言，产融结合方式日益成为央企的关键核心渠道与获利方式。此外，对上市企业而言，通过有效市值管理，产融结合业务可将企业的经营绩效更好地体现出来，让央企的市场价值得到良好且真实的反映。

就产融结合的主要动因方面而言，一方面，由于目前企业融资手段仍以商业银行信贷等间接融资方式为主，以致对经营企业而言，融资渠道和工具的单一化会使其受到不同程度的融资约束影响。在现实的借贷关系中，作为授信方的商业银行更加关注信贷资金的风险与收益，而作为借贷方的企业更加关注资金获得的及时性，因此两者在业务合作往来时往往会产生一定的市场交易风险并造成交易成本的出现[1]。

具体来说，商业银行与经营企业之间客观存在的信息不对称现象会引发逆向选择和道德风险问题的产生，在商业银行为企业发放经营性贷款之前，由于信息不对称问题的客观存在，企业的逆向选择问题会进一步加剧，而在贷款发

---

[1]　赵天阳. 中国上市公司产融结合与市值管理研究［D］. 上海：上海社会科学院，2019.

放之后，企业道德风险问题产生的潜在违约又会引发商业银行的持续担忧与关注，而通过产融结合这一有效方式，能够促进企业或集团内部资本市场的形成或者更多地通过直接融资方式，可以有效地解决企业内外部信息不对称问题，进而最大限度地减少交易过程中不稳定因素的干扰，从而进一步降低交易成本，有效缓解融资约束，从而获得实时且充裕的金融资本，优化配置经营资源，降低企业快速发展过程中的各类经营风险，提升企业经营过程中的抗风险能力。

另一方面，产融结合过程中的两个主体——产业资本与金融资本在融合过程中，会推动协同效应的产生与发展。简单而言，协同这一概念的范畴是单个个体价值大于其自身各个独立部分的简单加总，即实现"1+1>2"效应。就本章定义而言，主要是指央企在产业资本与金融资本的融合过程中所实现的相互促进及相互推动的良好循环效应，从而产生协同效应，使得产融结合后央企的整体价值持续增大，经营情况进一步向好。

综上所述，在经营发展方面，产业资本与金融资本的融合必然会引起公司经营规模的整体扩大，引发规模经济效应的出现并通过带动生产效率的提升来降低生产成本，带动经营收益的持续上升。因此各方交易主体都有积极探索法律法规允许范围内的产融结合业务，在政策红利期，我国绝大多数央企都开展了不同程度的产融结合业务。

三、产融结合参与主体开展业务面临的困难与障碍

需要强调的是，产融结合在有助于提升央企经营发展的同时，也会产生不少潜在风险。其中原因主要在于，产融结合横跨实体产业和金融两类市场，涉及产业运营和金融运作，产融结合本身即是一个构建复杂的系统，并且两类资本之间的融合是非线性的，需要在战略发展、实际业务等多层次角度进行综合考量，此外还要考虑外部环境的冲击性影响、金融市场是否发展健全、合作各方是否按照初步拟定的合作协议真诚地各司其职开展合作、是否存在"打擦边球"等违规行为导致国有资产流失等。可见，产融结合业务一旦出现风险，就无论风险源自金融资本还是产业资本，都会给公司本身、金融机构乃至市场带来负面的影响，从而削弱整个金融乃至经济系统的稳定性。

按照前文分析，结合具体案例，跟新时代背景下信托公司开展的各类创新业务一样，产融结合业务最新发展的进程中，也涌现出不少障碍与困难。例如，央企在和央企下属信托公司开展产融结合过程中的障碍与困难主要体现在以下方面。一是项目选择。由于产融双方所站的角度不同，利益点不同，对项目风险的认识和判断也会不同，同时满足产融双方条件的合作项目较少。因为是

"子公司"，信托公司往往处于较为劣势的地位，对于项目的选择权和决策权较低，沦为企业"金融工具"的可能性较高，从而也就难以体现自身对项目风险融资过程的专业判断，最终产生合作风险。二是成本及期限。这是产融结合业务开展的主要障碍。成本太高，则对央企而言产融结合是"不划算"的买卖，其完全可以通过向外部金融机构借贷来满足业务发展过程中的金融需求。而对信托公司而言，期限即生命，如果出现融资过程的"期限"延期问题，则会直接损害信托公司自身的社会声誉，对信托产品投资者的利益造成损害。三是关联交易。公司在大力拓展产融结合业务的过程中，不可避免地面对监管文件对于某些关联交易进行限制的阻碍。监管层对央企开展关联交易的控制力度逐年递增，虽然产融结合业务本质上不是关联交易，但产业资本与金融资本的结合是一个内容复杂、程序烦琐的过程，其中在集团内部产生关联交易的可能性是客观存在的。四是风险控制。产融结合业务的风险主要来自外部商业风险，同时也涉及内部审批流程及责任划分的不清晰——由于兄弟单位的纠纷不便诉诸法律手段解决，项目真正出现风险时，往往需要央企母公司协调解决。五是合规性问题。在严监管态势下，对于明股实债及期限错配，公司要顶着更大的监管压力，付出更多的智慧，才能推动产融结合项目依法合规实施。

而结合另一案例笔者发现央企与信托公司开展产融结合过程中的障碍与困难还体现在以下方面。一是寻求战略合作伙伴的过程充满艰辛与挑战。重点应寻求的是专业金融人员，在产业资本与金融资本实现资源共享、发挥各自优势、互利互惠，共同运作投资项目等方面发挥不可替代的作用。二是需要确保项目依法合规。主要关注项目可研、立项、实施方案审批，项目建设审批手续完备情况，如按 PPP 模式的，须协助政府方完善两评一案、入库等事项。部分产融结合项目的参与主体为了更快获取金融资本支持，打了政策的"擦边球"，对于没有依法合规设立的项目进行了投资建设，酝酿了较大的经营风险与金融风险。三是沟通协商有利的投融资合作条件较为困难。协助政府方完善项目投资实施方案、主要商务合作内容、合作条件，要确保项目的合作条件能满足央企母公司相关业务开展予以通过的条件（简称"可以过会"），这些条件有时难以有效实现，因为涉及面较广，且政府部门的高度参与和渗透也造成了某些业务的谈判过程十分坎坷。四是创新投资模式。针对国家有关部委不断变化的各类监管政策（降杠杆、防范金融系统风险、强化地方债管理等），结合企业自身限制（如国资委对央企的投资规模限制、央企母公司关于投资项目"两平衡"等），产融结合业务也需要不断创新合作模式，推进央企的建设类项目顺利实施。五是制订适宜的投融资方案。为了确保投融资方案可行，应落实股权端、债权端资金进出路径，尤其重点关注金融方案的前端出表结构化设计，避免出现金融风险，且此风险通过产融结合业务向产业端进行传导。六是要严把合同签订关，确保合同条款周密。与政府方开展投资合同谈判，严格合同评审程序，反复与政府方协商修订合同条款，控制投资风险、确保投资目标实现。

这些障碍与困难一旦没有得到有效处置，后期风险的暴露就不可避免。且由于产融结合业务的特殊性，这些风险聚集后容易在信托公司端发生暴雷事件，引起信托产品投资者恐慌，进而金融市场恐慌，对于金融市场系统性风险的防范是极为不利的。因此，在产融结合过程中，公司应当准确把握产业资本与金融资本的实质性差异，有效地建立风险防范机制，防止结合不当造成的风险在两类资本市场间传导和扩散，进而造成无效的产融结合，降低资本市场的资本配置效率。

四、产融结合参与主体开展业务面临的风险点

结合上文分析，本章认为产融结合业务导致的主要风险点有以下几类：

第一，操控市场内幕进行金融交易对金融产品投资者造成了风险。第二章中的行为金融理论指出，资本市场的投资者大多是非理性的，他们对于有效信息的传播并没有均等的分配，所以有些投资者利用中间的时差在金融市场上利用内幕消息操纵买卖，从而破坏市场规律，造成金融市场风险。因为产融结合是一项对资本市场而言重大利好的消息，一些拥有内幕消息的主体便会通过一些提前了解到的政策或者重大战略决策来交易并由此获得高额的利润。反之，一些没有信息优势的投资者就很可能因为信息不流通而丧失有利的战略机遇，成为金融交易的受害者，从而在进一步的财富分配上加剧市场配置的不公平性①。举例来说，在一些二级市场上进行的交易，和央企保持深度合作交流关系的商家会在较短时间内得到更多关于央企即将开展产融结合业务的相关内部消息，并且他们完全可以在这些消息对外发布之前，利用一些虚假账号进行登录，吸收更多的筹码，然后在这些消息对外公布以后再以高价抛出获得高额的利润。由于央企管理体系和组织架构的烦琐复杂性，这类消息难以被严格"保密"，且作为上市央企管理者，其天然具有乐见自身公司在资本市场具有更高股价的倾向，甚至可能会对这类消息的"泄露"采取"睁只眼闭只眼"的态度，因此产融结合业务在合作双方还没有具体开展业务往来并产生风险之前，就因具有"内幕信息"的天然属性而给资本市场的股票投资者带来了一定风险。

① 刘昌菊. 中国产融结合效率研究［D］. 北京：北京邮电大学，2018.

第二，产业间产融结合发展水平不均衡导致不同产融结合业务之间风险防范方式不同。从产融结合与企业成长的动态关系来看，不同企业产融结合的参与程度不均衡，例如，农业企业在考察期内持续参与产融结合的企业仅有一家，且是以玉米杂交技术为基础，集研发、生产、销售于一体的农业技术企业，并且处于产融结合的初期阶段，通过产融结合支持技术创新，扩大市场规模，经营范围单一①。产融结合的发展阶段不同，服务业向高新技术产业转移明显，制造业向国际化水平发展明显，此外，信息技术的发展促进各产业的升级转型，信息化促进产融结合向高级化发展。因此，信息化程度高的产业开展产融结合业务的基础更雄厚，也更符合社会发展趋势和进步方向。

第三，产融结合的协同效应可能不够显著。考察期的参与产融结合企业，产业部门和金融部门之间的结合体系处于发展阶段，资金的内外循环由于受到技术、扩张需求，金融环境不稳定性等因素的影响，协同效应不一定如预期一般显著。在企业发展壮大的过程中，大量的金融交易会产生报酬费用，当产融结合发展处于高级阶段时，外部资金内部化循环的流通成本降低，从而可能会降低企业的交易成本，形成财务、管理等方面的协同效应。

第四，项目选择风险切实存在。在产融结合业务开展过程中，由于产融双方所站的角度不同，利益点不同，自身专业知识掌握情况不同，对项目风险的认识和判断也不同，同时满足产融双方条件的合作项目标的较少。对产业单位而言，因其往往具有央企背景，故其主要任务是确保项目依法合规，重点关注项目可研、立项、实施方案审批、项目建设审批手续完备情况等。而作为金融机构，除上述内容，还要关注项目风险控制，项目本身是否具有可融资性，以及项目的投融资方案是否可行，并需落实股权端及债权端资金的进出路径②。为选择优质项目合作，公司可与产业单位一起进行项目的前期调研、论证、谈判等工作，共同进行项目评价，并做好项目融资规划。此外，还需考虑项目的流动性风险，由于公司募集的信托资金必须按期兑付，因此必须考虑好极端情况下的流动性安排，确保信托计划能够按时兑付，不引发金融风险。

结合过往的经验教训，即使项目选择困难，公司也必须坚守风险控制的底线。在合作项目的评价方面，公司要实行独立、严格、完善的内部审批程序。对于合作方专业能力欠缺、项目本身可行性存在瑕疵、融资主体相对较弱等不符合公司风控标准的项目，即使是产业单位自身主导的投资项目，公司也不能

---

① 刘昌菊. 中国产融结合效率研究［D］. 北京：北京邮电大学，2018.

② 杨涛. 央企产融结合的信托实践与探索［J］. 国际商务财会，2022（12）：57-60.

参与。但是，这类判断在现实中往往不具有可操作性，大部分金融公司作为产业单位的下属子公司，对于项目没有较大的选择权。

第一，成本及期限与预期严重不符。产业单位的需求主要在于资本金融资及表外融资，即对产融结合的主要诉求是为项目公司股权出资提供相匹配的资金支持。如果公司发行集合信托筹集股权投资资金，则资金成本相对较高，并且期限较短，无法和项目本身的投资回报率和期限相匹配。在债权融资方面，产业单位主要通过银行贷款解决，资金成本按照市场利率界定，基本维持银行现行基准利率，部分优质项目约有 5% 下浮。而作为产融结合另一合作方的金融机构的资金成本较高，无法满足产业单位的债权融资需求。

第二，政策风险偶有发生。当前，公司在大力拓展产融结合业务的过程中，不可避免地面对监管文件对于关联交易态度变化的风险：一是根据《信托公司管理办法》，信托公司开展固有业务时，不得向关联方融出资金或转移财产，不得为关联方提供担保；二是根据《信托公司集合资金信托计划管理办法》，信托公司管理信托计划，不得将信托资金直接或间接运用于信托公司的股东及其关联人（但信托资金全部来源于股东或其关联人的除外）；三是"资管新规"中有专门条款对关联交易问题进行了约束。以本书主要讨论的金融机构信托公司为例，其要以集合信托的方式为产融结合项目筹集资金需通过各种办法来规避金融监管部门对关联交易的限制，使得项目交易结构复杂化，这不仅增加了项目运作成本，也导致很多产融结合项目无法落地[1]。

从以上产融结合业务的风险点分析可以看出，在产融结合的进程中，应建立完善的市场监督管理体系。一旦监管方面没有做到位，一些金融机构和工商企业之间便会在深度交流合作当中泄露更多的内部消息，与此同时还会滋生更多暗箱操作。这样一来不仅使得正规开展产融结合业务的企业蒙受不公，也使得市场财富的分配不均衡，而且许多市场相关主体的利益也会被侵犯。此外，产融结合一方交易主体在企业经营过程中遭受重大财产损失或基于自身掌握的信息优势提前获知会遭遇重大风险时，完全有能力也有动机，借助产融结合业务的全面开展，将此风险嫁接给金融资本方或其他市场主体，甚至违反法律有关规定，从"打擦边球"变成明目张胆踩法律的红线[2]。

就中国当前的市场体制和建设来看，对于产融结合的相关法律法规还有待完善，正是因为制度的不健全，一些产融结合企业屡次在违法的边缘试探。除

① 杨涛. 央企产融结合的信托实践与探索［J］. 国际商务财会，2022（12）：57-60.

② 刘昌菊. 中国产融结合效率研究［D］. 北京：北京邮电大学，2018.

此之外，因为信息流通的不对等性，很多企业对一些信息的掌握也不够真实和及时，因此信息披露也是当前中国产融结合所要着重解决的问题。

第七节 低风险产融结合业务的模式选择

结合上文案例分析，笔者调研发现现阶段央企产融结合的渠道主要分为两种，一是设立财务公司，二是参、控股金融机构。以这两种方式设立的产融结合业务在实践中对于风险的防范侧重点各不相同。

第一，以财务公司为主体开展的产融结合业务。在产融结合早期，我国就出现了财务公司的形式。财务公司往往是国企集团内部筹建的，可以为集团提供筹资和融通资金的服务。作为二级单位，财务公司不对外开展投融资活动，而专门为集团内各成员单位进行资金配置，也可将企业内部各成员企业的资金集中起来，降低资金融通的成本，使得成员单位减少向外部金融机构进行融资而支付的较高额的贷款利息支出。

第二，参、控股金融机构。以作为集团内部二级单位的信托公司为例，央企参、控股信托公司不仅可以获得金融服务，还可以通过信托公司对金融衍生品的投资获取部分收益[1]。此外，在金融市场处于"牛市"的阶段，央企参股金融机构能够获得更多的收益。例如，央企参、控股证券公司不但可借助证券公司在金融市场上的供求角色，扩大融资渠道，获得集团发展所需要的资金，而且可以以股东身份，合理合法地获得证券业高额的投资回报。

结合前文分析以及笔者调研信托公司近年来与央企母公司内部兄弟单位开展产融结合以及其他类型金融机构与央企合作开展产融结合业务的经验，本小节总出以下一些具可行性且有利于信托公司风险防范的产融结合业务模式，这些合作模式能够有效对抗上文所分析的创新业务的各类潜在风险。

一、产融结合参与主体防范风险的思路与对策

结合前文，产融结合参与方防范风险的思路与对策主要有以下几点：

第一，提前识别外部商业风险。

产融结合项目特有的外部商业风险主要包括：一是房地产项目，合作方挪用资金、项目进度延缓或者去化困难、销售回款缓慢，导致流动性风险甚至实

---

① 李晓茜. 央企产融结合对企业绩效的影响［D］. 杭州：浙江工商大学，2019.

质出现兑付风险；二是基础产业项目自身回款周期长，主要依赖于政府支付。根据实践以及调研所得，目前部分政府支付拖沓，支付意愿不够或者支付能力不够，导致施工方资金占用较多，回款慢，进而影响全部信托资金退出。

而从公司内部的经验看，早期实施的部分产融结合项目出现风险，在于投资单位投资决策不严谨、实施过程把关不严，并且参与各方责任不清、推诿扯皮。因此，针对新实施的产融结合项目，公司要独立进行商业风险的判断，项目评审严格把关，实施过程相互配合。

第二，内部审批流程及责任划分。

产业单位的投资项目原则上均需要上报央企母公司审批。一方面，对于有些大型的综合开发类项目，整个项目前期已报央企母公司审批过，实施过程中会分成多个子项目，按子项目进行融资。这种情况下，产业单位进行表外融资，照规定还需要就每个子项目的表外融资事宜上报央企母公司，相关程序比较多。另一方面，信托在产融结合中的角色定位需要进一步明确。作为金融单位，信托往往以股权投资方式参与，但信托目前尚不具备项目投资、建设和运营管理等方面能力，目前仅能做到明股实债。

第三，增信担保全面加强。

对于产融结合项目，按照正常的项目操作方式，需要产业单位向公司提供担保、回购承诺等增信措施。问题在于，一是审计机构、金融监管部门等对这些担保、回购承诺存在不同的看法，导致产融结合项目实施存在一定困难。二是兄弟单位的纠纷不便诉诸法律手段解决，项目真正出现风险时，往往需要央企母公司协调解决，最终结果多半是"各打五十大板"。

第四，加强顶层设计。

产融结合是大型企业集团发展到一定阶段后，想要实现再次提升发展质量，突破"天花板"、实现规模再上台阶的重要措施。但是，由于产融结合参与的单位多，涉及多方面利益，需要从总部层面做好顶层设计，制定相关制度，以降低交易成本、提高效率。

产融结合涉及央企母公司内的产业单位和金融单位，需要解决好产业单位和金融单位之间的利益分配、关系协调、关联交易合规性以及与外部审计机构的沟通等问题。产业单位与金融单位之间固然要积极主动地加强沟通，但还需要在更高层次上由央企母公司进行顶层设计，建立相关制度、出台相关管理办法，从制度层面解决大部分问题，明确产业单位和金融单位的权责及利益分配。

例如，Z央企信托是Z央企的控股子公司，是银保监会颁发牌照的非银行金融机构，全国只有68家信托公司，属于稀缺金融资源。与其他金融机构相比，信托公司具有牌照、制度等多方面优势，Z央企信托可为Z央企的产融结合做出更多的贡献。具体到对Z央企信托的产融结合而言，在避免关联交易、促进产业单位出表、寻找低成本长期限资金方面需要央企母公司加强顶层设计，给予大力帮助，以更好发挥Z央企信托在产融结合中的融资平台作用，为Z央企的表外融资贡献更多。尤其针对表外融资问题，需要从制度设计来解决。不管是系统内产融结合，还是通过其他方式筹集项目资本金，都需要与外部审计单位进行良好沟通，取得其对出表的认可。在与外部审计单位的沟通方面，建议总部相关部门加大力度，定期形成出表融资的相关标准和条件，供下属单位共同推行，提高沟通效率。如果完全按照外部审计机构的要求，实现出表难度较大，通过制度设计，将产融结合中产业单位和金融单位的责权利通过文件或纪要的方式明确，而不用体现在项目可研报告及融资方案中。

第五，发挥总部协调作用。

产融结合涉及产业单位和金融单位，各自的立场不同、利益诉求不同，考虑问题的出发点也不同。如果各单位之间缺乏统一协调，则会各自为政，产生"囚徒困境"，形成"内耗"，不能实现Z央企整体利益的最大化。因此，需要总部层面加大协调力度、建立协调沟通机制，在以市场导向为主的前提下适时、适度发挥行政手段的作用，以使不同单位之间形成发展合力。

第六，内部金融企业、类金融企业之间优势互补。

目前Z央企下属有不同的金融企业，应该发挥不同金融企业的优势，加强其相互之间的合作，实现强强联合。对Z央企信托而言，服务产融结合，最重要的是解决低成本、长期限的资金问题，希望在这方面能得到系统内其他金融单位的支持。

第七，引进保险和国际资金。

对私募资管计划而言，"资管新规"的实施，从合格投资者标准提高和限制通道两方面大大缩减了私募资管的资金来源。建议Z央企总部充分发挥地缘、人缘等优势，积极引入低成本、长期性的保险资金。同时，国家正在大力推进金融领域的对外开放，我国的利率相对于欧美日等具有较大的空间，对于国际资本有较大的吸引力。在以后我国对国际资本流动管制进一步放松的情况下，总部可积极引进国际资金，为Z央企的投资项目提供更低成本的充裕资金。

二、可防范风险的业务模式1#：资产证券化

资产证券化（Asset-Backed Securitization，简称ABS），是指将缺乏流动性，但具有未来现金流的特定资产进行组合建立资产池，以该资产池的未来现金流

作为支持，并通过结构化重组的方式，将其转变为可以在金融市场上出售和流通的证券的过程，资产证券化是一种融资技术①。通过开展资产证券化业务，在符合"真实出售"和一定的条件下，可以实现"出表"，从而优化资产负债结构，提升资产回报率。

较传统融资工具相比，资产证券化具有较多的产品要素及参与者，涉及的法律关系也较为复杂。以下为资产证券化的主要要素及参与者②：

1. 资产

目前，资产证券化的资产可分为三大类：信贷资产、企业资产及不动产资产。信贷资产证券化主要是银行等金融机构使用。企业资产主要包括应收账款、租赁租金、基础设施收费、门票收入、工程回购款、信托受益权等资产类型产生的现金流。不动产资产主要包括商业地产、工业地产、养老地产、长租公寓等不动产产生的现金流。

2. 借款人/债务人

"借款人/债务人"是成对出现的概念，与"贷款方/债权人"的概念相对，是指贷款或收益权等基础资产原始权益人的负债方。资产证券化主要是以贷款发起人或收益权持有人的贷款/收益权作为基础资产去融资。从借款人/债务人角度看，贷款方/收益权持有人的资产就是其负债。

3. 原始权益人

与借款人/债务人概念相对，原始权益人是指贷款债权或收益权等资产的持有人或受益人。

4. 发起人

发起人指出售资产用于证券化并获得融资资金的人，既可以是资产的原始权益人也可以是从原始权益人处购买基础资产汇集成资产池，并再次出售资产的人。

5. 发行人/特殊目的载体（SPV）

发行人是指从发起人处购买资产池中打包资产，借以发行资产支持证券的人。为了将资产信用和发起人信用分开，发起人一般不作为直接发行人，而是专门为资产证券化运作设立一个进行破产隔离的特殊目的载体（SPV），作为单独设立的发行主体。一般而言，为实现资产证券化的资产信用融资，避免发起人和SPV的破产风险危及资产，确保投资者的合法权益，SPV应以"真实出

① 沈岚. 资产证券化法律关系分析 [J]. 兰州学刊，2007 (7)：94-95，78.
② 沈岚. 资产证券化法律关系分析 [J]. 兰州学刊，2007 (7)：94-95，78.

售"的方式从发起人处购买资产。在法律形式上，SPV 常采用公司、合伙或信托等形式。

6. 服务商/资产服务机构

服务商，或称资产服务机构，是证券化资产的管理者。服务商/资产服务机构通常由发起人或者其附属公司担任。

7. 受托人

受托人一般作为 SPV 的代表，从发起人处购买资产，并作为资产支持证券现金流的管理者，负责托管基础资产。伴随新时代的来临，信托公司在原有传统业务基础上纷纷进行创新与转型。监管层释放了关于金融机构转型的重要信号，即需要切实实现金融为实体经济服务的功能。因此，为了更好地体现金融机构为实体经济服务的转型初衷，不少信托公司，尤其是具有央企股东背景的二级信托公司开辟出一条别具一格的转型道路，那就是依托母公司实体经济发展优势，开展产融结合业务。

三、可防范风险的业务模式 2#：项目融资

项目融资是指"Z 央企信托阶段性权益投资+产业单位实质性开发管理"，此类业务涉及的是成员单位自身主导的投资项目。该模式是产业单位的金融需求，产业单位的投资项目需通过信托公司实现融资。同时，该模式也有相应的必备条件，需为产业单位自身主导的投资项目，且需通过央企母公司投资评审决策程序。

其主要运用的金融工具是信托融资。一般而言，信托融资又分为信托贷款与股权融资。

1. 信托贷款

信托贷款是指信托机构在国家规定的范围内，制订信托发行计划，募集资金，通过信托计划募集的信托资金，对自行审定的单位和项目发放的贷款。具体而言，贷款可以分为两类，一是企业流动资金贷款。信托可以提供流动资金贷款。一般情况下，企业对于流动资金贷款，提供抵质押物或者担保。二是项目贷款。企业可以就具体的项目向信托寻求贷款支持，信托公司根据相关规定，对项目发放贷款。一般情况下，项目资本金应由企业自行筹集，信托对项目资本金以外的部分提供项目贷款①。

---

① 林涵. 论房地产经济中不良资产收购问题的研究 [J]. 经营管理者，2014（29）：36.

2. 股权融资

对于市场前景好、投资回报高的房地产开发项目，或者市场风险低、投资回报适中的棚改项目，以及信托公司认可的其他项目，信托公司可就具体项目与企业进行股权合作。

信托与企业就项目共同进行调研、论证，分别通过各自的决策程序。双方共同出资成立项目公司，约定股权及出资比例，原则上同股同权，制定公司章程，对重要事项进行约定。信托发起设立信托计划，信托资金部分以资本金方式进入，其余以债权方式进入项目。共同获取项目之后，项目开发主要由企业负责，信托公司向项目公司派出管理人员，对项目进行监管。项目开发基本完成时，双方对项目公司进行清算、分配收益，信托计划结束。

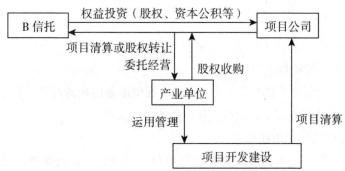

图 5.3　项目融资模式交易结构

（1）产品发行市场

通过私募方式，向合规投资者发行。

（2）Z 央企信托的角色和功能

产业单位负责项目的前期跟踪、合作模式、合同谈判、风险控制、央企母公司投资评审、项目招投标、组建项目公司、项目运作、按期足额归还信托资金本息等全过程管理；

Z 央企信托作为项目实施的法律主体，负责设计融资方案，按时足额为项目引入信托资金，并按照金融机构通行做法实施贷后管理。下一步，此类业务的发展方向包括：房地产开发、地铁 TOD 模式、区域综合开发模式等。

（3）项目融资的作用和效果

产业单位获得投资项目所需资金。通过信托公司参与阶段性持股，不推高产业单位的资产负债率。依托公司完善的评审机制及风控体系，独立判断项目风险，严格坚持评审标准，共同做好项目风控及后期监管。充分发挥信托公司资金募集能力，额度优先分配，营销优先上柜，资金优先投入。

（4）需央企母公司协调的方面

明确信托公司在项目融资中的角色与定位，更好地发挥信托公司作为资金融通者的功能。

四、可防范风险的业务模式3#：服务信托

该业务模式特点为Z央企信托运用其在账户管理、财产独立、风险隔离等方面制度优势和服务能力，为委托人提供除投融资服务以外的其他受托服务。

1. 运用的金融工具

信托融资。

2. 产品发行市场

有服务信托需求的Z央企产业单位或其员工。

3. Z央企信托的角色和功能

Z央企产业单位或其员工作为委托人，提供服务信托的需求；Z央企信托作为委托人，设计服务方案，履行受托人的职责与义务。

4. 服务信托的作用和效果

因委托人与受托人同为Z央企内部单位，沟通更加高效便捷；根据委托人的需求，信托公司可以利用信托牌照优势，精心设计、定制专属性服务方案。

5. 需央企母公司协调的方面

在业务实施过程中，请央企母公司大力支持、强化顶层设计以及指挥协调。

五、可防范风险的业务模式4#：产融投三合一模式

产融投三合一模式是指"地方城投公司+Z央企信托+Z央企产业单位"的"三位一体式"合作模式。地方平台公司为融资主体，提供施工项目；Z央企信托提供融资；Z央企产业单位负责施工，适当提供利息补贴。按照央企母公司立体经营思路，充分发挥"Z央企工程建设优势+信托公司金融优势"，通过施工利润补贴金融成本，在不引入外部金融风险的前提下，积极支持主业发展。此类业务模式的主要目标客户是高层级的优质国企（省会城市及以上的城投公司），通过施工利润补贴融资成本，使融双方更具市场竞争优势，联合锁定优质项目。

这种业务模式的特点是："以产带融、以融促产。"第一阶段，充分发挥产业单位全国布点的经营优势，由产业单位向信托公司推荐优质客户，即"以产带融"；第二阶段，通过金融信托的参与，协助兄弟单位锁定施工项目，实现三

方共赢，即"以融促产"。

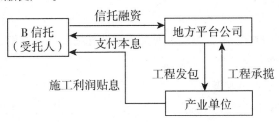

图5.4　产融投三合一模式交易结构

该模式充分发挥"Z央企工程建设优势+信托公司金融优势"，通过施工利润补贴金融成本，在不引入外部金融风险的前提下，积极支持主业发展。在调研中，Z央企B局的相关领导及部门对于这种业务模式还是比较认可的，同时其也有业务开展的政府平台资源，但是业务推进比较缓慢，毕竟涉及参与三方的需求契合，需要公司业务部门持续不断地主动推进。此类项目是我们下一步产融结合业务发力的重点。

1. 产业单位的金融需求和必备条件

（1）金融需求：信托公司为外部单位提供融资，引入产业单位负责施工；

（2）必备条件：该项目需为满足信托公司风控条件的融资项目，且融资方认可引入Z央企产业单位负责施工。

2. 运用的金融工具

信托融资。信托融资的具体分类，见前文详细介绍。

3. 产品发行市场

通过私募方式，向合规投资者发行。

4. Z央企信托的角色和功能

信托公司作为金融机构，独立判断项目风险，设置风控措施，为融资人提供资金。

5. 监管机构

银保监会及其派出机构。

6. 适用的主要法律法规或规定

"一法三规"+"资管新规"。

7. 业务模式的目标客户及特点

此类业务模式的主要目标客户是高层级的优质国企（重点是省会城市及以上的城投公司），通过施工利润补贴融资成本，使产融双方更具市场竞争优势，联合锁定优质项目。这种业务模式的特点是"以产带融、以融促产"。第一阶段，充分发挥产业单位全国布点的经营优势，由产业单位向信托公司推荐优质客户，即"以产带融"；第二阶段，通过金融信托的参与，协助成员单位锁定施工项目，实现三方共赢，即"以融促产"。

8. 需央企母公司协调的方面

该业务模式在不引入外部金融风险的前提下，积极支持主业发展，需得到央企母公司的大力支持与宣传推广。

六、可防范风险的业务模式 5#：基础设施公募 REITs

此业务模式由 Z 央企信托作为发行顾问，适用于项目现金流充裕、收益较高的使用者付费项目，也适用于位于京津冀、长江经济带、雄安新区、粤港澳大湾区、海南、长江三角洲等区域的仓储物流、收费公路、污水治理、市政工程、信息网络基础设施资产。然而该类业务目前处于试点阶段，符合业务标准的优质资产较少。

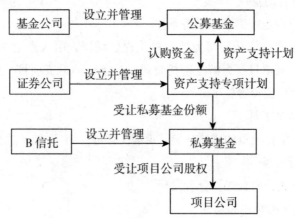

图 5.5 基础设施公募 REITs 交易结构

1. 产业单位的金融需求和必备条件

产业单位与信托公司分别独立判断项目，需同时满足双方的风控及投资条件，且经过双方谈判，达成联合投资的相关协议。

2. 运用的金融工具

信托融资。

3. 产品发行市场

通过公募方式，向合规投资者发行。

4. Z 央企信托的角色和功能

Z 央企信托作为发行顾问，帮助推进项目实施。

5. 监管机构

银保监会及其派出机构。

6. 适用的主要法律法规或规定

"一法三规" + "资管新规"。

7. 基础设施公募 REITs 的作用和效果

信托公司实现真正出表，降低表内资产负债率；实现项目全生命周期融资，可解决项目长期限资金融资难问题。

8. 需央企母公司协调的方面

在业务实施过程中，请央企母公司大力支持、强化顶层设计以及指挥协调。

七、可防范风险的业务模式 6#：投资带动施工总承包

投资带动施工总承包是指"Z 央企信托对外融资+推荐系统内产业单位施工投标+系统内产业单位协助管理"。Z 央企信托在为外部企业提供融资时，在不要求内部单位提供担保增信的前提下，积极引进内部单位参与施工。在 Z 央企产业单位运作项目时，也可以引入 Z 央企信托参与项目投融资。通过公司的大力宣传及严格要求，各业务部门及项目经理在融资项目前期谈判时，将引入系统内产业单位负责施工作为项目条件与对方进行协商。由 Z 央企产业单位购买一定的信托份额或向信托公司支付咨询服务费。这类业务最能体现我们对主业发展的服务支持。

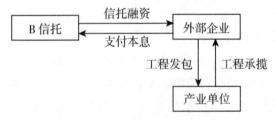

图 5.6 带动施工总承包模式交易结构

目前以此种模式落地的项目有遵义延安办片区棚户区改造项目，该项目由 Z 央企信托向遵义红花岗区城投融资 6 亿元，信托公司引入 Z 央企 B 局和 Z 央企国际进行施工，Z 央企 B 局购买 1.5 亿元信托产品缓释信托公司风险，Z 央企 B 局和 Z 央企国际均需向 Z 央企信托支付咨询服务费。该项目仅在系统内部销售

且有 Z 央企产业单位出资购买信托产品缓释风险，大幅度提升了资金回报并降低了项目风险，也为 Z 央企产业单位带来了 35 亿元的合同收入，实现了双赢。

1. 产业单位的金融需求和必备条件

金融需求：信托公司为外部单位提供融资，引入产业单位负责施工；必备条件：该项目需为满足信托公司风控条件的融资项目，且融资方认可引入 Z 央企产业单位负责施工。

2. 运用的金融工具

信托融资。

3. 产品发行市场

通过私募方式，向合规投资者发行。

4. Z 央企信托的角色和功能

信托公司作为金融机构，独立判断项目风险，设置风控措施，为融资人提供资金。

5. 监管机构

银保监会及其派出机构。

6. 适用的主要法律法规或规定

"一法三规" + "资管新规"。

7. 业务模式的作用和效果

在不引入外部金融风险的前提下，积极支持主业发展。

8. 需央企母公司协调的方面

在业务实施过程中，请央企母公司大力支持、强化顶层设计以及指挥协调。

八、可防范风险的业务模式 7#："F+EPC"模式

信托全资成立的项目公司与平台公司签署 "F+EPC 协议"，由 Z 央企产业单位负责施工，平台公司按约回购。本业务中，信托与 Z 央企产业单位联合成立公司参与招投标，中标后由信托持股的项目公司与政府平台公司签署 "F+EPC 协议"，并由该项目公司与产业单位签署施工合同。项目公司按施工产值总额下浮一定比例（"投资回报+工程下浮比例" 为信托资金成本）后，按 60% 左右付款比例向产业单位支付工程款，剩余款项待平台公司回购时按回购进度支付给产业单位。

交易结构如图 5.7 所示。

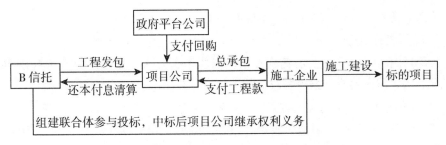

图 5.7 "F+EPC"模式交易结构图

该模式下，产业单位需要投入 40% 的建设资金，共同承担一定比例的商业风险，信托实质上承担了投资公司的角色。因此，信托公司最好拥有一定数量的工程类专业人才。

此类模式可优先选取优质区域的过往工程款支付记录优良的平台企业合作，Z 央企 B 局的优势区域为长三角地区，可作为试点合作区域，可率先在 AAA 或 AA+平台范围内合作，如能实现平台对信托融资的担保为最佳。

该模式的交易结构以及风控要点需公司进一步研究完善。据悉，其他央企类信托公司正大力推广这种模式。

九、可防范风险的业务模式 8#：为系统内员工提供优质理财服务

系统内员工购买理财产品。Z 央企系统的内部员工有着较大的理财需求，这也是公司的优势禀赋资源，公司应继续加大内部理财市场的培育与拓展。公司目前已与 Z 央企系统内 38 家二级单位建立联系，并在 24 个单位建立了 41 名兼职客户经理团队和 5 个理财工作室，让系统内的员工可以通过专人就近购买信托产品。下一步，公司将扩大理财工作室，为系统内员工提供更多专业服务，同时，壮大兼职客户经理队伍，力争二级单位全覆盖并下沉至三级单位。

借助系统金融机构，如 Z 央企信托的平台，可以充分发挥信托的功能优势，积极利用信托产品为系统内员工提供优质、贴心、安全的理财服务。

1. 覆盖面

Z 央企信托目前已与系统内 38 家二级单位建立联系，并在 24 个单位建立了 41 名兼职客户经理团队和 5 个理财工作室，让系统内的员工可通过专人就近购买信托产品。

2. 目前产品收益水平

信托公司的产品收益水平根据资金市场不同的供需状况，会有一定幅度的价格波动。目前主要发行期限为 12 个月与 24 个月的信托产品。12 个月产品收

益率为 7.2%~7.8%；24 个月产品收益率为 7.6%~8.2%。

3. 历史兑付率

2012 年至今，Z 央企信托服务系统内职工上万人，累计内部销售规模 363 亿元，为系统内客户创造投资收益数十亿元，并保持 100% 的产品兑付率。

4. 采用方便员工购买的方式

Z 央企信托公司主要通过官网、微信公众号、APP 扩大销售宣传。为便于系统内职工认购产品，设有理财工作室的单位会在办公区定点宣传和提供产品服务咨询。兼职客户经理则通常以系统内单位广讯通广播和微信交流群发布产品信息，登记员工购买信息、组织员工收款认购产品、整理客户资料和寄送信托合同。

第八节 产融结合业务风险防范机制的建立原则

据前文分析可知，各类信托公司近年来都加快了转型步伐。具有央企母公司背景的信托公司在产融结合业务转型方面具有天然的优势，一直高度重视产融结合业务的开展。通过本章的实地调研、系统研究和总结分析，可以从以下几方面考虑信托公司在新时代背景下开展产融结合业务过程中建立行之有效的风险防范机制。

一、加大监督考核力度

监督与考核是信托公司发展业务的关键指挥棒。为充分调动各业务部门的积极性，建议自母公司到信托公司都加大对产融结合业务的监督考核力度。从信托公司的角度看，具体措施可以是对业务部门直接下达产融结合业务的预算指标，鼓励业务部门在预算范围内积极对接集团内兄弟产业单位开展产融结合业务；在信托公司内部项目评审会上，对产融结合类业务优先给予评审并及时发行符合要求的产融结合类信托产品；出台并加大产融结合业务的考核系数，用于激励员工积极开展业务；对于投资类、创新类的产融结合业务研究出台专门的考核支持办法等。

通过对创新业务各个环节进行指标体系的量化，构建有效的考核模式，以明确考核条例，规范信托公司业务流程，避免其盲目创新导致出现更多暴雷因素，也避免二级金融机构盲从于母公司的产融结合安排，由此规避集团内部本身具有较高风险的产业项目以较低成本拿到融资等有损于外部金融资产投资者利益的情形发生。

二、在产业端加强风控措施体系建设

作为不少兄弟单位大力发展和鼓励的业务之一，建议产业单位在风险控制上给予该类业务更多的关注与支持。

第一，强化研究，出台产融结合业务风控指引。由于集团内部的产融结合主要满足产业兄弟单位具体施工项目的融资需求，因此从项目内容角度出发，自然是产业单位更为了解，而金融机构处于较为被动的局面，这不利于金融机构有效防范产融结合业务的风险。因此在风险防范机制建立中，建议二级产业兄弟单位针对产融结合业务中的新型交易结构、担保措施、监管要求等进行专题研究，并出台专门的风控指引，明确项目拓展及评审标准，以此来指导金融机构业务部门的业务开展，并通过规范、统一的项目评审帮助信托公司管控项目风险。这样的做法不仅仅是对自身融资风险进行有效把控，还帮助了同为兄弟单位的二级金融机构开展创新业务，避免了两类二级单位风险聚集后给母公司造成一定的经营压力，不利于作为国企的母公司维持自身良好的社会声誉。

第二，实施预审机制，信托公司的风控人员应提前介入重大项目。建议金融机构的风控部门提前参与重大产融结合项目的尽职调查和交易结构、风控措施设计，主动对接产业兄弟单位，基于风控视角而非业务部门员工视角，更加有针对性地进行产融结合的产品设计，以科学的设计方案降低风险，促进产融结合业务稳健发展。风控人员的"提前入场"不仅体现了金融机构对此类业务的高度重视，还有效避免了业务部门员工一心考虑业绩忽略业务风险的情形。同时，也通过交流合作，避免产业兄弟单位由于不熟悉金融业务或金融机构不了解具体产业建设周期而盲目开展融资活动，酿成集团内部的风险。

第三，做好培训，共享同行业类似业务模式及成功经验。前期调研发现，我国现有央企集团或企业与二级金融机构开展产融结合业务较多且受到了政策的一定支持，产业单位的业务具有较高程度的雷同性。因此对央企母公司下属的二级信托公司而言，在与产业单位合作产融结合业务之前，最好能够广泛地在同行业类似业务中"取经"，定期与兄弟单位加强业务知识交流，加强对业务部门产融结合的知识培训，共享内部或外部风险低、营利能力高的业务模式及其做法和经验，帮助各业务部门更好地拓展产融结合业务。

三、在金融端做好资源嫁接工作

目前产融结合项目往往资金投放集中、规模大、期限长，这与信托传统业务与项目的风险管理存在较大差别,对信托资金募集能力提出了更高的要求。按照惯例与常识,资金成本是制约信托公司开展产融结合业务的主要因素,信托公司要想大力拓展产融结合业务,更好地服务主业,必须引入低成本的机构资金。

第一,加大与各类保险机构的对接力度。《关于保险资金投资集合资金信托有关事项的通知》(银保监办发〔2019〕144号)对保险资金投资集合资金信托计划进行了全面的规定,信托公司产融结合项目符合险资的投资方向,各部门需加快联系各保险机构,了解清楚险资的投资规则和偏好,打通低成本、大规模、长期限的保险资金渠道。

第二,适度加大银行代销力度。信托公司目前着重推行的"三合一"业务的重点目标客户往往具有良好的政府信用背书,这符合银行代销的准入门槛,需继续加强与各银行的联系,打通银行代销渠道。通过银行寻求更好更优质的客户资源,较快获得低成本、低风险的融资。

第三,建立与各大金融机构总对总的合作。二级信托公司开展产融结合业务得天独厚的优势在于可以借助央企母公司品牌和资源优势,且金融机构总部对央企母公司这一类的客户资源往往看得更重。在二级信托公司向上打通与其他金融机构总部合作渠道遇到较大障碍之际,信托公司的母公司应凭借自身优势及自身与金融机构多年合作经验,支持和帮助下属信托公司与各类金融机构建立总对总合作关系,增强其规模化低成本资金的筹集能力,实现各类金融机构"风险共担、利益共享"的格局。如此一来,二级信托公司可以更放心地在集团内开展产融结合业务,且也可以换取外部更具实力的金融机构对项目整体风险进行评估与把控。

第四,适当降低收益预期,做大业务规模。根据调研了解到的情况,发达地区或省会城市的优质项目,其融资成本较低,普遍在7%以内。针对目前信托公司推行的"三合一"业务,若公司的融资成本为10%,则需要产业单位补贴3%的融资成本,对产业单位的压力较大。为降低产业单位压力,信托公司需选择优质项目进行产融合作,而优质项目往往意味着融资成本较低、风险也相应降低。因此,建议信托公司一方面引进低成本资金进行对接;另一方面适当降低收益,并做大规模,以规模收益补利差收益,以此吸引产业单位合作,并通过规模的扩大寻求到更加优质的项目。

第五,引进房地产开发或基础产业的专业人才。根据目前的监管导向,鼓励金融机构开展权益类投资,结合产业单位资本金融资、"出表"的诉求,信托公司未来的产融结合业务将更多地以股权投资的方式参与。相较于传统的债权融资，股权投资对产品的交易结构、风险控制措施、后期运营管理等有着更高的要求，也进一步需要更为专业的人士提供风险评估判断。

金融公司可考虑引进具有房地产开发专业或基础产业专业背景的人员或团队。一是在项目前期参与尽职调查等工作，有利于从源头上把控风险；二是参与项目后期的运营管理，有利于及时发现项目运行过程中的风险并采取相应的化解措施；三是有别于过去"明股实债"的产业方式，也为了进一步符合监管最新要求，二级信托公司应开展房地产、基础产业类的真股权投资业务，做到真实控股，实现"收益共享，风险共担"，为公司房地产、基础产业业务打通新渠道。

四、通过交易结构的合理设计，厘清产融双方的责任

央企集团内部开展产融结合业务往往在同为二级单位的产业单位与金融机构之间开展。虽然互称为"兄弟单位"，但也不可避免地由于事前尽职调查不力或过程中合作遇到障碍等，合作双方不能明确自己的责任，甚至出现"一拍两散"的情形，不利于集团内部各二级单位的和谐稳定，且金融机构的社会声誉度会下滑。因此，一定要在项目实施前通过交易结构的设计、交易文本的安排来明晰，不要寄希望于风险出现后央企母公司的协调。建议如下：

第一，对于产业单位的投资项目，即使是股权代持的方式，信托公司也应争取让产业兄弟单位购买一定比例的信托份额（如20%），以此实现风险的共同承担，也有利于信托公司在对外销售产品的过程中能比竞争对手更具有竞争力。

第二，对于产业单位推荐的投资项目，原则上不进行合作，但如果产业单位有更高程度的参与，则应说服产业兄弟单位持有比一般产融结合项目的平均水平更高比例的信托份额来实现风险共担。

第三，"明股实债"的产融结合业务方式已逐渐退出了历史舞台，真实的股权投资使得产融结合双方，尤其是信托公司一方真真切切地参与了项目管理之中，这也是资产管理机构的未来必然选项，同时也是近年来各类监管文件所倡导的。股权投资对基于工商企业信托业务和房地产信托业务等传统融资类信托业务的二级信托公司而言并非易事，因此为了防止产融结合业务采取股权投资方式而产生的新的风险，信托公司应尽快培育自己的投资团队，努力提升股权投资能力。如此一来，不仅可以有效把控集团内部产融结合业务展业过程中的各类风险，还能使信托公司的股权类信托业务占比提升，符合新规和监管要求。

五、加强产融结合业务的内部宣传，避免信息不对称

调研发现，某些央企集团系统内的单位特别是三级单位对于集团下属的金融机构（如信托公司）还非常陌生，对于双方的业务合作还很茫然。这些产业兄弟单位即便的确存在低风险融资项目的需求，也会倾向于先与集团外金融机构开展合作。由此，信托公司就因为信息不对称失去了优质客户，而集团公司也丧失了更多可以牢牢把控金融和产业双重风险的产融结合机会。可见，加强相关业务的宣传与拓展，很有必要：

第一，作为二级金融机构，要明确责任部门，就产融结合业务的开展加强向央企母公司相关部门的沟通与汇报，树立系统内良好形象，扩大集团内部影响力，使得二级、三级产业兄弟单位有优质项目融资需求时能够想到自己。

第二，对金融机构的业务部门与产业单位对接的效果进行评估并考核，要求业务部门下沉至产业单位的三级单位，通过个人走访、集体拜访等多重方式，建立与兄弟产业单位之间的联系与友谊。

第三，二级金融机构中的信托公司往往具有较高素质的专业人才团队，且整体规模较商业银行类的二级单位偏小很多，故更方便通过开展产融结合论坛、产融结合讲座、产融结合大会等多种形式，加大信托公司产融结合业务在系统内外的宣传力度，积极主动打破信息壁垒，为集体创造更多价值，也有利于自身获取更优质的投融资项目和母公司的支持，从而在后续与外界开展合作的过程中更好地控制业务风险。

第九节 本章小结

在我国信托行业中，央企所属的二级信托公司通过开展与母公司之间符合规定的各类产融结合业务，一是可以帮助成员单位改善资产负债结构，提高资产证券化水平，降低融资成本，提升发展质量；二是更多地将资金资源、人才队伍和服务流程向央企母公司主业和实体产业倾斜，有利于通过母公司的直接垂直领导与监管来完善自身风险防范体系建设，最终通过"产融结合业务"，形成产业公司与金融公司的双赢局面。

本章分析指出，对央企而言，其下属金融机构为母公司提供包含融资在内的各类金融服务是符合我国当下宏观经济发展趋势的，也是符合政策导向的。在金融为实体经济服务的进程中，建筑类央企一枝独秀，在我国经济发展过程中扮演着十分重要的角色。这类央企的与众不同之处在于，其具有较多类型的金融二级单位，也承担了不少资本密集型的工程项目。因此，作为建筑类央企子公司的二级金融单位天然地具备与母公司开展深度合作的机遇和动力。这类央企往往拥有二级金融子公司，以子公司为信托公司为例，其与母公司之间开展产融结合类业务，在支持了实体经济发展的同时，也推出了符合新的监管要求的信托产品，不仅为信托公司的各类符合资管要求的信托产品投资者带来了更多元化的选择，而且有效降低了由信息不对称（因为是母子公司关系）和非理性行为造成的与两类委托人之间的风险。

本章首先整理了我国央企集团与下属二级金融机构开展合乎相关规定的产融结合业务的概念与国内外研究现状，明晰了我国央企与下属金融机构开展产融结合业务的背景，分析了央企产融结合相关特质，接着基于实地调研案例对产融结合创新业务进行风险分析。通过五个实地考察案例，本章指出了央企下属信托公司产融结合创新方向，以及分析了央企产融结合业务风险成因、产融结合参与主体开展业务面临的风险点、产融结合参与主体防范风险的思路与对策，以及提出了集团二级信托公司开展产融结合类创新业务的风险防范的具体思路与措施。本章最后基于上述案例经验、各方主体联动机制与行为模式探索，提出了产融结合业务风险防范机制的建立原则。一是加大监督考核力度；二是在产业端加强风控措施体系建设；三是在金融端做好资源嫁接工作；四是通过交易结构的合理设计，厘清产融双方的责任；五是加强产融结合业务的内部宣传拓展。

本章结合实地调研结果研究提出，产融结合通过协调"产"与"融"之间的关系，提高了资金的全局性配置效率①。产融结合通过深化金融单位和产业单位的合作机制，延长了信贷资金的支持期限，缓解了企业的融资约束。此外，本章对于产融结合模式潜在风险的梳理和思考，对于日后我国央企内部单位开展产融结合创新业务、规范业务流程、建立长效化风险防控机制等具有一定的理论指导意义与现实价值，对集团内部的二级信托公司后续做强做优产融结合业务、积极为央企母公司创造更大价值都具有较好的参考价值。

---

① 马红，侯贵生，王元月. 产融结合与我国企业投融资期限错配：基于上市公司经验数据的实证研究［J］. 南开管理评论，2018，21（3）：46-53.

第六章

信托公司风险识别与预警机制——以信托文化出现受托人定位偏差为例

前文提及，我国信托业随着改革开放于 1979 年恢复营业以来，在 40 年发展中不断探索，历经数次整顿而曲折前进，信托"一法两规"颁布后才逐渐步入正轨，最近十多年获得快速发展①。2007 年，信托资产规模仅为 7300 亿元，2017 年突破了 26 万亿元，十年间增长了 30 多倍，一跃而成我国金融体系第二大子行业，已成为居民财富管理和企业融资的重要渠道。2021 年是"十四五"规划的开局之年，规划明确了金融在国家经济社会建设中的定位，提出金融行业与实体经济、民生发展、科技创新均衡发展的功能要求②。信托业作为中国金融业的重要组成部分，在国内经济减速换挡、供给侧结构性改革步入深水区、"双循环"新发展格局的大背景下，面临新的发展机遇与历史使命，走到了转型分化的十字路口。

我国信托业的快速发展，为全社会各个行业的良性发展提供了巨大的金融支持力量，完善了我国资本市场结构，填补了传统银行信贷服务领域的不足，提升了金融服务实体经济效果，较好地满足了社会多元化投融资需求。但是，作为逐利性较强且高杠杆运行的金融行业之一，其在发展过程中不可避免地出现了一些偏离信托本源、规避行业监管的行业乱象，使行业积累了不少问题和风险隐患。

此外，信托业作为我国金融体系的一员，自身风险和暴雷事件也会传递给其他金融子市场。如 2023 年 8 月初，我国两家上市公司同时发布公司自有资金认购的信托产品出现兑付困难的公告，其中涉及同一家头部信托公司。其中一家上市公司在该公司信托产品的认购金额近 6000 万元，上市公司披露该信托产品的本金和投资收益尚未收回，因此存在本息不能全部兑付或仅部分能够兑付

---

① 王宇. 深化金融改革开放实现经济高质量发展 [J]. 金融纵横，2018（6）：3-6.
② 唐炜. 回归受托人定位开启信托业发展新篇章 [EB/OL]. 金融界网，2019-09-23.

的风险。一旦该信托产品暴雷，则会对上市公司 2023 年利润产生较大的影响。

为了规避风险、规范从业人员行为，信托业在转型期更强调信托文化的建设。值得注意的是，信托公司文化建设也并非一帆风顺，在寻找自身定位的过程中出现了一些特殊风险。信托公司作为非银行金融机构，经年形成的固有业务模式难以得到调整，在业务选择上仍以类信贷业务为主，大量为工商企业尤其是房地产等高杠杆企业提供融资服务，与银行业务存在高度重合，没有较好发挥信托本业的资产管理功能。经过 40 多年的发展，虽然信托业已成长为我国第二大金融子行业，但由于复杂的历史原因，我国在信托文化建设方面开展的工作较少，信托业功能定位模糊错位，信托服务供给能力与国家政策方针产生偏离，信托履行社会责任的愿景面临诸多制约。

信托公司在开展创新业务过程中方方面面都会体现自身文化建设水平。信托公司的文化风险说到底是一种"声誉风险"。在信托业务开展过程中，个别信托公司通过层层嵌套隐瞒资金真实投向，大量开展高风险的非标资金池业务。这么做虽然能使信托公司和高管获得短期的利益，却损害了委托人和受益人的利益。一些信托公司营销工作管理也存在不少问题，在少数信托公司早期发展中，财富直销业务人员甚至没有底薪，主要收入来源于销售佣金，但这些信托公司对于销售团队又缺乏合理的管理，对人员的考核指标简单粗暴，对人员的培训流于形式。在强烈的利益驱动下，一些理财人员尽管缺乏专业技能，但在市场上异常激进，通过非正当手段挖取客户资源、夸大信托收益、隐瞒项目风险、进行误导性销售、鼓动非合格投资者将资金打包购买信托产品等违规行为时有发生，至于对信托产品是否真的满足客户需求，风险是否得到充分揭示，营销人员往往不会顾忌太多。这些信托公司营销上的乱象反映出部分信托公司缺少忠实、谨慎、专业的核心文化。

本书认为，信托公司文化建设不到位而出现受托人定位偏差的后果是十分严重的。信任是双向的，当信托公司只逐利，将公司利润作为主要目标、忽视受益人权益时，其会失去对委托人信任的反馈，最终导致委托人不再基于信任选择受托人，严重动摇了委托人与受托人之间信义关系的基础。因此，本章指出，在推动行业加快转型高质量发展，积极防范信托业务各类风险并不断推出创新类信托产品的过程中，信托公司控制风险的关键是预防受托人定位偏差的风险。唯有推动信托公司回归受托人定位，培育和树立良好的信托文化，并注意在积极开展文化建设的过程中从根本上纠正自身定位偏差问题，积极转变发展方式，才能确保信托公司回归本源，从源头上避免风险的产生。

第一节 信托公司回归受托人定位的迫切性

监管部门已多次强调信托公司应开展文化建设的问题，并提出在文化建设过程中要注意纠正受托人定位偏差问题，避免文化建设中风险的产生。例如，在信托业转型期，银保监会原副主席黄洪指出，资金信托业务作为目前信托公司的主流业务，其从融资端发起，信托公司在开展该类业务时主要围绕融资人的需求创设信托产品，对融资人利益的关注多于对委托人和受益人利益的关注，违背了以受益人为核心的信托规律，展业逻辑存在错位。同时，信托公司在当前资金信托业务模式下获取的主要是利差收入，违背了信托公司以管理费为主要收入来源的准则，营利逻辑也存在错位。① 原副主席黄洪还进一步指出，当前受托人定位建设还存在意识不牢，未坚实树立受托人定位的思想自觉；守正不足，未高度重视受托目的的正当性要求；忠实不够，未完全做到对委托人的勤勉尽责；专业不强，未具备履职所需的主动管理能力②这四方面问题。这直接导致信义文化、使命文化、责任文化、合规文化和品质文化未得到充分重视和落实，因此信托业从业人员没有在具有良好的公司文化氛围的地方开展工作，故其没有从根本上形成风险防范的意识。

笔者认为，信托公司开展文化建设，回归受托人本源定位的迫切性主要体现在以下一些方面：

第一，信托公司回归受托人定位，培育和树立良好的信托文化，是国家防范和化解金融风险的根本要求。我国金融系统经过多年的发展已日益完善和健全，但各类金融子市场仍不时有风险事件出现，金融产品暴雷问题没有从根本上得以解决。信托行业十多年来虽然获得了快速发展，但同时也积累了一定风险。近年，信托公司风险事件时有发生，监管部门不断加强信托行业风险防控，守住不发生系统性风险底线，提出应从源头上控制信托公司创新业务的风险问题，以推动信托行业回归本源、转型发展。可见，无论在给予投资者权益保护角度，还是在符合监管对金融风险控制提出更高要求的角度，信托公司回归受托人定位都已时不我待。

---

① "建设良好受托人文化"系列述评．牢固树立受托人意识［EB/OL］．中国银行保险报网，2020-12-18．
② 樊融杰．黄洪：牢固树立受托人意识［EB/OL］．中国银行保险报网，2020-12-09．

第二，信托公司回归受托人定位，培育和树立良好的信托文化，是信托业服务实体经济，承担社会使命的根本要求。信托公司作为连接投资和融资、金融和实业的桥梁，将自身业务开展与实体经济发展绑定起来，依托信托制度优势，为实体经济提供针对性强、附加值高的金融服务。同时要响应国家各类经济类宏观调控政策，以供给侧结构性改革为主线，围绕国家重大发展战略落实、先进制造业发展、经济社会发展薄弱环节、扩大内需等方面拓展业务，服务实体经济高质量发展，助力构建以国内大循环为主体、国内国际双循环相互促进的新发展格局①。在对内转型升级，对外符合国家发展定位的双重要求下，信托业作为我国第二大资产管理规模的金融行业，担负了不小的使命，更迫切地需要彻底改变过去的思维定式，为金融服务小微、服务民营企业发展提供有效补充。这种发展模式和发展方向的根本转变，使得信托公司必须回归受托人定位，彻底认清自身定位，不再扮演"影子银行"的角色，并切实将委托人（金融资产的投资者）利益放在首要位置。

第三，信托公司回归受托人定位，培育和树立良好的信托文化，是信托业满足人民群众对美好生活向往的根本要求。近年来，人民群众对于财富保值、增长、传承以及慈善的需求逐渐增强，信托业一方面可以持续丰富信托产品体系，用切实的努力来提升服务水平，为人民群众提供更多的金融投资选择，为投资者创造收益，让经济发展的成果惠及更多人民；另一方面可以发扬传承文化，助力我国中产阶级和高净值人群的财富有效地传承下去，支持国家长治久安，同时还可推动慈善信托业务发展，发挥慈善信托制度在社会财富分配、慈善救济、促进社会稳定方面的作用。

此外，随着信托服务领域逐步拓宽，家族信托、保险金信托、企业年金信托、消费信托等本源业务稳步推进，信托业在财富传承、福利保障、消费升级、社会慈善等方面都大有可为②。这些业务都存在不同程度的创新，是信托公司积极开展创新活动的典型业务，因此过程中会出现很多新的风险点。对这些新风险的防范不能再依靠过去传统的模式，而是要求信托业真正回归受托人定位，不当信用中介，不做"影子银行"，而是在过去良好发展的基础上通过信托的灵活机制，运用多样化、综合化的服务方式，打造新时代背景下自身的核心竞争力。

---

① 刘雁. 信托业进入转型关键期［EB/OL］. 中国银行保险报网，2023-05-23.
② 张末冬. 回归受托人定位 打好防范化解信托业风险攻坚战［EB/OL］. 金融时报-中国金融新闻网，2020-12-22.

第四，信托公司回归受托人定位，培育和树立良好的信托文化，是信托业落实党中央促进共同富裕重大决策部署的要求。"共同富裕"的概念是新时代背景下提出的，是当前我国经济发展基本国策之一，旨在让改革开放的红利和硕果惠及全民。随着我国经济的快速发展，中等收入群体规模快速扩大，财富管理的需求大量释放，信托公司回归受托人定位，可以发挥信托制度财富管理的本源功能，通过不断提升自身财富管理能力，为更广大的中等收入群体提供稳定、专业的财富管理服务，避免"中产阶级陷阱"的出现，使得其财富得以巩固甚至传承。在此基础上，进一步扩大中等收入群体规模，助力我国加快形成有利于向"共同富裕"分配方式演化的社会分配结构。

此外，信托公司回归受托人定位，通过推进慈善信托的发展，发挥主动管理的优势，一方面为高收入群体量身定制慈善方案，成为高收入群体回馈社会的渠道，另一方面更加有针对性地帮扶低收入群体，助力解决贫困问题，缩小贫富差距。

第二节　受托人定位准确的重要意义

信托业正处于从根本上进行转型的历史阶段，本章通过研究其他国家受托人定位的发展变迁，结合我国实际情况，明晰信托公司的受托人定位，夯实信托公司的根基，同时为受托人定位建设建言献策，通过受托人定位建设促进信托公司向受托人定位回归，旨在从源头上规避新时代背景下信托公司开展创新活动造成的风险。

笔者认为，信托公司受托人定位准确的重要意义主要有：

第一，明确受托人定位，培育良好的信托文化，有利于提升信托行业从业者的思想认知水平，牢固树立受托人定位清晰的意识。自2018年开始，随着信托业进入风险防控攻坚期和转型发展关键期，监管层和全行业都意识到，信托公司唯有回归受托人定位，坚定纠偏，才能打破行业发展反复整顿的怪圈，步入回归信托本源的高质量发展轨道，从源头上控制各类创新活动中蕴藏的风险因素。

信托公司回归受托人定位已经提了多年，但由于对受托人定位的思考不深、理解不透，信托公司在实际执行中往往出现偏离受托人定位的问题。多年来，委托人对信托公司的信任建立在明示或暗示的刚性兑付上，也由于过去金融市场发展较好，市场"牛市"较多，故信托公司不仅能实现刚性兑付，还能给予委托人远高于资本市场平均收益率的投资回报率。故委托人对信托公司的要求不是信托公司的忠实品格和专业水准，对违背了信托业"受人之托、代人理财"制度定位的信托业务也是"视而不见"的态度，只要能够按期获得高额报酬，委托人甚至将信托业务从直接融资做成了间接融资，从表外业务做成了表内业务。例如，资金信托业务作为目前信托公司的主流业务，主要从融资端发起，信托公司在开展该类业务时主要围绕融资人的需求创设信托产品，对融资人利益的关注多于对委托人和受益人利益的关注，这实际上违背了以受益人为核心的信托规律，展业逻辑存在错位。同时，信托公司在当前资金信托业务模式下获取的主要是利差收入，违背了信托公司以管理费为主要收入来源的准则，营利逻辑也存在错位。究其原因，还是信托公司思想认识不到位，受托人定位不突出，没有形成浓厚的信托文化。信托公司究竟应该如何定位，信托文化应当如何培育，需进一步深入研究。

第二，明确受托人定位，培育良好的信托文化，有利于信托行业加快转型，回归信托本源。信托行业一直努力淡化固有投资机构的色彩，努力拓展信托业务，努力完善公司治理、内控机制、业务流程和激励约束机制，取得了初步成效，但全行业仍然存在受托人定位不成熟、受托人职责不清晰、受托人定位有偏离的问题。举例来说，某头部信托公司某产品出现兑付困难时，据投资者反映，"投资顾问不仅对延期兑付装作不知情，还解散了客户群，对投资者屏蔽了朋友圈""部分产品出现了不能按期兑付情况，信托公司的回复是情况很好，没问题，还让投资者继续购买新的产品"等。实际上，大部分投资者在购买信托产品时不知道对应的底层资产是什么，很多产品只是表明没有投资房地产，是投资于"未上市企业股权等权益类资产"，且这类投资占比不低于底层资产的80%，而投资者根本不知道这些所谓的"未上市企业"是哪些企业，是什么行业。相关内部人士曾表示，能不能兑付的关键问题在于对应的底层资产质量，如果能够有整体的化债方案，那么兑付问题不大，但是周期一般在3年以上。

不难看出，行业在转型的问题上主观上存在惰性，欠缺积极性、主动性，个别信托公司依然对通过简单的"影子银行"业务和通道类业务营利存在路径依赖和幻想，提供的信托产品不够高端，缺乏通过创新产品和服务促进信托财产稳步增值的内生动力。信托业回归本源的核心是回归受托人定位，坚持信托目的合法，确保管理行为合规，严格按照合同履行受托人职责，以受益人利益最大化为服务宗旨，不断提升能力为受益人创造价值。

第三，明确受托人定位，培育良好的信托文化，有利于提升行业竞争力。金融机构之间的竞争，也是文化之间的竞争，文化是综合实力的体现，也是金融机构成熟程度的体现。商业模式可以模仿，但文化是独一无二的。信托公司想要建成百年老店，首先要建设好信托文化，打好基础，逐步形成品牌效应，在市场上形成特色，在竞争中占有一席之地。信托文化是信托行业的行为准则和基本观念，具有独特的内涵，信托文化的法律基础是信托关系，核心是信托财产的独立性和受托人的信义义务。与其他金融行业文化相比，信托的功能是"受人之托，忠人之事"，这决定了信托不仅可以作为资产管理的基础，而且可以通过慈善信托、养老信托、特殊需求信托等解决社会问题。大象无形、大音希声，文化对行业的影响是潜移默化的，不是立竿见影的，不能即刻带来效益，但文化对行业的影响最为根本和长久，能够从根本上改变一个行业的面貌，为行业发展带来生机和活力。通过明确受托人定位，培育良好信托文化，凝神聚气，把属于信托的东西拿回来，把不属于信托的东西丢出去，强基固本，把信托行业的根基扎深、扎牢，使信托业在金融行业竞争中立于不败之地。

第四，明确受托人定位，培育良好的信托文化，有利于信托文化建设，培育信托队伍专业人才。文化是一个国家、一个民族的灵魂。文化兴国运兴，文化强民族强。对于一个行业也是同样，文化兴则行业兴，建设良好信托文化，一方面可以提高信托从业人员的底线意识，促进其坚守职业操守，减少从业人员的道德风险；另一方面能促使信托投资者树立"收益自享、风险自担"的投资理念，改变投资者普遍持有的短期偏好。信托行业想要健康稳定发展，需要一支专业的高素质队伍，在全行业形成"诚信、专业、勤勉、尽职"的良好价值理念。

第三节　其他国家受托人定位的发展变迁与经验借鉴

一、英国用益制度下的受托人定位

（一）信托业务广泛运用于遗产、慈善及社会公共服务领域

英国是信托制度的发源地，具有悠久的信托发展历史和完备的信托法律体系。信托制度最初主要运用于遗产和慈善领域。当时英国较多的基督教徒为了践行博爱利他、同情济世的教义，规避《没收法》的禁令，创设了"用益制（Use）"。16世纪以来，"用益（uses）"和"信托（trusts）"快速发展，在遗产和慈善领域的运用日益普遍，体现为信托产品主要是遗产信托和离岸信托。

根据英国税务局 HMRC 的统计，2016—2017 年，英国共有遗产信托 15.7 万件，信托财产产生的收入约 24 亿英镑。出于避税或保密需求，高净值客户选择离岸信托。同时，英国的慈善信托非常发达。据英国慈善委员会统计，2017 年，英国有慈善机构 16.8 万个，全年慈善性资产收益以及捐赠得到的收入 754 亿英镑，其中慈善信托是重要的组织形式。

20 世纪以来，英国对信托的使用逐渐从民事领域扩大到了商事领域。比较典型的代表之一是养老金信托。1908 年，《老年养老金法案》颁布，信托被应用到企业养老金的委托管理领域。在税收政策的倾斜下，养老金信托逐渐成为金融体系最重要的金融工具之一。再就是投资管理信托。单位信托是一种公募开放式集合信托投资计划，受托人主要由银行和保险公司担任，投资者为委托人和受益人。

英国信托制度还运用于为社会成员提供社会公共服务。英国有公共受托人制度，由官方机构担任受托人，为未成年人、老年人、精神病患者及其他特殊群体管理财产等。社会公众可以自愿申请公共受托人提供服务，比如，无力亲自管理财产、身边没有子女照顾的老人，可以将财产交给公共受托人管理。

（二）受托人类型以个人无偿受托为主

英国的信托从遗产和慈善领域发源而来，由个人充当受托人并以无偿为原则，是英国信托业的一大特色。英国人出于一些个人信仰的原因，比较注重个人间信赖关系的达成，因此在英国充当信托的受托人被视为一种莫大的社会荣誉。在历史发展上，个人受托人主要由社会地位较高的牧师、律师或值得他人信赖的人担任，并且不收取提供信托服务的任何报酬[①]。英国营业信托受托人主要集中在银行和保险公司，大多采用兼营的方式，专营的比例很小。

司法受托人和公共受托人是两类特殊受托人。在英国，信托的设立不以受托人承诺为前提。衡平法有句格言："衡平法院不会使信托因缺乏受托人而失效。"[②] 如果委托人设立信托时没有受托人，或者信托受托人死亡或因破产、被解散等职责终止后，未能以找信托文件指定新的受托人，就由法院指定一位司法受托人负责管理和处理信托事务，委托人的权益得以保障，信托关系也持续了下去，彼此间的信赖依旧存在。为了更好地维持这种信任关系和个人信用，英国专门制定了《1906 年司法受托人法》予以规范。公共受托人是一个官方法

[①] 杨大楷，刘伟. 国外信托业发展研究 [J]. 当代财经，2000（4）：43-45.

[②] 彭丽萍. 论我国信托设立的立法缺陷及建议 [J]. 中共成都市委党校学报，2006（2）：49-50.

人机构，为难以找到受托人的信托担任受托人。信托设立后因各种原因找不到受托人的，可以申请公共受托人。共同受托人可以担任司法受托人，但不得担任慈善信托受托人，也不得担任营业信托受托人。

（三）受托人义务通过判例和立法得以明确

英国通过判例确立了受托人的谨慎义务（duty of care），也称为注意义务，要求受托人管理信托事务必须采取合理的谨慎原则。这种方式将受托人的职责与职业道德放在了更高的层面加以监督和审视①。如果不遵循谨慎原则，则此类受托人很可能不仅面临声誉风险问题，还会触犯相关法律的约定。在司法实践中，法院根据具体情况，对不同受托人可采用不同的谨慎标准。如果受托人由普通公众担任，受托人就应像一个谨慎的普通商人处理自身事务一样处理信托事务。如果受托人由专门经营信托业务的专业机构担任，或者由律师、会计师等专业人员担任，法律就对其提出更高的要求，他们的谨慎标准应当是其所处行业从业人员的职业技能和谨慎标准。信托事务涉及投资的，受托人应当遵循更高的谨慎标准。随着信托应用领域不断扩大，其重要性越来越显著，除司法判例以外，越来越多的法规旨在保护受益人或规范信托关系，包括1925年《受托人法案》、1961年《受托人投资法案》、1987年《信托认定法案》、2000年《金融服务和市场法案》、2000年《受托人法案》、1995年《养老金法案》、2004年《养老金法案》和2011年《慈善法案》等。

二、美国现代信托制度中的受托人定位

（一）以商事信托为主并广泛服务于居民财富管理需求

美国的信托源于英国，但又不囿于英国的观念。美国一方面继承公民个人间以信任为基础、以无偿为原则的非营业信托，十分强调公民之间的相互信任问题；另一方面又创造性地将信托作为一种新型金融来发展，以高效率的公司组织形式推广信托事业，并通过不间断的金融创新使得信托公司的营利点逐步提高。随着战后重建和经济发展导致社会融资需求急剧增加，以盈利为目的的信托公司应运而生，在筹资、融资参与经济建设方面不负众望，赢得了民众的信赖，从而稳定了经营模式。美国也完成了个人受托向法人受托的过渡和民事信托向金融信托的转移。

美国信托业受托人主要由商业银行（commercial bank）信托部、储蓄机构

---

① 张敏．美国谨慎投资者规则与现代投资组合理论：以受托人的谨慎义务为视角［J］．新金融，2007（6）：50-54.

（saving institutions）以及不经营储蓄业务的信托公司（non‐deposit trust companies）组成。其中，商业银行的信托部在数量、信托资产规模和信托业务收入中均占垄断地位。*FDIC Trust Report* 统计，2005 年，美国共有信托机构 8900 多家，其中银行下属信托公司数量占 85%，信托资产规模占 90%，信托收入占 87%。不经营储蓄业务的信托公司也可以为客户提供投资管理和财富传承安排等服务。其数量虽不到 1%，但其管理的信托资产规模达 9%。有了官方认可的营利许可，美国信托公司的发展进入高速期，信托从业人员的专业化水平与职业能力也得到了全面的锻炼和提升。

（二）受托人权利和利益冲突防范规定较为全面

为规避遗产和赠予相关的税收，美国相当一部分信托是不可撤销信托，受托人被赋予极大的管理权与弹性，因此基于委托人的信任，这些信托公司对信托事务的处理享有较大的自主管理权利。对此，美国对受托人的权利范围和内容做出明确界定，防止受托人滥用权利。

具体来看，在美国，受托人行使权利应当遵守以下原则。一是明示权利。委托人以信托条款明确授予受托人的权利，受托人当然享有。二是默示权利。只要信托条款未禁止该行为，则推定受托人有此项权利。三是法定权利。美国《信托法重述》总结以往的判例，认为在信托条款未写明"禁止"时，受托人享有以下法定权利：费用支出权；出租权；出卖权；和解、仲裁与弃权事宜；股份信托财产表决权的行使。四是法院及主管机构赋予的权利。受托人就信托财产管理可随时寻求法院（私益信托）或主管机构（公益信托）的指示，并依此指示行使明示或法定之外的权利①。五是自由裁量权。如委托人不仅将信托财产的管理权赋予受托人，而且将信托利益的分配权也一并交给受托人，则受托人可以自由行使其决定权。法院对于受托人的决定并不加以干预。

英美法下对受托人利益冲突防范的规定较为全面。英美法下，信托是一种信赖管理（trust management），据此，受托人应忠实地为受益人利益处理信托事务，不得将自身置于与受益人利益相冲突的地位。英美法著名的"利益冲突防范"原则主要有三个层面，其中之一是禁止受托人利用其地位从信托中获益。如受托人运用其地位使自己获得有报酬的职位，则其所得的薪水或收益也应归入信托财产，因为为自己谋利的思想势必会影响其全心全意为委托人服务的认

---

① 邱细钟. 公益信托制度研究［D］. 北京：中国政法大学，2003.

知，必须严加规范①。

三、日本信托制度中的受托人定位

（一）信托在日本战后经济重建中发挥了重要作用

作为与中国历史渊源相互连接较英美国家而言更为紧密的国家，日本成为发达国家之一的关键在于其以极快的速度学习和复制了欧美国家的先进经济制度。其中的信托制度是日本于 20 世纪初引入的，其迅速在日本竞争激烈的金融市场中占领了一席之地。1902 年日本兴业银行成立后，首次开办了信托业务，主要是为配合公司筹资，类似于前文提及的"产融结合业务"，金融机构自身的独立性十分有限。1904 年成立的东京信托公司是日本第一家专业信托公司，此后这类信托公司发展迅猛，1922 年同时颁布了《信托法》和《信托业法》，并对信托业进行整顿，信托公司不得兼营银行业务，实行信托专业化。到 20 世纪 90 年代初，日本的信托机构只有 8 家，其中有 7 家信托银行和 1 家银行设立的信托部。

尽管日本的信托机构数量不多，但信托业务十分发达。与英美不同，日本的信托公司几乎都属于商事信托公司，业务范围涉及社会经济生活的各方面，有"金融百货商店"之称，信托业尽最大努力攻占了各类市场，其在战后经济重建中发挥了重要作用。

日本的信托业务按信托财产的性质归类，分为金钱信托、非金钱信托、金钱和非金钱相兼的信托及其他信托四大类，其中金钱信托占主要地位，信托资金的运用主要是贷款和有价证券投资。在非金钱信托中，土地信托是重要业务。在战后初期，以个人为受托人的民事信托在日本极为罕见，主要原因是日本政府和日本信托业发展信托业务主要是为了配合国家的经济发展需要。因此对适于民事领域的信托品种的开创较为缺乏。

（二）受托人监管随着信托运用领域拓展而加强

信托的弹性空间和高度灵活性，使其在实务上的运用领域极其宽泛，信托品种繁多，几乎覆盖了社会生活的方方面面。在民事领域，信托制度被运用于家庭成员间的他益信托，如隔代信托、自由裁量与保护信托、财富管理信托，实现家族财富代代相传，为家庭成员利益提供特殊保护。在商事领域，单位信托为广大中小投资者参与资本市场投资、分享资本市场收益提供了专业渠道；

---

① 唐建辉. 信托受托人忠实义务之禁止自我交易规则初探 [J]. 南京大学法律评论，2006（1）：69-76.

公司债信托帮助股份公司顺利地发行附担保公司债并实现融资目的；表决权信托有助于稳定公司管理、协助公司重整、防止恶意并购、加强少数股东利益保护；养老金信托和其他雇员受益信托（如员工持股信托）有助于提升员工工作主动性以及社会安全和社会稳定性。信托制度在促进社会公益慈善事业发展方面（公益信托）和弱势人群保护（特殊需要信托）方面也扮演着极其重要的角色。甚至在政治系统中，信托设计也发挥着积极作用。如美国的"盲目信托"用于一定职务以上的政府官员的职务监控，防止政府决策阶层的私人事务与政府职务产生利益冲突以致影响决策的公正性和客观性。随着信托运用领域的不断扩大，信托对社会发展的重要性也越来越显著，旨在规范受托人行为和保护受益人利益的相关法律不断完善，对受托人的监管也在持续跟进。

第四节 我国当代对受托人定位的发展和丰富

一、我国受托人定位的历史变迁

我国信托机构的受托人定位均来源于法律法规等规范性文件的规定，具有大陆法系典型的成文法特征。1986 年的《金融信托投资机构管理暂行规定》正式开启信托法制化进程，但在这之前及之后的很长时间里，信托都和投资牢牢绑在一起，这从当时相关规定及信托机构名称上可见一斑，信托投资机构主要是为了配合经济改革、通过信贷投放促进基本建设而存在，业务范围广泛，具有显著的全能型金融特征①，此时的信托极具银行特色，全无受托人概念。信托机构在信托法律关系中真正作为受托人大致经历了三个发展阶段，第一个阶段（2001 年至 2007 年）是"旧两规"② 颁布之后的时期，第二个阶段（2007 年至 2018 年）是"新两规"③ 颁布之后的信托业高速发展时期，第三个阶段（2018年至今）是"资管新规"发布以来信托业回归本源和积极转型时期。

第一个阶段始于人民银行颁布的《信托投资公司管理办法》，该办法先于

---

① 陈赤. 半是寂寥半澎湃：亲历信托业的低谷与高光时刻［J］. 中国金融，2019（14）：19-21.

② 分别为 2001 年的《信托投资公司管理办法》和 2002 年的《信托投资公司资金信托管理暂行办法》。

③ 分别为 2007 年的《信托公司管理办法》和 2008 年的《信托公司集合资金信托计划管理办法》。

《信托法》出台，第一次较为完整地塑造了信托法律关系，赋予信托机构受托人身份，同时详细规定了受托人行为准则，《信托法》又进一步对信托法律关系进行了补充完善，虽然《信托法》沿用《信托投资公司管理办法》相关内容，但由于是人大常委会审议通过的法律文件，法律位阶更高，效力更强，至此信托机构受托人法律地位得以以法律形式正式确立。后来出台的《信托投资公司资金信托管理暂行办法》则对信托机构最主要的资金信托业务进行了规范。这一阶段是受托人法律地位确立阶段，而在营业信托中，信托机构作为受托人明显在信托法律关系中处于关键地位，受托人准入标准及业务开展规则的确定为信托机构依法合规展业打下了坚实的制度基础，该阶段确立了信托机构"服务于受益人最大利益"的受托人定位，该定位成为中国信托业始终遵循和追求的价值目标。

第二个阶段伴随着信托行业第六次整顿及信托监管机构由人民银行调整为银监会，在银监会"新两规"颁布后受托人迎来新发展阶段。虽然从内容上看，在对受托人规范上《信托公司管理办法》并未对《信托投资公司管理办法》做出实质性改动，《信托公司集合资金信托计划管理办法》对信托机构最主要的资金信托业务开展仅进行了微调，但伴随着国家经济社会高速发展，信托机构作为受托人管理的资产规模大幅攀升，在 2017 年达到巅峰，突破了 26 万亿元，资金信托占比超过了 83%，事务管理类占比将近 60%①。由于资金信托中委托人与受益人为同一人，信托公司尽管在身份上是受托人，但与其他资产管理机构在职能上并没有本质区别，反而能够真正体现信托社会功能，将信托财产所有权②与收益权相分离的"他益"信托（家族信托、慈善信托等）并未如资金信托一般发展壮大。

第三个阶段中信托机构受托人定位的总基调是"回归"，2018 年颁布的《关于规范金融机构资产管理业务的指导意见》将监管重点指向通道、多层嵌套等业务，监管按照该规定要求金融机构持续压降通道、融资等业务规模，在各类资产管理机构中，信托机构受到的影响最为明显，管理的资产规模连年缩减，到 2020 年年末已经降到了 20.49 万亿元③，行业整体步入转型轨道，针对信托

---

① 数据来源：中国信托业协会。
② 根据中国政法大学赵廉慧教授观点，信托财产所有权这个表述并不严谨，其实信托财产种类很多，委托人转移的并不仅局限于资金等物体的所有权，也有可能是股权、债权等财产性权利，笔者相关表述仅为表述方便使用。
③ 数据来源：中国信托业协会。

行业存在的受托人定位不成熟、受托人职责不清晰、受托人定位有偏离等问题①，银保监会原副主席黄洪在2019年信托业年会上讲话要求行业用五年时间开展信托文化建设，并在2020年信托业年会上系统阐述了受托人定位的内涵及外延并明确了行业应该确立什么样的受托人定位。至此信托业的发展主题转向回归受托人定位、回归本源发展。

除了"回归"这个主题外，受托人定位在此阶段又有新的发展，具体表现为将"服务受益人最大利益"提升为"满足人民群众日益增长的财富管理需求"，增加了"服务实体经济、履行社会责任、坚守底线、提升受托能力"等内容，进一步丰富了受托人定位的内涵和外延，受托人定位呈现出立体、多维的特点，以求达到重塑行业社会形象、推动行业加快转型并实现高质量发展目的。此时的受托人定位具备两方面内容，一是在资金端仍然服务于受益人合法利益最大化，二是在信托财产投向上则强调服务实体经济及履行社会责任。二十年的时间，受托人定位从第一阶段的一个内涵变成了现阶段的两个内涵，受托人定位在新时期也有了新的发展方向。

二、法律层面的信托公司受托人定位讨论

（一）《信托法》的相关规定

法律对受托人的定位，主要体现在对受托人权利、义务及责任的规范上。对于受托人的权利，《信托法》只规定了受托人有权收取信托报酬及特定情形下的优先受偿权。鉴于受托人在信托法律关系中的重要地位，立法机关主要从义务及责任上对受托人进行了规制。受托人的义务主要包括忠实义务及谨慎义务（或称注意义务）两大方面，忠实义务一方面体现为受托人要为受益人的最大利益处理信托事务，并且受托人要自己处理信托事务、定期进行信息披露、出具清算报告、进行信托利益分配等积极义务；另一方面体现为禁止将受托人义务转委托，禁止受托人利用信托财产为自己谋利，禁止将属于受托人所有的财产（以下简称"固有财产"）与信托财产进行交易，禁止受托人将不同委托人的信托财产相互交易、债权债务进行抵消，禁止信托财产与固有财产混同和抵消，承担保密义务等消极义务。可以看出，这些规定都最大限度地保障了受益人的利益，同时进一步规范了受托人的代管行为，维系了信托关系的稳定性和双方的信任基础。

---

① 银保监会：信托业要杜绝与监管博弈的心态［EB/OL］. 中国经济网，2020-12-08.

法律上所提出的"谨慎义务"主要体现为受托人将信托财产与固有财产区别开，妥善保管处理信托事务形成的不同属性的财产方面。《信托法》对于受托人的谨慎义务并没有太多规定，但要"实现受益人合法利益最大化"，就要求受托人具备足够的专业能力，在展业过程中更为谨慎地审视每一环节，只有这样才能保障他们管理好、运用好信托财产，否则受益人的最大利益将无从实现。

"受托人责任"的提出则更多是为了规范受托人行为，是一类约束性条款，其中规定了受托人违反忠实义务和谨慎义务时所应承担的责任，主要包括损失赔偿责任、不当得利返还等责任。纵览受托人两大义务①，忠实义务规定了受托人应该做什么和不应该做什么，谨慎义务则规定了受托人具备什么样的能力才能履行好忠实义务。前者是客观要求，是主要义务，后者是主观要求，是手段、附随义务，二者共同服务于"受益人最大利益"这个根本。从立法角度看，对于受托人的定位就是服务于受益人最大利益，要以受益人合法利益最大化为目标。

此外，《信托公司管理办法》《信托公司集合资金信托计划管理办法》等法律法规及作为行业自律组织的中国信托业协会颁布的《信托公司受托责任尽职指引》《信托公司信托文化建设指引》（以下简称《指引》）等自律规则均继承了《信托法》关于受托人定位的表述，《信托法》关于受托人定位的立法精神得以延续并得到了进一步发展。

（二）信托与委托的法律定位不同②

不了解信托行业的社会成员容易将信托与委托混为一谈。信托与委托（代理）是一种什么样的关系，从《信托法》定义看，信托法律架构也出现了"委托人""受托人""委托"等字样，信托与委托似乎存在相似之处，二者之间的区别和联系是什么，值得探究。从本源上看，二者都是基于信任而产生，法律主体都包括委托人和受托人，不同之处在于从法律关系上看，"信托"的参与主体多了一个受益人，那么是否可以认为信托是一种特殊的委托？这种理解也曾一度引发了学术界的诸多讨论，看似并无不妥，但作为不同的法律架构，信托

---

① 目前学术界对于受托人义务的分类稍显复杂，受托人两大义务足以统领各具体义务，学术界关于受托人义务代表性分类详见《信托制度：法理与实务》《信托法解释论》。

② 《信托法》将信托定义为委托人基于对受托人的信任，将其财产权委托给受托人，由受托人按委托人的意愿以自己的名义，为受益人的利益或者特定目的，进行管理或者处分的行为。《中华人民共和国民法典》（以下简称《民法典》）并未直接对委托进行界定，根据委托合同定义，可以将委托认定为委托人和受托人约定由受托人处理委托人事务的行为。

与委托仍然存在诸多不同。

首先，二者追求的法益既有相同，也有不同之处，信托是为了受益人的目的（也有可能是其他特定目的），委托则是为了委托人的目的，如果信托委托人与受益人是同一人（自益信托），则委托与信托追求的法益相同。如果信托委托人与受益人不是同一人（他益①信托），则委托与信托追求的法益不同。追求法益的不同，决定了救济主体的不同，在信托法律关系中，委托人、受益人②均对受托人违法及违反约定的行为有救济权，但委托关系中只有委托人有救济权。从信托实践来看，自益信托（资金信托）在营业信托中的占比处于绝对优势地位。即使自益信托与委托追求的法益相同，信托与委托也存在其他方面的不同。

其次，法律对象（法律关系的客体）不同，委托的客体是受托人针对受托事务所为的行为，信托的客体则是财产权③。从范围来看，委托的客体远大于信托，信托仅限于财产权，而委托的内容并无范围限制。从属性看，信托是一种财产管理制度，而委托并非专门的财产管理制度，委托（代理）是《民法典》总则规范的内容，可以适用于各种民事法律关系（例如，监护、委托、技术开发、咨询、服务、行纪、中介等民事法律关系）。信托则属于民事特别法，是一种独特的民事法律关系。

再次，法律关系的内容不同，信托法律关系中受托人权利义务与委托人、受益人权利义务具有明显的不对等性，受托人权利较少而义务、责任较多，且多为法定义务，这在营业信托中体现得尤为明显。在金融活动中，作为受托人

---

① 个人理解他益（将委托人与受益人分开）是信托制度赖以确立的根本。自益不需要借助信托也能实现，信托之外的其他资产管理机构从事的资产管理业务即是证明。

② 信托财产一旦移交受托人，权属即发生转移，委托人对信托财产丧失所有权，一旦信托利益受损，由受益人发起救济即可，委托人保留救济权并发起救济的法理基础似乎并不牢固，因为大陆法系并不承认双重所有权，一物一权是大陆法系物权法的基本原则。委托人与受益人权利竞合，模糊了委托人和受益人的界限，逻辑上不能自洽。

③ 《信托法》只在信托定义中使用了"财产权"一词，其他地方则称为"信托财产"（出现次数超过70次），二者之间缺乏对应关系，作为上位法的《中华人民共和国民法通则》（以下简称《民法通则》）有"财产权"这个说法（出自第五章第一节标题），在《民法通则》废止后，"财产权"这个词语并未在《民法典》中出现，而是被"财产权利"代替，为求准确，需修改"财产权"这一说法并明确其和"信托财产"的衔接关系。经向中国政法大学赵廉慧教授请教，《民法典》在第440、444条出现了"财产权"的表述，并认为《信托法》信托定义中的"财产权"是一种概括性的表述，当然背后的法理比较复杂，此处不再赘述，笔者个人还是认为立法语言应力求简洁准确，作为有从业经历的人员理解《信托法》的信托定义尚且有此困惑，普通投资者恐怕更容易出现困惑，出现困惑倒还不是大问题，最大的问题是对信托定义中的"财产权"这个术语从业人员很难给投资者讲清楚。

的信托公司需要遵守的规则更是远多于委托人、受益人，受托人与委托人、受益人之间的关系已非一般民法意义上的平等主体之间的关系，权利倒向了委托人、受益人一方，义务、责任倒向了受托人一方。而委托在民法上是一种平等民事主体之间的法律关系，受托人义务具有意定性，是一种契约义务，故委托并未出现信托这种权利义务"失衡"。

最后，两种情况产生的法律后果不同，委托（代理）中，受托人需在委托人委托权限内从事活动，核心在于必须以委托人的名义从事相关行为，受托人自由裁量权较小，因此委托的法律后果由委托人承担。而信托的委托人一旦将信托财产"委托给"①受托人，受托人则取得信托财产的管理、处分权（这是一种仅缺乏收益权能的"所有权"，也就是说受托人取得了所有权的三项权能），并能以自己的名义进行相应行为，因此自由裁量权相对较大（现代社会中的经营性质的信托公司可自主选择投资标的和投资活动即是证明），只是信托的法律后果归属于受益人。另外"委托给"受托人的信托财产具有独立性的特征，这一特性是委托关系所不具备的。

三、业务实践中的受托人定位

法律上将信托受托人定位为"服务于受益人最大利益"②，在信托机构的业务实践中，受托人定位是什么，是否遵循了法律上的定位，是否与法律定位有偏离，如果出现偏离，偏离的原因又是什么，这一连串的问题依然值得探索。这些问题也是信托展业过程中产生风险的关键因素，对于这些问题，可以从始终占据信托业务核心的资金信托业务着手，试图给出解答。

在资金信托业务中，信托公司的展业逻辑是先找到可供投资的资产，确定好交易要素（交易对手、交易价格、增信措施等）后，再向合格投资者（委托人）募集资金，而委托人投资信托的唯一目的就是获取资金利差。此类业务中委托人就是受益人（自益），除了资金增值，委托人不可能有其他目的。实际

---

① 《信托法》在信托定义中对财产权的移交使用了"委托给"这个词，而未采用草案中的"转移给"一词，容易让初步接触信托的人将其和委托混淆，造成理解上的困惑，而且"委托给"这个词本身也不准确，无法从该词中得出受托人取得信托财产所有权这个结论，只能从定义中的"管理或者处分"以及其他条款进行推演，故建议修改。

② 比较吊诡的是，作为上位法的《信托法》将受托人定位为"服务于受益人最大利益"，但早于《信托法》颁布的《信托投资公司管理办法》将信托业务目的界定为"收取报酬"，2007年的《信托公司管理办法》沿用了这个说法，在立法层面受托人定位已经出现了偏离，这对《信托法》受托人定位产生极为不利的影响，以收取报酬作为展业目的，将有极大可能侵占及损害受益人利益，急需修改。

上，从更严格的意义来看，此类业务不需要受益人①，该业务与其他资产管理机构（银行、证券、基金、期货、保险等）开展的资产管理业务之间没有本质差别。如果非要说有什么差别，那就是套用了信托这个法律架构，额外增加了一个并没有什么作用的受益人，更深层的原因则是金融分业经营，开展业务获得金融利润收益。

如果信托机构开展信托业务不是为了受益人利益，而是为了给自身牟利、遮蔽风险等，就一定会导致信托机构的发展偏离法律赋予的"受托人定位"这个轨道，情形严重的还会产生风险事件，降低社会公众对信托的正面评价，甚至产生不信任，进而影响整个行业的健康发展。纵观我国信托业发展历史，风险暴雷的情况已经在各类型、各规模的信托公司发生了。信托行业目前面临转型及持续的严监管态势，究其根本还是受托人的定位与法律上的严格定位之间出现了偏离，在某种程度上既没有维护好受益人合法权益（没有把受益人合法权益放在首位），也没有服务好实体经济。信托的制度优势（信托财产独立性、破产隔离）目前仅在家族信托、慈善信托等领域发挥了作用，但这类业务营利能力较为欠缺，因此服务信托业务并未成为信托业务主流。养老信托、绿色信托、服务信托等能发挥信托制度优势的业务领域由于缺乏足够的政策支持，目前在我国也尚未发展起来，偶尔有部分具有实力的信托公司推出类似业务，也因其创新性太强而在市场上遇冷。反而是资金信托业务这些年为信托行业贡献了最重要的收入来源，但其本质依旧是资产管理业务，不符合信托本源业务定位，仅仅是套用了信托这个法律架构，因此，此类"主营业务"势必与信托这个法律架构本身有冲突，信托业务风险的产生从严格的法律意义上看几乎是不可避免的。

第五节 受托人定位准确的文化概念及基本特征

当前，对受托人进行准确的定位成了我国信托业各公司进行信托文化建设的核心，而我国信托文化建设五年计划也正在如火如荼地开展，各家信托公司积极贯彻银保监会信托文化建设五年规划，深入理解协会《指引》，以做好信托

---

① 实际上 2020 年的《信托公司资金信托管理暂行办法（征求意见稿）》将"委托人和受益人统称为投资者"就已经凸显了这种尴尬，而更为致命的是，这种表述已经破坏了信托这种独特的法律架构。

文化建设的顶层设计为主要目标,积极开展信托文化建设工作,各公司不断取得信托文化建设成就,信托文化的良性发展也对全行业产生了十分正面且积极的影响。

中国银保监会原副主席黄洪在 2020 年中国信托业年会上指出,信托文化是一个总括性概念,信托法律关系所包含的各利益主体以及各环节流程,都具有各自的子文化。不过这些子文化都是围绕受托人定位这一最基础、最核心、最重要的文化展开建设的,抓住了关键子文化的建设,就抓住了信托文化建设的核心,能够带动其他子文化的建设,信托文化的整体建设也就水到渠成①。信托公司作为受托人,在信托法律关系中发挥着举足轻重的作用,受托人定位的建设说到底就是进一步准确明晰受托人定位,这对于指引信托公司高质量发展和提升我国整体信托文化建设质量与水平都至关重要。

一、受托人定位的定义与内涵

(一) 受托人定位的定义

"文化"一词,包罗万象,难以对其给出简要明确的定义。自英国人类学家爱德华·泰勒在《原始文化》(1871 年) 中首次把文化作为专门术语来使用后,各界学者又陆续提出两百多种有影响力的文化定义。我国著名学者余秋雨在征求多名海内外学者意见后,对文化进行了一个较为清晰简练的定义,"文化,是一种成为习惯的精神价值和生活方式。它的最终成果是集体人格"②。

受托人定位是信托文化的关键子文化之一,关于信托文化的定义,中国信托业协会发布的《指引》对其的表述相较于法律上的定义更为准确和易于理解。《指引》中的定义为:信托文化是指信托公司以信托关系为基础,以收益人合法利益最大化为目标,回归信托本源,服务实体经济,满足人民群众日益增长的财富管理需求,形成"诚信、专业、勤勉、尽职"的良好价值理念。各信托公司在具体开展信托文化建设中对《指引》的理解又衍生了适合自身实际情况的定义,如中铁信托出版的《信托文化建设概论》一书将信托文化定义扩充为:"信托文化是基于信托架构这一原点,用于评价、激励、约束和规范信托当事人及其利益相关方的行为与关系的价值观念、法律制度、监管规则、社会舆论与理论基础,其核心是围绕委托人特定信托目的,受托人忠诚守信、谨慎尽责履

---

① 牢固树立受托人意识 [EB/OL]. 中国银行保险报网,2020-12-18.

② 余秋雨. 中国文化课 [M]. 北京:中国青年出版社,2019:34-36.

行受托义务，实现受益人利益最大化的行为方式。"①

进一步聚焦到受托人定位来看，结合信托文化定义与内涵，笔者将受托人的准确定位定义为：基于委托人的信任，精神价值上拥有高尚品格，忠于委托人，坚持为受益人合法利益最大化的目标，行为方式上遵纪守法，勤勉尽责，具备实现委托人特定目的的专业能力，经过长期积淀，最终凝结为受托人的集体人格，表现为受托人行为规范上的共同默契，进而深入潜意识之中并成为一种本能。

（二）受托人定位的内涵

信托制度从英国的"用益"制度发展而来，在特有的平衡法支撑下不断发展壮大，以"正义、良心和公正"为原则形成了现代信托制度的雏形，在这段时期受托人主要扮演名义上的所有权人，以满足财产转移需求，没有实际上的管理权力与责任。随着信托制度在美国与金融行业的深度融合，受托人对信托财产的积极管理能力越发重要，也赋予了受托人更为广泛的自由裁量权，在现代信托观念中形成了以"信赖义务"标准为核心的受托人定位，为信托受托人划定了极高的道德和能力标准。现代信托制度由于在财产管理和处分上具有优势而被越来越多的国家和地区所认同，现代信托观念逐渐传入大陆法系国家，其中受影响较为显著的是日本，其参照美国信托制度，颁布了《信托法》和《信托业法》，极大地促进了商事信托的发展，也为信托制度在大陆法系国家发展打下了基础。②

虽然信托制度在20世纪才被引入中国并得到广泛应用，但信托文化，尤其是受托人定位，在我国优秀的传统文化中早有体现。古人云："受人之托，忠人之事"，基于委托人的信任，受托人对所托之事当竭尽全力、不负所托。我国历史上有著名的"白帝城托孤"，其中诸葛亮作为"受托人"的典范，基于刘备的信任，为蜀汉事业殚精竭虑，以"鞠躬尽瘁，死而后已"的实际行动为受托人精神坚守正道。结合当代我国信托行业的发展，受托人定位主要表现为两方面。在精神价值方面，主要表现为对委托人的忠实诚信，受托人基于委托人的高度信任，以善意、诚信、正直的价值导向管理信托财产。受托人对信托财产的一切处置行为，最终目标是受益人利益最大化并实现委托人的目的，而不能利用自身所处的"受信任"地位及信息优势，为自己或第三人谋取不当收益。在行为方式方面，主要表现为对信托财产的善管义务，以谨慎、勤勉、尽责的

---

① 陈赤，管百海．信托文化建设概论 [M]．北京：中国金融出版社，2021：44-45.
② 信托制度中受托人文化的前世与今生 [EB/OL]．雪球网，2021-06-02.

方式管理信托财产。委托人的信任通常蕴含着两种信任，除了对受托人高尚人格的信任外，还有对其管理能力的信任，这便要求受托人在管理过程中保持高度的"注意"，具备有效降低信托财产风险并提高理财收益的能力。

二、受托人定位的基本特征

加强受托人定位建设，有必要对受托人定位的基本特征进行一些思考，明晰受托人定位的基本特征，有利于推进受托人定位建设的深入开展。结合信托行业发展历程，我们认为受托人定位的基本特征主要体现在以下三方面：

（一）坚守正道，行稳致远

从最早的用益制度开始，信托便被用于规避当时封建法律对财产转移的限制以及对财产所加的各种税捐负担，在后续的社会经济发展中，凭借其精妙的法律构架和独特的风险隔离与权利义务重构功能，信托展现出了强大的灵活性和创造力。面对如此灵活创新的制度体系，将其有效控制在合适的应用空间内显得尤为重要。为此，现代信托明确要求其有效的前提是信托目的必须合法。美国《统一信托法》规定只有在信托目的具有合法性、不违背公共政策并有实现可能的范围内才能成立；我国《信托法》同样明确提出，若信托目的违反法律、行政法规或者损害公共利益，则信托无效。

受托人作为信托关系的关键组成部分，首先要做到遵纪守法，在委托人设立信托时，确保信托目的不违反法律规定、不损害公共利益、不违背社会公序良俗，满足信托法律关系成立的根本前提。在信托目的实现过程中，严格遵守各项规定，在坚守正道的基础上追求受益人合法利益最大化，保障信托关系能够持续稳健经营。同时，受托人应积极发挥信托制度在维持公序良俗、推动社会进步等方面的正向积极作用，深入探索信托制度在支持实体经济高质量发展、满足人民群众对美好生活向往的方法途径，主动承担起自身应该承担的社会使命，这是受托人定位的应有之意，更是每一个社会主体义不容辞的责任。

（二）忠诚守信，勤勉尽责

信托所称的"信"就是建立在忠实可靠基础上的一种于人于己可以信赖的感觉。"信"是"托"的基础，"托"是"信"的结果，先有"信"而后有"托"①。信托作为一种基于信任的多边财产关系，受托人及其义务都是在这一

---

① 张军建. 受托人的忠实义务与善管义务 [J]. 河南财经政法大学学报，2012，27（4）：84-90.

信任基础上产生和维系的，忠诚守信、勤勉尽责是受托人安身立命的重要基础。[1] 受托人必须品格高尚，忠于委托人，为受益人合法利益最大化的目标积极管理信托财产，不负委托人和受益人的信任。

我国《信托法》第二十五条明确规定，"受托人应当遵守信托文件的规定，为受益人的最大利益处理信托事务。受托人管理信托财产，必须恪尽职守，履行诚实、信用、谨慎、有效管理的义务"。这要求受托人不能滥用其信任地位以及信息不对称为自身谋取利益，不能将受托人自身利益置于同受益人相冲突的地位。同时，受托人要以勤勉、谨慎的态度，采用积极的方式管理信托财产，使得信托财产的风险收益与信托目的相匹配，努力实现受益人合法利益最大化，实现信托财产的有效运用和稳步增值。

（三）德才兼备，与时俱进

信托关系中，委托人对受托人的信任蕴含双重属性，即对受托人的人格品质与专业能力的信任，委托人不仅要求受托人有高尚的道德情操、良好的品行，更希望受托人在管理信托事务中具备相应的学识和能力，使信托财产能够保值增值。同时，为充分发挥信托制度的灵活优势，实务中，越是复杂、个性化的信托结构设计，越是需要专业机构提供的专业服务予以实现[2]。例如，在信托财产运用的资产端，面对交易对手日益专业化的展业领域及细分，受托人需要做出更加专业化的投资和配置判断；在代表委托人意愿的客户端，随着家族信托及服务信托的深入发展，个性化、复杂化的意愿需求将不断涌现，受托人需要具备更加卓越的职业素养和专业能力与合格投资者及具有更加个性化需求的委托人群体进行互动，以实现信托目的。[3]

基于委托人的双重信任，受托人既要"管得住"又要"管得好"。这就要求受托人要具有完善的公司治理、内控机制和全面风险管理能力，有效保障信托财产的安全，同时作为职业受托人应当具有专业的知识技术，对市场动态做出专业判断和及时反应，能够通过风险管理创造风险价值。面对经济社会发展过程中涌现出的新趋势、新需求以及新业态，受托人要能够快速学习把握关键要点，不断提升专业管理能力。

---

① 李群星. 信托法律问题比较研究 [D]. 武汉：武汉大学，2000.
② 袁田. 构建信任机制为本的信托文化共同体 [J]. 当代金融家，2020（2）：4.
③ 袁田. 构建信任机制为本的信托文化共同体 [J]. 当代金融家，2020（2）：4.

第六节　信托文化建设中的受托人定位偏差风险

一、受托人定位偏差风险的基本含义

我国信托业在改革开放的 40 多年中，为我国社会经济的发展做出了较大贡献。但前文提及近年来信托公司暴雷事件显著增加了，究其原因在于，在信托业发展过程中，国家对信托业的定位一直不是非常明确，我国信托业的发展也陷入了"发展—整顿—再发展—再整顿"的循环怪圈。2007 年，依据"一法两规"对信托公司的经营范围及业务进行界定，重新划定了信托业受托人定位问题。在近十年信托行业的展业过程中，受托人定位不成熟、受托人职责不清晰、受托人定位有偏离等问题仍相继出现，信托制度的灵活创新能力问题导致了创新业务出现了一些新的风险点。2018 年以后，随着"资管新规"的起草、颁布及实施，信托业全面进入以回归信托本源为方向的"治乱象、防风险、促转型"整顿期。信托在这几十年的发展过程中，一直在进行创新以适应社会发展的需要，通过一些创新获得也的确创设了超法而不违法的制度空间，这也是信托制度与其他金融机构展业相比竞争力的体现。因此发挥信托灵活的制度优势，成为信托业回归受托人定位，更好地配置信托资源的重要方向。

受托人定位出现偏差势必造成信托行业风险。《信托法》对受托人的定位从三个角度进行阐释，即受托人权利（收取信托报酬、特定情形下的优先受偿权）、受托人义务（忠实义务、谨慎义务）和受托人责任（违反受托人义务所应承担的损失赔偿责任、不当得利返还等责任）。从实践层面来讲，自"一法两规"颁布以来，我国信托业的制度定位逐渐明确，即办成"主营信托业务的金融机构"，做专业的受托人。

但近年来，信托业的发展仍然存在受托人定位不成熟、受托人职责不清晰、受托人定位有偏离等问题，制约行业高质量发展目标的实现。究其原因，信托公司在实践中并未落实受托人定位所要求的"忠实""谨慎""专业"等原则。"忠实"就是信托公司应忠于委托人，为受益人合法利益最大化的目标积极管理信托财产，不负委托人和受益人的信任，以积极的方式管理运用信托财产，主动追求受益人合法利益最大化的目标。"谨慎"是指受托人遵循社会普遍的道德约束和公认的行为准则，善用自身专业金融能力与法律法规赋予信托制度的灵活性，但不投机取巧违反法律。"专业"指受托人应当具有实现信托目的所需要

的专业能力。首先要具有完善的公司治理、内控机制和全面风险管理能力，能够有效防止自身过失而导致的信托财产损失，具备保护信托财产安全的能力；其次则是具备与受托服务目标相匹配的专业人才队伍和主动管理能力。

信托业发展历史一再表明，只有坚守受托人的根本定位，坚决回归信托本源，坚持信托法律关系，做精做细信托主业，才是信托业在新时代背景下完成自身转型并在不断创新已有业务的过程中有效控制风险的根本出路，也是实现信托业高质量发展的关键。信托业要主动承担社会使命，结合自己的职责定位，支持实体经济发展，建设良好受托人定位文化，牢记受托人定位，夯实受托人根基，履行受托人义务，在实现自身高质量发展的同时，为我国经济社会高质量发展做出行业的新贡献。

二、定位偏差风险产生原因分析

信托作为舶来品在我国特定发展阶段和市场环境下发展起来，其行业定位和发展模式一直处于不断探索和纠偏中。我国信托业自 1979 年恢复经营以来已历经六次整顿，信托"一法两规"颁布后才逐渐步入正常轨道。近年来，我国信托业积极填补传统银行信贷服务领域的不足，提升金融服务实体经济质效，较好地满足社会多元化投融资需求，已发展成为我国金融体系中重要一员。但信托业近年来发展过于依赖通道业务，逐步偏离信托本源，使得行业积累了不少问题和隐患。中国银保监会原副主席黄洪指出，受托人定位建设有四方面问题：意识不牢，未坚实树立受托人定位的思想自觉；守正不足，未高度重视受托目的的正当性要求；忠实不够，未完全做到对委托人的勤勉尽责；专业不强，未具备履职所需的主动管理能力。结合信托公司发展历程，受托人定位建设存在的问题主要表现为受托人精神尚未树立，受托人定位有所偏离，受托人职责模糊不清。

（一）受托人精神尚未树立

在信托发展初期，受托人通常都是德高望重的绅士，担任受托人并非为了获取报酬，而只为一种道德上的责任。在信托逐步商业化之后，对受托人道德上的严格要求，逐步丰富并转化为一种理性的商业诉求。但信托的基因中对受托人德行的要求依然存在，市场需要并检验的不单单是个体的人的道德，更是受托机构作为一个组织的职业操守。[①]

---

① 王道远，周萍，翁两民，等. 信托的逻辑：中国信托公司做什么 [M]. 北京：中信出版社，2019：36-37.

我国在信托"一法两规"颁布实施后，信托业的规范发展具备了法律基础。但少数信托公司依然存在挪用信托资金、关联交易、大股东过度干预日常经营等现象，将公司推向破产倒闭的边缘，并将风险包袱扔给了国家和社会，影响经济金融安全稳定。① 在展业方式上，信托公司通过信托机制的灵活多用在金融自由化背景下，为满足社会融资需求做出了一定贡献，但在当前经济增速换挡、金融风险快速积累的情况下，未能及时调整展业逻辑，为金融机构的监管套利和限制性领域的资金融通提供便利，从而影响了国家整体宏观调控，违背了受托人坚守正道的初心。我国信托业经过数十年发展，已经成为金融系统中不可或缺的重要组成部分，应主动承担起与自身相匹配的使命与担当，在服务实体经济和满足人民美好生活需要上做出实质性贡献，铸造起当代受托人精神。

（二）受托人定位有所偏离

自"一法两规"颁布以来，我国信托业的制度定位逐渐明确，即办成"主营信托业务的金融机构"，做专业的受托人。在信托关系中，受托人是基于委托人对其品格与能力的双重信任，以受益人利益最大化为目标管理信托财产。但在实际操作中，由于对受托人定位思考不深、理解不透，部分信托公司过于重视追逐自身利益，甚至将公司利益置于受益人权益之上，受托人定位发生偏离。

信托公司在接受委托人的财产托付时，将本应基于对自身品格和能力双重信任的信托关系，错误地建立在明示或暗示的刚性兑付之上，违背了受托人定位的本质逻辑，使得直接融资做成了间接融资，金融风险过度集中于信托公司自身，看似受益人得到"保本"收益，但实质上给整个金融系统的稳定带来极大风险隐患。同时，融资类信托业务是以资金需求方为驱动因素和业务起点，寻求信托资产的固定回报为主，虽然该类业务的出现一定程度上顺应并满足了市场中存在的强烈融资需求，但从业务本身过于关注融资人利益上看违背了信托以受益人合法利益最大化的目标。② 此类以向特定项目索取融资本金和利息的业务模式，使得资产管理业务的直接融资间接化，弱化了信托作为金融机构应有的定价博弈功能，降低了市场配置资源的效率，导致受托人定位出现偏离。

（三）受托人职责模糊不清

我国《信托法》明确规定"受托人管理信托财产，必须恪尽职守，履行诚实、信用、谨慎、有效管理的义务"。这就要求受托人在履行受托职责方面做到

---

① 陈赤，管百海．信托文化建设概论［M］．北京：中国金融出版社，2021：87.
② 吴晓玲，邓寰乐，等．资管大时代：中国资管市场未来改革与发展趋势［M］．北京：中信出版社，2020：44-45.

勤勉尽责，受托人要像对待自己的财产一样对待信托财产，甚至在发生利益冲突时要以受益人利益为先①。

信托业在近年的发展过程中，借助牌照优势，过度依赖较低附加值的通道业务，此类业务不利于提升公司专业化的主动管理能力建设，从而在受托履职管理的全流程上存在较多不足，未能严格履行谨慎义务。例如，在风险管理方面，信托行业依然秉承传统信贷业务模式，尽职调查时不全面不审慎；在项目管理过程中，缺乏有效的监控手段，难以充分把握项目风险；在信息披露环节，处于信息优势的受托人未能及时向委托人和受益人反映项目风险信息。同时，信托公司作为资产管理机构，因长期从事非标投资工作，在标准化产品投资、股权投资等方面存在较大短板，投资研究能力较为薄弱，不利于信托财产利益最大化目标的实现，难以充分履行受托人职责。

第七节　受托人定位偏差风险防范机制建设思路与方案

一、受托人定位偏差风险防范机制建设的必要性

受托人定位的内涵与发展阶段与受托人定位息息相关，而受托人定位也是信托回归信托本源，夯实受托人定位根基的重要指引与内在动力。现阶段金融供给侧改革背景下，监管套利及刚性兑付等信托惯性发展模式已难以为继，信托公司必须从新高度重视受托人定位建设，牢牢把握战略转型主动权，但也必须看到，受托人定位培育建设与受托人回归本源非一日之功，信托公司要保持战略定力，在"守正、忠实、专业"的受托人定位建设指引下，坚定不移地回归本源，让全社会共享信托制度红利，做出对中国金融高质量发展和中国经济高质量发展应有的价值创造和贡献。

（一）重新梳理受托人定位的内涵

受托人定位是包括制度建设、行为准则等在内的复合概念，其发展受多方面因素制约，其中受托人定位是最直接的因素。与此同时，受托人定位作为信托文化最重要的子文化之一，反映了受托人对功能定位的真实想法和最核心的利益诉求，也是受托人公众形象最核心也最直接的展示。在经历多次整顿后，

---

① 李国柱，马君潞. 风险承担、风险缓冲与管理理念：关于信托公司风险管理的思考[J]. 经济与管理，2006，20（7）：45-49.

相比其他金融行业，信托更加需要文化内涵上的深度挖掘与精要提炼，以重塑可信、可敬、专业的受托人形象，拥抱更广阔的财富管理市场，在现代金融业谋得一席之地。因此，培育、发展良好的受托人定位至关重要。

受托人定位作为信托文化重要的子文化，其培育程度与发展内涵与社会各界对其的认知直接相关。从我国信托业发展历程来看，受托人功能定位的清晰程度与完整程度直接决定了受托人定位的培育程度与内涵，受托人定位也随着受托人定位的探索与调整而逐步丰富完善。改革开放初期，受托人业务定位与功能定位都严重偏离信托业本源，信托文化更是无从谈起。地方政府及财政部门通过试办信托业务募集建设资金，减轻财政负担，彼时受托人实际功能定位是引进外资，尽管信托业完成了引进外资、进行金融创新的历史使命，但是要素及财富市场发展不健全、过度宽泛的业务和监管经验的缺乏导致信托机构定位模糊，且投机性强，加大了经济波动及宏观调控难度，也使信托业陷入了数次行业集体整顿—发展—再整顿的循环①。"一法两规"颁布实施后，信托有了明确的法律关系，信托公司的信托主业定位得以确立，受托人定位中制度建设的空白弥补也逐步完善。信托公司主营业务从固有业务转向信托业务，但由于信托制度的高度灵活性和监管政策，信托被作为监管套利的工具，也被认为是助推社会融资成本、削弱宏观调控的力量之一②。信托业务以不需要主动管理能力的通道业务为主，刚性兑付也成为行业"潜规则"，在短期商业利益驱动下，受托人定位偏离"受人之托，忠人之事"的本源，受托人定位培育与发展也没有得到重视。随着"资管新规"的起草、颁布及实施，信托业全面进入以回归信托本源为方向的"治乱象、防风险、促转型"整顿期，信托公司也在坚守本源的方向开始积极探索转型。在这过程中，信托公司也面临着市场细分和金融服务专业化进程推进带来的竞争加剧③，如何在回归受托人定位、重塑可持续商业模式及争取市场机会间取得平衡，成为现阶段信托公司要解决的重要现实课题。

正确的受托人定位是指受托人回归本源定位的思想自觉，只有信托公司发自内心、在情感深处的认可和坚守，而不是为了短期商业利益，才能使受托人定位产生凝聚力和生命力，进一步建立和巩固信托行业良好的受托人形象。信托之所以历经几百年的岁月洗礼，仍旧熠熠生辉，就在于其文化价值早已被普

① 唐炜. 回归受托人定位，开启信托业发展新篇章 [J]. 当代金融家，2019（99）：5.
② 中国信托业协会. 2020 年信托业专题研究报告 [EB/OL]. 中国信托业协会网，2021-02-07.
③ 翁先定. 中国信托业发展历程的思考与展望 [EB/OL]. 金融时报网，2010-12-07.

遍接受并认同，进而为各个国家信托业发展所共同遵循①。现阶段，信托公司都认可了受托人的定位，但在实际经营层面仍然无法彻底摆脱以融资人为核心的展业逻辑及以利差收入为主的营利逻辑，这既有社会对于信托制度认识的不足，也折射了受托人对受托人定位思考不深的现状。受托人定位是行业回归受托人定位的理论基础和发展的顶层设计，以"守正、忠实、专业"为特征的受托人定位②为受托人定位回归指明了要点与方向，为在行业转型发展的关键时期大力弘扬受托人定位，弘扬信托文化，通过文化引领作用，凝聚全社会对于信托基本理念、基本规则、基本功能的共识，解答受托人定位是什么，如何通过完善制度、规范经营、加强治理等促进受托人回归本源等重大问题，为受托人定位的回归提供理论支撑，保障信托行业在更高级、更复杂阶段的健康发展③。

（二）通过受托人定位建设促进信托公司向受托人定位回归

信托业传统发展模式及经营模式有特定的时代背景，随着经济发展方式转变、经济增速下行及经济结构调整，信用风险等金融风险加速暴露，强监管、严监管成为常态，信托业的惯性发展思路已无生存之机④。但与此同时，经过数十年的发展，信托行业已积累了相当的资产管理能力与高净值客户资源，现阶段市场也具备了产生以财富管理为宗旨的信托服务业土壤，融资主导型的金融市场格局也逐步转向，未来投资者的话语权将会大幅提升⑤，信托公司必须认清未来发展大方向，牢牢把握财富管理、资产管理业务的战略主动权。信托公司需要深入思考受托人定位内涵，明确受托人定位与价值功能，确定稳定、健康、可持续的商业模式。对内强化自律，主动纠偏，建立专业、高素质的受托人队伍；对外统一行业协会、监管层及公众对信托制度及受托人定位的共识，完善信托法律体系与监管环境，在信托业回归本源的征途中获得更强大的发展力量。

以受托人定位为导向，进一步明确受托人定位与目标市场。在新发展阶段，要深刻意识到现有业务结构存在的风险及不可持续性，在金融供给侧改革的大背景下重新审视信托全能性金融牌照优势与价值，以受托人定位为指引，客观分析在受托履职管理的全流程各环节存在的不足，在跨周期及大类资产配置的

① 浦奕诠. 解构信托文化的深层逻辑 观念意识是信托文化核心［EB/OL］. 中国银行保险报网，2020-09-15.

② 银保监会：信托业要杜绝与监管博弈的心态［EB/OL］. 中国经济网，2020-12-08.

③ 陈赤，管百海. 信托文化建设概论［M］. 北京：中国金融出版社，2021：23-24.

④ 唐炜. 回归受托人定位，开启信托业发展新篇章［J］. 当代金融家，2019（9）：5.

⑤ 聂无逸. 专家观点：做大资管是头部券商的重要战略［EB/OL］. 新华财经网，2021-04-25.

角度下评价所提供服务对财产稳步增值的贡献度,在国际视野范围下比较风险管理能力及投资运作能力水平,回归、落实以委托人需求为核心的展业逻辑及以管理费用收入为主的营利逻辑,培育具备专业资产管理及投资管理能力的人才队伍,扎实回归受托人本源。

重视培育受托人定位,牢固树立受托人意识。行业及机构应大力加强受托人意识的培养,通过深入研究、挖掘受托人定位及义务内涵,进一步巩固"受人之托,代人理财"的受托人定位。全方位培育受托人定位,将"守正、忠实、专业"的要求嵌入企业文化、发展战略、员工培训、制度规定、激励约束机制等环节,建立信托公司员工行为规范与指引,引领全体员工将受托人定位作为根本定位,将充分履行受托义务作为首要职责,以"受益人合法利益最大化"作为职业生涯的根本守则①,让受托人意识内化于心,外化于行。

凝聚受托人定位与功能价值共识,完善信托发展制度环境。做好受托人定位的宣传及推广工作,在行业、监管、政府及社会公众中树立正面、积极的受托人形象,让社会各界充分认识到信托功能制度的价值,完善信托本源业务发展的基本法律制度,带动信托工具的运用。一是完善制度体系建设,营造转型良好环境。围绕家族信托、慈善信托等本源业务在实践推进中存在的制度障碍,推动《信托法》修订和《信托公司管理条例》制定工作,在法律层面加强对受托人义务的规范,就受托人应尽的忠实义务、审慎义务、有效管理义务、保密义务等做出规定,强化受托人治理②。针对信托行业特点,构建信托专业监管制度体系,结合信托行业特色和未来转型发展方向,优化信托公司分类监管体系,提高监管工作质效。二是优化配套机制建设,提供转型强力支撑。研究拟定信托财产非交易性过户制度、信托登记实施制度、信托税收制度,解决股权信托、不动产信托等非资金类信托的设立及税收问题,突破信托回归受托人定位的制度瓶颈。

(三) 通过受托人定位建设不断丰富受托人的社会功能

信托行业在受托人定位建设中要明确自身服务国计民生的使命,发挥金融优化资金配置、降低社会融资成本的社会功能,发挥信托在保护共有财产、公共利益及弱势群体的制度优势,让全社会分享信托制度红利,做出对中国金融高质量发展和中国经济高质量发展应有的价值创造和贡献。

金融的社会核心功能是调节全社会资金,实现有效分配和流动,提高价值

---

① 银保监会:信托业要杜绝与监管博弈的心态 [EB/OL]. 中国经济网,2020-12-08.

② 肖刚. 数字资本市场:七大功能与八大瓶颈 [J]. 中国科技财富,2019 (8):3.

的创造和传递的效率，信托行业需要深刻理解金融发展的规律以及中国需要金融业的社会功能，摒弃短期套利的思维惯性，将自身业务开展与实体经济发展需要紧密绑定，依托信托制度优势，提升风险管理能力与资源配置效率，为实体经济提供针对性强、附加值高的金融服务，切实降低实体经济成本。以供给侧结构性改革为主线，围绕支持国家重大发展战略落实、支持先进制造业发展、支持经济社会发展薄弱环节、支持扩大内需等方面拓展业务，服务实体经济高质量发展，推动供应链调整、产业结构升级和价值链跃迁，助力构建以国内大循环为主体、国内国际双循环相互促进的新发展格局。

做好受托人本职工作，向全社会推广信托制度及信托文化，强化全社会对信托制度、信托功能的认知，与社会共享信托制度红利。一是持续丰富信托产品与服务体系，提高人民群众财产性收入，建立面向企业及个人资金管理与信托事务管理需求的信托产品体系，推进养老、遗产规划、企业年金等领域业务的产品应用研究，共享发展红利。二是强化信托的财产保护与财富传承功能，助力中产阶级及高净值人群有效传承财富，推动慈善信托业务发展，发挥慈善信托制度在发挥第三次分配、促进社会稳定方面的作用。三是加大信托在保护弱势群体中的应用，以服务信托为载体，加强与法院、公安机关等涉及群体性事件及恶性事件的单位合作，加强信托在涉众或易引发欺诈等法律风险领域的应用。

二、受托人定位偏差风险防范机制建设的目标和原则

当前，我国信托业正处于深化转型时期，按照"资管新规"的要求，整治行业乱象与促进转型发展并重。而通过信托文化的力量注入发展新动能、以文化为行业根基开展本源业务，已经成为信托行业发展的内在需求①。笔者认为，受托人定位偏差风险的防范机制建设成功的核心要素在于重塑信托行业文化。随着信托文化建设五年计划的开启，各家信托公司对于信托文化建设的重视程度正不断提升。受托人定位建设是信托文化建设的核心，需要具有建设的目标和原则②。

（一）建设目标

《指引》中将"信托文化"定义为：信托公司以信托关系为基础，以受益

---

① 袁田，禄琼. 信托文化建设新思路构建文化场域［J］. 金融博览（财富），2020（9）：59-61.

② 陈赤，钱思澈. 信托文化建设呼唤信义精神［J］. 中国金融，2020，937（Z1）：175-176.

人合法利益最大化为目标，回归信托本源，服务实体经济，满足人民群众日益增长的财富管理需求，形成"诚信、专业、勤勉、尽职"的良好价值理念。可见，受托人定位建设是否成功，是信托公司能否"回归信托本源"的关键环节①。具体来说，需要各信托公司做好以下几点：

1. 以受托人定位建设为核心，形成文化场域，建立动态连接

受托人定位建设属于文化建设研究领域，本书认为，建构受托人定位场域，不仅为信托公司落实文化建设和弘扬信托文化力量提供一种全新的思路，更是新时代背景下受托人定位建设不出现任何偏差的根本目标。

"文化互动场域"的概念由法国社会学家布迪厄提出，他将"文化场域"总结为集理念、机制、制度于一体的社会场域。人作为文化场域中的行为主体，被场域所影响并以自身行动作用于场域，而人类的活动又反过来进一步影响社会场域的有机发展和运行，因此相互之间形成了一个有机的动态的社会空间。受托人定位偏差风险防范机制建设理所当然是一种各类参与者在其中相互影响彼此的过程，因此以文化场域的建设为目标，能够避免受托人定位建设局限性，最终避免信托文化建设出现单一性和片面性问题②。

进一步地，信托文化场域就是基于信托关系，由信托委托人、受托人和受益人等各方主体构成的网络所建立的社会实践空间，可从结构上分为内在精神文化、制度行为文化和外在物质文化三个层面（见图 6.1），这三个层面能够相互作用、互相影响，达到内部的平衡与成长，最终促进受托人定位建设顺利实现并能够运用于实践指导，达到在全社会范围内各参与方形成对信托文化具备良好共识的最终目的。

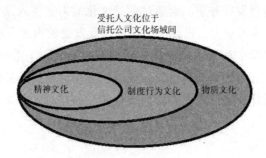

图 6.1 受托人定位建设场域模型示意图

---

① 陈赤. 信托"刚性兑付"的化解之道 [J]. 金融博览，2014（4）：28-30.
② 陈赤. 半是寂寥半澎湃：亲历信托业的低谷与高光时刻 [J]. 中国金融，2019（14）：19-21.

图6.1反映了受托人定位建设的关键：当主体处于信托文化场域时，会受到三个层面的共同影响，内核是主体从精神上形成文化认同，进而改变自身思想与行为模式，从而在制度上形成文化规范，进而以此规范形成公司的某类制度性规定以约束主体工作行为，最后全行业形成较为一致的制度文化与行为规范，故可以在行为上形成物质文化的输出，最终被社会上其他主体所观察和感知到，由此就达到了公众宣传的目的，也实现了信托公司与委托人建立彼此信赖的"信任关系"的根本目的。

因此，受托人定位建设以精神文化为场域内核，将制度文化与物质文化作为精神文化的外延，这种由内而外的影响及完整体系能够有效平衡受托人为委托人提供的精神满足与物质需求，助力信托公司发挥功能，契合正确的主流的财富价值观，保障信托公司及信托从业人员围绕核心价值观为客户创造最大价值，实现商业价值和社会价值的有机整合。

2. 以受托人定位建设为根本，达成受托人、委托人和受益人多方共识

在加强对受托人定位建设过程中，应注重以委托人、受托人、受益人及利益相关方逐步建立起一致的价值认同感为目标，促进各方对信托文化的认同，形成制度规范和行为模式的共识，丰富信托文化的内涵①。

在交易各方均形成良性共识的基础上，信托公司方能不断向社会公众传递良好受托人形象，进行有效文化输出，避免信托行业出现系统性风险，助力信托公司回归本源业务。

3. 以受托人定位建设为起点，形成具有实践操作性的受托人定位长效机制与配套措施

受托人定位建设从狭义上看依旧是信托公司文化建设，相关制度的确定和实施能够较大程度地保障受托人定位建设不偏离初心，加强从业员工对此的认同感，同时在一定奖惩措施基础上，对自身日常从业行为是否符合受托人定位建设核心思想与精神做到提前预判。

（二）建设原则

按照受托人定位的建设目标，结合信托文化场域建设模型图，笔者认为受托人定位建设的原则应主要包含以下几点：

1. 以习近平新时代中国特色社会主义思想为指导，构建受托人定位的内核思想

中国信托文化的精神内核，主要来自中国优秀传统文化中的义利观与社会

---

① 周兰珍. 文化场域与生态伦理建设［J］.南京政治学院学报，2007（5）：54-57.

主义核心价值观中的信义观。我国古代对财富的理解和认知即是以传统伦理价值追求为核心，从春秋时代的义利观开始，就强调致富必须"以其道得之"。这种"义利并重"的财富观，是中国财富思想的滥觞①。

如图 6.1 所示，精神文化虽然是无形的，但是是信托文化场域的内核。按照前文所述，信托最初起源于中世纪英国的用益制度，其蕴含的信任机制与我国传统文化里面的诚信文化价值观产生了耦合反应，伴随信托制度的应用发展，为打造具有中国特色、同时也符合国际规范的信托文化奠定了基础。立足当下，在新时代背景下，以习近平新时代中国特色社会主义思想为指导，社会主义核心价值观将诚信作为个人精神层面的价值准则，也是评价公民道德行为选择的基本价值标准。由是观之，信托公司从业人员应当首先建立精神内核，以身作则树立以诚信为首的受托人价值观。

2. 设立公司制度规则，形成统一组织

信托文化的核心是"受托人责任"，《指引》着重强调了信托文化中的"责任"内涵。信托公司应发挥信托制度功能作用，推动信托业在维护公序良俗、促进社会进步方面发挥特有作用，积极履行社会责任，创造社会效益，成为完善我国社会治理体系的重要力量。

受托人责任的体现离不开信托公司统一组织原则下制度文化的建设。制度文化是信托文化场域中多元主体的诉求通过协商达成共识，在制度层面形成法律法规和制度规范，对场域内的主体和事件具有约束力。

信托公司和信托从业者是信托行为的主体，是"受托人定位"的真实践行者，在具体的业务流程操作中可集中体现信托文化的特征，良好的没有偏差的受托人定位可以反映信托公司信托文化的品牌和影响力。因此，在制度建立后，需要参照公司统一制定的规则与要求，对从业人员行为进行指引和约束。良好的受托人制度具有凝聚人心、社会动员的文化效应，能够直接提升受托人对场域文化的心理认同度和参与度。

3. 我国信托公司信托文化的建设发展需战略思想的指导

信托文化建设是一项战略性、系统性、长期性的工作，目前信托文化整体建设基础较为薄弱，未来，信托行业的受托人定位建设方向需基于战略高度和定位，从宏观上深入把握行业发展趋势和方向。

一方面，信托公司应主动承担起对受托人定位建设的主体责任，将受托人

---

① 邢成，陈镜宇. 强化穿透监管，弘扬信托文化：中国信托业特征分析及趋势展望［J］. 金融博览（财富），2020（Z1）：67-69.

定位建设与公司发展战略、经营管理、品牌塑造相结合。另一方面，在我国金融市场持续对外开放的前提下，倡导不同国家体制下信托文化的交流共存。因此，要秉持开放发展的理念，推进文化的交流交融，互学互鉴。信托公司应主动引进一批注重公司长远发展、管理经验成熟的合格战略投资者，对标国内龙头信托公司，甚至对标世界一流金融企业，借鉴吸收成熟的治理经验和管理方法，努力形成适应于公司发展的战略思想，最终培育良好的信托文化。

4. 受托人定位建设过程需要有辩证思想

信托公司应充分意识到，在推进信托文化建设过程中，需要有较强的辩证思维能力。比如，在构建信托行业意识形态工作中，既要增强适合我国国情的基于社会主义市场经济主体的意识形态的凝聚力和引领力，也要培养自己独立思考的能力，对不利于我国金融市场发展建设的一些西方经济错误思潮和观点进行主动反对与批判。这样既能弘扬社会主义核心价值观，也能对管理层或信托公司股东中的部分个体的个人利益至上等思想加以不断自查与纠错。此外，辩证思维下的受托人定位建设需要处理好务实和务虚之间的关系，既反对将两者完全隔离开，也防止两者相互混淆。只有将"为什么这么做"的务虚和"具体怎么做"的务实相互结合起来，才能高标准、高质量、低风险地开展信托业务，为实现新时代背景下我国社会主义市场经济的繁荣贡献力量。

5. 受托人定位建设要与整体信托文化建设以及其他金融机构文化建设有机结合起来

信托公司属于金融机构之一，信托文化建设自然属于金融市场文化的一部分，与社会生活各方面紧密相关。首先，信托文化与我国传统文化关系密切。中华文化源远流长，蕴含着丰富的思想道德资源，尤其强调"信义"二字，这对于信托业发展以及信托从业人员开展业务起着重要的作用。在采用传统文化结合信托文化发展时，保证受托人定位不出现偏差的方法是坚持结构思维，准确把握二者关系，正确对待优秀传统文化的继承和弘扬问题。此外，应结合我国经济发展特色，以信托公司为载体，有效推进金融领域中的传统文化观念向现代化方向的转化进程。

其次，受托人定位包含了民生文化、服务文化等特质。信托是一种财产管理制度，但信托公司的财产管理不限于财产的投资获益，还致力于解决财富管理、运用过程中的个人难题、社会问题，满足国家实体经济的发展需求等。信托业作为金融行业的一个组成部分，结合前文提到的受托人定位问题，更应一方面持续为客户提供资产保值增值等基本业务，另一方面则在账户管理、财产独立、风险隔离等方面提供有特色的服务，以区别于其他金融机构的文化理念，对社会公众而言更具备辨识度和独特性。

三、受托人定位偏差风险防范机制建设的总体方案

当前信托公司正处于转型发展的关键时期，只有牢固树立受托人意识，围绕受托人的中心地位建设良好的信托文化，使得全体信托从业人员都发自内心地认同受托人定位，才能实现信托业的高质量发展，才能让社会公众认可并信任信托公司及信托关系，才能切实履行支持实体经济发展和满足人民群众对美好生活向往的使命。根据前文所提及的建设原则，笔者认为，受托人定位偏差风险防范机制建设的总体方案设计应当做到：树立一个意识、牢记两个使命、养成三个习惯、提升四个能力。

（一）树立一个意识

信托关系成立的基础是委托人对受托人的信任，委托人的核心诉求是使其指定的受益人获得最大化的利益，这就要求受托人必须以"受益人合法利益最大化"为受托服务的最高宗旨。因此，信托公司及信托从业人员都必须牢固树立受托人意识，并发自内心地认同符合法律法规的受托人定位，从而形成建设良好受托人定位的内生动力。

信托公司作为受托人，应大力加强受托人意识的培养，将"守正、忠实、专业"的要求嵌入企业文化、发展战略、员工培训、制度规定、激励约束机制等环节，形成受托人定位宣传教育的常态机制，让员工从思想上认同受托人定位，从而在开展业务时充分履行受托义务。

对信托从业者而言，应加强对受托人定位及文化的研究学习，深刻领会并遵循受托人义务的本质，将自己的认知转化为行动上的自觉，将受托人定位作为根本定位，以"受益人合法利益最大化"作为职业生涯的根本守则。

（二）牢记两个使命

作为一种建立在信任基础上的财产管理制度，信托具有高效的资产配置能力，是促进我国社会经济发展的重要力量。在受托人定位的建设中，信托业要以社会主义核心价值观和社会主义先进文化为指导，继续牢记服务实体经济和服务人民美好生活的使命，主动融入新时代金融体系之中。这里需要全行业牢记两个使命。

一是支持实体经济高质量发展，实现与实体经济的良性互动、协调发展。信托公司应将服务实体经济的使命根植于受托人定位中，牢固树立与实体经济共同发展的职责使命，通过创新信托服务方式，找准不同经济发展阶段的功能

定位。具体而言，信托公司作为连接投资和融资、金融和实业的桥梁，要将自身业务开展与实体经济发展紧密绑定，不断完善与实体经济结构和融资需求相适应、多层次、广覆盖、有差异的投融资体系，为实体经济提供针对性强、附加值高的金融服务。

二是满足人民群众对美好生活的向往，忠实履行受托责任。信托公司应将满足人民群众需求根植于受托人定位中，一方面要围绕人民群众对于财产保值增值、财富传承的美好愿望，在立足本源打造核心业务的同时不断探索新领域、开创新模式，不断提升人民群众的幸福感、获得感和安全感。另一方面要充分发挥信托制度的功能作用，推动信托业在维护公序良俗、推动社会进步方面发挥特有作用，促进社会公益事业及福利事业的发展，使信托业成为我国社会治理体系的重要力量。

（三）养成三个习惯

受托人定位的建设，除了要牢固树立受托人意识，还需要加强行为引导。作为受托人的信托公司、所有信托业从业人员都是受托人定位的行为承载体及行为主体，需要按照建设受托人定位的要求，养成良好的行为习惯，进而凝结为全行业的行为规范。

一是养成遵规守纪的习惯。遵规守纪是每一个现代社会公民应尽的义务，对金融行业从业者而言，遵规守纪更是应时时刻刻铭记于心。对信托行业从业者而言，最主要的就是依法合规经营，这既是实现行业稳健发展的内在要求，也是防范金融风险的先决条件。一方面，信托公司要坚定不移地做法律制度和监管规则的拥护者和实践者，以依法合规为前提创造经营效益；另一方面，信托公司要将合规要求无缝嵌入公司的规章制度及业务流程之中，将合规意识贯穿于所有员工的行为中，使其成为自觉的行为准则，从而做到人人有责、人人守则。

二是养成埋头实干的习惯。信托公司及其从业人员，要树立"不赚快钱，赚辛苦钱"的思想，通过提供高质量服务获取相应报酬，靠实实在在为社会经济发展创造价值来获取利润。具体而言，信托公司应充分挖掘信托制度优势和自身禀赋，推动传统融资业务转型，积极开展符合信托本源要义的业务，特别是如主动投资、家族信托、服务信托、慈善信托等"赚辛苦钱"的业务，实实在在靠提供服务和创造价值获取利润。

三是养成勤勉尽责的习惯。恪尽职守，诚实、守信、忠实地为受益人的最大利益处理信托事务、管理和处分信托财产，是信托公司安身立命之本。信托从业人员都要兢兢业业履职尽责，对委托人和受益人诚实守信，在受托管理的各个环节忠实地履行自己的职责，不损害委托人和受益人的利益。具体而言，信托公司应配备有能力胜任受托职责的专业人员，事前履行注意义务、充分尽职调查，管理过程中加强风险管理，以合理方式而非投机方式为受益人获取投资收益，从而真正实现信托资产独立性，将信托财产收益和风险均归属受益人，受托方尽职免责。

（四）提升四个能力

信托关系成立的基础是委托人对受托人的信任，这种信任不仅来自受托人的职业操守，也来自受托人的专业服务能力。信托公司需具备与受托服务内容相匹配的专业人才队伍和管理体系，在资产管理领域应具有通过风险管理创造风险价值的能力，在服务信托和慈善信托领域应具有相应的法律、税务、信息科技系统、企业经营管理等综合服务能力。

一是提升全面风险管理能力。一方面，信托公司要不断完善公司治理机制和内部控制体系，强化权力制衡和监督，加强中后台部门对前台业务部门的制衡监督。另一方面，信托公司要构建与信托业务特点相匹配的全面风险管理体系。尤其是本书探讨的新时代背景下创新型业务从产品设计、产品营销、尽职调查、信息披露、风险揭示、投后管理等全流程都与传统业务大有区别，因此会形成新的风险点，需要更为专业和全面的风险管理能力。信托公司应提升受托管理能力，消除受托履职瑕疵，实现"卖者尽责"基础上的"买者自负"。此外，信托公司还需要加强风险管理文化体系建设，在公司内部形成全员开展风险管理与控制的文化氛围。①

二是提升专业化资产管理能力。首先，信托公司要牢记服务实体经济和服务人民美好生活的使命，结合自身资源禀赋聚焦少数产业或行业精研细作，通过全流程的投研体系不断挖掘其中的投资价值；其次，信托公司要通过选拔和培养具有产业背景的专业团队，不断提升资产挖掘能力、产品设计能力、产品推介能力和过程管理能力，并利用信托制度的优势，为企业提供不同发展阶段、不同金融需求场景下的综合金融解决方案，尽力帮助公司走专业化、精细化道路。

三是提升信托公司的综合化管理服务能力。财富管理业务是面向高净值客户群体的定制化综合服务，是一揽子服务，也是一个机遇和挑战并存的蓝海。②

---

① 董丁丁. 信托公司实施全面风险管理的几个关键问题与措施［J］. 现代企业，2020（4）：27-28.

② 王道远，周萍，翁两民，等. 信托的逻辑：中国信托公司做什么［M］. 北京：中信出版社，2019：74.

信托公司拓展财富管理业务的关键，在于提供满足委托人需求的一揽子、一站式综合管理服务。要具备产品设计能力，能够设计满足委托人需求的组合产品投资策略；要具备资源整合能力，能够整合各类资产供给渠道满足委托人的资产配置需求，整合法律、税务、企业治理、跨境投资等资源和服务满足委托人的综合需求。在提供财富管理服务的基础上，信托公司可继续挖掘拓展为委托人提供财产传承、财产保管、执行监督、结算清算等服务信托业务的机会，进一步丰富综合管理服务的内涵。

四是提升信息科技支撑引领能力。随着云计算、大数据、移动互联、物联网、人工智能等新技术在金融业的广泛运用，金融科技时代已全面到来。信托公司要深入研究应用金融科技，以科技赋能推进业务创新、提升经营管理质效，为公司转型发展提供强大支撑和引领。具体而言，信托公司要坚持业务导向和需求导向，深化自主研发、自主设计、自主管理等能力。在客户管理方面发展一站式、平台化业务，实现定制化、精准度更高的客户服务；在业务创新方面以科技为核心，使数据要素成为业务发展的核心驱动力；在合规风控方面，从"经验判断"走向"人机结合"；在运营管理方面围绕效率提升，进一步走向公司的数字化和智能化发展。①

四、受托人定位偏差风险防范机制建设的具体举措

目前，我国信托业已全面进入以"回归信托本源为方向"的转型发展期，而信托业回归本源的核心，就是信托公司要回归受托人定位，加强受托人定位建设，以受托人要求规范自身行为。受托人定位的建设，既需要发挥信托公司的能动性，也需要法律及监管在政策层面予以支持。

（一）推进信托法律体系建设，为受托人定位提供充分的法律依据和法律约束

我国《信托法》颁布于 2001 年，距今已经 20 多年。《信托法》是为规范信托关系而制定的基本民事法律，对于信托关系的设立、变更、终止、信托当事人之间的法律关系、信托财产的独立性、受托人义务的基本内涵等都做了规定，但并未对信托公司的金融信托活动做出任何直接规定。但由于在信托公司业务活动之外的普通民事领域，我国并没有应用信托制度的传统，《信托法》主要还是在信托公司的经营活动中被应用。

随着我国经济的快速发展和家庭财富的积累，信托制度在民事领域的重要

---

① 金融科技时代背景下的信托业转型与发展［EB/OL］. 中国信托业协会网，2021-04-05.

意义日益凸显，家族信托、慈善信托等都有不同程度的发展。同时，我国资管行业的蓬勃发展也使得资管业务是否适用《信托法》持续引发社会热议，修改和完善《信托法》的呼声也不绝于耳。但由于社会大众对信托制度仍缺乏基本的了解和认识，民法学界对信托制度的认知度和关注度也有限，《信托法》修法似乎陷入了一个尴尬的境地。

此外，我国尚未出台明确信托业定位和经营规则的《信托业法》，相关的配套制度也没有建立起来。如中国信托登记有限责任公司（以下简称中信登）虽然已开展了信托产品登记业务，但并未涉及信托财产登记，无法体现受托人对该信托财产的名义所有权，也无法体现该财产成为信托财产，无法保证其财产独立性，不能对抗第三人。

有效运作的信托法律机制，需要信托在法律上得到确认，也包括一系列的信托法律原则、规则和立法机制，还涉及相关法律制度的配套调整、社会公众和相关部门对信托制度的正确理解，以及司法部门在裁判中的合理运用。因此，监管机构和信托业界还需要继续加大信托普及力度，持续推进《信托法》的修改完善及配套制度的完善，并加强与司法部门的沟通协作，推进《信托法》的司法实践。

通过信托法律制度及其配置制度的不断完善，推动确立信托财产独立、破产隔离等信托本源功能，并明确作为受托人的信托公司的定位、业务范围、行为规范、经营规则等，可为受托人定位提供充分的法律依据和法律约束，为受托人定位建设提供良好的法律环境。

（二）完善信托监管体系，促进和支持信托公司进一步回归受托人定位

忠诚守信是受托人的立基之本，信托公司作为受托人，主观上要诚信、尽责，客观上要审慎、勤勉，不辜负委托人的信任。欲使受托人忠实履行其责任、义务，仅靠受托人的自觉是不够的，还需要加强对受托人行为的监管，从制度上约束受托人的行为，构建督促受托人尽职履职的制度环境。

首先，构建符合信托公司"受托人定位"特征的监管框架，兼顾受托人行为监管和机构审慎监管，兼顾微观审慎监管和宏观审慎监管，维护信托受益人合法权益，促进信托公司稳健运营，防止滥用信托灵活性给金融系统稳定性带来不利影响。比如，监管机构可以出台相关规定，约束信托公司的行为，促使其诚实守信；同时，可以加强对受托人业务的检查和监督，缩减受托人违规的空间。

其次，加快信托监管制度体系建设，为加强信托公司行为监管和审慎监管提供制度保障，强化信托公司的受托行为管控。自 2018 年"资管新规"正式发

布以来，人民银行、银保监会、证监会等陆续出台 10 余份配套细则和监管制度文件，涉及银行理财、信托、保险资管、券商资管等各个领域，但涉及信托的资金信托管理办法、服务信托管理办法、信托公司资本管理办法等制度尚没有出台。此外，在目前信托行业转型升级的过程中，信托公司面临的主要风险将是受托行为的操作风险，也需要监管制度引导信托公司提高操作风险应对能力。

最后，进一步完善"一体三翼"的信托监管体系，加强信托行业自律机制、信托登记平台市场约束机制和行业流动性保障机制对信托公司回归受托人定位的促进和支持。信托业协会作为自律组织，通过建立受托人定位建设自律公约，营造推动行业文化建设的氛围；同时，以高于监管机构的标准、细于监管机构的操作，有效推动受托人定位建设。中国信登充分发挥信托产品及信托受益权登记与信息统计、信托产品发行与交易平台、信托业监管信息服务平台的作用，助力监管监测并推动行业转型，促进信托业回归本源。保障基金将服务行业的定位和服务监管的责任统一起来，通过构建多层次预防、化解和处置行业风险的体系，发挥行业"稳定器"和"消防局"的作用，维护行业稳健发展。

（三）以信托公司为主体，多途径培育受托人定位，真正成为地位崇高的受托人

1. 完善信托公司的公司治理体系，夯实受托人定位根基

对信托公司来说，作为金融机构，其公司治理比一般的企业利益相关方要考虑的因素更多，要求也更高。在进行公司治理时，信托公司要跳出主要基于股东利益的窠臼，基于"受托人定位"来开展相关工作①。

在法人治理方面，要进一步加强股权管理，规范股东行为，强化独立董事监管，体现受益人利益最大化的基本原则。股东（大）会、董事会、监事会、高级管理层等组织架构的建立和运作，应当以受益人利益为根本出发点。公司、股东以及公司员工的利益与受益人利益发生冲突时，应当优先保障受益人的利益。在内控机制建设方面，要严格按照职责分离的原则，完善内部约束机制，前、中、后台部门之间形成有效的相互支持、相互监督机制。要建立以受托行为操作风险防控为重点的内控体系和风险防控机制，完善相关规章制度和信息系统建设。在激励约束机制方面，出台措施、侧重激励员工维护公司诚信、增强专业能力的行为，纠正过分追求短期回报、忽视受益人合法权益的不当行为。

2. 加强从业人员的日常教育和管理，形成浓厚的受托人定位建设氛围

在我国信托业过去几十年的发展过程中，部分信托公司及其从业人员受托

---

① 马永红. 从"受托人"定位看信托机构公司治理［J］. 当代金融家，2019（2）：3.

人意识不强、专业能力不足，造成了一些受益人利益受损的情况。为塑造良好的行业形象，推动行业的长期稳健发展，要以"受托人定位"为核心，加强对从业人员的日常教育和管理，使得全体信托从业人员都发自内心地认同受托人定位，并以此约束自己的行为。

信托公司一是要推动公司全体信托从业人员系统、全面地了解受托人定位的内涵特征和受托人定位建设的主要内容，积极发动广大员工投身受托人定位建设，促使受托人定位入心入脑，营造浓厚的文化建设氛围；二是要加强对董事会、监事会成员和高级管理人员这些"关键少数"的受托人定位教育，确保有关人员熟悉受托人定位本质要求，不断巩固以身作则确定受托人定位的"高层基调"；三是要将受托人定位建设与企业创新转型发展、日常经营管理工作、企业文化及品牌建设、员工教育培训等工作紧密、有机地结合起来，推进受托人定位建设与公司实际紧密衔接、深度融合，同时创新工作方式方法，充分调动各类资源、借助各种载体，推动受托人定位建设迈向更高层次。

3. 增强专业服务能力，做高品质的受托人

随着外部经济环境和监管环境的变化，信托业持续推进转型发展、回归本源。一方面，发展具有直接融资特点的资金信托，更好地服务于实体经济的高质量发展，为投资者提供更为优质的财富管理服务；另一方面，充分发挥信托财产独立性、结构灵活性等特点，挖掘更多信托服务功能，服务人民美好生活，服务公益慈善事业发展。对信托公司而言，其需要认真研究公司转型方向，结合自身资源禀赋和竞争优势制定差异化发展战略，并通过良好的受托管理能力和职业操守赢得委托人的信任和尊重。

除前文提到的"提升四个能力"外，信托公司还需根据具体业务的开展情况，打造专业化团队、增强专业化能力。如作为信托本源业务的家族信托业务，近年来发展迅速，逐步成为信托公司重要的转型方向，也对受托人的能力建设提出了更高的要求。一是由于家族信托目的的多样性和委托财产的多样性，对受托人的产品架构设计能力提出了更高的要求，要综合运用多种金融工具、配置方案和管理手段，通过丰富的产品架构设计实现不同的信托目的；二是对受托人的受托运行管理能力提出了更高的要求，要能够保证持续专业的受托管理以及长期稳定的专业服务；三是对受托人的资产组合配置能力提出了更高的要求，能够提供更加丰富的产品组合以及更加专业的资产配置服务；四是对受托人的多元化服务能力提出了更高的要求，基于委托人在家族信托中的增值服务及个性化需求，要求受托人的服务更加多元化、专业化。

4. 加强合规文化建设，通过合规守法经营创造利润

依法合规经营是信托公司的底线和生命线，既是实现行业稳健发展的内在要求，也是防范金融风险的先决条件。信托合规文化的应有之义就是坚持人人有责、人人守则，坚定不移地做法律制度和监管规则的拥护者和实践者，以依法合规为前提创造经营效益，确保公司稳健运行①。

近年来，在监管机构和信托公司的共同努力下，信托行业的合规文化建设已取得了一定的成效，确保了信托行业的安全稳健运行，但仍存在合规意识不强、合规机制不健全等问题。信托公司一是要积极开展宣传教育工作，对先进的合规理念和文化不断地加以宣传、教育和引导，并构建以合规管理制度为核心的合规文化，将合规要求无缝嵌入公司的规章制度及业务流程之中；二是要强化执行力度，确保各项工作有序开展，真正做到执行高效、反馈顺畅、尽职履职，将合规文化建设活动变成全体员工的自觉行为；三是要全面开展监督检查，结合日常监测情况和内外部检查发现的风险及问题，客观评价公司和各个部门的合规管理水平，并通过薪酬分配机制的引导作用，促使全体员工在工作过程中守住合法、合规的经营底线。

5. 加强受托人定位的宣传和普及，加深公众对受托人定位的理解和认识

目前，社会公众对信托的认识还停留在高门槛、卖理财产品的层面，刚性兑付意识浓厚，对于信托制度的特点、信托公司的发展状况知之甚少，对于"卖者尽责、买者自负"的精神仍缺乏体会，导致了信托制度难以在民事领域及社会治理方面发挥更大的作用。

信托公司应大力宣传"以诚信和专业为本，为信托受益人合法利益最大化服务"为核心的受托人定位，提高社会公众对信托制度的认知度和关注度。信托公司一是加强受托人定位的研究和实践，通过慈善信托等方式推动受托人定位建设的落实落地，树立为信托受益人利益服务的诚信形象；二是加强与外部新闻媒体的交流合作，通过扩展媒体"朋友圈"，进一步弘扬受托人定位；三是面向公众加强金融知识普及力度，积极加强投资者、社会公众知识普及及教育，向投资者和社会公众宣讲受托人定位；四是重点加强合格投资者教育，以普及信托知识为重点，帮助信托投资者树立"投资有风险""高收益高风险"的投资理念，为实现"卖者尽责、买者自负"奠定基础。

---

① 陈赤，管百海. 信托文化建设概论［M］. 北京：中国金融出版社，2021：101.

第八节　本章小结

信托行业在发展过程中，一直存在着三个不平衡和三个不充分的发展困境。具体表现在信托公司提供的金融服务与非金融服务的不平衡、信托公司之间的分化发展不平衡、信托基本制度规范与配套制度支持发展不平衡；信托制度优势发挥不充分、信托文化培育不充分、受托服务能力供给不充分。由此导致信托业始终在深化转型和寻找本源的道路上徘徊，甚至遭遇主业不清、定位不明的争议和风险集中暴露导致的数次整顿危机。本章分析认为，上述不平衡和不充分的发展困境产生的根本原因是信托公司在改革创新谋发展的过程中战略思路不清存在自身文化定位偏差风险。

本章主要以信托公司建设信托文化以明确自身定位、回归本源为例，讨论信托公司在文化建设过程中常见的文化定位偏差风险。本章结合笔者前期相关科研成果，详细论述了信托公司开展各类业务造成风险的源头之一在于受托人定位偏差问题，导致其不能依照其本源定位开展各类业务，且不会把受益人利益放在最优先考虑的地位，因此需要对受托人的定位进行重新梳理，力求准确且合乎新规和监管层的最新要求。

本章首先结合国内外信托公司作为受托人的历史发展轨迹，提出信托公司展业过程中常常由于受托人定位不准确而盲目签约，酝酿了较大风险。无论是传统业务还是新时代背景下按照新规开展的创新类业务，一旦出现受托人定位偏失，则信托公司业务风险几乎必定发生，进而对全行业信托文化建设造成巨大阻力。接着本章提出受托人定位准确的文化概念及基本特征，并分析了出现定位偏差风险的原因，同时基于这些原因构建了适用于受托人定位偏差风险的防范机制。本章结合习近平总书记提出的文化自信总基调，从文化、法律、金融多个角度阐述我国信托公司作为受托人出现定位偏差的问题、导致的业务风险和风险防范机制的建立，即基于重新认知受托人定位而构建信托文化体系。

第七章

信托公司风险识别与预警机制——以其他创新类信托业务为例

自 2001 年《信托法》颁布以来，信托行业在有法可依的道路上迅速发展，与改革开放和国家经济发展需求同步。经过 40 年的积累和沉淀，在行业监管部门的指导与监督下，68 家信托公司及 2 万余名信托从业人员创造了全行业资产管理规模超过 20 万亿元体量的发展规模和行业生态，为实体经济发展和国民财富管理提供了专业的受托服务，创造了巨大的商业价值和社会价值。

前面几章提到，随着"资管新规"的出台，信托行业的监管细则逐步明确，2020 年 2 月中国银保监会发布了《信托公司股权管理暂行办法》。在新时代背景下，结合各类新的监管规则的出台，信托公司将立足于"受人之托、忠人之事、代人理财"的信托本源，积极探索各类创新型业务，不断压缩原有融资类业务，规范发展房地产业务，以提高主动管理能力，更好地为实体经济的发展服务。

在近年来不断涌现的创新类信托业务中，服务信托业务独树一帜。尤其是家族信托、养老信托和慈善信托等的发展，使得金融市场产品日益丰富，对投资者而言具有了更多的选择，也对信托公司建立"回归受托人本源定位"的信托文化起到了巨大的推动作用。从法律角度来看，与家族信托、慈善信托等业务对比，该类业务需要先找到委托人，再和委托人确定受益人、信托资产投向及运用方式，可以说没有委托人，此类业务就没有开展的可能。从前述分析中可以看出资金信托业务与家族、养老信托和慈善信托业务具有完全相反的展业逻辑和路径，在这两类业务中，资金信托业务的业务属性决定了委托人的利益类型是单一的，并且该利益实际由受托人掌控，受托人能决定委托人利益的多寡，因此委托人在资金信托业务中基本上没有话语权，对于受托人是否尽到了谨慎义务可以说毫不知情，因此资金信托业务天然地具有更高的风险。而家族、养老信托和慈善信托业务的展业逻辑决定了受托人需要充分遵循委托人的意愿，且一般不会以营利为根本目的，而由于不尊重委托人意愿此类业务将无法开展，故信托公司处于一种被动地位，但其展业的风险也得到了客观上的控制。

家族信托和养老信托明显更能体现委托人的意愿，更有利于受益人利益的维护，委托人的意愿、受益人的利益居于该类业务的核心，并对受托人的行为有决定性的影响。在这类服务信托业务展业过程中，不管主动还是被动，受托人的一切行为都是为受益人利益服务的，因此此类创新业务更加符合《信托法》对受托人的定位。而在资金信托业务中，委托人及其利益都很难居于核心地位，至少是不如前者的，受托人防范业务风险的能力和意识都类似于"暗箱"。在过去，安全兑付是资金信托业务最好的归宿，委托人信托利益的获得是该类业务的结果而不是发起动因。但是当市场风险明显累积后，加上监管层提出要打破刚性兑付，资金信托业务立刻面临了受托人控制风险能力有限的局面。过去持续的高营利和刚性兑付使得部分信托公司在开展资金信托业务时一度将委托人利益后置，这明显也产生了上一章提及的受托人定位偏差风险，更加难以区别到底是委托人的利益优先还是受托人的利益优先。尤其是非标资金池甚至标品资金池，到底是底层资产优先还是委托人利益优先，其实信托公司都不言而喻地游走在"灰色地带"。

因此，以家族信托和养老信托等创新服务信托为代表的非资金类信托业务不仅受到监管层大力支持，还有利于信托公司控制风险，真正回归受托人定位。综上，结合相关案例分析，本章主要聚焦三类创新型业务，即家族信托、特殊需要服务信托、养老信托业务的展业过程和新型风险的防范问题。

第一节　信托行业在转型期发展服务信托的根本原因

信托行业在转型期发展服务信托的根本原因是再次锚定信托公司的受托人定位问题，通过均衡发展信托金融服务与非金融受托服务的方式淡化信托公司传统业务风险。

1979 年，中国国际信托投资公司成立，开启了我国现代信托业的发展历程，作为改革开放的窗口，信托公司展业之初一直以类信贷和证券类业务为主，发挥的实质作用是提供融资功能的金融服务，契合了当时国家经济转型发展的需求，但是由于缺乏基本信托法律制度的支持，信托本源业务并没有得到实质开展，信托业也历经了数次整顿，信托主业不清晰的现象具有历史发展原因上的局限性。

前文已分析，发展以服务信托为代表的非金融受托服务应该成为信托业未来定位的重要方向，在服务社会民生的重要领域发挥积极作用，例如，养老信托、遗嘱信托、慈善信托、特殊需要信托等创新业务，以服务人民美好生活为宗旨，同时更体现委托人的真实委托意愿，而不以受托人营利为根本目的。此外，根据"资管新规"及《信托公司资金信托管理暂行办法》（以下简称"资金信托管理办法"）的相关监管规定，以资金信托为代表的信托金融服务也应从"大而全"的规模优先发展模式，向"专而精"的质量优先发展模式转变，由间接融资向直接融资功能转变，提升信托金融服务的质效和更好地服务于实体经济高质量发展对金融资源提出的更多需求。

在时代发展新形势下，信托业发展定位的再锚定既要放眼宏观经济外部，寻找金融行业的共性发展规律，结合国家经济发展周期变化和金融供给侧结构性改革的要求，调整自身发展创新步伐，又要聚焦内部，尊重信托业发展特有规律，认清信托业历史发展路径和制度特征，实现信托金融服务与非金融受托服务均衡发展。一方面，以服务实体经济为立业之本，发展专业化的信托综合金融服务，以直接融资为核心，以合规经营及严控风险为底线，发挥信托可以参与多层次资本市场的主体优势，切实提升服务实体经济的质量与效能；另一方面，以服务人民群众美好生活为展业之基，发展多元化的非金融受托服务，以服务信托为典型，结合社会民生需求的多元场景，发挥信托制度的本源优势，切实推动信托服务走进百姓生活，普惠民生。

具体来说，结合2018年及2019年信托业年会的监管精神和展业要求，回归信托本源，弘扬信托文化是信托业深化转型的时代主题。根据"资金信托管理办法"的相关规定，资金信托、服务信托、慈善信托的信托业务定义与类型得以明确，为信托业务分类指明了方向和划分标准，服务信托业务也从理论研究向实务拓展迈出了坚实一步，创新的脚步也在加快，深入主动事务管理场景的家族信托、养老信托、遗嘱信托、年金信托等创新业务真正开始探索以受托服务为经营模式及取费模式，发展服务信托的理念和策略在信托公司逐渐成为共识，部分信托公司还前瞻性布局，专门设立服务信托事业部，可见发展服务信托的战略导向非常明确。

服务信托是能够承载信托本源业务的最集中的表现形式，也是适合我国国情的信托业务类型。横向比较信托制度的国际应用实践，并没有服务信托的对等概念，但是具有服务信托功能的具体信托业务类型已经非常成熟，尤其是在民事信托领域，相应的信托服务实际已经深刻嵌入了民众生活，例如，英美国家的遗嘱信托，日本的养老信托、教育信托、监护支援信托等，由此也说明服务信托并不是特指某一种具体的信托业务，而是对特定类型的信托目的及信托功能的描述与归纳。对比我国国情，单独提出服务信托的概念并将其确定为一类明确且特定的业务类型恰恰是回应社会需求和行业发展的必然。如前所述，鉴于我国信托业的历史发展路径和展业特征，信托一直以提供金融服务为主业，展业形式也是以营业信托为代表的商事信托为最主要的表现方式，一直以来，以实现财产保值增值为目的的理财信托已经在相当程度上固化为人们对信托的普遍认知，欠缺民事信托的发展历史，导致信托本源功能施展存在"先天不足"的局限性，基于受托服务的主动事务管理能力又因为对"通道业务"的认知惯性，始终没有得到信托业话语共同体的正确认知。因此，服务信托的提出实际上是对信托本源功能的一次重新诠释，与以实现财产保值增值为目的的理财信托形成鲜明对比，有利于社会公众对信托功能和信托服务能力的再认识，有利于信托公司创新探索新的展业方向，也有利于监管机构对信托业发展重新引导与监督，以实现信托制度的更大价值和更健康的发展。

由此，服务信托的创新发展是支撑信托行业深化转型的新动能，具有重要的战略意义。从信托制度灵活性优势方面看，服务信托才是能够提供最具有想象力的展业场景，是最贴近社会民生需求的业务样态，因为受托服务的本质就是服务委托人的多样化需求，其也为信托业务创新本身提供了丰富的产品供给和业务供给发展机遇。

第二节　服务信托创新发展的主要特征

我国信托行业发展服务信托的特征在于主动与各类金融科技手段有机融合。

从中世纪服务于教会捐赠财产的用益制度安排，到当下社会服务于财富管理的家族信托，信托制度设计与应用具有强劲的生命力，这个生命力的核心特质就是创新，无论是作为应对经济周期更迭的逆向资产配置防御机制，还是回应复杂多变的个性化财富管理需求，信托制度的适时性和渐变性创新本质始终是保证信托行业持续发展的原动力。然而，在科技变革迅猛发展的当下，许多行业都在经历数字化的变革和转型，金融行业尤为如此，信托行业亦不例外。如何将信托制度创新的生命力与科技创新的新动能相结合，是信托创新的新课题和新方向。只有积极运用信托科技加持信托制度创新，方可持续为客户创造长期稳定的价值，进而实现自身可持续发展。

信托科技是金融科技的具体应用，通过现代科技手段和工具优化信托服务方式，甚或变革现有商业模式，是信托科技的核心价值，也是推进信托公司数字化转型的关键路径。在数字经济时代，资产和财富的形式以及运行逻辑均会发生实质变革，无论是数字化的资产还是资产的数字化，都会对资产和财富管理的对象、方式、目的提出新的要求，相应地，信托金融服务以及非金融受托服务的服务供给也必然需要随之变革才能满足客户需求的变化。信托公司的数字化转型也就自然成为信托创新的题中应有之义。

结合目前信托公司数字化转型的进程，科技创新与业务及服务创新的结合尚处于初步发展阶段。从服务客户需求角度看，信托公司可以通过数字化的服务手段优化客户体验，提升以客户为中心的服务质量是信托科技应用的普遍表现形式，尤其是 2020 年疫情防控期间，线上化的服务方式有效拉近了信托公司与财富客户的沟通距离，对于提升客户黏性和进一步发掘客户需求实现有效助益；从创新商业模式角度看，信托公司可以通过自建小微金融信息管理系统，主动分析评价小微企业的资产价值和动态经营状况，可以更加精准有效地为中小企业的稳健发展提供可持续的信托金融服务，相似的信息系统革新也可以应用至其他基于专业化投融资服务的产业及细分领域，例如，不动产信托和绿色信托；从改善公司治理角度看，信托公司可以通过建设智能风控、智能运营、智能研究等系统，有效改善信托公司治理效能，为信托公司迭代发展提供持续的新动能。

以契合时代发展要求为前提，信托公司唯有坚持创新，才能夯实坚守战略的定力，才能增强深化转型的勇气，才能形成可持续发展的动力，才能创造更稳定的长期价值。

第三节　服务信托创新发展过程中的主要风险

信托行业制度创新实质上就是信托行业制度逐步向体系化、规范化方向发展，制度可以有效引导信托业务创新发展，引导信托公司转型升级。从 2019—2020 年信托业发展情况看，在"资管新规"框架下，信托制度已经在朝着这个方向发展，但仍存在一些阻碍制度发展的因素，而且创新本身也是一个动态和持续的过程。

一、信托公司资管业务定位仍不清晰

根据"资管新规"的规定，信托公司可以开展典型的资产管理业务。在我国经济快速发展过程中，由于实体经济融资需求得不到满足，信托贷款一直以

来发挥着货币政策传导机制、为实体经济提供资金的功能，融资类信托成为信托主业，这与中国经济和信托业发展阶段相适应。"资管新规"出台以来，信托在监管下回归受托人定位，开展具有直接融资特点的资金信托，对于信托资金池业务严格限制等，都是信托业在引导下向真正的资产管理机构转变。

2019年以来，信托行业积极开展信托文化建设，核心是希望明确信托文化，使之具有自身鲜明的特征，区别于银行文化，信托公司并非信用中介，需要贯彻尽职免责文化。资产管理机构的核心是"受托尽责"，但"资金信托管理办法"将信托资产规模与信托公司净资产紧密联系，且未来有望出台"信托公司资本管理办法"将净资产监管提升到资本、净资本和核心资本三个维度，提高融资类信托业务的资本占用。对于资产管理业务实行严格的净资本监管，并将净资产作为管理规模的约束因素与"受托尽责"的受托人定位并不完全相符。解决这个问题的核心是明确信托公司开展资管业务的定位以及在金融服务体系中的系统性定位。

二、信托业务规范配套制度仍不完善

"资管新规"标志着我国资产管理行业迈入规范、统一发展新阶段，但由于长期以来，资产管理机构和资产管理业务在银保监会体系和证监会体系下存在监管标准上的差异，即使是银保监会监管体系下的银行理财和信托也存在差别。这一方面说明资产管理机构要结合自身优势，实现差异化竞争和错位发展；另一方面也说明资产管理行业配套制度建设仍需进一步完善，例如，资产管理产品估值体系、净值化管理要求、风险等级划分等需要统一的标准。

就信托业而言，"资金信托管理办法"已经在征求意见阶段，但该新规仍不能满足业务转型需要。第一，鼓励发展的服务信托缺乏明确规范指引；第二，制约慈善信托发展的税收优惠问题一直没有解决；第三，信托参与定向增发、网下申购新股、股指期货以外的衍生品等仍受到较多限制，无法参与公平竞争。很多历史遗留问题，不是"资金信托管理办法"可以完全解决的，甚或不是信托监管部门独立可以解决的，更多地需要从资产管理行业发展顶层规划和统筹监管方面入手。

三、制度建设的前瞻性和体系化有待提升

信托"新两规"出台后，伴随着信托业务快速发展，涉及信托公司监管、集合信托业务监管以及各细分业务规范陆续出台，形成"一法三规+具体业务监

管意见+窗口指导"的监管框架。具体来看，2013 年之前，以具体信托业务监管规范为主，监管部门更加注重微观业务的发展，对银信合作、政信合作等具体业务进行直接监管和指导。2014 年以来，监管部门侧重于信托行业监管框架的完善，并注重风险监管，强化行业基础设施建设和监管体系的完善。与此同时，与风险管理相关的监管文件陆续出台，例如，《中国银监会办公厅关于信托公司风险监管的指导意见》《关于进一步加强信托公司风险监管工作的意见》等。这些监管文件在规范信托公司风险管理的同时，也提出行业回归本源，实现健康、可持续发展。

然而，结合新时期信托转型发展要求，信托制度建设更需要前瞻性的方向指导和具体业务操作指引，这方面的制度建设仍显不足，信托监管仍存在一定的滞后性，事后业务规范和风险监管规则较多，相比之下，事前的业务引导和风险防范制度仍显不足，信托监管制度的前瞻性和系统性有待进一步提升。

四、信托制度基础研究薄弱，制度创新动力不足

信托业务创新发展和信托制度完善都离不开深刻而充分的研究支持。信托业从过去到现在在业务创新方面得到了快速发展，但并未积累起充足的研究力量和研究成果。某种程度上，正是信托发展的相对顺利使行业基础研究与行业定位的冷静思考被忽略。在行业进入深化转型期的阶段，受制于路径依赖，重新思考信托本源回归具有相当的难度，如何构建具有中国特色的信托展业逻辑，我国信托业回到"受人之托、忠人之事"的本源需要具备哪些条件，监管和市场对信托业的诉求是否一致，存在哪些差异以及如何应对，这些基础问题都值得深入研究和思考。

第四节　服务信托类创新业务之一：养老信托

第七次人口普查结果显示，截至 2020 年年末我国 65 岁以上人口占比达 13.5%。目前，我国的养老保障体系基本完善了第一、第二支柱的建设，但养老金体系建设并不平衡、不充分。此外，我国就业形势发生变化，灵活就业人员养老金积累无法通过第一、第二支柱完成，亟须建立更加灵活的第三支柱个人储蓄养老金。从近年来的政策发布轨迹与频率来看不难发现，国家对建设养老第三支柱的重视程度正不断提高，加快顶层设计在决策层已形成共识。建设养老第三支柱离不开多元化金融主体的引入，信托业作为第二大资管子行业，

理应发挥自身优势，参与养老第三支柱的建设中。

　　本小节结合当前信托公司开展的具体养老业务，分析我国目前养老保障体系面临的若干问题，通过深度剖析海外养老信托发展轨迹及对我国的启示，提出目前养老信托的分类及未来发展方向，并重点就服务型养老信托和个人配置型养老信托的商业模式风险进行研究与讨论。最后从监管政策、信托制度及信托公司层面针对养老信托风险防范提出相关建议。

一、业务开展背景

（一）我国养老保障体系介绍

　　我国养老保障体系由基本养老保险、补充养老保险、个人养老金三部分构成，根据管理主体可分为政府、企业、个人三个层面，依次形成养老三大支柱。截至 2020 年年底，中国养老金结存金额 12.7 万亿元，仅占 GDP 的 12.5%，远低于发达国家水平，其中第一、第二支柱养老金各占比约 70.7%、29.2%，第一支柱独大，第二支柱占比偏低，第三支柱缺位（见图 7.1）。

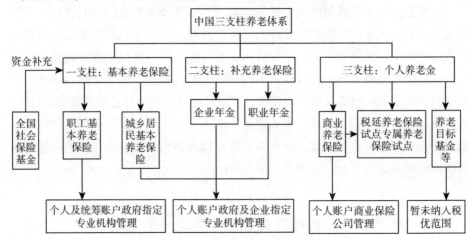

图 7.1　中国三大养老体系全貌图

　　1. 第一支柱

　　第一支柱养老保障体系是指政府统一的基本养老保险，目的在于提供最基础的生活保障，它由城镇职工基本养老保险和城乡居民基本养老保险组成。其中，前者覆盖范围为行政机关、事业单位、企业职工及城镇灵活就业人员，后者覆盖范围为城镇职工基本养老保险之外其他 16 周岁以上社会人员。依据人力资源和社会保障局公布的数据，2020 年城镇职工基本养老保险基金收入 44376

亿元,基金支出 51301 亿元,累计结存仅 48317 亿元。

在管理方式上,我国基本养老保险投资管理体制为"统一委托投资"模式,即统一委托全国社会保障基金理事会(以下简称"社保基金会")集中投资。社保基金会由专业人士负责,采取直接投资与委托投资相结合的方式开展投资运作。其中,社保基金的直接投资由社保基金会直接管理运作,主要包括银行存款和股权投资;委托投资由社保基金会委托投资管理人管理运作,主要包括境内股票、债券、养老金产品、上市流通证券投资基金,以及股指期货、国债期货等,目前共有 21 家机构获得基本养老保险基金证券投资管理机构资质牌照,暂无信托公司拥有该牌照①。

在运营情况上,基本养老保险长期覆盖率高,且规模稳定增长、占据主导地位。截至 2020 年年末,基本养老保险参保人数 9.99 亿人,比上年年末增加3111 万人,其中城镇职工养老保险参保人数 4.56 亿人,城乡居民养老保险参保人数 5.42 亿人。基本养老保险尽管覆盖广、规模大,但保障能力、待遇水平和替代率有限,财政负担加重,区域发展不平衡等问题突出,城镇职工养老金结余面临即将耗尽的风险。

2. 第二支柱

考虑到第一支柱养老保障是政府开展、专业运营方式,对于城乡居民基本养老能够基本实现覆盖,但支持力度毕竟有限,可能不能有效满足人民群众日益增长的各方面需求,我国也建立了第二支柱养老保障体系。该体系作为基本养老保险的补充,包含职业年金和企业年金两种。企业年金是指企业及职工在依法参加基本养老保险的基础上,由公司出面自主建立的以年金缴纳为主要形式的补充养老保险制度;职业年金是指机关事业单位工作人员在参加机关事业单位基本养老保险的基础上,通过相关部门审批后,额外建立的补充养老保险制度。从性质上说,企业年金和职业年金都属于补充养老保险计划②。企业年金由企业根据自身经营状况自愿为员工建立,由企业和个人共同缴纳,采用完全积累制模式运作。职业年金则属于机关事业单位为公职人员提供退休收入保障的养老金保险制度。

我国职业年金与企业年金均采用信托管理模式,根据《企业年金基金管理办法》,我国企业年金基金管理涉及受托人、账户管理人、托管人和投资管理人四类机构主体,由人社部统一认定,采用资格准入制,金融机构需要获得相应

---

① 汪文正. 社保基金为啥"业绩"这么好?[EB/OL]. 中工网,2021-09-08.

② 黄蕾. "长钱"陆续上路 十地职业年金投资启动 [EB/OL]. 人民网,2019-09-09.

业务资质才可从事企业年金业务。人社部于 2005 年和 2007 年先后分别认定了 37 家与 24 家企业年金基金管理机构，近年增加了 5 家，总计 66 家。整体来看，信托公司参与企业年金程度较低，拥有投资管理人资质的机构主要是公募基金、养老保险公司（或保险资管公司）以及 2 家证券公司。

第二支柱规模偏小，覆盖率低，收益不稳定。依据人社部发布的《2020 年度全国企业年金基金业务数据摘要》，截至 2020 年年底，企业年金基金规模达 2.25 万亿元，职业年金投资规模 1.29 万亿元，共有 10.5 万户企业建立了企业年金，同比增长 9.4%，参加职工 2717.5 万人，占企业职工（不含机关事业单位职工）基本养老保险参保人数的 6.55%。企业年金养老计划不强制要求企业参加，故其规模和基本养老保险规模仍有较大差距，发展格局极不均衡，多数成立年金计划的企业注册在经济发达地区，且多数为国有控股企业，普通老百姓难以从养老第二支柱中获益。企业年金收益率也较为不稳定，2015—2020 年企业年金加权平均收益率分别为 9.88%、3.03%、5.00%、3.01%、8.29% 及 10.31%，受资本市场波动影响较大，有些年份收益仅 3% 左右①。

3. 第三支柱

第三支柱为个人储蓄型养老保险，即商业养老保险，主要为居民个人自愿购买、由商业机构提供的个人养老金。海外养老金资产占居民金融资产最高可达 60%~70%，而我国居民养老储备仍以房地产为主，养老金在居民金融资产中占比不及 5%，我国第三支柱养老金仍具备较大的发展潜力。个人养老金产品设立目的是提升退休人员的养老生活水平，按照有无税收优惠，可分为税惠型养老保险和非税惠型养老保险。目前我国的非税惠型养老保险主要包括商业养老保险、养老目标基金与即将试点的养老理财等。中国养老保险第三支柱起步较晚，其中个人税收递延型商业养老保险是一次尝试。

2020 年以来，监管机构频频发声，提出要加强养老第三支柱的建设。2020 年 1 月，《中国银保监会关于推动银行业和保险业高质量发展的指导意见》指出要"加强养老保险第三支柱建设"，"支持银行、信托等开发养老型储蓄和理财产品"。随后，银保监会等 13 个部门联合发布《关于促进社会服务领域商业保险发展的意见》，提出要"充分发挥商业养老保险作用，支持养老保险第三支柱发展"。2020 年 10 月，银保监会主席郭树清在金融街论坛上指出，发展养老第三支柱要"两条腿"走路，既要统一养老金融产品标准，也要创新发展具备养

① 张明玺，郭凯迪. 养老信托助力养老金第三支柱建设的实践探讨 [J]. 金融纵横，2020 (11)：40-44.

老功能的专业养老产品。

2020 年 11 月 20 日，中保协发布的《中国养老金第三支柱研究报告》显示，至 2030 年年末，第三支柱养老金规模有望达 10 万亿元①。2021 年 2 月 26 日，国务院新闻发布会上，人社部提出建立账户制、国家财政税收支持、资金市场化投资运营的个人养老金制度。2021 年政府工作报告提出"推进养老保险全国统筹，规范发展第三支柱养老保险"②。两会代表从提高养老金税收优惠力度、加速账户制建设、拓宽养老金投资范围等方面建言献策。

不难发现，国家对建设养老第三支柱的重视程度不断提高，加快顶层设计在决策层已形成共识。2021 年是"十四五"开局之年，第三支柱养老金的规范发展不仅成为 2021 年我国养老体系建设的重点工作，更有可能在"十四五"期间受到长期政策扶持。

（二）养老金融的概念及分类

养老金融（aging finance）是一个宏观的概念体系，具体来说是我国逐步进入老龄化社会，社会成员的各种养老需求层出不穷，其中也包括养老方面的金融需求，故养老金融统称为了应对老龄化社会的挑战所进行的金融活动的总和。从实践来看，养老金融包括养老金金融、养老服务金融与养老产业金融三个层面。

养老金金融，顾名思义是基于老年人养老金开展的一系列低风险投资活动。借鉴国外先进经验可以发现，养老金金融活动主要包括养老金制度安排和养老金资产管理。养老金制度安排指通过政府、单位和个人责任分担建立多支柱、风险分散的养老金制度体系；养老金资产管理指在保障养老金资产安全的前提下实现收益最大化③。

养老服务金融，指除制度化的养老金之外，围绕养老相关的投资与理财等金融行为，由金融机构专门部门和专业人员研究探索而采取的一系列有关金融产品与服务的创新金融活动，涵盖养老财富管理和养老金融便捷性支持两方面，前者指在工作阶段以养老为目标的财富积累和管理，后者指适老化改造等硬件设施的完善以及为老年人操作便捷化而设计开发的软件等。

养老产业金融，指以服务老年人为主的相关产业，包括养老行业上下游产业链提供投融资支持的金融活动。随着社会的发展和我国老龄化程度的不断加

---

① 谷凌云．全力支持国家养老战略落地实施 大力发展养老理财［J］．清华金融评论，2021
　　（4）：83-85.

② 欧阳晓红．中国式养老何以突围［EB/OL］．经济观察报网，2021-09-18.

③ 欧阳晓红．中国式养老何以突围［EB/OL］．经济观察报网，2021-09-18.

剧，传统家庭养老功能逐步弱化，老年人"居家养老"思路发生显著变化，对于"社会化养老"模式的接受程度逐步提升，此类养老业务也逐步兴起，养老产业需求不断增加。养老产业目前在我国还属于较新领域，其主要特点在于前期投资大、回报周期长、市场反响不确定性较高等，因此更加需要金融行业的参与和支持（见图7.2）。

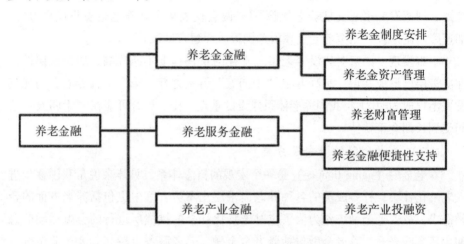

图 7.2　中国三大养老体系全貌图

（三）典型养老金融产品的比较

我国人口老龄化加速来临，大力发展养老金融能有效缓解我国养老保险支出压力。优质的养老金融产品在满足更多老年人金融需求的同时，还可为老年人提供多元化的收益，使之晚年生活更加稳定。根据不同市场主体，我国现有养老金融产品可划分为四类。

1. 商业养老保险

商业养老保险产品是占比最大的一类养老金融产品，是保险公司向个人或机构发售的带理财和风险防控双重特性的一类金融产品，根据客群不同，可分为团体和个人养老保险产品。

团体养老保险产品为企业提供企业年金之外的增值服务，如综合薪酬递延、福利计划、账户管理、投资管理、待遇支付等。个人养老保险产品受益于政策扶持，在养老金融发展中处于领先地位。个人养老保险一方面通过税收优惠鼓励中高收入人群积累个人账户，激励个人发挥养老责任主体作用，以此缓解国家养老金储备与发放的压力；另一方面对灵活就业或无工作者的养老规划需求，个人养老保险产品提供了更为灵活的养老金计划保障。

2. 公募养老基金

2018 年 3 月 2 日，证监会正式发布《养老目标证券投资基金指引（试行）》，规定"养老目标基金是指以追求养老资产的长期稳健增值为目的，鼓励投资人长期持有，采用成熟的资产配置策略，合理控制投资组合波动风险的公开募集证券投资基金"①。养老目标基金采取 FOF 形式运作，根据设计理念和资产配置策略的不同，按照公募基金管理办法可分为目标风险型基金（TRF）和目标日期型基金（TDF）。基金采用定期开放的运作方式或设置投资人最短持有期限，定期开放的封闭运作期或投资者最短持有期限应当不短于 1 年②。此类公募基金与其他非养老类型公募基金没有明显差异，此类基金可以设置优惠的基金费率，并通过差异化费率安排，鼓励投资人长期持有。

截至 2021 年 9 月 22 日，全市场养老目标基金共 155 支，总规模 940.45 亿元，其中，目标风险基金 778.84 亿元，目标日期基金 161.61 亿元。

3. 养老理财产品

养老理财产品的发行主体主要为商业银行及部分银行理财子公司。2021 年 9 月 10 日，中国银保监会办公厅发布《关于开展养老理财产品试点的通知》，选择"四地四家机构"进行试点，即工银理财在武汉和成都、建信理财和招银理财在深圳、光大理财在青岛开展养老理财产品试点，试点期限 1 年。试点阶段，单家试点机构养老理财产品募集资金总规模限制在 100 亿元人民币以内。

长期以来由于银行养老理财产品试点的缺失，其相对于个人税延型养老保险、养老目标基金等其他养老产品，起步较晚且发展相对滞后，总体规模也不大，目前可供选择的产品数量不多，多为低风险、开放式、期限集中于 1 年至 3 年，主要投资于高流动性、固收类资产，产品具有较高的同质性。其中，银行养老理财产品的认购门槛一般在 5 万元左右，收益率介于 4%~6%，个别产品对发售对象有起始年龄要求。此次养老理财试点是在"资管新规"框架下发展多层次、多支柱养老保险体系的一次尝试，试图通过投资策略安排和产品精细化管理，满足客户的长期养老需求，选择不同地区的四个代表性城市以及注册于当地的理财子公司（工银理财除外）进行试点，鼓励各家机构探索适合本地的相关机制，同时在产品设计、风险管理、销售管理、信息披露和投资者保护等

---

① 高上. 我国养老目标风险基金的资产配置方案优化设计［D］. 上海：上海师范大学，2020.

② 高上. 我国养老目标风险基金的资产配置方案优化设计［D］. 上海：上海师范大学，2020.

方面做出了相应要求。

4. 养老信托

整体来看，养老信托虽然是信托公司转型的方向之一，也受到了监管层的大力支持和鼓励，但其在国内的实践较少，大部分信托公司对此类产品的研究还在起步阶段，因此对新信托业务的种类和范围认知比较模糊，并没有形成很成熟的产业体系，也没有很成熟的产品模板①。业内虽有相关尝试，但整体来看大多只是普通的"资金信托+购买养老相关产品"的简单加总模式，其本质与信托公司传统业务没有较大差异，更未体现养老金融在整个生命周期对于投资人的规划，因此此类产品并没有真正获得老年投资者的青睐，市场反响明显遇冷。未来在结合养老市场核心需求、主要痛点及信托制度优势的基础上，养老信托可以进行更多功能延伸及产品创新，在养老服务、养老金资产配置方面发挥更大的作用②。

未来，伴随我国老龄化程度不断加深，以及"个人是自身养老保障第一责任人"的观念进一步深入人心，人们对优质养老金融机构和养老金融产品的需求量也会逐步增大。信托公司可以依托多年来在金融服务产业和理财市场所积淀的深厚理解认知和能力禀赋，灵活运用信托制度，通过投贷联动、产业基金、股权投资等创新模式，参与养老产业的投融资环节中去，助推养老产业的全面深入发展。

二、养老信托业务模式分析

基于目前制度政策以及对市场与客户的分析，我们认为养老信托发展可从以下几种模式进行业务分类和实践探索：

（一）年金型

养老信托主要指的是企业年金信托，由前面论述可知，虽然企业年金基金金额稳步增长，但在覆盖范围、替代率水平以及发展结构上仍然与发达国家存在着较大差距，未来仍有强烈的发展需求和广阔的发展空间。

根据《企业年金基金管理办法》，我国企业年金基金管理涉及受托人、账户管理人、托管人和投资管理人四类机构主体，由人社部统一认定，采用资格准

---

① 朱英子. 银信合作探路养老信托 招行联合多家信托公司强势入局［EB/OL］. 新浪财经网，2022-06-08.

② 胡萍. 推动养老信托发展融入养老大课题［EB/OL］. 金融时报网，2022-03-14.

入制，金融机构需要获得相应业务资质才可从事企业年金业务。目前 13 家受托人主要以保险公司为主，仅有 2 家信托公司获得企业年金受托人资质，所占市场份额较小。18 家账户管理人以银行为主，仅 1 家信托公司获得账户管理人资质。22 家投资管理人以保险公司和公募基金为主，尚未有信托公司获得资质①。信托公司在年金市场的市场份额仍有较大的拓展空间（见表 7.1）。

表 7.1　2020 年年末企业年金基金管理市场情况

受托人	受托管理资产（亿元）	账户管理人	企业账户数（个）	投资管理人	组合资产金额（亿元）
国寿养老	4672	工商银行	41021	泰康资管	3631
平安养老	3457	国寿养老	11866	平安养老	2814
工商银行	1782	中国银行	11483	国寿养老	2490
太平养老	1186	建信养老	9848	工银瑞信	1573
建信养老	1149	招商银行	7008	太平养老	1293
泰康养老	1102	交通银行	6754	华夏基金	1264
长江养老	1089	长江养老	5764	易方达基金	1197
农业银行	591	光大银行	3710	中信证券	957
中国银行	413	浦发银行	2241	长江养老	952
华宝信托	127	平安养老	1085	中金公司	858
招商银行	105	农业银行	1042	南方基金	847
人民养老	7	泰康养老	968	博时基金	617
中信信托	4	中信银行	874	富国基金	575
		民生银行	573	海富通基金	543
		华宝信托	374	嘉实基金	528

---

① 陈赤，管百海．发挥信托制度优势 助力共同富裕［J］．清华金融评论，2022（3）：41-44.

受托人	受托管理资产（亿元）	账户管理人	企业账户数（个）	投资管理人	组合资产金额（亿元）
		新华养老	310	人民养老	491
		太平养老	295	招商基金	377
		人民养老	11	华泰资管	259
				建信养老	153
				国泰基金	144
				银华基金	116
				新华养老	8
合计	15684	合计	105227	合计	21687

（二）服务型

我国养老机构供需端存在着供给缺口与空置率高共存的"怪相"。目前的养老机构主要分为公立和民营两类，公立机构的收费相对较低，需求量大但资源明显不足。民营养老机构前期建设投入巨大，运营期的成本较高，投资回收期长，同时，一些机构开展无序的低价竞争以谋求吸引客户快速回笼资金，更有甚者将募集资金挪作他用，当资金无法续接时很容易产生资金链断裂和暴雷事件。因此，供需的结构性失衡造成了公立机构"一床难求"、高端机构"空置率高"、中小民营机构"频繁暴雷"。

解决这些养老问题事关国家发展大局，而信托行业作为养老金融中的一个重要部分，兼具金融与服务的双重制度优势，养老信托应该依托制度优势为养老人群提供服务，在助力他们投资回报增值的同时，使之更有经济实力保障自己的晚年生活。监管当局在信托行业转型期一再强调，信托是一种财产管理制度，具有财产独立和破产隔离的制度优势。虽然信托公司作为金融机构成员之一，对自身风险的防范和认知需要更为深入与谨慎，但不可否认其在运用信托机制管理涉众性社会资金方面具有其他金融机构不具备的天然优势。其在多年来的发展中积累了不少管理社会资金的经验，因此开展养老服务信托也有利于提升涉众性资金安全性和使用效率，同时符合我国基本国情，能够切实为老年人创造安稳的老年生活环境，解决他们的后顾之忧，满足他们日益变化的养老需求，服务信托使得信托公司逐步回归本源，避免了受托人定位偏差风险，因此符合我国信托业的功能定位和发展方向。

养老服务信托还可以进一步划分为单一养老服务信托和综合养老服务信托。单一养老服务信托主要以养老消费信托形式，由信托公司和相关养老专业机构或行业进行深度合作，为委托人提供养老社区入住权、康养机构、养老服务等为主的单一服务。养老消费信托计划的资金可用于为康养机构采购康养服务，由于养老服务信托体量往往较大，信托工作募集资金能力较强，故可以规模优势取得康养机构较优惠的价格，并以机构身份监督康养机构服务质量，保障老年消费者权益。此外，目前我国的养老产业具有较大发展潜力，不少康养机构可以提供大量的增值服务。如部分信托公司在养老服务信托领域的一项创新之举就在于给予委托人一些满足其需求的增值服务，如可获得更高品质养老服务、养老医疗和养老娱乐的优惠购买权，提供高端养老机构的优先入住权，享受高端养老保险增值服务，等等权益。综合养老服务信托则为委托人提供包括养老社区入住、高端医疗、子女教育、殡葬、财富传承、分配等一系列"一条龙"服务，力图全面满足老年人的各类需求，解决他们对后代教育、生活与成长的后顾之忧。

综上所述，我国信托公司开展养老服务信托具备以下几点优势：一是可以通过与委托人建立信托关系，简化委托人管理流程，避免高频次委托；二是可以明确信托财产运用限制，最大限度保障预付款信托实现预付的特定目的，有效防止养老机构以"养老"的名义非法集资挪作他用；三是信托公司还可以通过资金清结算服务体系，为养老机构提供资金收付、清算、管理等综合运营管理服务等；四是通过规模优势，在与保险机构、养老服务机构或医疗机构进行合作谈判时，更具有议价能力，能够为委托人争取到更合理的增值权益，以此来加强自身推出的创新型养老信托产品的市场竞争力①。

另外，对于应用信托机制服务于涉众性社会资金管理，在国内外已有多类实践。例如，我国台湾的预付款信托，就可以为内地信托公司参与养老产业相关的涉众性资金管理服务信托未来发展提供良好借鉴。我国台湾地区早在2004年就由主管部门出台监管条例与制度，将信托作为预付款的保证机制写入法律，有效保障了消费者权益，得到民众的普遍认可。

（三）产业型

信托公司除了为养老机构或个人客户提供养老金融服务，还可以在养老产

---

① 胡萍．推动养老信托发展融入养老大课题［EB/OL］．金融时报网，2022-03-14.

业投融资环节发挥重要作用。我国养老产业目前仍处于发展初期，主要是以养老地产（持有型物业）为核心载体延伸而形成产业链，辐射到各类养老服务及设施。养老地产作为养老产业链上的重要一环，因其商业模式最为清晰，也成为社会资本重点布局的领域。

也要注意到，养老产业投融资目前存在着一定的业务痛点，如土地租金成本高、去化周期较长、投资退出机制不完善等。面对上述痛点，资本若想在养老产业布局中找到适合的角色，至少需具备"养老资源、长期资金、运营能力"三要素中的一点。而保险资金凭借其"大资本、长资金"的优势，是养老产业资金供给的主力军。保险公司中以重资产投入模式运行的主要有泰康、太保、国寿。其布局动机一是找到长期回报稳定的持有型物业资产，满足险资收益率要求；二是通过保单对接养老社区，促进保险业务协同发展；三是以养老社区为载体，协同发展医疗健康产业。保险机构的营利关键之处则在于低价拿地能力和保单销售能力。

（四）慈善型

应对并解决养老问题，不仅是国家战略和社会热点，更带有公益慈善属性，尤其在我国社会老龄化程度加剧的时代背景下，公益慈善的属性使得养老产业的发展更易受到金融监管机构和国家高层政策制定者的大力支持。

根据《中华人民共和国慈善法》（以下简称《慈善法》）总纲第三条，"扶老"被明确界定为公益慈善活动。与养老相结合而诞生的慈善信托，自《慈善法》颁布实施以来得到了一定发展，也一直受到国家有关部门包括监管层的明确支持。根据中国慈善联合会慈善信托委员会统计，截至 2020 年年末，我国已设立慈善信托共 534 单，总规模约 32 亿元，其中不乏信托资金用于资助、定向捐赠养老机构或是用于阿尔茨海默病等老年病防治工作等养老场景，为我国养老行业的发展切实提供了资金支持①。

由于"养老+慈善"涉及社会公众利益，对信托公司的受托责任履职能力要求较高。因此，信托公司更应该在慈善型养老信托中担任好受托人角色，认真培养与之匹配的资产管理、投顾配置、风险管理、运营科技等核心能力。通过"养老+慈善"，把更多资源配置到经济社会发展的重点领域和薄弱环节，支持国家养老战略落地实施，实现用金融的力量去推动社会的进步，弘扬我国尊老爱幼的优秀传统文化，切实服务好老年人群体。

---

① 黄霄盈. 慈善信托能否成为未来慈善新模式 [J]. 当代金融家，2021（3）：94-96.

（五）个人配置型

养老金体系中的第三支柱是个人养老储蓄计划。我国的第三支柱完全由个人承担，可根据个人需要选择是否参加。由前述讨论可知，相比发达国家，我国第三支柱养老金体系结构占比明显偏低，尚处于初级发展阶段，因此，发展第三支柱养老金体系应当成为我国长期的战略选择。为了支持我国养老产业的长足发展，对于个人养老储蓄计划也需要长期坚持，并从个人角度出发，建立起更有主观意识和主动性的储蓄方案，以加强其晚年的资金风险防范能力，避免老年"破产"情况发生。

三、养老信托业务面临的风险

以下从三种具体业务来分析目前我国信托公司在转型期开展的一些已经在践行中的养老信托业务所面临的新的风险点。

第一，个人配置型养老信托。监管层目前对此类业务给予的政策内容不明确，信托行业从业者的投资管理经验不足，募资难度大。其根本原因在于此类业务虽充分契合当今我国老龄化社会日益严峻的宏观局面，但业务内容过于具有创新性，第三支柱个人养老金制度的顶层设计目前仍在探讨论证的过程中。监管层和实业界对此业务的论证并不充分全面，如何将这一业务真正体现到"惠老"方面，是真正的难点所在。目前，虽有个别信托公司大力推广此类业务，但其本质也只是换了个包装，依旧是"个人资产配置"的内核，资金的使用范围甚至根本没有涉及"养老""惠老"领域，故这是信托业需要认真思考的问题。因为此类"挂羊头卖狗肉"的情形正是多年来监管层严厉控制和重点关注的风险业务类型，其中信托从业人员也有较大动力做出有悖于养老信托业务初衷的各种操作，不利于投资者，尤其不利于年龄较大的投资者的权益保障。此外，个人税延型商业养老保险、养老目标基金已经过一段时间的探索，养老理财刚开始初步试点，而养老信托在政策方面仍缺乏清晰的指引，最终的推出注定经历一个复杂且漫长的过程。

信托行业普遍缺乏开展养老业务的经验和基础，对养老信托认知不够全面，短期内寄希望于监管部门将养老信托产品纳入税收优惠试点的难度较大、不确定性较高。同时，信托相比于公募基金、保险资管等在投资管理方面经验不足，尤其在权益投资、大类资产配置方面，信托公司大多未有涉及或处于仅仅初步布局阶段，尚未建立完善的主动管理体系，这也会导致信托对于养老性质资金的理解存在不充分和不合理之处，导致此类创新业务面临较大的暴雷风险。

第二，产业型养老信托。此类业务相较个人配置型养老信托业务而言，其风险主要体现在缺乏产业人才、产业投资周期长和投资回报不确定性高几方面。信托公司过去以房地产、政信等传统领域的投融资业务为主，在养老产业领域缺乏专业化的运作经验和人才积累，对养老产业的投资逻辑、风控手段、投后管理缺乏体系化的认知，故没有较强的风险防范能力。

此外，养老产业投融资本身存在较多的业务痛点：首先，养老产业大多与建筑类和房地产类产业紧密相关，因此其所占用资金量较大，如土地成本、建造成本、运营成本等均需较大投入；其次，养老产业去化周期较长，短期内能够取得商业化成功的项目较少，与信托大多数的资金周期较为不匹配，且短期内难以取得实质性回报也会导致信托产品投资者失去信心，导致此类产品没有"回头客"，后续业务增长明显乏力；除此之外，养老产业还面临着投资退出机制不完善、政策依赖性较强等不确定性风险。面对上述痛点，信托若想在养老产业布局中找到适合的角色，就需要在养老资源、长期资金、运营能力等方面找到自己的特殊优势，且要对此类特殊产业有专门的研究和调研分析，而不能简单套用传统产业信托业务模式进行风险防范。

第三，服务型养老信托。这类信托属于服务信托业务的创新业务之一，但其具有前期投入大、营利模式不清晰、难以形成业务壁垒等明显特征，也造成了潜在风险点。优质高端养老服务资源稀缺、资源整合及运营管理难度大、维护成本高，这些都导致服务型养老信托前期需要较大的投入，而相比之下老年人群消费潜力较小，养老服务及养老消费的利润空间并不大，投资见效慢，这与信托公司要求高投入产出比的主流文化不相符，导致业务人员普遍缺乏开展养老信托业务的动力。

除此之外，养老服务需求的个性化突出，信托公司的从业人员大多是年轻人，对老年人群体的金融服务和投融资需求不太了解，在养老服务领域的理解和认知也有待提升，难以发挥主导作用，难以或无法形成规模效应。

四、养老信托业务的风险防范机制建设

（一）针对特定养老人群进行需求分析

根据《2020年中国养老产业发展白皮书》，近年来，我国老年人的人均养老消费持续增长，全国老年人人均消费由2016年的11399.79元/年上升至2020年的16307.38元/年，同时养老需求呈现多样化趋势。截至2022年，我国老年人人均消费中，养老金融占比逐年提升，其中医疗、社交、娱乐和保健领域近

年增速最快。随着老年群体对社交、娱乐、陪伴等需求的日益强烈，养老需求将逐步转向包含关怀访视等服务在内的养老设施和养老服务。因此，食品、医疗、营养保健是老年人主要消费需求，照料服务、旅游服务、适老器械、网络消费等未来将成为老年人消费新的增长点，将为养老服务产业发展带来机遇。

根据养老场所和服务形式的不同，老年人的养老模式大致可分为三类，包括居家养老、社区养老和机构养老三种（见表7.2）。

表7.2　三种养老模式特征及核心需求

养老模式	发生场所	适用群体	主要特点	核心需求
居家养老	老人或子女家中	具有基本生活自理能力的老人	成本较低，老人无须更改住所，家人可陪伴时间较长	上门看病、上门护理、陪同看病、康复治疗等
社区养老	家庭附近社区	基本生活自理能力相对较弱，或子女不在身边的老人	依托社区公共资源和服务设施，老人对所处环境更熟悉，更具亲切感	社区老年食堂、日间照料中心、社区卫生服务中心
机构养老	专业化养老机构	失能或失智程度较高的老人，80岁以上高龄老人	成本较高，老人需更改住所，服务内容较为全面、丰富	居住、就餐、医疗、旅游娱乐、法律援助、老年大学等

（二）"养老消费"＋"以房养老"：为老年人提供财务保障

从国内的实际情况来看，国内高龄人群多以居家养老为主，老年群体的财产中房产占据了较高的比重，有些老年人可能缺乏足够的现金资产用于养老。在英国，"以房养老"信托发展较为成熟，其具体模式为：房主将房产抵押于信托公司，信托公司负责每月给房主发放一定的养老金，当事人去世后，房产的所有权归属信托公司，信托公司按约定将房产剩余价值的金额发放于当事人的子女。

目前在中国内地此模式应用得还比较少，除了传统银行系的住房反向抵押贷款外，此类业务的开展无论从市场接受度上，还是从业人员展业角度上看，都没有形成有效的规模。大部分老年群体即便自己名下有多套房屋，也由于种种原因不愿意抵押给信托公司。

在这一特殊业务领域创新能力较强也具有较多实战经验的公司是保险公司，

目前我国幸福人寿、人保寿险等少数保险公司开展了个人住房养老反向抵押保险业务，主要为有房产但养老资金短缺的老人提供养老金。这是近年来国际上较为流行的由保险公司推出的一种将"住房抵押"与"终身养老年金保险"相结合的养老保险业务。这类创新业务的核心在于拥有房屋完全产权的老人可选择将房产抵押给保险公司，但实际上继续拥有房屋占有、使用、收益和经抵押权人同意的处置权，并按照约定条件从保险公司处领取养老金直至身故；老年人身故后，保险公司获得抵押房产处置权，处置所得将优先用于偿付养老期间向老人支付的各项费用，剩余房产价值则归属于保险公司所有①。这种养老理财产品尤其适合中低收入家庭、失独家庭、"空巢"老人及单身高龄但具有100%房产所有权的老人们。这些老年人群体对于房产的财产性需求和投资性需求明显较小，甚至倾向于无，在反向抵押给金融机构后，也继续享有房屋居住权，并获得相应的养老金弥补日常开支，避免"老而贫困"的现象发生，因此受到了一定的市场追捧。但信托公司开展此类业务不具备保险公司的独特优势，竞争力明显不足。以信托的方式而非保险的方式占有房产所有权也不太为老年群体所接受，因此面临了不少的阻碍。

就创新业务类型来看，我国目前的养老消费信托可以考虑与"以房养老"模式相结合，老年人将房产抵押于信托公司，同时选购信托公司筛选过的具有长期稳定合作关系的养老机构或养老服务，那么信托公司每个月可将养老金受托支付养老机构及其他康养服务，剩余部分划转给老年人。此类业务还可以和家族信托、财富管理等做有效的结合，不仅可以形成较强的信托责任，而且具有财产转移和有效管理的制度优势，能够很好地防范信托行业开展此类业务遇到的风险，且相较于住房反向抵押贷款和住房养老反向抵押保险等形式的养老模式更容易被普通大众接受。

（三）根据不同养老人群的不同需求设置多维度产品线

针对不同年龄段的老年人，应有不同的产品定位。65～80岁的应划分为一类，他们大部分还健康活跃，生活能完全自理，对于老年人身心健康、日常生活和娱乐活动具有较高的需求，可能更需要社区养老服务、文体娱乐、高端度假服务等；而80岁以上的老人应划分为另一类，他们可能已经出现失能失智或半失能状态，日常生活已不能完全自理，需要的服务可能更为专业，需要相关医疗机构的配合，这要求信托公司应有侧重地开发相应的产品。

---

① 阿梅娜·阿布力米提，帕提古丽·库尔班. 我国"以房养老"的前景分析与政策建议
[J]. 法制与经济，2019（10）：5-8.

在不同的养老模式下，养老消费信托提供的养老服务的内容也有所不同。我国目前养老体系为90%居家养老、7%社区养老、3%机构养老，虽然居家养老仍是主流，但随着人们养老理念的不断转变，对养老生活质量要求越来越高，选择入住综合服务类养老机构的人群占比或会越来越高。在居家养老模式下，养老消费的内容应主要包括家政卫生、居家护理、居家医疗、紧急救援、心理关怀慰问等服务；在机构养老模式下，养老消费的内容则更为广泛，包括养老住房、养老护理、健康医疗、疗养康复等全方位饮食起居服务。信托公司作为受托人，运用其强大的资源整合能力，集成各类养老资源，保障养老服务供给端的质量，在此领域应该大有作为。因此，应根据不同老年人群的特定需求设计有不同侧重点的产品线，如可设计基础型、健康型、高端享受型等产品线。基础型可主要包括免费或低折扣养老机构入住权益、家政人员上门服务、基础医疗服务、定期体检等；健康型可涵盖更多养生保健、健康咨询、营养咨询、心理咨询、医疗康复、紧急救治等内容；高端享受型可嵌套高级社区入住、高端度假旅游、针对高净值客户财富传承等服务。

此外，部分老年人后代为高净值人群，也应是信托公司的主要高端客户群体或潜在客户群体，服务好他们的父母对信托公司而言不仅是销售了创新型养老信托这一产品本身，更多的是与其后代形成了良好的合作模式，彼此信任，更有利于其他信托产品的销售与推广。

（四）积极开展信托公司自身能力建设工作

按照有关规定，在信托行业处于转型期之际，大力发展服务信托应是信托公司的主要目标之一。作为信托公司的本源业务之一，养老服务信托具备信托财产独立、信托目的明确以及服务保障性强等特性，不仅使得信托公司回归本源进行创新，也能够较大程度避免受托人定位偏差风险，且能够为老年群体带去切实的金融服务与资金支持，为我国政府基金应对老龄化挑战提供帮助，有利于打造养老第三支柱，也为消费观念和金融观念日益现代化的老年群体更好地满足自己的养老需求提供了解决方案。但养老服务信托在我国目前仍处于初步发展阶段，尚未出现成熟的发展模式和完整的行业规范，信托公司仍须提高多方面的能力建设。

从此类创新业务的风险防范角度出发，信托公司可以主要在以下一些方面持续发力：

第一，提升养老领域专业化整合能力和产品设计能力。

首先是提升养老领域的专业化整合能力。从我国目前老龄化现象加剧的实际情况来看，养老产业的发展势必成为各产业发展中的一枝独秀，因其是一个多元化的产业体系，如养老消费需求可以在满足不同群体老年人生活等基本需求基础上，不断向老年用品、老年医疗、康复治疗、老年旅游、创新养老模式、数字化智慧养老等全产业链延伸。信托公司则需要设立专业的养老服务信托研发与风控团队，在"养老服务+"领域持续挖掘创新业务类型，分类型、分领域对专业的合作伙伴，即各类养老机构进行尽职调查，形成资源备选库，与优质合作机构建立常态化的合作机制，以推出收到市场好评和欢迎的养老服务信托产品。

以国内某头部信托为例，其在养老信托领域的持续创新包括，以客户需求为突破口，打造养老信托服务的统一服务平台，通过开发 APP 或微信小程序等线上工具，增强客户对养老机构状况、收费标准、服务项目等信息的把控。虽然现有老年人群体对 APP 一类线上产品的使用还不太熟悉和信任，但未来越来越多的中年人成为老龄化人群后，其对于互联网等产品并不陌生，此类网上应用能够基于大数据等金融科技技术，根据委托资金额度匹配应享有的服务标准，实现对不同客户需求的快速配置实施，有效提升客户体验，增进客户对创新类养老信托产品的信任度。

其次是加强养老信托产品创新设计能力。充分利用养老信托的制度优势，针对居家养老、社区养老和机构养老等不同客户群体，构建多层次的产品体系，有针对性地进行养老服务方案的个性化设计，更好地满足差异化的养老需求。

第二，科技赋能服务系统及网络建设。

信托公司目前分支网络的建设程度弱，没有银行账户管理和收付结算功能，实现复杂的养老服务信托供给能力相对较弱。信托公司作为综合化、多样化的金融机构，可以在搭建平台、吸引资金、集合养老服务资源、提升养老服务水平方面切实发挥作用。信托公司应持续完善养老信托的系统建设，以客户需求为本，以信托服务为保障，通过专业化的陪伴式服务，为民众和社会提供更优质的受托服务，切实发挥信托制度的本源优势。

为了更好地在高科技与金融深度融合的新时代背景下发挥创新业务优势，随着信息技术的不断发展以及金融科技赋能各类金融机构的传统业务，社会上正在探索形式多样的养老服务发展模式。例如，不少金融机构基于互联网技术开发了综合服务、智能居家养老、社区街道养护一体化等模式，这些技术环节的应用对信托公司的运营系统提出了更高的要求。此外，随着老年人群体对高科技的逐步适应与主动了解程度加深，利用人工智能等金融科技力量赋能养老服务信托业务的转型升级，也使得信托公司在此类创新业务中越发难以应对和防范高科技等技术造成的展业风险与挑战。

　　在加强此类业务风险防范方面，信托公司应充分认识到金融科技是不可避免的未来创新业务展业趋势，因此一方面可以提升产品运营管理以及金融服务能力，建立更适应高科技时代的信息系统，另一方面可针对养老业务建立起一整套标准化体系，包括业务结构设计、流程控制、账户管理、交易管理、法律文本设计、操作风险防控、信息系统支持等，强化养老信托的标准化管理，全方位介入养老产品的运营中，借助高科技手段降低养老信托业务的风险，充分发挥托管运营服务功能①。

　　第三，加强与相关机构的业务合作，共同打造养老生态圈。

　　信托公司应与其他机构建立共赢的业务模式，充分发挥自身优势。信托公司有灵活的架构和较强的资源整合能力，从退休养老的资金规划到养老服务整合再到老年风险安排等都可以与其他机构配合，更好地为高龄人群服务。例如，前文提到保险公司在养老业务领域积累了颇多经验，对于此类业务的风险防范也形成了自身一套行之有效的办法，信托公司本就在一些传统业务领域与保险公司有较多合作，因此也可与之进一步开展合作，不断完善创新型养老信托产品的功能与服务模式。

　　具体来讲，一是与保险机构的合作。高龄人群面临的意外及疾病风险几乎不可避免，保险机构防范此类风险的优势得天独厚，与保险机构合作可说是养老规划中不可或缺的部分。通过养老信托计划与保险产品的结合，可以花费少量资金达到防范风险与资产保值增值的双重效果。通过有效的产品设计，信托公司和保险机构合作，能够产生"1+1>2"的作用，有效弥补养老服务信托在对受益人保障能力上的不足。

　　二是与各类专业养老机构的合作。信托公司在具体的康养服务方面需主动寻求其他专业机构的配合，例如，在养老医疗服务方面，信托公司可以以股权投资等形式布局，帮助医疗机构实现融资需求，同时掌握核心医疗服务资源，充分发挥医疗服务资源的优势，大幅度提高自身养老信托产品的吸引力和竞争力，并借助优势医疗资源的力量防范风险。再如在专业护理服务方面，面对大量老年人尤其是失能老年人的健康护理需求，需要专业化的护理、护理人员和护理机构。信托可以将专业护理资源嫁接到现有养老信托产品中，以满足养老服务需求。目前已有部分信托公司开始瞄准养老服务产业，与国内外知名的各类康养医疗等专业服务商合作，为老年人提供各类高水平的养老服务。这类合作模式较为受老年投资者群体的欢迎，因其能够切实满足老年人的健康管理

---

　　①　周萍. 服务信托的内涵和发展空间［J］. 当代金融家，2019（12）：5.

需求。

（五）尽快出台养老第三支柱税收优惠政策

从海外经验来看，税收优惠力度直接影响国民参与养老第三支柱的积极性。当前在上海、苏州和厦门地区试点的个人税延型商业养老保险采用国际通行的 EET 模式，缴费阶段可免除一部分个人所得税，由于累进税率的因素，领取阶段一般低于缴费阶段的边际税率，缴费人可享受到税延的优惠。但从试点效果来看，税收优惠政策对参保者的吸引力较小，一个重要原因是税收优惠的金额较小，每月仅允许税前列支不超过 1000 元用来购买保险产品。

由此建议：一方面，进一步提高税收优惠的额度，以提升产品吸引力；另一方面，将税收优惠政策推广至其他养老产品，比如，信托公司发行的第三支柱养老信托产品也应纳入税收优惠的范围。

（六）加快建立个人养老金账户制度

美国的 IRA 计划及日本的 iDeCo 计划都是以账户制为核心，我国可参考海外个人养老账户的设计理念，通过建立个人养老金账户体系，打通银行、保险、公募基金、信托、证券等金融机构的养老产品，统一进行资金归集与投资管理。这样既有利于税收递延政策的实施，又有利于建立企业—职业年金账户与个人养老金账户之间的转移制度，促进第二、第三养老支柱协同发展，并与其他类型金融机构一同形成合力，共同分担风险，为养老产业进行融资服务，促进产业的有序发展。

建议由参与者所在地的社保部门负责个人养老金账户的开立，并聘请专业投资管理公司管理，个人账户与银行卡账户绑定，方便缴费与领取。个人账户一经设立就不得随意终止，账户资金在达到退休年龄前不得随意提取，但允许账户随工作变动在地区间迁入迁出①。

（七）制定养老第三支柱业务受托人遴选机制

信托公司在开展传统业务过程中作为受托人往往没有面临过比较严格的遴选机制，委托人也基于长期建立的关系和信任，对信托公司的各类业务较为放心，其没有主动筛选和监督受托人的主观意愿。而养老信托业务作为创新业务之一，其特征就体现在受益人是社会偏弱势群体，如果作为受托人的信托公司自身没有较高的针对养老信托业务的风险防范能力，则不应该获得委托人的信任，避免给受益人，即老年人群体造成损害。

---

① 荣巍，汪建. 美国 IRA 计划对完善中国个人养老储蓄制度的启示 [J]. 经济研究导刊，2012（6）：96-97.

从境外发达国家或地区的经验来看，其针对养老金受托人制定了严格的准入条件，鉴于养老信托业务的长期性、养老资金的安全性，从事养老信托业务的受托人需要在资本充足率、内控制度、公司治理等方面满足更高的要求。因此，建议监管部门针对第三支柱养老业务设置专门的受托人遴选机制及具体的准入要求，在监管评级、投资与运营能力、专业化团队等方面确立硬性的筛选标准，以保证养老财产的稳健运营，确保老年受益人能够真正获得可观的用于颐养天年的经济收益，而不用担心此类创新信托业务暴雷导致自己晚年生活陷入窘境。

（八）建立强制性的信托监察人制度

除了有严格的受托人遴选机制外，更进一步的保障措施是建立信托监察人制度，这一制度针对的是委托人或者公益事业管理机构指定的、依照法律和信托文件的规定保全信托受益权、监督受托人管理信托事务的第三方机构。在我国，信托监察人制度是公益信托的特有制度，对于私益信托并没有强制规定。养老信托属于私益信托之一，其受益人多为老年人，他们存在身体机能老化、精神状况下降、智力能力减退等问题①。因此，建议强制养老信托建立信托监察人制度来保障老年人的权益，消除老年人的后顾之忧，同时增加委托人对受托人的信任。

（九）加强普通民众的投资者教育

我国养老金第三支柱刚起步，民众的投资意识还处于萌芽状态，投资者教育工作任重道远。日本的 iDeCo 计划为日本所有 60 岁以下公民搭建了个人养老金运营平台，由专业的养老投资机构进行管理，对公民进行清晰的投资者教育，有效推进了养老第三支柱的发展。

建议政府相关部门联合专业金融机构通过惠民知识讲座、论坛、媒体宣传等多种形式，加强投资者教育，增进民众对养老金融、养老信托产品的认识。只有做好投资者教育，激发普通民众的养老需求，才能从根本上促进养老信托市场的不断扩大，并有效降低投资者风险，促进此类创新业务良性发展。

---

① 杨粤. 我国网络募捐法律制度思考［J］. 北京邮电大学学报（社会科学版），2013, 15
（5）：22-27.

第五节　服务信托类创新业务之二：特殊需要信托

特殊需要信托也是一类服务信托，特殊需要信托是以满足和服务特殊需要人群的生活需求为主要目的的一种更加特别的信托制度安排。特殊需要人群包括但不限于心智障碍者、失能失智老人以及其他全部或部分丧失以正常方式从事某种活动能力的群体。由于特殊需要人群与老年群体类似，也属于社会偏弱势群体，他们更需要获得来自社会经济各方面的关怀。特殊需要信托因其受众的特殊性，具有长期性、特定性和复杂性几大特点。目前，针对该类人群服务的制度供给和产品供给严重不足，单纯依靠财政补贴和社会公益救助的方式难以长效解决供需不平衡问题，只有广泛借助市场的力量，通过商业和受托服务相结合的方式提供综合解决方案，方为可持续发展的解决之道。

本小节旨在进一步明确特殊需要信托的定义与内涵，深入研究境内外信托公司的典型案例，阐明特殊需要信托的制度适用范围和社会服务价值。从信托公司担任特殊需要信托受托人的视角出发，探索中国特色的特殊需要服务信托创新发展路径。

一、业务介绍

（一）特殊需要信托推出的必要性

笔者认为，信托公司在转型期大力发展特殊需要信托是具有一定必要性的。特殊需要信托业务作为服务信托的一类表现形式，符合服务信托的基本制度安排。研究及发展特殊需要信托，有助于丰富服务信托的内涵和模式创新，更有针对性地服务社会民生需求的痛点和难点。伴随着大资管时代的到来，包括信托业在内的金融行业面临新的机遇与挑战，监管层释放的核心信号就是各类金融机构必须找准自身定位，回归开展金融业务的本源，并通过金融服务实体、金融服务社会的方式，以金融产品和制度安排的优势，为我国社会中真正的弱势群体"雪中送炭"。可以看出，以特殊需要信托为代表的服务信托必将成为信托公司重要的转型方向与业务抓手，构建与完善我国特殊需要信托制度，整合生态圈资源，丰富特殊需要人群服务供给，为社会民生创造特别的功能价值。

1. 我国特殊需要人群数量增加

特殊需要人群范围比较广泛，包括但不限于患有孤独症的孩童、失能失智老人以及其他不能有效生活自理的残障人士群体。联合国《残疾人权利国际公约》中，对残障人士的定义为："包括肢体、精神、智力或感官有长期损伤的人，这些损伤与各种障碍相互作用。可能阻碍残疾人在与他人平等的基础上充分和切实地参与社会。"国际劳工组织把残障人士定义为："是经正式承认的身体或精神损伤，在适当职业的获得、保持或提升方面的前景大受影响的个人。"参照国际的定义及经验，根据我国的实际情况，在1987年开展第一次残障人士抽样调查时首次确定了残障人士的定义，认为残障人士是指："在心理、生理、人体结构上，某种组织、功能丧失或不正常，全部或部分丧失以正常方式从事某种活动能力的人。"

中国残联统计数据显示，2010年年末我国残疾人总人数为8502万人，占全国总人口的6.34%。在残疾人群体中，视力残疾约为1263万人；听力残疾约为2054万人；言语残疾约为130万人；肢体残疾约为2472万人；智力残疾约为568万人；精神残疾约为629万人；多重残疾约为1386万人。各残疾等级人数分别为：重度残疾约为2518万人；中度和轻度残疾约为5984万人。2010年残疾人总人数较2006年的8296万人增长2.48%。残疾人由于生理或心智上的缺陷，往往是社会的弱势群体，需要仰赖亲人的照顾或社会福利的补助，使其能免于生活匮乏，所以经济安全可以说是残疾人的安身立命之本。社会上一般人对于残疾人的关照多局限于社会公益的补助措施，甚少从残疾人本身的人权观点予以考虑。

2. 特殊需要人群老龄化情况加剧

20世纪90年代以来，我国老龄化进程加快。根据2021年第七次全国人口普查数据，我国目前总人口数为14.1178亿人，老龄人口60岁及以上人口为2.6402亿人，占18.70%（其中，65岁及以上人口为1.9064亿人，占13.50%）。按照国际常用标准，当一个国家或地区65岁及以上老年人口数量占总人口比例超过7%时，就意味着这个国家或地区进入了老龄化，比例达到14%即进入深度老龄化，这意味着，我国距离深度老龄化只有一步之遥。疾病发生率普遍伴随年龄增长而提高，几乎无法避免，而随着医疗技术水平的提升，预期寿命不断延长的情况下带病生存已经成为一种常态。根据公开数据，失能失智是老年群体面临的一个主要困境。人口老龄化、家庭少子化和人口流动使老年人如何提前规划养老生活，特别是失能失智后的生活成为一个重要的问题。

除此之外，常规以三口之家为基础的家庭人数跌破三人，在微观层面上体现为离异家庭、丁克家庭、独居青年、独居老人、失独家庭、单亲家庭等多种状态。小规模的家庭稳固性弱，对于疾病或意外等冲击的抵抗力极为缺乏，导致各种各样特殊需要的产生，以往依赖家庭成员互助的需求在当下则必须通过社会力量予以满足。

重新认识和分析我国残障人士及其家庭的保障现状和需求，均衡发展多层次的保障体系，提供多样化的精准服务是增进民生福祉、共建共享幸福美好生活的关键。残障人士的生存和保障状况不仅是上千万家庭需要直面的困境，更是各级政府部门和全社会重点关注的民生问题。

3. 服务机构供给不足及社会保障不均衡

过去 10 年时间内，针对我国残障人士的社会服务与权益保障取得了长足的发展，残障人士的出行便利与生活便利得到了较大幅度的改善和提升。但是服务供给与日益增长的社会需求之间仍存在明显的差距，且目前属于残障人士范畴的患者数量增长较快。以心智障碍者为例，目前，我国包含孤独症、脑瘫、唐氏综合征、智力发育迟缓等在内的心智障碍者约占残障总人数的 30.4%，约为 2580 万人，大约影响家庭人数在 5000 万到 8000 万，而心智障碍者由于没有明显出现生理性残障特征，故而其权益更不容易得到保障①。

随着我国国民经济的持续稳健发展，包括心智障碍者家庭在内的中国家庭生活水平和购买能力得到不断提升，心智障碍者家庭对心智障碍者的生活质量、财产安全、服务专业性及可持续性提出了更高的要求。然而，由于心智障碍者个体差异大，不同障碍类别、时期、年龄和区域的心智障碍者有着不同的需求。调研报告显示，83.93%的心智障碍家庭自评心智障碍者保障不足，差异化的需求难以得到满足。

对低龄心智障碍者而言，在接受教育方面，由于社会对于心智障碍者的偏见，能够接纳心智障碍者的学校成为稀缺资源，特殊学校、康复机构与师资队伍的数量与心智障碍青少年的数量并不对等。在转衔服务方面，当心智障碍青少年从学校毕业后，可选择的服务仅局限在公立或私立机构接受养护照顾或住宿服务，大多数都在家里与父母一起生活，仅有少数在社区融合就业。在融合就业方面，心智障碍者目前仍然继续面临着劳动力参与和就业的巨大障碍，处于人力资源低度开发，甚至被忽略的状况。对大龄心智障碍者而言，社会照顾机制尚欠缺，因其自身年龄偏大，故其法定监护人的年岁更高，并不能实现"白发人"照顾"黑发人"的监护模式，这也给成年心智障碍者家庭带来了沉重的负担。此外，心智障碍者的父母最大的忧虑，除了服务机构缺乏、提供的服务良莠不齐难以选择外，往往是自己身故后子女没有合适的监护人："家长不

---

①　樊融杰. 服务信托解决特殊人群痛点［EB/OL］. 中国银行保险报网，2023-04-11.

在了，孩子托付给谁？孩子如何生存？如何有尊严地活着？"① 目前，《民法典》中虽然增加了"意定监护""法定监护"等新制度，确立了"最有利于被监护人""尊重被监护人的真实意愿""保障并协助"等监护原则，但这些制度仍旧没有细化的配套制度来落实，制度的施行与行为能力直接相关，心智障碍者的自主意愿会受到严重限制②。因此，现行的监护和社会救助保障体系仍无法妥当地保护特殊需要人群的权益。

面对心智障碍者家长的核心关切与终极担心，如何整合优质的服务资源、广泛借助市场力量，为心智障碍者成年后、家长无法照料后的独立社区生活提供可靠的助力保障，是亟待解决的社会问题。

4. 信托业回归服务民生本源

信托公司作为我国金融资管体系的第二大子行业，在服务实体经济和人民美好生活方面发挥了积极的作用。正是基于我国特殊的市场机遇和现实国情，信托公司传统的主导业务结构主要为融资业务，部分类型为近年来监管层明确反对的"通道业务"③。一方面，信托制度的本源优势没有得到应有发挥，受托服务的价值也没有得到应有体现；另一方面，简单的融资业务模式使得信托利益的获取与实现直接表现为基于息差的预期固定收益，相当程度上造成了信托产品的刚性兑付怪象，给教育与引导信托投资者带来巨大压力④。

随着信托业的逐步壮大和信托客户结构及需求的升级，信托公司面临的宏观经济、金融监管、业务竞争环境也在发生深刻变化，驱动信托业快速发展的因素正在逐渐弱化，行业单纯追求规模增长的发展模式难以为继。因此，如何跳出行业发展的历史周期规律，通过能力迁移、回归本源等方式实现稳健持续发展成为全行业共同面临的新课题。

在经济学角度，只有以提升服务信托的服务能力和水平为前提，信托业才能提供更为丰富多元的信托服务供给，才有能力服务实体经济的高质量发展和改善人民生活。因此，发展服务信托是提升信托行业服务实体经济和人民幸福的新动能和新路径。

在法学角度，开展服务信托有助于丰富我国信托制度应用角度的本源回归，

---

① 陈雪萍，张滋越. 我国成年监护特殊需要信托制度之构建：美国特殊需要信托制度之借鉴［J］. 上海财经大学学报（哲学社会科学版），2020（1）：137-152.

② 魏树发，江卓臻. 心智障碍者保护性信托制度之创设［J］. 石河子大学学报（哲学社会科学版），2020，34（4）：61-69.

③ 袁田. 如何构建服务信托"发展范式"［J］. 当代金融家，2019（12）：5.

④ 袁田. 如何构建服务信托"发展范式"［J］. 当代金融家，2019（12）：5.

在"资管新规"统一规范下还具有特别的现实意义，是重塑信托行业主营特色的差异化路径选择。如何通过开展服务信托另辟蹊径，以差异化的主营特色业务继续发挥信托制度的独特灵活性优势，是信托公司深化转型，实现可持续发展的必由之路。

在社会学角度，服务信托业务的核心价值在于受托人履行以服务为内容的受信义务，其自身不是以获得金融资产收益或手续费收入为主要目的，而是通过一系列稳健的财产制度安排，维系委托人、受托人、受益人等信托当事人之间的关系，保障受益人的各项经济权益不受损害。服务信托的核心纽带不仅是信托财产，更重要的是信任关系和受信文化。相对于理财的显性信任，无形的服务不仅需要具象化的手段形成可量化、可评价、可持续的业务模式，更需要信任关系的培育与建立作为文化基础，尤其是在由陌生人组成的现代社会，涉及经济生活和金融领域的信任就更弥足珍贵。

（二）特殊需要信托的定义、特征及类型

参照残障人士的定义并结合我国《信托法》的内容，可对特殊需要信托进行定义，即委托人基于对受托人的信任，将资金或财产转移给受托人，受托人按照委托人的意愿，以自己的名义，为包含心智障碍者、失能失智老人以及其他全部或部分丧失以正常方式从事某种活动能力的特殊需要人群管理及运用信托财产，满足其日常生活、医疗、护理等信托文件规定的用途[①]。

在特殊需要信托的结构安排中，信托公司作为受托人体现出两方面的核心优势：其一是利用自身专业资产管理能力，管理、分配及处置好用于服务特殊需要人群的信托财产；其二是利用规模优势和其他业务建立起长期合作关系，选任并与专业的服务机构进行合作，为特殊需要人群的日常生活、医疗、护理等方面提供服务并协助监督。在特殊需要信托的管理和运行过程中，受托人作为枢纽，可以广泛连接到保险机构、公益组织、慈善机构、监管机构、律师事务所、医疗护理等相关主体，共同参与特殊需要信托为特殊需要人士提供高质量服务的实践中，助力此类服务信托目的实现[②]。

（三）推出特殊需要信托的必要性

特殊需要信托以其自身的优势在我国心智障碍者、失能失智老人等特殊需要人群的长期服务领域具有较大的适用空间。特殊需要信托相较于法定成年监护制度、持久授权书制度而言，具有适用对象广泛、实现特定需求、资金安全

---

① 陈嘉玲. 信托探路"托孤"市场［EB/OL］. 中国经营报网，2022-11-26.

② 袁田. 特殊需要信托纾解老残家庭困境［J］. 中国金融，2023（4）：3.

隔离及保护机制完善等优势，与特殊需要人群的长期照护需求不谋而合。

1. 适用对象广泛，有效弥补成年监护制度的不足之处

从法律意义来看，我国当前成年监护制度是为补充无民事行为能力者或限制民事行为能力者民事行为能力不足而设置的，监护制度有积极保护残疾人财产权益的功能。但在实践中，监护制度与行为能力全面挂钩，严格区分了"失能"（失去生活自理能力）与"失智"（辨识能力不足），将监护对象限制为失智成年人，具体表现在监护的适用条件完全凭借欠缺行为能力的认定，并未包含仅身体上残疾，囿于生活自理和财产管理，但具有完全行为能力的成年人。相当比例的被监护人多因智力残疾、脑部健康等意思能力欠缺或丧失，被监护人认定范围窄导致申请确定监护人、变更监护人等监护纠纷，而特殊需要信托制度的适用对象广泛，可包含心智障碍者、失能失智老人在内的全部或部分丧失以正常方式从事某种活动能力的特殊需要人群，弥补我国成年监护制度的不足①。

2. 实现特定需求

在财产的管理及运用层面，信托公司作为受托人时，相比于一般监护人或被授权人更为专业。基于委托人意愿以及受益人利益最大化原则，信托公司可以开展信托资金闲置期间的主动管理，实现受托服务功能与理财功能的并行开展，实现信托财产的保值增值功能。除此之外，信托制度充分尊重委托人的意愿，围绕特定的需求，信托公司可以结合自身的股东资源禀赋和业务合作伙伴资源优势，深入拓展服务场景，形成差异化的服务优势，更好地实现委托人意愿，遵循信托目的，更有针对性地实现对特殊需要人群的日常照料和财产管理。

3. 资金安全隔离

基于信托财产独立性原则，信托具有法律制度保障功能，这使得信托财产独立于任何信托当事人而存在，相比成年监护制度、持久授权书制度而言，这既是信托制度的天然优势，也是特殊需要信托能够实现信托目的的重要依据。在具体实践中，一旦被监护人的财产被债权人申请强制执行，其将承担财产权益减损的法律后果。如果财产以信托的形式存在，则其独立性使得委托人、受托人和受益人三方的债权人均不得对信托财产采取查封、冻结、变卖、强制过户等法律强制措施，确保信托财产的专属性与安全性②。

---

① 林建军. 我国成年监护法律之缺失与完善：以民事审判实践为依据 [J]. 中华女子学院学报，2014（5）：5-10.

② 魏树发，江卓臻. 心智障碍者保护性信托制度之创设 [J]. 石河子大学学报（哲学社会科学版），2020，34（4）：61-69.

4. 保护机制完善

在我国，监护人作为特殊需要群体对外联系的唯一窗口，享有替代决策权。虽然《民法典》第 34 条、第 35 条、第 36 条分别从监护人责任、监护人履行职责要求、撤销监护人资格等方面限制监护人的替代决策权，但这些举措或者过于抽象无法落实，或者仅带有事后补救性质，并没有专门的日常监督工作，无法真正防患于未然[①]。然而，特殊需要信托通过忠实、审慎的受信义务可以约束受托人，确保信托公司尽职、尽责提供专业受托服务，具有严格的法律约束力。同时，可以有选择地设置监察人、保护人、管理委员会等多种监督机制。除此之外，可以在信托文件中特别约定，保障信托目的得到切实落实。

（四）特殊需要信托的功能及类型

特殊需要信托是受托服务内容与方式的创新体现，其主要功能包括：特殊需要信托可以确保信托财产依照委托人意愿实现特定目的，避免财产纠纷；特殊需要信托可以实现永久存续，不受委托人的死亡或受托人资格的丧失而终止；特殊需要信托可以借助受托人的财产管理能力实现信托财产的有效保值增值。

特殊需要信托按照信托财产的来源不同可分为特殊需要自益信托及特殊需要他益信托。特殊需要自益信托以残障人士的自由财产成立，例如，残障人士或年长者具有行为能力且拥有自有财产时，可以全部自有财产或部分自有财产设立特殊需要自益信托，或者残障人士以其所获得的侵权行为人给付的损害赔偿金作为信托财产而成立信托，将信托财产及收益作为自己未来生活赡养、日常照料的费用[②]。若残障人士拥有财产，但因受监护宣告而成为无行为能力人，虽然本人不能独立进行有效的信托合同行为，但其监护人可以以法定代理人的身份代为意思表达，以残障人士本人作为委托人兼受益人设立特殊需要信托。

特殊需要他益信托是以残障人士以外的第三人的财产作为信托财产而成立的信托，并以残障人士作为受益人。例如，残障人士的亲属按照设立依据的不同，通过信托文件或遗嘱信托的方式，将其财产作为信托财产，以残障人士为受益人成立他益信托。对先天残疾或者由意外事故造成身心障碍的未成年人而言，特殊需要他益信托的成立可以解决其照顾亲属由于体能衰退或衰老而逐渐失去照顾能力的担忧[③]。

具体来说，特殊需要信托按照服务模式的不同可分为特殊需要服务信托、

---

① 魏树发，江卓臻. 心智障碍者保护性信托制度之创设 [J]. 石河子大学学报（哲学社会科学版），2020，34（4）：61-69.

② 冯善伟. 我国特殊需要信托制度构建初探 [J]. 残疾人研究，2022（4）：22-30.

③ 冯善伟. 我国特殊需要信托制度构建初探 [J]. 残疾人研究，2022（4）：22-30.

特殊需要慈善信托及特殊需要公共信托。

第一，特殊需要服务信托主要由信托公司担任受托人，借助信托公司的资源优势及财产管理能力为特殊需要人群提供信托服务。具体在实践中，为了全面考虑委托人的经济状况或高净值家族客户的差异化服务需求，信托公司往往通过"保险金信托+特殊需要信托""家族信托+特殊需要信托"等创新模式开展业务。例如，通过保险金信托嵌入其中的方式，由信托委托人签署保险合同及信托合同，当被保险人身故发生理赔时，保险金给付给特殊需要信托，由受托人进行受托管理及收益分配。通过这样的方式可以充分发挥保险产品高杠杆、终身保障、财富传承等优势。

第二，特殊需要慈善信托主要由信托公司或慈善组织担任受托人，以相关特殊需要人群的救助作为慈善信托目的。在具体实践中，可由政府机构、社会企业及爱心人士担任委托人，选择在特殊需要人群救助方面具有一定经验及慈善资源的信托公司或慈善组织作为受托人，受益人为符合特殊需要人群救助慈善目的的不特定的自然人、法人或依法成立的其他组织。此外，特殊需要慈善信托也可以作为特殊需要服务信托的有效补充和配合，当特殊需要服务信托的财产有盈余或受益人不存在时，可以通过信托文件的约定，将剩余信托财产转入慈善信托中，并用于残障人士救助相关的慈善目的。

第三，特殊需要公共信托主要由残障人士扶养人、监护人、亲属、对残障人士负有救助责任的公共机构等作为委托人，由政府设立的机构担任受托人为特殊需要人群提供公共信托服务或者非营利信托服务。依据我国《中华人民共和国残疾人保障法》，我国政府机构对符合条件的残疾人有补贴、救助、供养的义务，其所需费用也可交付公共受托人进行管理，按照信托文件规定支付给受益人。因此，信托财产可以是委托人的私人财产，也可以是财政补贴资金、公共救助财产等。公共受托人承担了在特殊需要群体保障领域社会托底性政策实施人的角色，可以解决救助残疾人社会政策实施的难题，也可以解决委托人与信托公司缺乏信任度的难题。除此之外，公共受托人在信托财产数额、收费、服务等方面有特殊的支持制度，政府在其中可以起到监督及为其正常运营提供补贴支持的作用。

下面以具体案例进行介绍：

1. 案例 1#：监护支援信托——万向信托案例

在案例中，万向信托联合杭州市国立公证处和上海市普陀公证处（顾问单位）将信托制度与监护制度紧密结合，首次在现实服务层面实现"信托制度+监护制度"的创新融合，帮助当事人规划自己和家人的晚年生活，满足当事人老有所养、老有所终的现实需求。

在公证处和信托公司的协助下，当事人作为委托人设立监护支援信托，指定自己和子女作为信托受益人，并对未来信托分配进行较为详细的规划。当事人为自己安排意定监护，为自己的未成年子女安排委托监护。当事人通过订立遗嘱，打通身后财产，特别是非现金类财产追加交付信托的通道。未来如果当事人发生失能失智的情况，监护人即会履行对当事人及其子女的监护职责，信托受托人按照约定向受益人分配信托利益，保证当事人及子女都能得到好的照料，维持家庭的稳定。如果当事人去世，其遗产可依据遗嘱交付信托，继续用于支持其子女的生活。在整个解决方案中，信托既是各类人身关系的核心枢纽，也是各类财产的重要载体，体现出信托制度的独特优势。通过合理规划，保障当事人及其子女的生活品质，同时减轻和降低监护人的财产管理负担和风险，实现财产隔离、保值增值、养老规划、子女成长、财富代际传承等多重目标。

2. 案例 2#：身心障碍服务信托

2020 年 9 月 8 日，深圳市残疾人联合会和深圳市地方金融监督管理局发布了《关于促进身心障碍者信托发展的指导意见》，率先为身心障碍者创设"财产管理+公益"的信托服务，打造"弱有众扶"的帮扶体系。在指导意见中，围绕身心障碍者的定义、身心障碍者信托关系的建立、身心障碍者信托设立基本流程、身心障碍者信托监督管理、信托终止财产处理与争议解决等方面提出了相关建议。身心障碍者是指在心理、生理、人体结构上，某种组织、功能丧失或者异常，全部或者部分丧失以正常方式从事某种活动能力，致其参与社会及从事生产活动功能出现障碍或受到限制的人。身心障碍者包括智力障碍、精神障碍、孤独症谱系障碍、视力障碍、听力障碍、言语障碍、肢体障碍、多重障碍、重要器官失去功能者及其他显著障碍的人[①]。

在身心障碍者信托关系建立方面，身心障碍者信托是基于身心障碍者特殊需要而设立的信托，由受托人提供信托财产的管理和处分，专业服务机构提供身心障碍者个性化服务。身心障碍者信托延长了信托链条，增加了第三方中介组织、专业服务机构等相关利益方，创新设立身心障碍者所需服务作为信托末梢服务。确保身心障碍者信托健康长远发展，必须完善身心障碍者信托运作机制，在遵循法律法规和政策规定的前提下，理顺委托人、受益人、监察人、第三方中介组织和专业服务机构关系。尤其是针对第三方中介组织，为破解身心障碍者照料服务和社会服务机构有效对接难题，鼓励设立第三方中介组织，负

---

① 李莎. 残疾儿童特殊教育法律问题研究［D］. 重庆：西南大学，2012.

责连接信托各相关方资源和力量。该中介组织可协助受托人推荐遴选能够满足委托人和受益人需求的专业服务机构，并定期对其开展评价考核。而专业服务机构应登记注册为商事主体或社会组织，并依据信托文件，为受益人提供医疗、康复、特殊教育、就业、托养、养老、文体、基本生活照料、殡葬、遗嘱、法律等个性化支持服务，其业务范围及收费标准将向社会公布，并接受身心障碍者信托各方和社会的监督。

在身心障碍者信托设立基本流程方面，对信托的申请、信托的建立、身心障碍者信托存续及身心障碍者信托变更终止等内容进行规范。在存续期间，委托人按照信托文件要求，依照合同履行各项权利和义务。受托人根据信托要求，及时联系第三方中介组织，为受益人选择符合各方要求的专业服务机构。专业服务机构依照信托要求，为身心障碍者提供符合信托要求的个性化、专业化服务。信托存续期间，深圳市残疾人联合会、深圳市地方金融监督管理局依法对设立的身心障碍者信托业务进行指导、检查，信托机构和身心障碍者信托利益相关方应予以配合。而在信托变更终止阶段，当身心障碍者信托成立后，出现信托文件或法律法规变更或终止情形，应依法依规进行办理。若身心障碍者信托发生设立信托时不能预见的情形，深圳市残疾人联合会可以根据信托目的，变更信托文件中的有关条款。若身心障碍者信托终止，受托人应当于终止事由发生之日起十五日内，将终止事由和终止日期报告给监察人、中国银保监会和深圳市残疾人联合会，经深圳市残疾人联合会批准后按照《信托法》终止有关要求办理。

在身心障碍者信托监督管理方面，在业务管理环节中，受托人按照《信托法》等有关法律法规和政策要求，遵循合法、安全、有效原则，依法依规做好受托财产的管理和处分，依据信托合同有关要求，确定专业服务机构，保障身心障碍者服务。受托人应定期主动将信托执行情况向信托设立的业务主管部门深圳市残疾人联合会、委托人、信托监察人等进行报告，自觉接受监督。在信息披露环节中，身心障碍者信托从业机构应依法做好信息披露工作，及时向委托人、受益人、监察人等相关方告知信托业务信息，进行风险提示，保障信托稳健运行。信托受托人应在每年 6 月 30 日前向深圳市残疾人联合会报送年度信托报告。在审慎监督环节中，深圳市地方金融监督管理局、深圳市残疾人联合会等部门应定期会同有关职能部门，研究身心障碍者信托管理事项，及时通报身心障碍者信托业务发展情况，准确研判各类风险，加强信托事中、事后跟踪评估，依法依规防范和处置风险。各级残联组织要切实履行"代表、管理、服务"职能，为保证身心障碍者信托目的的实现提供必要的支持服务，切实保障身心障碍者权益。

在信托终止财产处理与争议解决方面，对身心障碍者信托终止财产处理及争议解决进行了规范。

3. 案例3#：特殊需要慈善信托——"点亮蓝灯"孤独症慈善信托案例

"点亮蓝灯"慈善信托的设立，以"慈善+金融"的形式为慈善资金引入了专业化管理，实现了信托公司、慈善公益组织和孤独症医学专业团队的强强联合、优势互补，是通过慈善项目化运作解决孤独症家庭痛点需求的一次新型探索实践，为信托行业提升制度应用价值和社会服务价值助力社会民生问题解决提供了重要参考。

在具体运作中，南京市慈善总会、南京儿童医院医学发展医疗救助基金会等慈善机构，运用慈善组织的专业公益项目运作能力和公益资源，根据慈善信托管理计划书要求选取符合条件的大病儿童，紫金信托发挥金融机构投资管理方面的专业优势，负责信托财产的投资管理。"信托公司+慈善组织"的业务模式在实现了利用慈善组织与信托公司的优势"紫金·厚德"慈善信托给大病患儿资金救助的同时，更注重人文关怀。

4. 案例4#：特殊需要服务信托——中航案例

在该产品的架构创设中，委托人为身心障碍者的监护人或近亲属，中航信托担任受托人提供解决方案。该产品通过多元资源整合，为委托人指定的身心障碍者（包括但不限于患有孤独症或失能失智的成年人或未成年人等）提供持续的日常生活、医疗、护理等方面的照料。委托人可以根据自己的意愿设立保护人、监察人等角色，同时为保证信托的有效运作及合规管理，该产品还将设立管理委员会，委员会成员分别由受托人、公益组织、专业护理服务机构、保险经纪顾问以及律师事务等机构代表构成，对医护护理机构筛选、服务标准等事项进行决策和监督。

从上述交易结构看，该信托体现出三大产品特色与亮点。（1）服务场景创新。该信托为单一服务信托，在现有服务信托商业模式的基础上，进一步将服务信托的运用场景拓展至"一老一小"特殊需要人群，丰富了服务信托的内涵和模式创新，为行业转型带来新发展机遇的同时，有效弥补了我国社会救助制度和成年监护制度的不足。（2）保护机制完善。本信托特别设置了保护人和管理委员会等相关机制，对医护护理机构筛选、服务标准等事项进行决策和监督，可加强决策科学性，提高信托决策的效率和质量，最大限度保障信托目的的落实和受益人利益的维护。（3）跨界资源整合。除受托的信托公司外，本信托所设的管理委员会成员还包括公益组织（在相关领域有着丰富经验的社会组织，为信托的运行提供合理有效的专业建议）、专业服务机构（深耕孤独症康复、老年照护等领域，拥有丰富服务能力的专业护理服务机构）、保险经纪公司（能够提供保险经纪服务的机构，助力委托人、受托人遴选合适的保险机构及保险产品）、律师事务所（具有丰富法律服务经验的行业顶尖律所，为特殊需要信托提供专业法律服务）等机构代表，可通过跨界的多渠道资源整合，为特殊需要人群提供高质量的身心照料和资产管理服务，提升和保障特殊需要人群的生活品质。通过对护理服务机构遴选规则、护理机构监督及评价机制、保险机构及保险产品遴选规则、闲置资金保值增值运用原则等内容的提议及决策，对项目流程进行可持续的监督。

以"涉众性特殊需要人群资金管理信托"为例，如何实现委托人的信任问题，除了通过管委会的方式来遴选合格的、专业的服务机构之外，创新面向机构客户的涉众性特殊需要人群资金管理信托模式也成为重要方式之一。

当前，涉众性社会资金管理仍然面临较大风险，尤其是特殊需要人群在服务照料机构提前缴纳的押金及预付款。消费者与商家信息不对称、消费者防御保护机制缺失、配套制度及监管措施不完善是主要原因。对消费者而言，商家履行义务之前，他们通常无法细致了解其经营资质、服务能力和运营状况，再加之消费营销不当诱导、设置霸王条款等，使得消费者在不想或不能再行使权利时，商家拒不退还资金。除此之外，还存在商家预收资金挪作他用、卷款跑路的现象，严重损害了消费者的合法权益。

对行业商家而言，部分服务机构的信用缺失及逐利行为引来了更多服务机构的效仿，由于缺乏有效的事前规范监督机制，部分服务机构存在侥幸心理，劣币驱逐良币，损害行业整体形象，间接损害行业中优秀企业的经营品牌和长久发展空间。

对银行而言，商户的资金托管业务与银行之间在法律上是债权债务关系，银行对托管资金的特定用途管理和独立性管理缺乏制度上的特别保障，基于服务场景和服务内容的多样化，银行也无法针对特定服务场景设计特定的监管措施，因其已经超越了银行资金托管业务的经营范畴，无法对商户进行有效监督。

对政府监管部门而言，涉众性社会资金的收取人存在洗钱、非法集资等问题，不仅实质损害消费者权益，而且可能威胁到涉众性社会资金的整体安全，甚至可能影响社会稳定。

因此，涉众性社会资金管理是维护资金安全、保障特殊需要人群利益、维持商业稳定、弥补交易过程中信用的失衡缺陷、维护金融安全以及提升社会治理水平的重要体现（见图7.3）。

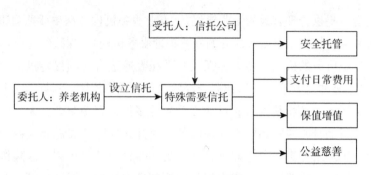

图7.3 涉众性特殊需要人群资金管理信托交易结构

在涉众性特殊需要人群资金管理信托交易结构下，针对服务机构所归集的涉众性社会资金，同样面临集中托管的安全管理需求和资金科学合理使用需求。信托公司作为受托人，能够实现资金的独立、安全、长期保管并按照委托人意愿运用，提升交易安全性和效率，防范出现涉众性社会资金安全风险。

在具体业务执行方面，部分前部信托公司响应监管部门号召，积极落实两会相关提案精神，聚焦涉众性社会资金管理信托业务创新，专门成立服务信托业务部，研究、业务、合规、风控、运营、科技、财富等前中后台多部门协同联动，将研究与实践有机结合，整合内外部资源。在涉众性特殊需要人群资金管理信托交易结构下，以养老护理机构为代表的机构客户与他们本身的存量客户往往具有更强的信任纽带，既可以解决特殊需要人群及其家庭对于服务机构不信任的痛点，由信托公司为服务机构支付费用，也可以将涉众性资金的增值收益部分用于支持服务机构的可持续发展、增进客户福祉的公益慈善活动，为社会做贡献。

通过上述分析可以发现，各类信托产品的设立是通过信托的财产管理服务功能对现有监护制度的补充和完善。针对身心障碍者家庭庞大的需求，仅仅被动等待社会福利支持可能既不能满足多样化的家庭需求，也不利于社会服务体系的发展，因此，需要多种方法及模式齐头并进，共同推动社会问题的解决。

二、风险因素分析

目前市场上对特殊需要信托的理论研究和业务实践还存在较大空白，社会对特殊需要信托的认知，乃至监管部门对该业务的配套制度支持仍在探索阶段。因此更需要加强业务中重点风险的管理能力，主要有以下几方面：

一是防范信托安排的不稳定性风险。信托存续期间存在委托人避债或相关当事人权力过大等导致的信托被击穿或撤销，以及信托目的难以实现等风险，加上各方服务机构、其他受益人等可能发生的道德风险等是信托公司推出此类业务需要重点防范的风险问题。由于受益人为需要特殊关爱的精神或智力障碍人群，特殊需要群体的权益保障尤为重要，并且由于该群体不具备直接为自身争取权利的条件，特殊需要信托在保证信托的有效性、受益人权益的最大化方面提出了更高要求，这也是信托公司自身作为金融机构主动承担社会责任的体现。因此在信托项目的设立和管理运行中应充分尽职调查，全面沟通信托文件条款，并做好风险预案。一方面避免由于委托人或监护人债务或其他因素所导致的信托被撤销风险，另一方面避免由相关当事人权力过大所产生的可能影响受益人权益的道德风险。

二是控制信托财产投资管理风险。由于特殊需要信托的信托利益分配更注重持续稳定，在常规的投资管理方式基础上，还需加强对信托财产安全性的关注，可依据投资顾问出具的投资建议，或委托人或其指定的投资代表发出的投资指令完成信托财产投资。在未指定投资顾问或投资代表的情况下，受托人应严格根据风险测评等级进行资产配置，可将信托财产投资于银行存款、货币市场基金等低风险产品，一方面保障投资管理的安全性，另一方面保障一定的资金流动性以确保为特殊需要受益人提供及时有效的利益分配支持。

三是关注法律法规及政策性风险。目前关于特殊需要信托的政策制度尚不完善，相关制度规定和政策的调整都可能对信托的长期存续产生一定影响，因此要在方案设计、合同条款约定中预留足够空间，同时关注政策支持情况和法律法规完善进度并适时调整，避免政策变动所产生的其他风险。信托公司开展特殊需要信托的主要风险及其原因基于内部和外部两方面。

四是信托公司内部风险。就内部风险而言，信托公司短期存在四方面困境，分别为认知障碍、系统障碍、能力障碍、营利障碍。

其一，认知障碍。适合不同委托人需求的特殊需要信托商业模式仍在创新探索阶段，如何打破资金信托的思维定式，以服务信托的展业逻辑创新设计服务模式，而非产品模式，对信托公司的业务、合规、风控、运营等前中后台管理皆构成挑战。

其二，系统障碍。特殊需要信托管理周期长、管理内容复杂，随着业务规模的扩大及后端服务资源的接入，信息和数据量也会增加。从设立初期到运营，再到信托利益分配等流程，均需要较强的信息处理和数据服务及治理能力，与信托公司传统业务的系统承接能力存在较大差异。

其三，能力障碍。信托公司在特殊需要信托业务中担任的角色往往不是单一的，服务涉及方案设计、财产管理、服务提供等全流程环节，这就需要受托人作为核心枢纽节点，深入不同的细分服务场景中。依据特殊需要人群年龄、服务要求的不同，特殊需要信托业务的差异化显著，短期难以形成规模化和可复制模式。

其四，营利障碍。此类创新业务的收费和服务标准尚在探索中，信托公司收取信托报酬的依据及方式，合规性与合理性均待逐步完善，营利模式的不确定性直接影响信托公司的业务团队投入布局，对公司的战略推进定力和持续的资源支持构成压力和挑战。

三、风险防范机制建设

（一）推动配套制度的补充和完善

一是建立高效的业务支持系统。特殊需要信托具有管理周期长、管理内容复杂等特点，伴随我国特殊需要人群数量的提升，以及特殊需要人群老龄化情况的加剧，此类业务规模扩大和服务资源接入后，对信息和数据量的管理要求也迅速提升。在数字经济与金融业务深度融合的大背景下，信托公司的服务信托业务更需要建立完备的信息管理系统提供业务支持保障，在信托发起设立、运营管理、利益分配等多个环节具备较强的信息处理和数据管理功能，实现科技化的信托业务系统支持。

二是优化整体项目管理流程。受托人在特殊需要信托中的职责复杂，在方案设计、资产管理、服务支持方面有不同的角色，在业务扩大后需要提升效率并快速响应，因此需要信托公司进行整体项目的流程梳理和优化，设计适应于特殊需要信托的流程指引和工作手册。需要注意的是，部分信托公司短期内可能认为此类服务信托不能为公司带来巨大收益，故没有积极推广此类业务的动力。信托公司应在公司内部多做宣传，改变业务部门"看不上"特殊需要服务信托的错误意识，并在业务运营等方面给予更多支持，加强内部协同，便于项目推进和批量化落地。

三是建立有效的信息披露机制。对该类业务进行信息披露，需要综合考虑委托人意愿、受益人的特殊性、信托目的是否存在公益性、政策和制度的规定等众多因素。特别是大部分委托人不愿意在信托业务中涉及受益人信息、信托目的等较为敏感的内容，由此在一定程度上导致了此类业务具有不透明性。故应在保障受益人利益的前提下适当披露，并同时推动相应体系的建立健全，制定行之有效的信息披露机制，充分保障各方权益。

四是积极探索业务持续发展模式。一方面,特殊需要信托业务具有重要现实意义,是充分发挥信托制度优势、切实满足人民美好生活需要的重要方式之一,为特殊需要人群的生活质量、财产安全、服务专业性与差异性以及可持续性问题的解决提供了新思路,具有较强的社会效益,不仅有利于信托公司推出符合监管要求的服务信托业务,也有利于其自身文化建设、避免受托人定位偏差风险;另一方面,目前此类创新业务的收费和服务标准仍在探索和完善中,信托公司的营利模式、激励方案等仍须探讨,部分信托公司对此也大多持有"观望"态度,且由于信托公司没有较多精力与人员去专门研究和对接此类特殊需要人群,因此也会影响公司的战略布局和资源支持,这是业务持续性发展中的重要问题。信托公司需统筹考虑投入成本和产出,做好社会效益和营利模式的测算,根据业务发展建立科学的内部激励和约束机制,探索业务营利模式,处理好此类业务在商业性、公益性之间的平衡问题,建立可持续性的商业模式以保障业务的持续发展。

五是修改与完善相关税制。境外特殊需要信托的发展与普及与当地的税收制度紧密相关,有必要借鉴境外国家与地区的先进经验,在现行个人所得税与企业所得税基础上,针对信托特点,制定符合其经济实质、体现税收公平原则的信托所得税制。此外,在特殊需要信托中,帮助特殊需要人群及其家庭消除后顾之忧是维护特殊人群服务保障的重要补充,以保障特殊需要人群为目的的财产转移也应当予以税收优惠。

(二)出台相应的特殊需要信托业务指引

特殊需要信托涉及需要规范的事项较多,为达成行业共识、统一监管思路、规范行业发展,建议监管部门参照深圳市残疾人联合会发布的《关于促进身心障碍者信托发展的指导意见》内容,出台相应的特殊需要信托业务指引。厘清特殊需要信托规范定义,进一步明确信托委托人、受托人、受益人、监察人、第三方中介组织、专业服务机构等相关当事人的关系,以及各类主体的责任与义务,确定好不同角色开展特殊需要信托业务的具体内容和边界,从特殊需要信托的设立与管理、受托人及服务机构准入、受益人保障、外部监督管理等方面推进特殊需要信托指引建设。

尤其是在外部监督管理方面,建议借鉴《慈善法》慈善信托中的信托监察人条款,鼓励在特殊需要信托制度中引入民政、司法等公权力机关参与特殊需要信托,担任监察人角色,增加特殊需要信托的公信力,推动特殊需要信托的深入开展;鼓励通过设立管理委员会的方式加强决策科学性与专业性,受托人可充分借助金融同业、公益组织、服务机构等相关生态伙伴的优势赋能,成立特殊需要信托管理委员会，对机构遴选、服务评价等环节进行监督，对服务机构能力及义务进行规范。

（三）在信息公示及监管评级方面给予支持

为充分激发信托服务市场主体提供特殊需要信托服务的积极性和主动性，促进服务供给，可以参照促进慈善信托的相关举措，在《信托公司监管评级办法》及相应的信托公司监管评级评分指标体系设计中，增加开展针对心智障碍者及失能失智老年人等特殊需要人群的信托业务指标及分数，对开展此类服务信托的信托公司给予加分鼓励。除此之外，建议在中信登信托产品成立公示页面的信托功能分类中增加特殊需要信托或服务信托相关标签，并在公示信息中增加对社会监护人及社会监察人相关信息的披露。

（四）加强行业引导与文化宣传

特殊需要信托的发展，除了业务上的规范及制度上的安排，行业引导及文化宣传也必不可少。2020年中国信托业年会上，中国银保监会原副主席黄洪再次指出，信托行业的信托文化最基础、最核心、最重要的是三个文化，即委托人文化、受托人定位和合规文化。建设受托人定位，应当充分发挥信托制度优势，切实满足人民美好生活的需要，提升人民的获得感、幸福感和安全感。

特殊需要信托服务的开拓与持续健康发展离不开良好的受托人定位，通过弘扬信义文化，增强受托管理能力，打造信托回归本源服务品牌，才能实现信托功能真正向综合受托服务方向的转变。因此，在行业引导层面，建议信托业协会成立特殊需要信托业务的专委会或专项研究小组，召集有研究兴趣及有业务实践的信托公司积极参与，共同开展行业研讨，配合监管部门开展业务指导和监督；在文化宣传层面，以特殊需要信托为代表的服务信托业务持续健康发展离不开良好的受托人定位，通过弘扬信义文化，在社会上加强对信托受托服务功能的宣传，引导信托公司联合生态合作伙伴，拓展合作发展空间，共同推动特殊需要信托业务的发展。

第六节　服务信托类创新业务之三：家族信托业务

本章还关注的一类服务信托业务是家族信托业务，相较于养老服务信托与特殊需要服务信托，此类业务的发展体现出势头更猛、信托公司推广动力更足的特征。在国内经济增速放缓与金融市场波动加剧的背景下，高净值人士对市场的不确定性认识加深，避险情绪加强，"保证财富安全"与"财富传承"成为主要财富目标，从需求端推动了家族信托的进一步发展。在供给端，作为监管鼓励的信托本源业务，家族信托近年来发展迅速，逐步成为信托公司重要的业务转型方向，多家公司加大投入力度、提升重视程度，家族信托服务能力普遍提升，开展家族信托业务的信托公司持续增加。中信登数据显示，2013 年仅有 6 家信托公司开展家族信托业务，而截至 2021 年 6 月末，开展家族信托业务的信托公司已达 59 家，家族信托业务规模约 2800 亿元，连续 5 个季度呈上升态势，家族信托已经被越来越多的高净值客户接受①。在供给端，开展家族信托业务的信托公司持续增加，中信登数据显示，截至 2021 年 6 月末，已有 59 家信托公司开展家族信托业务，家族信托业务规模超过 2800 亿元，已持续 5 个季度保持上升态势。

在需求端与供给端的双向推动下，这项被称为财富管理领域"皇冠上的明珠"的业务近年来发展稳健，"蓝海"特征日益明显。

本小节首先从家族信托的客户特点、参与主体、服务方式、受托人专业能力等方面刻画中国家族信托发展现状；其次通过论述与案例相结合的形式，展现中国家族信托在信托目的、资产类型、分配方案、资产配置等方面涌现的创新；随后分析中国家族信托当前面临的主要挑战，笔者认为其在产品供给、认知误区、服务体系及能力建设上仍有提升空间；最后从市场、服务体系、投资模式的角度研究中国家族信托的发展趋势。

一、背景介绍

（一）家族信托的起源

信托最早可以追溯到古罗马帝国时期，当时为了规避罗马法对遗产继承人的限制，遗嘱人将自己的财产委托移交给信任的第三人，由该第三人为遗嘱人的妻子或子女利益代为管理和处分遗产，不仅规避了相关法律的明确禁止条例，间接实现遗产继承，还促进了"被信任的第三方"机构的发展，即最早期信托的雏形主要是处理遗产问题②。现代信托制度则起源于 11 世纪英国的"用益制度（Uses）"，主要适用于规避当时法律对土地的限制，经过不断发展，到 16 世纪最终形成信托制度。

从信托行业的发展历史来看，信托制度的出现和发展并非出于对投资的需

---

① 朱英子. 3500 亿家族信托进化论：受托财产纵向扩围资产配置趋于多元化［EB/OL］. 新浪财经网，2022-05-26.

② 韩良. 家族信托法理问题探析［J］. 当代金融家，2015（7）：88-91.

求或财富的增值,而是通过信托制度规避当时法律对遗产继承和财产管理的限制,进而实现一个家庭或家族内部财富的保护和传承。由此可见,最早的信托更接近于以"家族信托"为主要表现形式,涉及家庭或个人财产的管理以及遗产的继承等内容。随着社会发展进步,家族财富管理和传承的问题越来越受到关注,家族信托逐渐在欧美发达国家高净值家庭的财富管理过程中被广泛采用,这也与工业革命之后家族企业的逐步发展、遗产税的开征等相关。通过回顾国外家族信托的起源可见,一方面信托等相关法律制度逐步完善;另一方面高净值家庭对于将财富交给独立受托人来管理并实现财富传承的需求日益旺盛,共同促进了家族信托的迅速发展。

在海外家族信托发展百余年后,我国的家族信托业务在相关制度逐步建立健全的背景下,在经济飞速提升和社会财富逐步累积的基础上,为了满足高净值家庭财富管理、传承、保障等需求而迅速发展。

家族信托在我国的首次尝试始于 2012 年,2013 年年初,平安信托落地国内首支家族信托产品,随后,家族信托业务在我国发展迅猛,外贸信托、中信信托、上海信托等多家公司纷纷进行业务布局,我国的家族信托业务快速走过理论学习和概念推广阶段,形成了一定的业务规模。近年来,家族信托相关监管政策逐步完善。2018 年,银保监会发布《关于加强规范资产管理业务过渡期内信托监管工作的通知》(以下简称"37 号文"),首次在监管文件中明确家族信托的定义,为业务持续健康发展奠定了基础。作为信托行业回归本源的重要业务类型,家族信托迎来蓬勃发展,越来越多的信托公司参与其中,为高净值客户提供更为完善的家族财富管理服务[①]。第十三届全国人大会议通过的《民法典》于 2021 年正式实施,其中明确了自然人可以依法设立遗嘱信托,进一步完善了继承制度,同时也丰富了家族信托的设立方式,对家族信托的发展具有重要意义(见表 7.3)。

表 7.3 我国家族信托业务发展的重要事件

时间	组织/机构名称	事件
2013 年 1 月	平安信托	设立"平安信托·鸿承世家单一万全资金信托",总额度为 5000 万元,是国内首支家族信托产品
2013 年 5 月	外贸信托、招商银行	推出国内第一例私人银行家族信托产品

---

① 王菁. 私人银行家族信托业务的发展机遇 [J]. 银行家,2018(12):116-117.

时间	组织/机构名称	事件
2014 年 1 月	中信信托	开启"家族办公室"服务，并宣布签下首单"家族办公室"合约
2014 年 1 月	上海信托	成立了名为"家族管理办公室"的部门，主要对接具有家族信托需求的客户
2014 年 4 月	中国银监会办公厅	《中国银监会办公厅关于信托公司风险监管的指导意见》发布，提出"探索家族财富管理，为客户量身定制资产管理方案"
2014 年 5 月	中信信托、信诚人寿	推出国内第一例保险金信托产品
2017 年 5 月	国家税务总局、财政部、人民银行、银监会、证监会、银保监会	联合发布《非居民金融账户涉税信息尽职调查管理办法》，这对我国境内家族信托业务具有一定的促进作用
2018 年 8 月	中国银保监会	发布《关于加强规范资产管理业务过渡期内信托监管工作的通知》，首次在官方监管文件中明确家族信托的定义和业务规范
2019 年 11 月	最高人民法院	发布《全国法院民商事审判工作会议纪要》，家族信托可参考适用其中关于营业信托财产独立性及债务隔离性的规定
2020 年 5 月	第十三届全国人大会议	审议通过《民法典》，并于 2021 年 1 月 1 日起开始实施，明确了遗嘱信托的法律地位，对家族信托的发展具有重要意义

（二）家族信托的核心要素

1. 家族信托的定义

"37 号文"明确了家族信托的定义，即"信托公司接受单一个人或者家庭的委托，以家庭财富的保护、传承和管理为主要信托目的，提供财产规划、风险隔离、资产配置、子女教育、家族治理、公益（慈善）事业等定制化事务管理和金融服务的信托业务"，并指出家族信托的设立门槛，"财产金额或价值不低于 1000 万元，受益人应包括委托人在内的家庭成员"，但委托人不得为唯一受益人，强调"单纯以追求信托财产保值增值为主要信托目的，具有专户理财

271

性质和资产管理属性的信托业务不属于家族信托"①。

2. 家族信托的要素

从信托要素角度分析，家族信托的信托目的、信托财产、信托当事人以及信托管理和处分的行为也具有其自身特点，与其他信托业务有一定程度的不同。

一是信托目的。根据定义，家族信托的信托目的是家庭财富的保护、传承和管理，不能仅是单纯的财产保值增值。在业务实践中，委托人设立家族信托的目的主要涉及财富传承、财富规划、资产隔离、遗嘱替代、协议替代、养老医疗、税务规划、公益慈善等，并不是以现有财产增值以赚取投资收益为主要目的②。调研数据显示，信托公司所设立的家族信托的信托目的排在前三位的是财富传承、财富规划和资产隔离。此外，信托目的包含遗嘱替代的家族信托也占据一定比例。信托目的包含养老、税务筹划以及公益慈善的业务数量虽然较前述信托目的类型业务较少，但近年来规模和数量也呈上升趋势。总体而言，家族信托的信托目的较为复合。

二是信托财产。家族信托的信托财产应是委托人的合法财产，其金额或价值应不低于人民币 1000 万元。家族信托的信托财产类型较为丰富，除了较为普遍应用的货币资产、资管产品、保单等金融资产，还包含企业股权、不动产、艺术品等多种形式的非金融资产。随着越来越多的高净值客户了解并选择家族信托作为其财富管理的重要工具，置入家族信托的财产种类更加丰富多样。

三是信托当事人。家族信托的委托人可以是单一个人或者家庭，目前在我国的业务实践中以单一个人为主，探索和推进以家庭作为委托人的家族信托业务模式需合理设置相关当事人和主体的权利。我国家族信托的受托人即为信托公司，但从海外家族信托业务发展看，家族信托的受托人不仅局限于信托公司，还可以是专业的家族办公室等机构。按照定义，家族信托的受益人应是包括委托人在内的家庭成员，但委托人不得为唯一受益人，这充分体现了家族信托的核心特征，即以实现家族财富保护、传承和管理为目的。

四是信托管理和处分行为。在家族信托业务中，信托的管理和处分主要包含定制化事务管理和金融服务。具体而言，受托人在家族信托服务中应按照委托人的需求，根据信托财产管理运用需要，进行财产规划、风险隔离、资产配置、子女教育、家族治理、公益（慈善）事业等多方面的事务管理或金融服务。

---

① 钟向春. 家族信托监管规则若干问题探讨 [J]. 银行家, 2019 (11)：121-123.
② 管百海. 信托文化是指引信托公司业务开展的根与魂 [J]. 当代金融家, 2022 (5)：10-13.

此外，"37号文"规定家族信托不适用"资管新规"相关规定，这使得家族信托的财产管理、运用和处分有别于其他信托产品。

（三）家族信托的特点与功能

1. 家族信托的特点

一是信托目的复合多样。如前所述，委托人设立家族信托的目的不仅包含财富规划、资产隔离、养老医疗、财富传承等方面的需求，也包含遗嘱替代、税务筹划、公益慈善等多种诉求。一方面，委托人通过复合多样的信托目的可以实现家族财富的全面规划和保障；另一方面，信托目的多样化和综合化也是家族信托具备较高灵活度和较强服务水平的主要体现。

二是信托财产种类丰富。前文提到，家族信托业务的创新是当前我国信托公司的主要转型方向之一，因此结合家族信托的历史渊源以及委托人的实际需求情况，家族信托业务也不断推陈出新，有了更长足的发展。在开展家族信托业务的初期，委托人设立信托的财产以金融资产尤其是货币资金为主，也包含部分资管产品、保单等，而随着高净值客户在传承非货币类财产方面的意愿逐步增强，家族信托财产的类型不断丰富。笔者调研发现，不少推出了多年家族信托业务的信托公司已经开始以企业股权、不动产、艺术品等财产设立家族信托，且此类非货币性资产传承的需求还在逐步增加，家族信托管理的信托财产种类不断丰富[1]。

三是信托存续时间较长，家族信托是对客户家庭或整个家族的财富管理和规划，委托人需要在家族信托方案中全面判断其自身以及受益人在生命周期不同阶段的不同需求，进一步综合家族或者企业的治理情况，对家族财富进行合适的分配，同时也有越来越多的委托客户希望能够传承家族精神财富，因此，家族信托需要较长的存续周期才能实现以传承为主的信托目的。

四是管理运行要求专业。委托人设立家族信托，充分体现了其对受托人能够保证持续专业管理、长期稳定服务以及全面完善保障的深度信任，这对信托公司的受托管理能力提出较高要求，需要受托人在项目存续期保持长期的专业性和稳定性，并提供更为完善的覆盖金融与非金融多方面的服务保障，建立全方位的家族信托服务体系。

五是家族信息私密安全。通过家族信托安排，可以最大限度地保护家族隐私，满足高净值客户私密性需求。家族信托设立之后，信托财产登记于受托人

---

[1]　朱英子. 3500亿家族信托进化论：受托财产纵向扩围 资产配置趋于多元化［EB/OL］.新浪财经网，2022-05-26.

名下，信托财产的管理和运用都以受托人的名义进行，不再对外体现委托人，与此同时，受托人对委托人、受益人以及信托事务管理负有依法保密的义务，可以充分保障委托人及其家族的隐私安全。

六是家族传承全面综合。在家族财富与财产的传承过程中，不可避免由于家庭内部成员矛盾和摩擦，各方利益相关者罔顾亲情，做出损害家庭财富的事情。信托公司则可以充分发挥自身优势，将信托财产完全与委托人财产、受托人财产和受益人财产相隔离，全面保障信托财产，从而避免债务风险、婚姻风险、意外风险及代持风险对家族财富的侵蚀。此外，家族信托可以通过全面灵活的定制化设计，满足不同家族的诉求，并通过专业机构科学的受托管理机制，有效贯彻执行传承方案，确保家族金融资本、人力资本、文化资本、社会资本的全方位、跨周期传承①。

2. 家族信托的功能

一是有序传承家族财富。在家族信托全周期中，可以通过完善的分配方案实现合法、有序的分配，在长期财富传承过程中实现单纯通过遗嘱所不能实现的复合目的，例如，防范子女挥霍财产、保障子女成长教育、减少继承纠纷、保障医疗养老需求等，充分避免风险，实现有序传承。

二是规划管理家族财产。作为专业资产管理机构，信托公司具备较强的财富规划和资产管理能力，经过对委托人需求的综合判断进行全面的方案设计，进而在专业的管理运行机制支持下，降低财产损失的风险，并进一步通过合理的资产配置提供长期收益，实现家族财富的保值增值。

三是保障家族财富安全。家族信托因其财产独立性、信息安全私密性等特点，一方面可以有效隔离，避免债务风险；另一方面也可以通过预先规划防范婚姻变故带来的财产损失，同时还可以实现较为严格的信息保密，防止为富所累，充分保障家族权益。

四是促进家族基业长青。目前家族信托已经不仅是财产保护和传承的工具，越来越多的高净值客户通过家族信托的专业顾问服务实现家族治理，通过对家族资产和企业等方面的统筹安排保障家族发展，通过整合多方面资源满足发展过程中的特定需求，从而为家族财富世代传承护航。

（四）家族信托的展业环境

近年来，对家族信托发展有较大影响的法律和政策陆续出台，为家族信托

---

① 张姝. 私银伙伴说：企业家客户的新"刚需"——家族信托［J］. 现代商业银行，2022（24）：68−71.

的发展创造了良好的政策环境。

首先，"37号文"特别指出，家族信托不适用于"资管新规"的相关规定，表明了监管机构对家族信托发展的支持。其次，最高人民法院发布《全国法院民商事审判工作会议纪要》，其中第95条在《信托法》的基础上对信托财产的独立性和债务隔离性进行了重申和进一步阐释，家族信托可参考其中关于营业信托财产独立性及债务隔离性的规定，这是家族信托隔离功能在司法层面再次得到认证的体现①。可以看出，无论是金融监管层面还是立法层面，都对此类业务给予了较大关注与持续性支持。

此外，《民法典》的实施对家族信托发展也具有重要意义，《民法典》强调对私有财产的保护，同时也明确了遗嘱信托的法律地位，进一步丰富了家族信托的设立方式，具有较强的信号意义。不仅如此，信托财产登记制度也有望持续改善，满足信托行业发展的更高要求。

中国信托业协会调研显示，截至2020年年末，建信信托、中信信托、外贸信托等规模排名居前，其他规模超百亿元的信托公司还有浙金信托、山东信托、中融信托、长安信托和上海信托。数据显示，家族信托业务的分布较为集中，规模排名靠前的公司总规模在行业总数中占比较高。从业务增长速度看，2020年有34家信托公司的家族信托业务规模实现正增长，其中15家信托公司家族信托业务增长速度翻倍，包括五矿信托、华润信托、光大信托、中融信托、民生信托、杭州工商信托、上海信托等。此外中信信托、外贸信托、山东信托这些规模基数较大的信托公司也取得了60%以上的增长，可见家族信托业务仍然处在高速成长期。家族信托正获得更多超高净值客户的认可，日益成为不少头部信托公司在服务信托领域进行创新过程中主推的业务。这有助于家族信托提高单笔业务投入产出比，促进业务商业价值的提升。

自2018年"资管新规"出台后，伴随信托行业的转型，家族信托业务无论在业务规模，还是在参与主体的多样性方面，都迎来了井喷式的增长与变化。与此同时，信托公司抢抓时代机遇，围绕客户的财富管理需求，充分发挥信托制度优势，为客户提供了包括财富保障与传承、资产配置、家族事务管理等综合服务，扩展、丰富了中国参与家族信托的客群。

---

① 张姝．私银伙伴说：企业家客户的新"刚需"——家族信托［J］．现代商业银行，2022（24）：68-71.

二、风险因素分析

(一) 客户自身风险

笔者主要采取问卷调研的方式，对当前信托公司家族信托客户各方面情况进行分析研究，调研内容包括近三年业务发展情况、客户主要来源、参与家族信托业务客户的基本情况及其需求等。调研主要分为两项：一是中国信托业协会对 68 家信托公司的调研，其中 43 家信托公司填写了家族信托相关问题；二是本章发起的参与单位深度调研，8 家信托公司①就当前公司客户情况，包括性别、年龄、设立目的、委托资产类别、子女情况等进行了细致、全面的调研回复，为后续国内家族信托业务蓬勃发展提供有效的参考。

参与行业调研的 43 家信托公司调研样本数据显示：截至 2020 年年末，家族信托业务存续客户数量为 8193 位，较 2019 年同期增长 57.19%；2020 年家族信托业务新增客户数量为 2892 位，较 2019 年同期增长 60.13%。其中，中信信托家族信托业务客户数量最多，达到 1843 位（见图 7.4）。

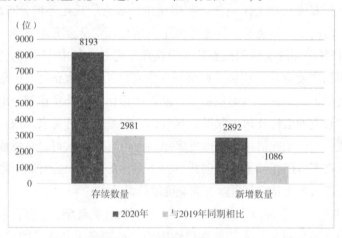

图 7.4 家族信托业务存续客户数量与新增客户数量分布图

1. 家族信托客户画像分析

第一，家族信托客户年龄特点。参与行业调研的 43 家信托公司调研样本数据显示，设立家族信托的客户年龄主要分布在 40~60 岁，占比达到 64%，成为家族信托客户的坚实群体。而 40 岁以下的客户数量最少，占比为 15%。尽管 60

---

① 8 家信托公司包括中信信托、中建投信托、粤财信托、陆家嘴信托、吉林信托、外贸信托、长安信托、中诚信托。

岁以上的客户数量不是最多的，但该年龄范围客户所带来的家族信托业务规模最大，为 370.82 亿元，占比达到 38%。

该结果反映出 40~60 岁富裕人群随着年龄的增大，财富传承意识逐渐加强，并有计划地开展财富传承规划。而相对年轻的超高净值客户（40 岁以下）设立家族信托的需求有待进一步挖掘，该部分客群首要目标仍然是继续创造、积累财富（见图 7.5）。

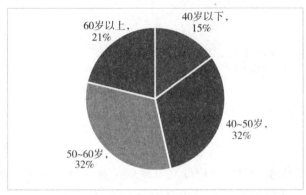

图 7.5 家族信托客户年龄分布图

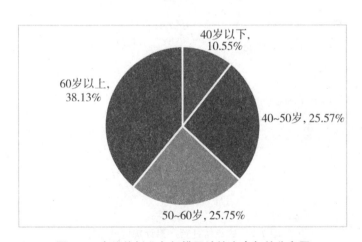

图 7.6 家族信托业务规模累计按客户年龄分布图

第二，家族信托客户资产分布。参与行业调研的 43 家信托公司调研样本数据显示，大部分开展家族信托业务的客户委托设立家族信托的资产规模主要集中于 1000 万~3000 万元，此范围内客户人数占比达 38.31%，10 亿元以上超高净值家族信托业务极少，只有 9 单。其中在参与本次调研范围的信托公司中，长安信托在 1000 万~3000 万元资产规模区间中的业务数量最多，达到 557 单

（见图7.7）。

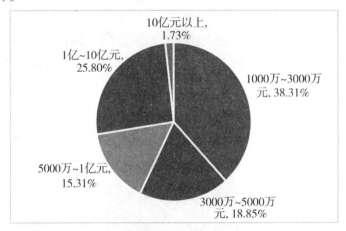

图 7.7 家族信托资产分布图（单数）

从累计资产规模来看，客户设立家族信托业务资产规模主要分布在 1000 万~3000 万元，此区间家族信托业务规模占总体业务规模的 71.72%（见图 7.8）。

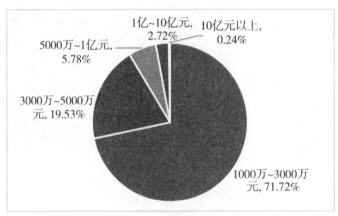

图 7.8 家族信托资产累计规模分布图

第三，家族信托客户行业分布。参与深入调研的 8 家信托公司调研样本数据显示，家族信托客户的主要行业分布为房地产业、制造业、贸易行业、零售业以及多元金融方向。行业分布的多元性，也决定了客户的背景和需求都有较大的差异。家族信托的服务是非标准化的，更注重客户的定制化和个性化需求，向超高净值客户提供服务的综合要求非常高（见图 7.9）。

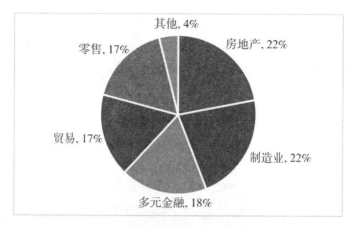

图 7.9　家族信托客户行业分布图

第四，家族信托客户子女数量。参与深入调研的 8 家信托公司调研样本数据显示，大部分家族信托客户家庭有 2~3 位子女，占比达到 39%，其次是有 1 位子女，占比 28%，另有 11% 的家庭是有超过 3 位子女的多子女家庭。这再次说明家族信托具有服务信托的根本特征，即不仅仅是维系了家庭和家族的财富，还充分体现了信托公司回归本源的受托人定位问题，发挥出了信托的功能优势，帮助委托人实现了个体财富产生经济价值以外的意愿，例如，实现了子女教育安排、创业支持、养老安排等民生问题的解决，同时通过其完善的法律机制，避免多子女家庭内有可能出现的纷争（见图 7.10）。

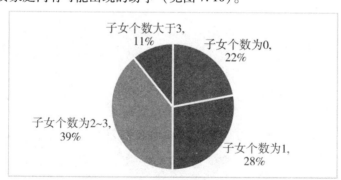

图 7.10　家族信托客户子女数量分布图

第五，家族信托客户平均年收入数量。参与深入调研的 8 家信托公司调研样本数据显示，家族信托客户平均年收入主要分布在 300 万~1000 万元，这部分占比达到 47%，年收入 1000 万元以上客户的占比为 20%，年收入 300 万元及以下客户占比为33%。统计结果显示出家族信托客户群体的总体收入呈现两端少，中间群体人数较多的特点，对于不同收入阶段的客户可进一步深入了解客户需求，调研其家族信托业务需求方面的共性和特点，便于信托公司结合自身资源禀赋，更有针对性地为客户提供相关服务（见图7.11）。

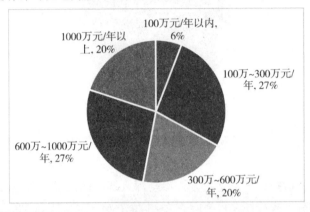

图7.11 家族信托客户平均年收入情况

第六，家族信托客户资产类型分布。参与行业调研的43家信托公司调研样本数据显示，家族信托客户委托资产类型绝大部分为金融类资产，仅有1单为不动产类资产。从业务单数统计来看，占比最高的金融资产类型为现金资产类，共计2876单，占比65.05%，其次为资管（理财），共1049单，占比25.34%（见图7.12）。

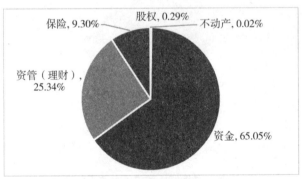

图7.12 家族信托客户资产类型分布图（单数）

从委托资产的规模看，家族信托金融资产规模累计为1064亿元，占比94.98%，资金类资产规模达569亿元，占比为53.49%，除1单不动产类资产委托外，无其他类型的资产委托（见图7.13）。

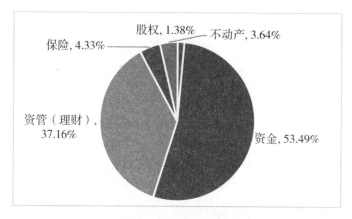

图 7.13　家族信托客户资产类型分布图（规模）

2. 家族信托客户需求分析

第一，客户设立家族信托的目的。参与行业调研的 43 家信托公司调研样本数据显示，家族信托设立的主要目的为财富传承的业务数量最多，占比达60.98%，其次为财富规划，占比为 17.18%，而家族信托设立的主要目的为遗嘱替代和资产隔离的业务数量最少。家族信托客户已逐步由过去的财产保值增值转向了代际传承，从早期的打理财富的需求进一步提升到更关注传承、家族财产规划和安排、资产隔离、遗嘱替代、慈善公益等各方面（见图 7.14）。

图 7.14　家族信托设立主要目的分布图

第二，家族信托客户合同期限。参与行业调研的 43 家信托公司调研样本数据显示，家族信托合同期限主要模式为无固定期限合同，占比达 58.34%，合同期限在 5 年以下的家族信托业务最少，占比仅为 4.32%。其中，合同期限为无固定期限的业务中，中信信托的业务数量最多，为 1440 单，所有信托公司整体平均为 74 单（见图 7.15）。

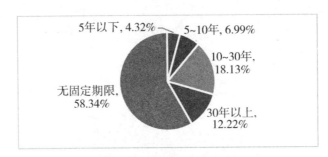

图 7.15 家族信托业务合同期限分布图

3. 家族信托业务客户自身风险

结合以上分析可知，我国家族信托业务的受托目的虽然不尽相同，委托财产也具备多样性、时间长等特点，受托人发挥的功能也存在差异，特别是在当前相对变化加剧的国际政治经济环境下，设立家族信托的客户传承的需求更加凸显，成为超高净值人士设立家族信托的首要目的。

基于调研数据可以看到，信托行业中选择家族信托服务的客户一般以 40~60 岁、多子女家庭为主，委托信托公司设立家族信托的资产规模主要分布在 1000 万~3000 万元，资产类型主要以金融资产为主，设立目的大部分集中于财富传承，客群所属行业比较多元，主要分布在房地产、制造业、多元金融、贸易以及零售业。这些行业具备高风险高收益特征，在当前我国密集出台房地产行业管控政策以及金融市场调控政策背景下，以房地产和金融业为代表的客户自身净值波动增大，其在个人资产缩水或企业面临经验风险时，可能要求中止进行家族信托业务，给信托公司造成风险与损失。

（二）参与主体风险

从家族信托业务涉及的职能角色划分，可以分为受托、运营、托管、资产配置及增值服务提供者。而国内参与家族信托业务的相关主体包括信托公司、商业银行、券商、保险公司、律师事务所、会计师事务所、其他资产管理机构和第三方服务机构等。

首先，家族信托的不同业务职能有以下几点：

1. 受托和运营职能

在我国现行的法律框架下，信托公司是国家特许经营的、受监管的受托人，"37 号文"明确家族信托是"信托公司"接受单一个人或者家庭的委托，以家庭财富的保护、传承和管理为主要信托目的，提供财产规划、风险隔离、资产配置、子女教育、家族治理、公益（慈善）事业等定制化事务管理和金融服务的信托业务。因此国内家族信托的受托人只能由信托公司担任。

2. 托管职能

家族信托的资金需要开设独立的托管账户，托管人的职责主要包括安全保管金融类资产、办理清算交割、信息披露、估值、对托管财产报告出具意见等。同时托管人对于家族信托合同中约定的投资范围、投资比例限制等也有审核义务。目前这一职能只能由银行承担。

3. 资产配置职能

家族信托财产的保值增值是业务架构中最重要的职能之一，也是各主体竞争最激烈的职能，除信托公司外，银行、券商、第三方财富机构、其他资产管理公司及保险公司等，也可以投资顾问或财务顾问的角色提供配置服务。

4. 增值和衍生服务职能

根据服务类型的不同，信托公司、律师事务所、会计师事务所（税务规划）、保险公司（保险金信托）、慈善机构（慈善信托），可以为家族信托提供财产规划、风险隔离、资产配置、子女教育、家族治理、公益（慈善）事业等增值和衍生服务。

其次，不同主体可提供的服务及功能有以下几点：

1. 信托公司

在家族信托设立阶段，信托公司要根据监管要求对委托人进行尽职调查，审查受托财产合法性和合理性，并根据委托人的需求设计家族信托架构、分配方案、投资方案，通过信息系统和法律文件具体落实和实施。

在家族信托运行阶段，信托公司主要承担信托财产管理和事务性管理工作。在资产配置能力上，信托公司已形成自身业务优势。过去多年，信托公司在投资银行业务、债权性投资、非标投资等方面具备有竞争力的研究管理能力，为客户提供了持续稳定的收益，也培育了一大批高净值和超高净值的稳定客户群体。此外，国内信托公司的财富管理逐渐形成体系，信托客户经理与委托人的高效沟通和服务，也是很多客户选择信托公司直接设立家族信托的原因。

在家族信托业务中，财产管理主要有三种模式，即全权委托型管理、咨询型管理和指令型管理。全权委托型管理是委托人全权委托信托公司按照事先约定的投资框架代理客户进行投资和资产管理；咨询型管理是信托公司负责向客户提供配置建议，客户做最终决策；指令型管理是信托公司完全按照委托人的具体指令执行操作。

家族信托的事务性管理涉及信托利益分配，信托公司需要根据信托方案对受益人的分配申请进行资格审查，并执行分配指令。此外，信托公司还要负责信托资产的估值复核、信息披露、执行变更家族信托方案指令、终止清算等全流程运营和服务工作。可以说，家族信托的传承、资产隔离、财产规划、特殊安排等功能都要通过信托公司的合约、系统和运营实现。

2. 银行

银行在家族信托业务开展过程中主要担任托管、投资顾问或财务顾问角色。相比其他机构，商业银行有更好的信用基础，同时，高净值人群与主办银行的往来业务较多，双方容易建立稳固的信任关系。除此之外，银行还承担了家族信托的托管职能，为家族信托开立独立的托管账户，确保资金安全，同时对家族信托交付的金融资产进行估值、复核等。

3. 券商

券商在家族信托业务中主要担任投资顾问或财务顾问角色。与银行一样，券商在资产配置，尤其是在二级市场配置方面有着牌照和研究优势，不少券商也利用这一优势开展了家族信托业务。

4. 第三方财富机构

第三方财富机构在家族信托业务中主要担任投资顾问或财务顾问角色。相较于信托、银行和券商，第三方财富机构在业务上更为灵活，比如，可协助客户搭建境内外家族信托架构。但考虑到第三方财富机构并非持牌金融机构，客户一般会对业务涉及的合规和风控把控存在一定顾虑。

5. 律师事务所

在家族信托设立前，律师事务所可以提供法律咨询服务及协助制作法律文本等。在家族信托设立后，委托人可选择律师事务所担任监察人或者执行人的角色。

6. 会计师事务所

对于有涉外身份或涉及境外税务筹划的委托人，会计师事务所的税务筹划是其家族信托方案设计中的重要部分。这部分职能主要由会计师事务所或税务事务所参与。

7. 保险公司

保险公司在家族信托架构中可以担任投资顾问或者投资管理人角色，家族信托的投资配置可能涉及保险产品或者保险公司发行的资管产品。另外，在保险金信托中，可以将保险产品的受益人变为家族信托，也可由家族信托来支付保险金，这部分需要保险公司与信托公司共同配合完成。

8. 慈善组织

近年来，随着我国慈善事业的发展、公益慈善路径的丰富，高净值人群回馈社会的意愿上升、渠道畅通，家族信托的设立目的中慈善的出现频率越来越高，慈善组织在具体慈善项目的选择、捐赠的落实等方面有着更为丰富的经验和体系，因此慈善组织在家族信托中的参与度较以往明显提升。

9. 其他资产管理公司

如公募基金、私募基金等投资机构，都可以担任家族信托投资顾问或投资管理人角色，为家族信托中的信托财产实现保值增值。

（三）产品销售风险

随着信托行业的转型、信托公司业务结构的调整，传统家族信托"前店后厂"式的投资模式迎来挑战，当非标产品日渐稀缺时，如何保持客户所期待的投资收益、如何调整家族信托投向、如何选取外部产品、如何管理外部产品的风险等系列问题的解决迫在眉睫。从内外两方面看，既要加强投研能力建设（涉及团队搭建、IT 系统建设、激励机制建设等），也亟须丰富外部产品白名单（涉及对外部机构与外部产品的准入标准）。近两年来，在监管引导下，各家信托公司积极调整产品结构，从原本的非标为主逐渐转向"标品+非标"双线发展，依托于信托公司专业化的研究团队和高效的金融科技，支撑包括股权投资、证券投资、消费金融、供应链金融、资产证券化、FOF 等创新业务稳健发展，打造风险可控、收益稳健、期限灵活的产品体系。

家族信托业务涉及代际传承，因而期限较长，对受托人的专业能力和服务周期提出了更高的要求。因此，要想真正做好家族信托，需要更精细化地深耕产品设计，根据委托人的意愿和目的，结合信托财产的自身特点，合理进行产品创新，开发技术含量高、个性化强的家族信托产品[1]。

（四）认知误区风险

从海外成功的家族信托案例来看，家族信托的一大优势就是可以实现委托人的"个性化定制"，信托基金中可以根据委托人的要求，设置一系列个性化的条款，比如，规定家族财产不可分割、信托不可撤销等，在不违反法律规定的前提下，委托人可以最大限度地实现信托"个性化定制"。截至 2023 年，我国信托行业开展家族信托业务的公司不足 1/4，此类业务在市场层面还不断被误读，造成了投资者的一些歧义。

家族信托在中国内地的发展主要得益于中国经济的快速增长以及庞大并且仍然在不断扩大的富裕阶层的财富管理需求，这是家族信托的机遇，但同时中

---

① 段德俊，余利民. 略论深圳信托业的发展 [J]. 嘉应学院学报，2014，32（12）：35-38.

国的家族信托还很初级，市场对国内家族信托还存在许多误解，主要包括以下10点认知误区：（1）将家族信托与理财产品混为一谈，更强调家庭财富的增值而非传承功能；（2）国内设立家族信托没有明确的法律保障，遇到纠纷问题时消费者难以实现有效维权；（3）由于早期我国信托公司将家族信托的准入门槛设置较高，故其也被社会大众视为富豪的专属理财工具，其他类型投资者会"怀疑"信托公司将更优质的投资机会或金融资源有效配备给家族信托客户，失去一定公平性，此类误解与歧义明显不利于信托公司的社会声誉度，也使其丧失了传统业务的潜在客户群；（4）在境外设立离岸家族信托更有保障和优势，故存在资产向海外转移的风险；（5）已有完善的保险合同，故高净值人群也不需再设立家族信托；（6）财富传承安排用遗嘱比较简单便捷，没必要用家族信托；（7）把家族信托当作避税工具；（8）现在一切都好，完全没必要设立家族信托；（9）家族信托会让后代养尊处优、坐吃山空；（10）一旦设立家族信托，财富就将失去控制①。

形成这些误区有多方面的原因，除客户认知存在局限性、专业服务供给不足、配套制度有待完善之外，境外同行采取不当竞争手段也是重要原因，一些境外同行机构利用国人对制度的不熟悉和疑虑，大肆宣传国内《信托法》不完善、法律制度不配套等十分具有误导性的信息。因此，维系家族信托业务在我国开展的必要性和正面形象，并广泛在各类投资者群体中进行宣传是开展家族信托业务的当务之急，家族信托机构应该加大宣传力度并积极协助高净值客户改变固有思维，通过扭转整个市场的认知来达到推动自身发展的目的。

（五）配套支撑体系不健全风险

家族信托服务涉及家族治理、家族企业传承、税收筹划、子女教育、健康养老、慈善公益等多方面，家族信托服务体系的搭建是一项系统工程，需要法律、税务、投资规划、信托、证券、保险等多个领域人才共同合作，为委托人提供个性化、一站式全面服务方案。与欧美成熟市场相比，我国家族信托服务体系仍处于发展初期，面临诸多挑战，其中较大一类挑战就是配套支撑体系可能存在不健全的风险。

1. 税收筹划功能未能得到充分体现

回顾海外家族信托发展历史，其均在建立信托制度的同时，确立了信托税收制度，因此境外家族信托具有更强的税收筹划功能（主要针对遗产税）。但在我国尚未建立与信托制度相适应的税收体系，信托财产转移面临双重或多重征

---

① 胡萍. 理顺信托转型的三大关系 [J]. 金融博览（财富），2021（2）：62-63.

税情形，这在无形中提高了信托交易成本。同时，由于我国尚未出台遗产税，因此无法通过家族信托实现对遗产税的税收筹划。总之，由于我国信托税收制度不健全，信托活动本身所固有的税收筹划功能没有得到有效体现，极大地制约了家族信托对高净值人群的吸引力。

2. 信托财产登记制度缺失制约财富传承

受制于信托财产登记制度的缺失，目前我国家族信托尚不具备处理需要办理登记手续的资产功能，大部分的家族信托均以资金信托的形式存在。然而，现实中高净值人群的资产包含有大量的房产、股权等非现金资产，信托财产登记制度缺失使得家族信托难以满足委托人财富传承需求。对于股权类资产，由于我国尚未对股权资产管理做出明确规定，无法对企业所有权、管理权和分红权的清晰划分提供法律依据，如何采用家族信托模式实现对家族企业的有效管理，一直是行业面临的难题①。关于不动产资产，由于不动产转移登记需要缴纳高额税费，设立和管理成本较高，这也在一定程度上限制了不动产信托推广。

3. 外汇管制导致家族信托具有较强地域限制

当前我国境内金融机构推出的家族信托仅限于客户境内资产，如果涉及境外资金，则需要在境外单独设立信托。由于存在外汇管制，很难将境内资产与境外资产统一置入家族信托资产包，只能分开单独设立信托进行托管。尽管部分信托公司已经具备 QDII 业务开展资格，但跨境资产配置手段依然有限，即使在境内设立了家族信托，也无法解决境外资产的风险隔离问题。因此，对资产实现全球布局的高净值人群来说，境内家族信托服务还很难满足其全球资产配置需求。

4. 法规制度不完善影响慈善公益服务需求

当前我国尚未制定专门的家族信托法规制度，尽管"37 号文"对家族信托内涵进行了具体界定，并对家族信托的"资管新规"适用性进行了豁免。但由于缺乏家族信托专门法规，目前依然按照集合信托计划进行规范和管理，这在一定程度上制约了家族信托慈善功能的发挥。同时，《慈善法》和《慈善信托管理办法》的发布，确立了慈善信托运作的基本规范，但依然缺少针对慈善信托的详细操作指引，对慈善信托的设立、运作、变更、终止及清算等环节缺乏全流程指导和规范，导致家族信托与慈善信托不能较好地融合，制约了家族信托慈善功能的发挥。

---

① 谢秋陆. 本土家族信托兴起［J］. 中国经济信息，2015（11）：2.

（六）能力建设带来的挑战

随着我国家族信托业务规模快速增长，发展家族信托业务对受托机构的风险防范能力、资产管理能力、运营管理能力、产品设计能力、人员专业能力等提出了较高要求。考虑到家族信托的受托服务具有信托目的复合性、委托财产多样性、存续时间长期性等特点，受托管理能力直接决定了家族信托服务质量。目前我国家族信托普遍面临能力建设不足难题。

1. 风险防范能力有待提升

家族信托具有较强的灵活性和个性化特征，在产品设计和管理过程中，很容易出现未知风险。信托公司一方面需要履行受托人职责，保护受益人利益；另一方面还要维护受托人自身声誉，防止负面消息给自身带来的负面影响。在产品设立阶段，信托公司需要把握客户设立家族信托的真实目的，判断目的的合法合规性，是否符合社会公序良俗，是否符合监管对家族信托的业务定位。在存续管理阶段，需要时刻关注家族内部关系情况，防止因家族成员关系紧张家族信托管理出现僵局。目前我国家族信托受托机构对家族信托目的不当风险的识别与防范、存续期风险预防与识别能力还有待提升。

2. 资产管理能力需要加强

与海外家族信托机构重法律架构设计、轻资产管理的特征不同，我国信托行业的金融属性赋予了信托公司较强的资产管理功能。信托公司在非标资产投资管理上拥有较为丰富的经验，但在标准化资产、私募股权投资方面，仍与公募、私募、券商等金融机构存在一定差距。为了保证家族信托委托人财产的保值增值，信托公司需要不断夯实多元化资产管理能力，构建更加全面的资产管理体系。在管理家族信托财产时，既要履行忠实义务，严格按照委托人要求进行资产管理，又要履行投资义务，在符合委托人风险偏好的前提下，最大限度满足资产增值需求。

3. 运营管理能力仍须提高

家族信托是长期财富管理产品，需要受托人具有较强的持续专业的运营管理能力。一方面需要满足家族信托项目估值要求，实现产品净值化管理；另一方面考虑到家族信托项目是覆盖全生命周期的财富规划，对信托持久稳定的服务要求高，需要信托公司具备长期执业能力，在资产规划配置的同时，满足客户养老、医疗、教育、慈善等非金融需求，提升综合运营管理水平。当前信托公司对家族信托的保障和运营管理能力还有待提升，数据信息治理、分析和应用能力需要加强，业务系统智能化水平有待提高。

4. 产品设计能力有待提升

在企业传承方面，家族信托需要明晰企业的所有权、经营权与控制权的分配结构，对企业的管理权限进行重构和再平衡，避免企业在传承过程中出现权利争夺与经营混乱；在资金分配方面，家族信托需要针对每类客户群体，进行结构条款的设计和对接，明确委托人、受托人、监察人、受益人、保护人的权利和义务，真正实现委托人的财富管理需求。信托利益分配机制的设计、家族企业股权的拆分重构等还有提升空间，需要不断沟通和完善产品设计方案，及时取得受益人的理解，达到家族治理目的。

5. 财富经理综合能力有待提高

家族信托具有期限长、定制化、综合化等特点，对财富管理人员的专业能力要求较高，一方面理财经理需要对家族信托的优劣势、功能和局限性烂熟于心，熟练掌握涉及家族信托的相关法律条款，流利陈述家族信托的资产隔离、税务筹划以及风险隔离的核心功能，提升说服力；另一方面理财经理还要对税务、企业股权架构设计、财富继承、婚姻法等领域均有所了解，必要时可请专业团队一起营销，更好地与客户建立信任感。目前，我国家族信托理财经理专业性还有待提升，专业能力建设有待增强，对客户需求分析及尽调能力需要提高。

三、家族信托风险防范机制建设——基于投资模式更新视角

受托人的核心职能之一是资产配置，本节着重论述未来家族信托的投资模式、投资工具的推进演化。首先，基于资产配置能力结构的视角将信托公司分为四类；其次，基于社会核心发展动力的视角提炼资产配置演化的主角；最后，根据信托公司的分类和资产配置模式的匹配得到家族信托投资模式和工具的推进演化路径。

（一）信托公司分类：基于资产配置能力结构的视角

资产可以分为两类：一是标准化资产；二是非标准化资产。由此对应的资产配置能力可以包括两个维度：一是标准化资产的配置能力；二是非标准化资产的配置能力（见图 7.16）。每个维度的配置能力均分为强和弱两种，由此进行组合，将信托公司分为以下四类：

A 类信托公司：标准化和非标资产配置能力均强。

B 类信托公司：标准化资产配置能力强；非标资产配置能力弱。

C 类信托公司：标准化资产配置能力弱；非标资产配置能力强。

D 类信托公司：标准化和非标资产配置能力均弱。

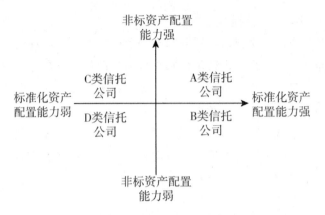

图 7.16 信托公司分类：基于资产配置能力结构的视角

从当前来看，大部分信托公司属于 C 类和 D 类，小部分信托公司属于 B 类，个别属 A 类信托公司。

（二）家族信托资产配置模式的进化：基于信托公司资产配置能力结构完善的视角——不同类型信托公司资产配置的选择

在此，根据主导方的不同可将投资模式分为：以信托公司为主导的主动管理投资模式和第三方投资顾问主导的被动管理投资模式。在标准化资产领域，投资工具被分为主动投资工具（采用主动投资策略的金融产品）和被动投资工具（采用被动投资策略的金融产品）。

一般而言，以信托公司为主导的主动管理投资模式的投资工具将主要以被动投资工具为主，而以第三方投资顾问主导的被动管理投资模式的投资工具则主要是以主动投资工具为主。之所以有此差异，是因为信托公司为标准化资产的配置能力结构所限，但是，其实标准化资产最主要的配置策略是使用被动投资工具。

因此，可以预见：以信托公司为主导的主动管理投资模式将会充分利用被动投资工具的优势来弥补自身的不足，进而以被动投资工具配置为主（见表7.4）。有鉴于此，可以根据信托公司的分类对其资产配置做出预判。

对于 A 类信托公司，其资产配置将会以自身为主导的主动管理的投资模式为主，投资工具主要是自身发行的各类标准和非标信托产品，标准信托产品以被动投资工具为主，以及市场上优秀的资管产品（辅助）。

对于 B 类信托公司，其资产配置也会以自身为主导的主动管理的投资模式为主，投资工具主要包括：自身发行的各类标准信托产品，以被动投资工具为主；市场上优秀的资管产品。

对于 C 类信托公司，一是以信托公司自身为主导的主动管理的投资模式，在标准化资产方面主要是投向各被动投资工具，在非标资产方面主要是投向自身发行的信托产品。二是以第三方投资顾问为主导的被动管理投资模式，主要投向各主动投资工具。

对于 D 类信托公司，其一般会引入第三方投资顾问，即采用以第三方投资顾问主导的被动管理投资模式，主要投向各主动投资工具，如果采用以信托公司为主导的主动管理的投资模式，则投资工具一般是自身发行的信托产品。

表 7.4　不同类型信托公司资产配置的选择

信托公司类别	主导的投资模式	投资工具
A 类	以信托公司自身为主导的主动管理的投资模式	1. 自身发行的各类标准和非标信托产品，标准信托产品以被动投资工具为主；2. 市场上优秀的资管产品（辅助）
B 类	以信托公司自身为主导的主动管理的投资模式	1. 自身发行的各类标准信托产品，以被动投资工具为主；2. 市场上优秀的资管产品
C 类	以信托公司自身为主导的主动管理的投资模式和以第三方投资顾问为主导的被动管理投资模式并重	1. 以信托公司自身为主导的主动管理的投资模式，在标准化资产方面主要是投向各被动投资工具，在非标资产方面主要是投向自身发行的信托产品；2. 以第三方投资顾问为主导的被动管理投资模式，主要投向各主动投资工具
D 类	一般采用以第三方投资顾问主导的被动管理投资模式，也会采用以信托公司自身为主导的主动管理的投资模式	1. 采用第三方投资顾问主导的被动管理投资模式，主要投向各主动投资工具；2. 如果采用以信托公司为主导的被动管理投资模式，则投资工具一般是自身发行的信托产品

四、风险防范机制建设

（一）专设家族信托展业部门

中国信托业协会调研数据显示，业内公司最初开始布局家族信托业务是在 2012 年，之后每年都有新的信托公司加入布局家族信托业务的行列，2017 年以后布局步伐加快。截至 2020 年年末，有 9 家信托公司尚未设立专门的家族信托办公室或事业部（以下简称"家族信托专门机构"），有 33 家信托公司已经设立了家族信托专门机构，其中 23 家家族信托专门机构被设置为一级部门，是目前最主流的设置；8 家信托公司将家族信托专门机构设置为财富管理部门下的二级部门；1家设置在创新业务总部下；1家设置在融资事业部下。有些信托公司在其家族信托专门机构下，又组建了诸如区域家族办公室、投配运营部、开发部、账户管理部等细分组织，从而使家族信托开发、运营、管理、服务各环节职责分工更加清晰。

（二）家族信托团队建设进一步完善

中国信托业协会调研显示，从地域分布上看，家族信托业务团队分布呈现出相对集中的地域分布特征，在31家信托公司中，有24家信托公司在北上广深设置了共42个家族信托团队，8家信托公司在东南沿海省份设置了共26个家族信托团队，4家信托公司在华中华北省份设置了共6个家族信托团队，1家信托公司在西南省份设置了2个家族信托团队，1家信托公司在西北省份设置了1个家族信托团队。可见大部分信托公司都倾向于将家族信托团队布局在高净值人群富集的北上广深及东南沿海区域，信托公司的注册地或管理总部也较多地分布于这些区域。在华中华北、西南、西北省份设置家族信托团队的信托公司，其注册地也大多坐落于这些区域。

调研还显示，截至2020年年末，40家信托公司中专门从事家族信托业务的人员有372人，比2019年增加了128人，同比增长52%，2019年同比2018年增长了50%，两年来专门从事家族信托业务的人员增加了一倍多。家族信托专门机构成员超过30人的有1家，介于20~30人的有5家；介于10~20人的有7家，介于5~10人的有13家，不足5人的有14家。信托公司近两年加速推进了家族信托综合性专业人才的储备和培育，团队成员背景涵盖法律、税务、慈善、保险、资产配置、投资管理、企业治理等多方面，此外，还引入投资、婚姻、继承等方面的驻场律师①。同时，团队与律师事务所、会计师事务所、私人银行、公证处、跨境投资等专业机构合作，培养开放式、可延展的专业服务能力，从而为客户提供系统性的信托结构设计和财富管理与传承综合解决方案。通过数据整理可以看出，家族信托存续规模前10位的信托公司，布局家族信托业务的时间相对更早，专门团队成员的数量相对更多，说明家族信托业务的规模化需要时间的积淀和人财物的集聚。

（三）家族信托专业系统持续提升

根据39份样本信托公司数据，在家族信托管理信息系统建设方面，有16家信托公司实施了外部采购，有11家信托公司采取自主搭建的方式，有4家信托公司采取外部采购和自主搭建相结合的方式，有8家信托公司暂时依托于现

---

① 陈嘉玲.“家办”江湖各大门派揭秘［EB/OL］.21世纪经济报道，2023-08-11.

有业务系统。

不论采取何种系统建构方式，家族信托管理信息系统的打造都十分注重延展性和全面性，既满足标准化和定制型业务的需要，又满足长期性和保密性的需要，并支持持续迭代和优化。在上游端，注重为合作方门户系统提供标准化对接端口，以便高效促成批量渠道合作业务的落地；在客户端，提高客户使用效率和便捷度，优化客户在各种终端上的体验效果；在运营管理端，注重构建家族信托涵盖立项与审批、客户管理、风险评估、底层资产管理、合同管理、投配管理、合作方管理、要素变更、分配清算、信息披露等的全流程、全生命周期智能化系统支持平台①。

家族信托专门系统的搭建，提升了家族信托的运营管理效率，降低了人工操作成本和风险，能够防止数据丢失和篡改，保障了信托公司为客户提供长期、稳定、可信赖、可持续的受托管理和运营服务，为家族信托业务实现规模化、创造客户价值、提升信托公司核心竞争能力提供了坚实的科技基础。

（四）采取综合化的资产配置模式

资金仍是家族信托的主流财产形式，即使在设立之初以非资金作为信托财产，也会因随着管理、运用、处分而产生资金（如不动产出租、售卖，资管产品到期收益，等等）。有信托资金，就意味着对资金进行投资配置，对全权委托型家族信托来说，资产配置能力是受托人核心竞争力的重要体现。依据委托人的信托目的以及主要财产类型，受托人统筹规划与之匹配的资产配置方案，确立资产配置目标、策略以及风险收益水平。与普通理财产品仅追求收益的单一目的不同，家族信托账户资金有传承、保障等特殊目的，需要进行长期战略型资产配置。受托人充分考虑委托人的投资目标、风险承受度和分配方案相关的流动性、委托人提出的投资范围与限制等。在长期战略配置的同时，为把握短期投资机会，受托人可以在征得委托人同意的情况下，做短期操作。

1. 专业投资团队

在行业转型的背景下，多家信托公司强化投研体系建设、组建专业投资团队，提高在资产配置和资产管理方面的专业能力。

以平安信托为例，通过集成公司各业务板块专家组建投资顾问专家小组，为家族信托客户提供组合配置策略；公司内部为家族信托遴选优质资产和制定白名单库，满足客户家族信托财产长期和多元化组合配置需求；支持客户全市

---

① 刘靓雯 . H 公司家族信托全权委托资产管理业务营销策略研究［D］. 上海：上海财经大学，2022.

场配置金融产品需求，公司做好风险评估和风险揭示，并严格落实投后管理。长安信托也已建立起一支具有市场竞争力的家族信托投资配置团队，该团队目前十余人，成员均来自各家大型投资机构，具有丰富的投资和产品经验。为进一步丰富家族信托的可投资产范围，投资配置团队在筛选长安信托自主发行的传统信托产品的同时，积极寻找外部知名机构发行的优质产品。民生信托通过整合公司内部资源，以各部门优秀人才兼任的方式构建了一支优秀的投资配置专家队伍，为家族信托账户提供更专业的投资配置。

2. 多元资产选择

伴随信托行业的转型步伐，信托产品从传统非标转变为"标品+非标"的多元组合，涵盖非标信托产品、公募基金、私募基金、流动性产品、股权投资等产品类型①。多家信托公司进一步提升资产配置服务能力，以各公司内部产品为基础，制订家族客户组合投资方案，发挥受托人主动管理能力，真正实现信托资金的合理、分散、有效配置，同时积极加强与外部专业机构的交流与合作，以投资策略等维度构建优质外部产品/管理人白名单，结合客户端的实际需求，适时引入家族信托外部投资顾问角色，打造高度定制化、专业化的大类资产配置服务。

以中信信托为例，截至 2020 年年末，其家族信托存量管理规模超过 500 亿元，在资产配置上采用买方顾问模式，坚持分散和择优的核心理念，构建开放式的综合资产平台，全市场优选管理机构，并给予客户一定的参与决策权利。通过整合国内最优秀的投资管理人，构建起了专业的资产配置平台。固定收益类资产方面，中信信托自身即拥有市场领先的固收类产品，兄弟公司中信证券、中信建投证券在债券投资上具备卓越实力与市场地位；权益资产方面，中信集团体系内的华夏基金、信诚基金均具备国内顶尖的权益投资团队，中信信托的千亿阳光私募受托规模也积累了丰富的权益私募管理人资源；PE 投资类资产方面，中信信托拥有最优秀的 PE 团队，如中信聚信资本、中信资本、中信金石等，且可以与中信集团协同投资；海外类资产方面，中信证券国际、建投国际、中信信惠资本等海外子公司在海外债券、权益、商品等领域均具备领先的特色业务。

再以中融信托为例，截至 2020 年年末，其家族信托存量管理规模已超过110 亿元，且基本为主动管理类。通过"主动管理+优选外采"方式为家族信托

---

① 朱英子.3500 亿家族信托进化论：受托财产纵向扩围 资产配置趋于多元化 ［EB/OL］.
新浪财经网，2022-05-26.

进行大类资产配置，形成了以固收产品为核心资产，公募和私募基金产品为卫星资产的投资策略。长久来看，其能够分散投资风险，分享资本市场超额收益，以协同、开放的心态加强与银行、券商、律师事务所等机构的长期合作，共创、共享、共担，建立集成化、综合化、开放化的服务平台。

第七节　本章小结

服务信托作为信托本源业务，是我国信托业深化转型的重要方向，也是可以有效发挥我国信托制度优势的重要体现。本章主要研究前面各章所述信托公司创新业务以外的其他类型创新业务，即养老信托、特殊需要服务信托和家族信托。这三类创新信托业务均属于服务信托范畴，是当今监管层大力支持发展的、最能体现受托人定位的、比前面各章所描述的业务更具有开创性与实验性的创新信托业务，部分信托公司在转型期已开展了实践，遭遇了不少的挑战，因此这三类业务的具体开展方式与潜在风险因素及如何防范风险等问题也十分值得研究。

本章首先明确了信托行业在转型期发展服务信托的定位问题，提出了发展以服务信托为代表的非金融受托服务应该成为信托业未来定位的重要方向，在服务社会民生的重要领域发挥积极作用；其次分析了服务信托类业务创新发展过程中的主要风险；接着结合具体实践案例，分别分析了服务信托类创新业务中的三大类业务，即养老信托、特殊需要服务信托和家族信托在我国信托业转型期面临的风险问题及讨论了如何对这些风险进行防范。

第八章

新时代背景下信托公司创新业务风险评价指标体系构建

前文理论和实证分析指出，面临新的复杂多变的外部环境和监管趋严的态势，信托公司纷纷加快了转型步伐。目前信托业的赛道已经发生巨变，从事务管理转向主动管理、从债权融资转向股权融资、从非标业务转向标品业务等，各类创新业务给转型期信托公司带来了不少新的风险。

当前信托公司风险管理方面存在诸多不足之处。一是风险理念和文化建设不足，风险责任意识不强，部分公司甚至出现通过合规操作隐藏实质风险现象的错误做法；二是风险管理体系不够全面集中，存在分散管理、多头管理现象，降低了风险管理效率；三是缺少明确的风险管理指标，行业和监管部门虽制定了基本风险管理手段，但没有出台明确政策及关键指标；四是没有较完善的和适合转型期信托公司展业中遭遇的新风险类型的评价指标体系，对于业务参与各方非理性行为的认知不到位，很多之前的风险评价体系是基于业务转型之前信托公司存在的或潜在的风险制定的，并不适应于当下的环境。

没有完备的、更加适应时代发展特色的风险评价指标体系，意味着信托公司在开展创新型业务过程中只能"摸着石头过河"，无法有效洞悉非理性行为导致的一系列风险点。因此，现有风险评价体系需进一步完善。笔者认为，信托公司在转型期间会遭遇很多不同类型的风险，最常见的风险可以整体分为定量风险与定性风险。按照企业发展和管理的一般原则与理论实践，定量风险一般包括财务风险、信用风险、市场风险等，定性风险则包括政策风险、法律风险和声誉风险等。

结合前几章对各类创新型业务进行分析后的结论可知，信托创新业务的各类参与者行为在信托产品风险暴露和防范机制建设中发挥了巨大的作用。无论是委托人还是受托人，其自身行为时刻受到最新监管政策以及新时代宏观环境变化的深刻影响，这些影响使之在信托行业创新型业务展业过程中不断出现前所未有之风险，使得信托公司不断转变思路应对新的风险并可能遭遇实质性损害。

本章基于行为金融理论，依托房地产信托中的创新元素，构建针对信托公司展业过程的风险评价指标体系，旨在帮助我国信托公司在面临新的挑战时能够更有效地应对。由此可见，在构建风险评价指标体系中结合行为金融理论，可以考虑包括投资者非理性行为、交易对手（如房地产企业）管理层过度自信和信托公司管理者过度自信三类行为金融风险指标。

具体而言，本章将依据现有风险评价综合指标体系的构建原则，结合行为金融理论和信托业务各参与方非理性行为特征，借鉴已有的定量和定性指标相结合的指标体系，建立更加科学合理的信托公司风险评价指标体系，为信托公司风险防范能力的提升提供有力支撑，使之在转型期更积极地开展创新类业务过程中能够有效防范和评价风险。

第一节　构建风险评价指标体系的原则与步骤

结合前期研究，笔者认为在构建转型期信托公司风险评价指标体系时，需要遵循以下五大指标体系构建的基本原则。

一、全面性原则

风险体系，指的是针对信托公司不同的风险类型，运用合适的风险度量方法，对各类风险进行评价打分，以起到风险预警的作用。值得注意的是，金融机构一般面临特别错综复杂的外部环境，所遭遇的风险类型也具有很大差异，因此不同类型的风险难以简单加总。在制定风险评估体系的过程中，站位和立意要高，以全局性的宏观视角，尽可能地将信托公司各类业务和风险敞口视为一个整体系统进行评价。

全面性原则下设计的风险评价指标体系能够基本做到对信托公司各类主要的风险全覆盖，最好能够全面地反映信托公司开展的各种类型业务过程中的风险，并以一定方式整合这些风险，以评估公司的整体风险水平，实现科学反映信托公司风险变动的特征与趋势的目的。结合宏观分析和微观论述，充分照顾到内外部环境变化对信托公司风险的动态影响。

二、合理性原则

合理性原则是指信托公司风险评价指标体系的设计要有科学的理论依据和

具有实操性的方法，其中理论的支持作用不容小觑，这基本保障了评价体系能够在不同信托公司中获得较为一致的适用性。因此，笔者在本章构建转型期信托公司风险评价指标时，对定量指标和定性指标的选择充分借鉴了已有成果，最终依据管理学、金融学、行为金融学和宏微观经济学等理论背景，构建了较为合理的指标体系。

三、实践性原则

实践性原则简单说就是具有现实的可操作性。所选择用于构建风险评价指标体系的各种指标要具有较强的实用性，且易于收集数据和进行现实操作。风险评价指标体系是为了加强对信托公司风险的监测和控制，因此最好选择可量化指标。为了做到指标体系具有实用性，且可量化，纳入评价体系的各种指标需要具备一定的实践性，即在获取数据方面较为容易。

四、定量和定性相结合原则

在选择风险评价指标时，不可一味追求数字型指标，也不可向定性指标"一边倒"，往往需要将两类指标结合起来，方能更全面地分析问题。在现实生活中，可以很容易地发现，有些指标不仅可以很好地衡量信托公司风险，还可以对其进行量化，但很难获得统计数据。此时，引入定性指标一方面有效弥补了定量指标数据获取较为困难的问题；另一方面也为风险分析提供了一种全新的视角。因此，为了保证转型期信托公司风险评价体系的执行效果，这里笔者也采用定性分析和定量分析相结合的方法来构建体系。

五、创新性原则

万事万物都是出于动态变化中的，信托行业和信托公司面临的风险也是如此。随着"资管新规"和其他类似监管法律法规的相继出台，信托公司自 2019 年起就在探索艰难转型之路，不少信托公司推出了前所未有的业务。比如，不少之前开展房地产贷款融资类业务的公司纷纷转向房地产股权投资类业务，如笔者分析的参与方行为非理性造成的风险。面对这些全新风险类型，之前的评价体系自然需要更新换代，因此风险评价与预警体系的建设从来都不是一成不变的，而是应该紧扣信托公司发展态势以及最新风险防范和管理相关理论予以创新。

第二节　信托公司创新业务综合风险评价指标体系的构建步骤

信托公司风险评价指标体系的侧重点在于评价和防范风险，因此纳入该体系的指标元素必须相互有所关联，且易于量化，如此获得的指标元素相互之间能够互为补充关系，最终形成综合性的风险评价指标体系。具体来说，一个切实可行的综合评价指标体系中应该包括单个指标，以及能够反映出不同指标直接的相互关系和结构。

笔者认为，指标体系的构建主要需要经历几个环节，即理论基础、指标体系初选、指标体系优化、在实践中不断检验指标体系的实用性。

第一步，理论基础。所谓"名不正，则言不顺"，任何指标评价体系的构建，都必须建立在相关理论基础之上，信托公司风险评价指标体系涉及的相关理论在前文中已有详细描述，主要有企业风险管理理论、信托公司业务特征、信托公司风险影响因素、宏观经济学、微观经济学以及行为金融学理论等。

第二步，指标体系初选。在理论基础之上，采用系统分析法来构建风险评价指标体系的框架。初选指标的要求是尽可能全面包含信托公司传统业务和创新业务的风险，做到求全而不求优，以使指标体系尽可能科学且全面地反映信托公司的风险状况。

第三步，指标体系复选。初选指标体系强调全面性，因此数量较为繁多，但初步选取的指标不一定都是合理的，有可能由于选择过多而降低了指标体系衡量风险的准确性和科学性。更常见的情形是指标之间会出现重复甚至错误，因此需要对初选指标体系进行再一次的筛选，使其趋于完善，更能在使用中发挥作用。在其他学者的研究中，对指标体系进行优化的方法大多是采取定量方法，即借助统计学理论原理，设计相应检验步骤，再依据需要进行第二次筛选。

第四步，指标体系在实践中进行修正。指标体系设计结束之后，需要投入实践之中使用，并在实践过程中剔除不适用的指标，逐步完善评价体系。

第三节　引入行为金融后的指标构建原则与步骤

一、信托公司风险评价指标的研究基础

目前国内关于信托公司风险评价指标体系相对完整的研究较少，大部分前期研究对信托公司的风险评估没有体现出与其他类型公司的差异性，几乎全部采取微观层面的财务指标进行衡量。如马亚明设计了信托投资公司风险预警的三层必不可少的指标体系，这三个层次按照从大到小分为公司层、业务层和项目层，主要针对项目公司营利能力、经营能力、偿债能力等多方面的指标数据对公司风险进行全面衡量。这些研究从微观层面对信托公司进行了全面细致的分析，使用的工具主要是财务数据和财务指标，基本没有考虑报表财务风险以外的其他因素对信托公司风险的影响。

从信托业界来看，也有一些监管部门发布了风险评价指标体系，且由于发布单位级别较高，因此也被信托行业普遍采纳并用于对自身级次的打分和排位。例如，中国银保监会于2014年8月修订了2008年首次发布的《信托公司监管评级与分类监管指引》。为了使评级更加科学合理，中国银保监会在前期充分调研了各信托公司的实际经营和展业情况，建立了一套风险监管指标体系。《信托公司监管评级与分类监管指引》中的评价体系分为风险管理、资产管理和合规管理三方面，从这三方面出发，结合细分的内容，对不同信托公司进行打分，最后会按照打分情况将信托公司分为A、B、C三个档次。但是，银保监会的评级结果属于等级较高的机密信息，一般不对外公布，因此行业外的领域很难接触到相关评分细节和评价结果，想提升公司形象的信托公司，则会选择主动公布自己所处的较高评级类别，以促进信托产品的销售。

可以看出，无论是学术界还是监管部门，各自出台的指标体系各有优缺点。本小节基于这些前期研究成果，取长补短，基于新的视角和监管背景，构建更适合转型期信托公司的风险评价指标体系。

二、信托公司风险评价指标的初选思路、依据与内容

在前文中，笔者以房地产信托业务为代表，基于行为金融理论，充分论证了各参与方基于非理性决策而导致信托公司面临风险的情况。现有关于转型期

信托公司风险评价指标体系的研究成果较少，考虑到信托业务各参与方行为非理性的评价体系尚未出现，本小节以第三章信托公司风险形成的影响因素为理论基础，以第四章实证分析结论为新增指标评估依据，同时参考中国银保监会最近相关信托业风险评价权威指标、国内外研究文献，在取长补短的基础上，初步拟定了更适合转型时期信托公司的风险评价指标体系。

笔者设计的转型期信托公司风险评价指标体系共分三个层次，具体表述如表 8.1 所示。

表 8.1　转型期信托公司风险评价指标体系的三个层次

层次	名称	定义
1	总目标层	从整体上对信托公司风险进行分类，并初步判断适合不同类别风险的指标选择方向和评价要求。
2	子目标层	影响信托公司风险的主要因素。这些因素可分为外部风险和内部风险两部分。其中，外部风险类包括经济金融风险、经济政策风险、行业风险。内部风险可细分为四类：一是管理风险类，包含公司治理风险、内部控制风险、合规管理风险和声誉风险；二是业务风险类，包含固有业务风险和新型业务风险；三是财务风险类，包含资本风险、营利风险、偿债风险和流动性风险；四是信托业务参与各方行为风险类，这是一类全新的指标，包括资本市场投资者情绪波动风险、交易对手管理层过度自信风险、交易对手股价异象风险和信托项目管理层过度自信风险。
3	指标层	在每个子目标层下选择若干更具体且更易获得数据的指标，用来反映不同类型的风险因素。

（一）外部风险指标的选择依据与含义

根据第三章中对信托公司风险因素的分析，结合前期相关研究成果和监管机构最新风险防控要求，本小节将外部风险大指标细分为三个二级指标，分别衡量转型期信托公司的经济金融风险、政策风险和行业风险。

1. 经济金融风险指标

经济金融风险指标主要是反映宏观经济总量的变化、金融市场价格波动以及金融体系的系统性风险对信托公司造成的风险影响。本小节参考了国内外权威文献的研究成果，依据全面性原则，初步选择了包括经济增长风险在内的八个三级指标来对经济金融风险进行整体衡量。

2. 政策风险指标

政策风险指标主要是反映国家现行宏观经济政策对信托公司风险的影响。我国宏观政策中，对信托公司等金融机构可能造成风险的经济政策主要有货币政策、财政政策、产业调控政策三类。

3. 行业风险指标

行业风险指标主要是反映信托行业发展阶段、市场结构、市场环境等因素给信托公司带来的影响。根据产业经济学原理，任何一个行业都会经历诸如竞争压力和周期性发展压力等，这些压力最终在难以有效消除的情况下，就会变成潜在的风险。考虑到近年由于金融监管政策的调整，信托公司市场竞争压力凸显，营利模式受到挑战，本小节有针对性地选择了 3 个三级指标。

最终，外部风险的初选指标名称与含义由表 8.2 进行展示。

表 8.2 外部风险初选指标名称与含义

二级指标	三级指标	指标含义	
外部风险	经济金融风险	经济增长风险	经济增长因素使信托公司资产遭受损失，一般用 GDP 增速表示。当宏观经济增长速度加快或放缓时，会对信托公司展业造成一定影响，形成风险因素。
		通货膨胀风险	通货膨胀因素使信托公司资产遭受损失的可能性。一般用 CPI 或 PPI 表示。
		M2 增长风险	货币供应量 M2 的增长情况对信托公司资产风险具有影响，M2 增长率衡量了货币金融环境的变化情况。
		财政赤字风险	一般用财政赤字/GDP 表示政府财政能力。通常来讲，财政赤字越大，金融机构发展越会受到较大的压力。
		金融市场风险	该指标反映信托公司现金类业务中所涉及的金融市场中金融产品价格波动导致信托公司投资风险增大的情形。一般采用股票指数、债券、基金等价格波动率衡量。
		金融同业风险	该指标反映金融同业机构之间通过业务交叉、股权交叉等形式，向信托公司传递风险，致使其资产遭受损失的可能性。
		房地产市场风险	由于房地产信托业务依旧占据大部分信托公司的主营业务份额，该指标反映房地产市场需求、供给和价格要素的变化。在房地产相关政策趋严态势下，房价大幅下跌会增加信托公司业务违约风险。
		国际收支风险	我国对外经济状况对信托公司会造成一定风险。一国的国际收支状况主要为经常项目和资本金融项目的规模和结构特征。经常项目能够反映一国实体经济国际竞争力状况；资本金融项目则反映一国资本市场与外资进出状况。如果一国短期外债过高、外汇储备过低，则容易引发一国金融危机。

	二级指标	三级指标	指标含义
外部风险	经济政策风险	货币政策风险	货币政策调整期间会对信托公司造成一定风险。往往在货币政策由宽松向紧缩转换的过程中，信托公司面临了较大风险。
		财政政策风险	财政政策调整会对信托公司产生一定影响。通常扩张性财政政策向紧缩性财政政策发生转换时，信托公司业务遭受风险的可能性较高。
		产业调控政策风险	产业政策调整使信托公司遭受损失的可能性。例如，国家从宏观角度考虑，对部分产业政策进行调整，抑制或支持某些行业的发展，进而会对在该行业有业务涉及的信托公司收益产生影响。
	行业风险	市场竞争风险	该指标反映信托业市场竞争程度对信托公司风险的影响。通常市场竞争程度越高，信托公司面临的风险也越大。
		法律风险	该指标反映信托业相关法律建设存在滞后与不足，导致资产遭受损失的可能性。
		监管风险	该指标用以反映金融监管政策变化，导致信托公司经营环境、业务范围、风险管理方面随之变化，进而导致信托公司资产遭受损失的可能性。

（二）内部风险指标的选择依据与含义

笔者参考企业风险评价与预警的相关研究文献后发现，企业通常基于其经营管理模式，从企业可能遭遇的管理风险、业务风险和财务风险三方面构建内部风险的评价指标。经过前文分析，为体现转型期信托公司特有的来自各参与方非理性行为的风险，本书特别加上了非理性行为的影响因素。

1. 管理风险指标初选

管理风险主要是从公司内部管理角度衡量信托公司展业过程中可能的风险。信托公司作为财产管理机构，近年来，在严格落实监管要求的前提下，抓实"三会一层"的公司治理机制，各司其职、有效制衡、协调运作。2019—2020年超过1/4的信托公司增设了与消费者权益保护、关联交易控制、风险管理相关的委员会，发挥了一定的稳健决策和有效监督作用。

前文提到，从实践层面看，近年来信托公司暴雷事件大多与该公司治理机制不完善、相关监督机制不到位有关，而且部分信托业务风险是违规操作导致的。因此，合规管理对于信托公司控制住业务风险非常重要，故应将其单列为二级指标。对一般企业而言，公司治理和内部控制是公司内部管理最核心的部分，故也将其作为二级指标。

近年来，随着媒体行业尤其是自媒体行业的发展，声誉对于金融机构已越来越重要。任何负面舆情经过快速传播发酵后，都有极大可能对这家金融机构造成"灭顶之灾"。良好的声誉为企业节省了庞大的宣传费用，而不良的社会舆论会直接导致企业陷入经营困境。2018年信托行业提出开展信托文化建设，声誉风险因此也关乎整个信托行业的文化建设质量。根据银保监会《银行保险机构声誉风险管理办法（试行）》可知，声誉风险是指不良的企业行为、员工行为或外部事件的发生，导致公司在社会公众面前形成负面印象，从而影响企业品牌形象和品牌价值，不利于企业正常经营，甚至对上级单位、行业和地方经济社会造成不利影响的风险。声誉事件是指引发声誉风险，使企业声誉明显受损的，包括负面舆情在内的相关行为和活动。绝大部分信托公司已将声誉管理风险与公司治理相衔接，纳入全面风险管理体系，因此也纳入管理风险中，作为二级指标。

本小节在管理风险层面共选择了14个三级指标。指标名称与含义见表8.3。

表8.3　管理风险初选指标名称与含义

一级指标	二级指标	三级指标	指标含义
管理风险	公司治理风险	公司治理结构合理性	信托公司治理结构完善程度，是否构建"三会一层"，专门委员会和办事机构是否齐全；是否建立完善的独立董事制度；董事和高级管理人员资格是否符合法律法规规定。
		决策机制有效性	信托公司董事会及下设委员会能否严格依照议事规则履职，切实发挥决策作用；董事会组织制定公司中长期发展战略规划，具有较强指导性；公司是否制定明确的风险管理政策，定期出具或从第三方处获取风控报告；董事会是否对高级管理层有明确书面授权，且不干预高管层在授权范围内的正常经营活动。
		监督机制有效性	信托公司能否按照有关规定定期召开股东会议；董事会对高管层的监督考核机制是否有利于公司审慎经营与稳健发展；董事会审计委员会能否根据监事会、内部审计、风险部门工作意见，及时发现问题并解决问题；监事会及其下设专门机构在监督公司战略决策、风险管理、合规管理及内控审计方面能否切实发挥作用。
		激励约束机制有效性	信托公司人力部是否制定了切实可行的绩效评价标准或考核操作程序，且获得董事会通过；董事会对高管层的激励机制是否有利于促进公司合规经营与发展；公司能否定期为员工开展继续教育和培训；是否建立了健康科学的晋升通道；员工职称晋级是否合理公正。

续表

二级指标	三级指标	指标含义
内部控制风险	内部控制目标清晰度	信托公司的内部控制目标和原则是否清晰，并在各项规章制度中予以充分体现。
	内部控制措施有效性	信托公司前中后台是否设置合理、分工明确、各司其职且操作相互独立；分级授权体系是否完备且有效；是否对于突发事件建立了有效应急预案。
	风险控制体系有效性	信托公司的风险识别与评估体系能否覆盖各条业务线；能否定期进行全面风险评估；是否建立了满足业务需要的信息管理系统；风控人员是否具备相应职业操守和专业能力；开办新业务前能否充分识别并评估业务风险。
合规管理风险	合规管理组织架构完善度	信托公司的合规管理组织与其业务规模和发展战略是否适应；董事会、监事会和高管层的工作职责是否已包含合规管理职能。
	固有业务合规性	信托公司是否按照最新监管部门要求开展业务。
	信托创新类业务合规性	信托公司在转型过程中开展的创新类业务是否符合最新监管要求。包括信托设立和推介的合规性是否满足；信托财产保管的合规性是否满足；信托运营和风险管理是否具有合规性；信托变更及清算是否具有合规性；是否存在监管制度所明令禁止的交易类型（如关联交易）。
声誉管理风险	声誉管理机构完善度	信托公司是否在董事会下设立专门的声誉风险管理委员会，并直接向董事会和高级管理层报告；是否在各部门设立受声誉风险管理委员会领导的监督员（可兼职），体现对公司各个环节声誉风险管理的重视。
	负面新闻报道	媒体公开报道信托公司风险事件的次数多少，以及造成了什么程度的负面影响。
	业务投诉	信托公司在销售服务、合同签订、文件制定等方面造成客户误解或不满的次数。
	监管评级下降	监管部门（如银保监会）对信托公司的评级结果较之前年度出现下降的情形。

（二级指标最左侧合并单元格为"管理风险"）

2. 业务风险指标初选

依据实践中观察到的常见业务类型，信托公司的业务风险可以划分为固有风险和信托风险。参照前文提到的监管层建议的评价指标，笔者选择从信用风险、市场风险等不同角度对信托公司两类业务风险进行衡量。具体指标名称与含义见表8.4。

表8.4 业务风险初选指标名称与含义

二级指标	三级指标	指标含义
固有业务风险	固有资产单一最大客户集中度	固有资产单一最大客户集中度=从信托公司获得固有资产规模最大的客户资金余额/实收资本＊100%
	关联交易不良率	关联交易不良率=固有关联交易不良资产/信托关联交易余额＊100%
	关联交易占实收资本比例	关联交易占实收资本比例=固有关联交易余额/实收资本＊100%
	投资潜在损失率	投资潜在损失率=（有市值的各种有价证券投资期末公允价值−期末账面价值）/净资产期末余额＊100%
	长期股权投资不良率	长期股权投资不良率=不良长期股权投资期末余额/长期股权投资期末余额＊100%
信托业务风险	集合资金信托贷款比例	集合资金信托贷款比例=集合资金信托余额/集合资金信托资产规模期末余额＊100%
	银信合作融资类业务占比	银信合作融资类业务占比=银信合作融资类业务规模/银信合作业务规模＊100%
	信托资产不良率	信托资产不良率=信托不良资产期末余额/信托资产期末余额＊100%
	信托资产单一最大客户集中度	信托资产单一最大客户集中度=从信托公司获得信托资产规模最大的客户资金余额/（实收资本+实收信托）＊100%
	证券类风险项目金额比例	证券类风险项目金额比例=净值低于1的集合证券投资计划实收信托资产合计/集合证券投资计划实收信托资产合计＊100%
	信托关联交易不良率	信托关联交易不良率=信托关联交易不良资产/信托关联交易余额＊100%
	项目诉讼率	项目诉讼率=涉诉信托项目金额/信托资产期末余额＊100%

(业务风险 — 二级指标左侧纵向合并单元格)

3. 财务风险指标初选

财务风险由财务指标和财务数据衡量，从数据易得性和历史经验角度看，是最值得研究的风险评价指标。本小节参考了大量权威文献，结合信托公司在转型期的展业实际和实际风险特征，从资本风险、营利风险和偿债风险这三方面来反映信托公司的财务风险，同时选择了具有代表性的10个三级指标。指标名称与含义见表8.5。

表8.5　财务风险初选指标名称与含义

	二级指标	三级指标	指标含义
财务风险	资本风险	有效资本比例	有效资本比例＝净资本/净资产；其中，净资本＝净资产－各类资产的风险扣除项－或有负债的风险扣除项－监管部门认定的其他风险扣除项
		净资本充足率	净资本充足率＝净资本期末余额/风险资本期末余额
		信托规模资本比例	信托规模资本比例＝信托资产规模期末余额/净资产期末余额
	营利风险	资本利润率	资本利润率＝净利润/所有者权益平均余额
		成本收入比率	成本收入比率＝营业支出/营业收入
		风险资产利润贡献	风险资产利润贡献＝净利润/风险资本；该指标用以反映信托公司每元利润有多少来自风险资本
		信托报酬率	信托报酬率＝信托业务收入/信托资产平均余额
	偿债风险	资产负债率	资产负债率＝负债总额/资产总额＊100%
		信托赔偿准备金率	信托赔偿准备金率＝已计提的信托赔偿准备金期末余额/实收资本期末余额
		资产不良率	资产不良率＝不良资产期末余额/净资产期末余额

4. 行为金融风险指标初选

前文以信托公司常见的房地产信托业务开展为契机，详尽分析了信托业务各参与方行为特征，结合行为金融理论，论证了资本市场投资者、上市企业和信托公司管理层非理性行为会导致信托公司在转型期面临更多风险。由此，笔者主要选择换手率衡量资本市场机构投资者的投资者情绪、采用股票历史收益率衡量房地产管理层过度自信程度，同时通过问卷调查方式收集、分析信托公司管理层过度自信程度。指标名称与含义见表8.6。

表8.6　行为金融风险初选指标名称与含义

	二级指标	三级指标	指标含义
行为金融风险	资本市场投资者风险	投资者情绪	投资者情绪一般采用上市公司一段时期内换手率衡量
	交易对手风险	管理层过度自信	采用股票历史收益率衡量上市企业管理层过度自信程度
	信托公司风险	管理层过度自信	采用问卷调查方式收集、分析信托公司管理层过度自信程度

综上，从外部风险和内部风险两方面，共设立了 15 个二级指标和 53 个三级指标。完整的转型期信托公司风险评价初选指标体系如表 8.7 所示。

表 8.7　信托公司风险评价初选指标体系

	二级指标	三级指标
外部风险	经济金融风险	经济增长风险
		通货膨胀风险
		M2 增长风险
		财政赤字风险
		金融市场风险
		金融同业风险
		房地产市场风险
		国际收支风险
	经济政策风险	货币政策风险
		财政政策风险
		产业调控政策风险
	行业风险	市场竞争风险
		法律风险
		监管风险
内部风险	管理风险　公司治理风险	公司治理结构合理性
		决策机制有效性
		监督机制有效性
		激励约束机制有效性
	内部控制风险	内部控制目标清晰度
		内部控制措施有效性
		风险控制体系有效性
	合规管理风险	合规管理组织架构完善度
		固有业务合规性
		信托创新类业务合规性

续表

	二级指标		三级指标
内部风险	管理风险	声誉管理风险	声誉管理机构完善度
			负面新闻报道
			业务投诉
			监管评级下降
	业务风险	固有业务风险	固有资产单一最大客户集中度
			关联交易不良率
			关联交易占实收资本比例
			投资潜在损失率
			长期股权投资不良率
		信托业务风险	集合资金信托贷款比例
			银信合作融资类业务占比
			信托资产不良率
			信托资产单一最大客户集中度
			证券类风险项目金额比例
			信托关联交易不良率
			项目诉讼率
	财务风险	资本风险	有效资本比例
			净资本充足率
			信托规模资本比例
		营利风险	资本利润率
			成本收入比率
			风险资产利润贡献
			信托报酬率
		偿债风险	资产负债率
			信托赔偿准备金率
			资产不良率
	行为金融风险	资本市场投资者风险	投资者情绪
		交易对手风险	管理层过度自信
		信托公司风险	管理层过度自信

第四节 转型期信托公司风险评价指标的筛选

上一节设立了信托公司初选指标体系，共 15 个二级指标和 53 个三级指标。指标数量较多不利于在实践中使用指标体系对风险进行评估，也不利于发现潜在的风险点。同时，众多指标之间可能存在较大的相关性，个别指标通过其他指标的某些线性组合可能会被取代。未经筛选的指标体系如果直接用于衡量转型期信托公司的风险，会影响风险评价及预警的效果①。因此，需要在初选指标的基础上采用统计学方法科学地再次筛选。本小节将从定量指标和定性指标两个角度对初选指标体系进行筛选。

一、定量指标的再次筛选

根据前文已确立的信托公司风险评价初选指标体系，定量指标主要包括业务风险指标和财务风险指标两大类。考虑到数据获取难易度问题，这里只对财务风险的 10 个三级指标进行筛选，数据全部来源于 2020 年信托公司对外公布的正式版年报。在剔除数据不完备的公司后，最终进入指标复查范畴的公司共 32 家。

考虑到这些三级指标主要参考了银保监会《信托公司监管评级与分类监管指引》和非现场监管指标，以及财务风险预警的相关研究成果，这些指标的选择基本符合信托公司风险预警的要求。本小节利用统计学中的极大不相关方法来筛选定量风险指标。

二、极大不相关方法介绍

极大不相关法的定义十分简单，即如果 X_1 与其他的 $X_2 \cdots X_{P-1}$ 是彼此独立的，那就表明 X_1 具有不可替代性，也无法用其他变量的线性或非线性组合予以代表。在指标体系的复选规则中，这类不可被替代的指标应得到保留。反之，则舍去。

用此方式进行筛选的基本步骤一般为：

---

① 朱丽萍. 我国信托公司风险预警指标体系的构建与应用［J］. 金融理论与实践，2016（9）：97-101.

1. 确定样本矩阵 X。对于 m 个指标的 n 组数据，全部数据可用矩阵 X 表示如下：

$$\begin{pmatrix} X_{11} & \cdots & X_{1m} \\ \vdots & \ddots & \vdots \\ X_{n1} & \cdots & X_{nm} \end{pmatrix}$$

2. 计算变量 X_i 的均值、方差、协方差，并得到样本的协方差矩阵。

（1）均值：$\overline{X}_i = \frac{1}{n}\sum_{a=1}^{n} X_{ai}$；i = 1，2，…，m

（2）方差：$S^2 = \frac{1}{n}\sum_{i=1}^{n} (X_{ai}-\overline{X}_i)^2$；i = 1，2，…，m

（3）协方差：$S_{ij} = \frac{1}{n}\sum_{i=1}^{n} (X_{Ni}-\overline{X}_i)(X_{Ni}-\overline{X}_j)$；i≠j，i，j = 1，2，…，m

（4）协方差矩阵：$\underset{m*m}{S} = (S_{ij})$；i，j = 1，2，…，m

3. 进一步求出样本的相关阵 A。

$$A = (r_{i,j})$$

$$r_i，j = \frac{s_{i,j}}{\sqrt{s_{ii}s_{jj}}}$$

其中，$r_{i,j}$ 为样本 X_i 和 X_j 的相关系数，反映后两者的线性相关程度。

4. 采用统计软件求出各初选指标的复相关系数 R，并得到 R2。此值越大，表明它与其他变量的相关性也越大。在查表获得样本数据的临界值 D 之后，当｜R｜>D 时，就说明该变量与其他变量相关性过大，因此此变量不适合保留。

5. 临界值 D 的确定：通过查询相关系数检验表，依据复相关系数临界值确定法，按照下式进行计算可得 D：

$$R_a = \sqrt{\frac{mF_a}{(n-m-1)+mF_a}}$$

其中，m 为回归自由度，n 为样本容量，a 为显著性水平。

三、数据来源与处理

笔者通过手工整理 2020 年 68 家信托公司官方年报，初步选择了 10 个三级指标（X_1 到 X_{10}）来衡量信托公司的财务风险，剔除数据不全公司后，最终获取了全部披露指标数据的 32 家信托公司。相关原始数据见表 8.8。

表8.8　10个财务指标全部披露的信托公司原始数据

序号	信托公司	注册资本（亿元）	注册地（城市）	信托资产总计	X₁:有效资本比例=净资本/净资产	X₂:净资本充足率=净资本期末余额/风险资本期末余额	X₃:信托规模资本比例=信托资产规模期末余额/净资本期末余额	X₄:资本利润率=净利润/所有者权益平均余额	X₅:成本收入比率=营业支出/营业收入	X₆:风险资产利润贡献率=净利润/风险资本	X₇:信托报酬率=信托业务收入/信托资产平均余额	X₈:资产负债率=负债总额/资产总额*100%	X₉:信托赔偿准备金比=已计提的信托赔偿准备金期末余额/实收资本期末余额	X₁₀:资产不良率=不良资产期末余额/净资产期末余额
1	爱建信托	46.03	上海	12,924,073.40	75.77%	217.07%	12.211%	1.115%	0.319%	3.193%	1.29%	21.50%	0.019%	0.0202%
2	百瑞信托	40.00	郑州	31,343,221.58	83.73%	186.99%	29.818%	1.349%	0.243%	3.012%	0.53%	2.64%	0.007%	0.0662%
3	北方信托	10.01	天津	10,806,789.72	69.02%	252.28%	18.302%	1.304%	0.564%	4.764%	0.24%	15.28%	0.004%	0.1238%
4	渤海信托	36.00	石家庄	43,780,987.86	70.07%	146.58%	28.327%	2.403%	0.980%	5.026%	0.40%	14.44%	0.000%	1.3464%
5	大业信托	10.00	广州	5,962,723.88	80.09%	208.34%	21.271%	1.129%	0.706%	2.937%	0.73%	12.08%	0.003%	2.0321%

续表

序号	信托公司	注册资本（亿元）	注册地（城市）	信托资产总计	X_1:有效资本比例=净资本/净资产	X_2:净资本充足率=净资本期末余额/风险资本期末余额	X_3:信托规模资本比例=信托资产规模期末余额/净资产期末余额	X_4:资本利润率=净利润/所有者权益平均余额	X_5:成本收入比率=营业支出/营业收入	X_6:风险资产利润贡献率=净利润/风险资本	X_7:信托报酬率=信托业务收入/信托资产平均余额	X_8:资产负债率=负债总额/资产总额*100%	X_9:信托赔偿准备金率=已计提的信托赔偿准备金期末余额/实收资本期末余额	X_{10}:资产不良率=不良资产期末余额/净资产期末余额
6	东莞信托	14.50	东莞	6,862,059.93	85.89%	261.11%	11.060%	0.911%	0.411%	2.769%	1.06%	6.75%	0.005%	0.0042%
7	光大信托	84.18	兰州	102,607,617.33	89.94%	135.38%	55.296%	4.254%	0.374%	6.403%	0.58%	18.88%	0.010%	0.0044%
8	国联信托	30.00	无锡	6,982,130.00	90.79%	268.76%	11.578%	0.878%	0.118%	2.598%	0.98%	7.95%	0.005%	0.0532%
9	国民信托	10.00	北京	14,934,147.90	87.84%	307.48%	42.981%	3.313%	0.501%	11.597%	0.27%	12.69%	0.004%	0.4485%
10	国通信托	32.00	武汉	17,715,692.49	78.85%	142.65%	17.503%	1.802%	0.509%	3.261%	0.54%	35.76%	0.004%	0.2981%

续表

序号	信托公司	注册资本（亿元）	注册地（城市）	信托资产总计	X₁:有效资本比例=净资本/净资产	X₂:净资本充足率=净资本期末余额/风险资本期末余额	X₃:信托规模资本比例=信托资产规模期末余额/净资产期末余额	X₄:资本利润率=净利润/所有者权益平均余额	X₅:成本收入比率=营业支出/营业收入	X₆:风险资产利润贡献率=净利润/风险资本	X₇:信托报酬率=信托业务收入/信托资产平均余额	X₈:资产负债率=负债总额/资产总额*100%	X₉:信托赔偿金备率=已计提的信托赔偿准备金期末余额/实收资本期末余额	X₁₀:资产不良率=不良资产期末余额/净资产期末余额
11	国元信托	42.00	合肥	14,100,284.90	82.78%	266.17%	16.434%	1.278%	0.224%	4.110%	0.10%	4.55%	0.004%	0.1060%
12	杭州信托	15.00	杭州	4,325,612.00	77.65%	195.05%	7.831%	0.834%	0.257%	2.094%	2.48%	14.54%	0.008%	1.7240%
13	华澳信托	25.00	上海	8,422,812.01	61.39%	210.43%	15.867%	1.391%	0.498%	4.770%	0.44%	14.18%	0.008%	1.1059%
14	金谷信托	22.00	北京	14,299,741.13	80.56%	211.03%	30.030%	1.239%	0.659%	3.245%	0.32%	12.75%	0.002%	0.0164%
15	陆家嘴信托	48.00	青岛	21,818,772.27	75.26%	133.94%	23.094%	2.195%	0.212%	3.907%	0.54%	29.32%	0.011%	0.1452%

续表

序号	信托公司	注册资本（亿元）	注册地（城市）	信托资产总计	X₁:有效资本比例=净资本/净资产	X₂:净资本充足率=净资本期末余额/风险资本期末余额	X₃:信托规模资本比例=信托资产规模期末余额/净资产期末余额	X₄:资本利润率=净利润/所有者权益平均余额	X₅:成本收入比率=营业支出/营业收入	X₆:风险资产利润贡献率=净利润/风险资本	X₇:信托报酬率=信托业务收入/信托资产平均余额	X₈:资产负债率=负债总额/资产总额*100%	X₉:信托赔偿准备金率=已计提的信托赔偿准备金期末余额/实收资本期末余额	X₁₀:资产不良率=不良资产期末余额/净资产期末余额
16	平安信托	130.00	深圳	39,105,195.33	72.84%	228.27%	11.360%	1.055%	0.615%	3.305%	0.63%	23.49%	0.015%	0.0517%
17	厦门信托	37.50	厦门	22,107,661.00	73.08%	121.62%	29.035%	2.448%	0.413%	4.074%	0.38%	27.64%	0.007%	0.0033%
18	山西信托	13.57	太原	4,016,050.88	71.47%	159.95%	16.202%	1.182%	0.910%	2.645%	0.49%	24.25%	0.001%	0.5340%
19	上海信托	50.00	上海	60,813,010.87	84.03%	242.32%	31.121%	1.747%	0.554%	5.037%	0.28%	15.14%	0.006%	0.0590%
20	苏州信托	12.00	苏州	8,204,759.91	83.64%	341.48%	13.802%	1.002%	0.353%	4.091%	1.00%	8.91%	0.006%	0.2371%

续表

序号	信托公司	注册资本（亿元）	注册地（城市）	信托资产总计	X₁：有效资本比例＝净资本/净资产	X₂：净资本充足率＝净资本期末余额/风险资本期末余额	X₃：信托规模资本比例＝信托资产规模期末余额/净资产期末余额	X₄：资本利润率＝净利润/所有者权益平均余额	X₅：成本收入比率＝营业支出/营业收入	X₆：风险资产利润贡献率＝净利润/风险资本	X₇：信托报酬率＝信托业务收入/信托资产平均余额	X₈：资产负债率＝负债总额/资产总额*100%	X₉：信托赔偿金备率＝已计提的信托赔偿准备金期末余额/实收资本期末余额	X₁₀：资产不良率＝不良资产期末余额/净资产期末余额
21	天津信托	17.00	天津	22,911,457.00	70.63%	149.80%	25.543%	1.588%	0.373%	3.369%	0.20%	30.63%	0.006%	0.3321%
22	外贸信托	80.00	北京	67,512,869.19	80.87%	244.51%	34.793%	3.620%	0.404%	10.945%	0.40%	2.17%	0.005%	0.0199%
23	五矿信托	130.51	西宁	70,285,249.23	87.97%	155.39%	28.089%	2.364%	0.282%	4.176%	0.67%	10.21%	0.007%	0.0451%
24	西部信托	20.00	西安	29,749,117.92	85.08%	171.19%	43.660%	3.905%	0.370%	7.857%	0.24%	17.08%	0.004%	0.0612%
25	西藏信托	30.00	拉萨	14,663,666.71	86.82%	292.82%	27.397%	2.342%	0.411%	7.899%	0.27%	7.40%	0.005%	0.3037%

续表

序号	信托公司	注册资本（亿元）	注册地（城市）	信托资产总计	X_1:有效资本比例=净资本/净资产	X_2:净资本充足率=净资本期末余额/风险资本期末余额	X_3:信托规模资本比例=信托规模期末余额/净资产期末余额	X_4:资本利润率=净利润/所有者权益平均余额	X_5:成本收入比率=营业支出/营业收入	X_6:风险资产利润贡献率=净利润/风险资本	X_7:信托报酬率=信托业务收入/信托资产平均余额	X_8:资产负债率=负债总额/资产总额*100%	X_9:信托赔偿准备金率=已计提的信托赔偿准备金期末余额/实收资本期末余额	X_{10}:资产不良率=不良资产期末余额/净资产期末余额
26	兴业信托	100.00	福州	37,846,138.85	78.81%	220.89%	17.784%	1.706%	0.563%	4.783%	0.42%	16.22%	0.004%	0.0489%
27	英大信托	40.29	北京	57,425,385.67	87.87%	422.30%	51.795%	1.889%	0.122%	9.077%	0.34%	11.57%	0.007%	0.1237%
28	云南信托	12.00	昆明	25,254,288.29	82.34%	158.89%	60.257%	4.211%	0.435%	8.126%	0.32%	20.26%	0.007%	0.0052%
29	长安信托	33.30	西安	37,509,648.40	58.58%	106.49%	33.597%	3.198%	0.783%	5.813%	0.55%	30.01%	0.006%	0.4124%
30	浙金信托	17.00	杭州	7,795,993.61	73.06%	169.65%	28.947%	2.789%	0.749%	6.478%	0.78%	15.27%	0.003%	0.2131%

续表

序号	信托公司	注册资本（亿元）	注册地（城市）	信托资产总计	X_1:有效资本比例=净资本/净资产	X_2:净资本充足率=净资本期末余额/风险资本期末余额	X_3:信托规模资本比例=信托资产规模期末余额/净资产期末余额	X_4:资本利润率=净利润/所有者权益平均余额	X_5:成本收入比率=营业支出/营业收入	X_6:风险资产利润贡献率=净利润/净风险资本	X_7:信托报酬率=信托业务收入/信托资产平均余额	X_8:资产负债率=负债总额/资产总额*100%	X_9:信托赔偿准备金率=已计提的信托赔偿准备金期末余额/实收资本期末余额	X_{10}:资产不良率=不良资产期末余额/净资产期末余额
31	中航信托	46.57	南昌	66,653,016.57	87.02%	135.67%	40.492%	3.216%	0.304%	5.013%	0.66%	15.43%	0.008%	0.0182%
32	中铁信托	50.00	成都	32,594,756.00	81.57%	291.20%	20.172%	1.819%	0.340%	6.494%	0.29%	39.28%	0.013%	0.3097%

为了消除数据单位不同造成的影响，笔者对原始数据进行了标准化处理，标准化的公式为：

$$X_{ij} = \frac{X_{ij} - \overline{X}_j}{\sqrt{var\ (X_j)}},\ i = 1,\ 2,\ \cdots,\ n;\ j = 1,\ 2,\ \cdots,\ m$$

其中，$\overline{X}_j$ 和 $\sqrt{var\ (X_j)}$ 分别是第 j 个变量的平均值和标准差。

标准化后数据如表 8.9 所示。

表 8.9　10个财务指标全部披露的信托公司标准化后数据

序号	信托公司	注册资本（亿元）	注册地（城市）	信托资产总计	X₁:有效资本比例=净资本/净资产	X₂:净资本充足率=净资本期末余额/风险资本期末余额	X₃:信托规模资本比例=信托资产规模期末余额/净资产期末余额	X₄:资本利润率=净利润/所有者权益平均余额	X₅:成本收入比率=营业支出/营业收入	X₆:风险资产利润贡献率=净利润/风险资本	X₇:信托报酬率=信托业务收入/信托资产平均余额	X₈:资产负债率=负债总额/资产总额*100%	X₉:信托赔偿准备金率=已计提的信托赔偿准备金期末余额/实收资本期末余额	X₁₀:资产不良率=不良资产期末余额/净资产期末余额
1	爱建信托	46.03	上海	-0.6570	-0.4327	0.0832	-1.0828	-0.9062	-0.6415	-0.7850	1.6116	0.5026	3.2628	-0.5896
2	百瑞信托	40.00	郑州	0.1056	0.5629	-0.3373	0.2295	-0.6784	-0.9988	-0.8599	-0.1028	-1.5217	0.0456	-0.4995
3	北方信托	10.01	天津	-0.7446	-1.2766	0.5755	-0.6288	-0.7223	0.5145	-0.1346	-0.7565	-0.1648	-0.5199	-0.3866
4	渤海信托	36.00	石家庄	0.6206	-1.1457	-0.9023	0.1183	0.3468	2.4787	-0.0263	-0.3961	-0.2559	-1.5928	2.0095
5	大业信托	10.00	广州	-0.9452	0.1079	-0.0388	-0.4076	-0.8920	1.1843	-0.8908	0.3483	-0.5082	-0.9002	3.3535
6	东莞信托	14.50	东莞	-0.9079	0.8330	0.6990	-1.1686	-1.1045	-0.2052	-0.9606	1.0954	-1.0810	-0.2992	-0.6209

续表

序号	信托公司	注册资本（亿元）	注册地（城市）	信托资产总计	X₁:有效资本比例=净资本/净资产产	X₂:净资本充足率=净资本期末余额/风险资本期末余额	X₃:信托规模资本比例=信托资产规模期末余额/净资产产期末余额	X₄:资本利润率=净利润/所有者权益平均余额	X₅:成本收入比率=营业支出/营业收入	X₆:风险资产利润贡献率=净利润/风险资本	X₇:信托报酬率=信托业务收入/信托人资产平均余额	X₈:资产负债率=负债总额/资产总额*100%	X₉:信托赔偿准备金率=已计提的信托赔偿准备金期末余额/实收资本期末余额	X₁₀:资产不良率=不良资产期末余额/净资产产期末余额
7	光大信托	84.18	兰州	3.0561	1.3400	-1.0589	2.1285	2.1477	-0.3797	0.5435	0.0100	0.2211	0.8943	-0.6206
8	国联信托	30.00	无锡	-0.9030	1.4467	0.8059	-1.1300	-1.1366	-1.5909	-1.0311	0.9123	-0.9521	-0.4641	-0.5249
9	国民信托	10.00	北京	-0.5737	1.0772	1.3472	1.2105	1.2324	0.2180	2.6934	-0.6893	-0.4433	-0.5457	0.2499
10	国通信托	32.00	武汉	-0.4586	-0.0469	-0.9572	-0.6884	-0.2372	0.2563	-0.7571	-0.0803	2.0327	-0.4981	-0.0450
11	国元信托	42.00	合肥	-0.6083	0.4440	0.7697	-0.7681	-0.7469	-1.0903	-0.4053	-1.0728	-1.3171	-0.5855	-0.4214
12	杭州信托	15.00	杭州	-1.0129	-0.1973	-0.2246	-1.4093	-1.1795	-0.9337	-1.2399	4.2959	-0.2445	0.5226	2.7495

续表

序号	信托公司	注册资本（亿元）	注册地（城市）	信托资产总计	X₁：有效资本比例=净资本/净资产	X₂：净资本充足率=净资本期末余额/风险资本期末余额	X₃：信托规模资本比例=信托资产规模期末余额/净资本期末余额	X₄：资本利润率=净利润/所有者权益平均余额	X₅：成本收入比率=营业支出/营业收入	X₆：风险资产利润贡献率=净利润/风险资本	X₇：信托报酬率=信托业务收入/信托资产平均余额	X₈：资产负债率=负债总额/资产总额*100%	X₉：信托赔偿准备金率=已计提的信托赔偿准备金期末余额/实收资本期末余额	X₁₀：资产不良率=不良资产期末余额/净资产期末余额
13	华澳信托	25.00	上海	-0.8433	-2.2320	-0.0096	-0.8104	-0.6369	0.2037	-0.1325	-0.3058	-0.2834	0.3084	1.5383
14	金谷信托	22.00	北京	-0.6000	0.1662	-0.0011	0.2453	-0.7854	0.9637	-0.7634	-0.5765	-0.4373	-1.1805	-0.5970
15	陆家嘴信托	48.00	青岛	-0.2887	-0.4965	-1.0790	-0.2717	0.1453	-1.1478	-0.4894	-0.0803	1.3412	1.2919	-0.3446
16	平安信托	130.00	深圳	0.4270	-0.7991	0.2398	-1.1463	-0.9644	0.7547	-0.7386	0.1227	0.7162	2.1761	-0.5279
17	厦门信托	37.50	厦门	-0.2767	-0.7693	-1.2512	0.1711	0.3912	-0.1971	-0.4202	-0.4412	1.1614	0.2603	-0.6227
18	山西信托	13.57	太原	-1.0258	-0.9709	-0.7153	-0.7854	-0.8408	2.1478	-1.0119	-0.1931	0.7968	-1.4462	0.4174

续表

序号	信托公司	注册资本（亿元）	注册地（城市）	信托资产总计	X_1：有效资本比例=净资本/净资产	X_2：净资本充足率=净资本期末余额/风险资本期末余额	X_3：信托规模资本比例=信托资产期末余额/净资产期末余额	X_4：资本利润率=净利润/所有者权益平均余额	X_5：成本收入比率=营业支出/营业收入	X_6：风险资产利润贡献率=净利润/风险资本	X_7：信托报酬率=信托业务收入/信托资产平均余额	X_8：资产负债率=负债总额/资产总额*100%	X_9：信托赔偿准备金率=已计提的信托赔偿准备金期末余额/实收资本期末余额	X_{10}：资产不良率=不良资产期末余额/净资产期末余额
19	上海信托	50.00	上海	1.3257	0.6007	0.4363	0.3266	-0.2912	0.4658	-0.0217	-0.6729	-0.1808	-0.1913	-0.5136
20	苏州信托	12.00	苏州	-0.8523	0.5517	1.8226	-0.9643	-1.0156	-0.4825	-0.4132	0.9574	-0.8490	-0.1430	-0.1644
21	天津信托	17.00	天津	-0.2435	-1.0759	-0.8573	-0.0892	-0.4454	-0.3871	-0.7123	-0.8472	1.4816	-0.1597	0.0217
22	外贸信托	80.00	北京	1.6031	0.2051	0.4669	0.6003	1.5311	-0.2393	2.4236	-0.3961	-1.5725	-0.4429	-0.5902
23	五矿信托	130.51	西宁	1.7179	1.0942	-0.7791	0.1006	0.3097	-0.8147	-0.3780	0.2130	-0.7095	0.1697	-0.5408
24	西部信托	20.00	西安	0.0396	0.7326	-0.5582	1.2612	1.8082	-0.4012	1.1452	-0.7570	0.0284	-0.4960	-0.5092

续表

序号	信托公司	注册资本（亿元）	注册地（城市）	信托资产总计	X_1：有效资本比例=净资本/净资产产	X_2：净资本充足率=净资本期末余额/风险资本期末余额	X_3：信托规模资本比例=信托资产规模期末余额/净资产产期末余额	X_4：资本利润率=净利润/所有者权益平均余额	X_5：成本收入比率=营业支出/营业收入	X_6：风险资产利润贡献率=净利润/风险资本	X_7：信托报酬率=信托业务收入/信托人均资产平均余额	X_8：资产负债率=负债总额/资产总额*100%	X_9：信托赔偿准备金率=已计提的信托赔偿准备金期末余额/实收资本本期末余额	X_{10}：资产不良率=不良资产期末余额/净资产产期末余额
25	西藏信托	30.00	拉萨	-0.5849	0.9494	1.1423	0.0490	0.2877	-0.2078	1.1626	-0.6893	-1.0107	-0.3550	-0.0340
26	兴业信托	100.00	福州	0.3749	-0.0528	0.1367	-0.6674	-0.3306	0.5116	-0.1271	-0.3510	-0.0649	-0.5662	-0.5334
27	英大信托	40.29	北京	1.1855	1.0813	2.9526	1.8675	-0.1532	-1.5709	1.6502	-0.5314	-0.5632	0.2134	-0.3867
28	云南信托	12.00	昆明	-0.1465	0.3898	-0.7301	2.4982	2.1064	-0.0932	1.2568	-0.5765	0.3689	0.1505	-0.6189
29	长安信托	33.30	西安	0.3609	-2.5835	-1.4628	0.5112	1.1203	1.5465	0.2994	-0.0577	1.4157	-0.1315	0.1791
30	浙金信托	17.00	杭州	-0.8693	-0.7723	-0.5797	0.1646	0.7231	1.3883	0.5745	0.4611	-0.1668	-0.8066	-0.2114

续表

序号	信托公司	注册资本（亿元）	注册地（城市）	信托资产总计	X_1:有效资本比例=净资本/净资产	X_2:净资本充足率=净资本期末余额/风险资本期末余额	X_3:信托规模资本比例=信托资产规模期末余额/净资产期末余额	X_4:资本利润率=净利润/所有者权益平均余额	X_5:成本收入比率=营业支出/营业收入	X_6:风险资产利润贡献率=净利润/风险资本	X_7:信托报酬率=信托业务收入/信托资产平均余额	X_8:资产负债率=负债总额/资产总额*100%	X_9:信托赔偿准备金率=已计提的信托赔偿准备金期末余额/实收资本期末余额	X_{10}:资产不良率=不良资产期末余额/净资产期末余额
31	中航信托	46.57	南昌	1.5675	0.9751	−1.0549	1.0251	1.1379	−0.7101	−0.0316	0.1904	−0.1497	0.4572	−0.5935
32	中铁信托	50.00	成都	0.1575	0.2934	1.1196	−0.4894	−0.2207	−0.5423	0.5813	−0.6442	2.4100	1.5716	−0.0223

325

四、指标筛选过程

在对原始数据进行对数化处理后，具体筛选过程如下：

（1）根据上文确定的复相关系数临界值计算方法，查询 F 分布临界值表后可知临界值为 0.8045；

（2）运用相关统计软件（如 EViews）得到 10 个指标的复相关系数，相关结果见表 8.10；

（3）以查表所得的 0.8045 为临界值，如果多个指标的复相关系数大于临界值则表明彼此之间不具备独立性，可以被其他指标所近似替代，因此需删除这类指标。通过计算并比对结果，待复选指标体系中大于临界值的指标只有 1 个，即风险资产利润贡献，故将其删除。

最终筛选后的结果如表 8.10 所示，小于临界值的 9 个三级指标构成了财务风险评价指标。

表 8.10　定量指标的复相关系数与筛选结果

三级指标	复相关系数	筛选结果
有效资本比例	0.293656008	保留
净资本充足率	0.42637985	保留
信托规模资本比例	0.687625035	保留
资本利润率	0.38323484	保留
成本收入比率	0.790078346	保留
风险资产利润贡献	0.915403631	删除
信托报酬率	0.569929321	保留
资产负债率	0.773761345	保留
信托赔偿准备金率	0.758729707	保留
资产不良率	0.159910602	保留

五、定性指标的再次筛选

定性指标的筛选不同于定量指标，具有较大的主观性。为了使得本书所采用的指标在最大限度上获得专家们的认可，这里采用的是"专家咨询法"。专家咨询法（Delphi）是由美国兰德公司于20世纪50年代初发明的一种通过发放和回收有效问卷得到行业专家相关意见和建议的方法。在该方法下，对于备选指标的选择取决于行业内多个专家的筛选结果。在收集专家反馈意见过程中，需保障各位专家之间相互独立，以互相不干扰为前提回答研究者提出的问题。问卷的发出和收回不是一次性的，针对回收问卷的内容，研究者可以与专家之间反复沟通与讨论，最终获得定性指标筛选的结果。

为了筛选出科学合理的定性指标，笔者先后向来自10家在行业处于领先地位的信托公司共计35位业内专家和资深信托从业人员发放了咨询问卷，回收了31份完整的反馈意见。专家均来自行业龙头信托公司风险控制的相关部门。具体的实施步骤如下：

第一步，根据初选指标体系，设计定性指标（含业务风险指标）筛选的问卷；

第二步，通过电子邮件方式，将调查问卷发送给行业中第一梯队信托公司风险控制方面的专家；

第三步，陆续收到专家回复，对专家意见进行汇总，计算选择的比例。

按照定义，选择比例公式如下所示：

$$选择比例 = \frac{认为该指标可以入选指标体系的专家人数}{专家总人数}$$

例如，通货膨胀风险这一指标，有19位专家选择应纳入信托公司风险评价指标体系中，则该指标的选择比例是（19/31）＊100％＝61％。

第四步，对专家回复中存疑的指标进行汇总分析并与专家交流想法，确定该指标的最终取舍。

定性指标筛选标准是：若某一指标基于专家问卷返回信息计算出的"选择比例"大于由样本计算得出的选择比例（这里计算为65％），即保留该指标作为信托公司风险评价指标。[1] 最终，根据定性指标筛选标准，剔除了一些指标，如通货膨胀风险、市场竞争风险、内部控制措施有效性、固有资产单一最大客

---

① 朱丽萍. 我国信托公司风险预警指标体系的构建与应用［J］. 金融理论与实践，2016（9）：97-101.

户集中度、信托资产不良率、信托资产单一最大客户集中度。定性指标的具体筛选结果见表 8.11。

表 8.11　定性指标的专家咨询结果与筛选结果

	二级指标	三级指标	选择比例	筛选结果（大于 65%，则保留）
外部风险	经济金融风险	经济增长风险	95%	保留
		通货膨胀风险	61%	删除
		M2 增长风险	72%	保留
		财政赤字风险	89%	保留
		金融市场风险	85%	保留
		金融同业风险	71%	保留
		房地产市场风险	77%	保留
		国际收支风险	113%	保留
	经济政策风险	货币政策风险	76%	保留
		财政政策风险	79%	保留
		产业调控政策风险	75%	保留
	行业风险	市场竞争风险	56%	删除
		法律风险	73%	保留
		监管风险	76%	保留
内部风险	管理风险 公司治理风险	公司治理结构合理性	71%	保留
		决策机制有效性	86%	保留
		监督机制有效性	72%	保留
		激励约束机制有效性	71%	保留
	内部控制风险	内部控制目标清晰度	75%	保留
		内部控制措施有效性	56%	删除
		风险控制体系有效性	71%	保留
	合规管理风险	合规管理组织架构完善度	97%	保留
		固有业务合规性	78%	保留
		信托创新类业务合规性	71%	保留

	二级指标		三级指标	选择比例	筛选结果 （大于 65%，则保留）
内部风险	管理风险	声誉管理风险	声誉管理机构完善度	76%	保留
			负面新闻报道	73%	保留
			业务投诉	72%	保留
			监管评级下降	83%	保留
	业务风险	固有业务风险	固有资产单一最大客户集中度	60%	删除
			关联交易不良率	78%	保留
			关联交易占实收资本比例	79%	保留
			投资潜在损失率	86%	保留
			长期股权投资不良率	94%	保留
		信托业务风险	集合资金信托贷款比例	76%	保留
			银信合作融资类业务占比	75%	保留
			信托资产不良率	57%	删除
			信托资产单一最大客户集中度	63%	删除
			证券类风险项目金额比例	81%	保留
			信托关联交易不良率	78%	保留
			项目诉讼率	77%	保留
	行为金融风险	资本市场投资者风险	投资者情绪	74%	保留
		交易对手风险	管理层过度自信	73%	保留
		信托公司风险	管理层过度自信	71%	保留

六、转型期信托公司风险评价指标体系的确定

经过定量方法和定性方法的双重筛选，转型期信托公司风险评价指标体系最终确定，共包括 15 个二级指标和 46 个三级指标，详见表 8.12。

表 8.12 转型期信托公司风险评价指标体系（最终版）

	二级指标		三级指标
外部风险	经济金融风险		经济增长风险
			M2 增长风险
			财政赤字风险
			金融市场风险
			金融同业风险
			房地产市场风险
			国际收支风险
	经济政策风险		货币政策风险
			财政政策风险
			产业调控政策风险
	行业风险		法律风险
			监管风险
内部风险	管理风险	公司治理风险	公司治理结构合理性
			决策机制有效性
			监督机制有效性
			激励约束机制有效性
		内部控制风险	内部控制目标清晰度
			风险控制体系有效性
		合规管理风险	合规管理组织架构完善度
			固有业务合规性
			信托创新类业务合规性
		声誉管理风险	声誉管理机构完善度
			负面新闻报道
			业务投诉
			监管评级下降

续表

	二级指标		三级指标
内部风险	业务风险	固有业务风险	关联交易不良率
			关联交易占实收资本比例
			投资潜在损失率
			长期股权投资不良率
		信托业务风险	集合资金信托贷款比例
			银信合作融资类业务占比
			证券类风险项目金额比例
			信托关联交易不良率
			项目诉讼率
	财务风险	资本风险	有效资本比例
			净资本充足率
			信托规模资本比例
		营利风险	资本利润率
			成本收入比率
			信托报酬率
		偿债风险	资产负债率
			信托赔偿准备金率
			资产不良率
	行为金融风险	资本市场投资者风险	投资者情绪
		交易对手风险	管理层过度自信
		信托公司风险	管理层过度自信

第五节 本章小结

尽管监管部门前期出台了一系列可量化可评级的制度规范与打分系统，但几乎都是基于信托公司财务风险与流动性风险，没有充分考虑信托公司在新时代背景下开展大量创新性业务各交易方的非理性行为，没有考虑行为金融对信托公司风险防范的重要理论意义与现实价值，因此之前的评价体系没有充分考虑信托公司在转型期出现新的风险如何有效评价和衡量的问题。

本章以信托公司风险影响因素为理论基础，结合之前各章节对信托业务三大参与方非理性行为影响的综合考量，充分借鉴各指标体系的优点，拟定了转型期信托公司风险评价指标体系。经过科学筛选和笔者优化改良后的评价体系分为外部风险和内部风险两类。其中外部风险包括经济金融风险、经济政策风险和行业风险3个二级指标，下设14个三级指标。内部风险包括管理风险、业务风险、财务风险和行为金融风险4个二级指标，下设共计39个三级指标，其中行为金融风险指标为首次被纳入信托公司风险评价指标体系之中。最终评价体系包含15个二级指标和53个三级指标。

本章提出的新指标体系结合了信托业务各参与方行为特征对信托公司风险的直接与间接影响，侧重于信托公司风险水平的综合评价。该指标的最大特点在于，充分考虑信托业务参与方在转型期可能出现的非理性行为，并对各方非理性行为进行定量评价，且不受到信托公司具体业务类型的限制，因此操作性较强，能够比较全面、客观地评价转型期信托公司开展各类业务较为真实的风险水平，有利于信托公司在开展创新业务时充分衡量风险，做到心中有数，还可以进一步提升信托从业人员风险防范意识和理性行为程度。

第九章

结语与建议

2018 年，是全面贯彻党的十九大精神的开局之年，也是宏观经济和国际发展形势不断变化、充满挑战的一年。这一年中，资管行业统一监管框架初步建立，信托业务的环境发生了较大的变化，也使得信托公司面临全新的调整和机遇，纷纷在转型期积极探索新的业务类型。从 2018 年以来，监管层陆续发布各类政策文件，提出坚持严控风险的底线思维，进一步要求信托公司重视防范和化解资产管理业务的风险。2018 年，信托公司无论是管理资产规模还是公司经营业绩都结束了高速增长期，发展趋势出现转折，行业正式步入了转型期。

可以看出，近年来信托行业面临既要有效防范金融风险，又要积极推进业务转型的双重任务。信托行业的资产管理能力以及对新兴业务的风险管控能力需进一步提升和不断优化，在转型期经营需更为规范化，从而建设良好的信托文化，进一步夯实行业发展的基础。

综上所述，笔者结合信托公司近年来处于转型期的背景，以行为金融理论为依据，对信托公司展业过程中各参与方非理性行为导致的风险进行了全面和深入的分析。笔者着重研究信托公司开展融资类和投资类房地产信托业务的各参与方非理性行为，指出这些行为可能造成信托公司面临更多风险。笔者随后将这些行为因素纳入信托公司风险评价中，最终构建了转型期信托公司风险评价指标体系，新的评价体系更适应转型期的信托公司，进一步提升其防范风险、关注交易对手行为和提高自身理性行为的能力。笔者的研究结论有助于信托公司继续积极贯彻十九大精神，充分发挥自身禀赋，服务实体经济，推动业务转型升级，最终实现行业可持续性的健康发展。

基于上文所述各章主要结论，笔者主要就转型期信托公司防范新类型风险提出以下对策与建议。

一、加强信托公司对新型业务的风险管理制度的建设

信托公司在转型期会有越来越多创新业务的机会，面对这些业务创新，信

托公司必须坚守合规经营和风险可控的底线。为了提高创新业务决策效率，加强对此类业务的风险控制，信托公司首先需组建单独的创新业务决策机构，提高业务决策的专业性，对于特殊事项采取一事一议的制度。其次，风险前置，项目风控人员与创新业务团队需共同参与项目尽调，充分识别项目各个环节的潜在风险。最后，加强项目过程管理，注重新型交易对手行为特征，搭建统一的项目中后期管理运营平台，对项目运行的全程做好全面风险管理。

二、充分发挥信托公司风险保障制度的作用

中国信托业保障基金于 2015 年 1 月成立，全称为"中国信托业保障基金有限责任公司"。保障基金主要由信托业市场参与者共同筹集，所筹集的资金主要用于化解和处置信托业出现的潜在的系统性风险。可以看出，中国信托业保障基金为信托公司的风险防范与化解提供了有效的支持，某种程度上起到了风险预警和兜底的作用。与其他金融机构类似，信托公司在进行新产品研发、投研体系建设时，也面临较多的不确定性和风险。因此，中国信托业保障基金可专门成立或设立针对信托公司业务转型升级过程中所出现风险的专项基金，为信托公司业务转型保驾护航。在转型期，要进一步重视专项基金的功能，使之发挥作用，切实保障信托公司不出现重大风险。

三、重视信托业务各参与方行为特征

第一，需形成对股价波动进行监控的长效机制。股票价格会受到各类因素的影响，其正常的波动可以发挥"晴雨表"的作用，这无疑是资本市场具有活力的象征。第四章分析指出，当市场的基本功能受到较大影响时，股价可能出现异常波动，不利于上市企业按期偿还信托项目借款。相关部门就此问题做出了一些尝试，比如，中证金融研究院专门成立了"机构投资者与行为金融研究部"，密切关注机构投资者行为与股价异象的关系。建议在继续监控股价波动的基础上，进一步探索如何更加有效甄别股价异象等深层次问题。此外，当股价异象的苗头出现时，监管部门应积极、快速地给予回应，对资本市场进行适度干预，避免股价异象持续累积导致资本市场上的风险传递到信托行业。

第二，需形成指导理性投资行为的范本模式。在西方发达资本市场上，学术界与监督部门已充分认识到，市场参与者几乎百分之百地具有异质信念，因此其行为不总是理性且一致的，这会对资本市场运行的有效性造成影响。于是，西方国家建立了相对完善的关于投资者理性行为和思维的模型和数据库，以此

来为各类投资者提供参考，尽量避免其受心理偏差的影响而采取非理性的投资决策。信托业中信登能够发挥类似功能。中信登于2016年12月19日在上海设立，其职责在于管理和维护信托登记信息，确保有关信息的安全、完整和数据的依法、合规使用，其提供了集中记录信托登记信息的平台和数据库，并保证其公开、公正、透明，为监管机关和自律组织提供最基础的监管依据。应进一步发挥中信登的数据归集优势，积极收集信托项目管理者心理预期等信息，如通过大数据分析，分析信托产品的分布区间、投资者偏好以及信托产品成本等。

第三，需进一步完善上市企业财务信息的披露机制。要使资本市场上的投资者行为不至于太过于非理性，则必须进一步完善与规范上市企业的信息披露制度，避免信息不对称导致投资者情绪过高或过低。如果市场信息公开程度低、传递过程慢或传递成本高，则股价脱离实体企业价值波动的情况更容易发生。应该看到，提升市场信息传递的效率是一个长期的过程，需要进一步规范上市公司的信息披露制度，建立相应的法律处罚措施，对披露不确切或虚假财务信息的企业与个人进行惩处，以帮助投资者形成理性预期。

四、完善信托行业相关法律制度

我国信托行业现有相关法律制度还有待进一步完善，以支持信托在服务实体经济中回归本源。一是分步建立全国信托财产登记体系。建议充分发挥中信登的作用，分步走建立全国统一的信托财产登记体系。优先开展不动产类信托财产登记，对现行法律法规没有要求登记的信托财产进行登记，实现信托财产独立性公示功能。逐步发挥中国信登的信托统一登记平台作用，逐步建立各类非货币信托财产的统一公示平台。

二是完善信托税收优惠政策。例如，可以明确以非货币财产设立慈善信托的税收优惠政策，比照《关于公益股权捐赠企业所得税政策问题的通知》《关于公益慈善事业捐赠个人所得税政策的公告》原则，以非货币财产设立信托的，在财产交付环节不对财产增值部分征税。

三是从监管政策上持续激励信托公司支持实体经济发展。对于信托公司，其支持实体经济、支持小微企业、支持"三农"发展符合一定要求时，可给予降低相关业务风险资本计提比例、降低信保基金缴纳比例等激励政策，在监管政策上进一步响应国家支持实体经济的举措。

四是持续出台和完善相关法律法规制度，鼓励信托公司开展养老信托、年金信托业务。养老信托和企业年金信托大方向上属于服务信托领域，具备天然的低风险属性，也是监管部门大力提倡信托公司业务转型的方向。这两类信托可为信托公司服务实体经济提供长期资金支持。与银行、保险机构等同业机构相比，信托公司的年金信托业务在参与机构数量、受托管理规模方面均仅占极小的市场份额，主要原因在于业务资格缺乏、业务营销困难、盈利水平较低以及投入成本过高等。相关监管政策应支持相关配套制度的建设，从合理合法角度给予信托公司开展此类业务更多的鼓励和支持。

五、忠实履行受托人责任，建设良好信托文化

良好的企业文化不仅可以起到对外宣传的积极效果，还能在信托公司不忘初心、回归本源业务过程中梳理忠实可信的受托人责任意识，有效增强信托从业人员风险防范的意识，能够做到从源头上防范风险。

以中铁信托有限公司为例，其在进行信托文化建设和风险防范方面有不少值得借鉴的地方。

（一）投资者权益保护

中铁信托为了使金融知识有效普及到更多客户，更好地保护投资者合法权益，开展了多样的宣传活动，努力扩大金融知识宣传的覆盖面，提升金融消费者安全意识和自我保护能力。一是切实加强投资者安全宣教工作，通过制定《营业网点宣传材料设置指引》，对所有营业场所提示性、警示性标语进行重新布置，向客户介绍公司正规销售流程，引导广大投资者增强风险防范意识，提高自我保护能力。二是开展线上金融知识问答小游戏，使得广大群众在参与小游戏的同时，也能了解到更多的金融知识，提高风险防范意识。

（二）对声誉风险进行严格管控

良好的公司信托文化必然具备良好的社会舆论，中铁信托对声誉风险专门出台了管理办法。

首先，提出声誉风险管理原则。一是预防性原则。预防一定要走在控制前列，公司需要定期识别、评估各种影响声誉风险的因素，提升声誉风险管理预见性，从源头防范和缓释声誉风险。二是匹配性原则。声誉风险管理与自身规模、经营状况、风险状况相匹配，并结合外部环境和内部管理变化适时调整。三是全覆盖原则。四是有效性原则。

其次，成立声誉风险管理领导小组。领导小组是具体处置声誉风险的领导机构，统一应对各类声誉风险处置工作，由党委书记、董事长、总经理任组长，董事会秘书、总法律顾问和风控总监任副组长，法律合规部、风险管理部、党群工作部、综合管理部、资产管理部、财富管理总部、营销管理部、运营稽核

部、内控审计部、纪委综合室、信息技术部、研究发展部和财务部的负责人为小组成员。在处理涉及公司的不同声誉风险事件时，小组成员会根据情况进行调整，涉事部门（单位）临时增补为小组成员，其分管领导作为小组副组长。公司新闻发言人由董事会秘书兼任，是代表公司对外发布信息或接受采访的指定人员，也是声誉风险事件对外的直接联系人，负责向股东单位、上级单位及时准确报告有关信息。领导小组定期召开声誉风险管理联席会，对一段时间内的声誉风险管理工作进行梳理总结和评估，对下一步重点工作进行研究部署。

最后，建立声誉事件分级、分类处理机制。公司声誉事件分为三级，具体分级如下。

（1）一级声誉事件。给公司或金融行业带来或可能带来重大损害的声誉事件，包括但不限于对公司经营发展、经济利益、运营安全、品牌形象和员工队伍产生重大负面影响的声誉事件。主要标志：引起媒体大范围负面报道，引发众多客户投诉，被上级单位、监管机构挂牌督办或因公司处理不利被严肃问责的情形。该类声誉风险事件由党群工作部牵头处置，涉事部门主责解决，归口职能部门协助。

（2）二级声誉事件。给公司带来或可能带来较大损害的声誉事件。主要标志：出现较多媒体负面报道，或网友热评，或被监管机关、上级单位点名要求进行报告的。该类声誉风险事件由涉事部门主责解决，党群工作部进行指导，归口职能部门提供协助。

（3）三级声誉事件。给公司带来或可能带来一定损害的声誉事件。主要标志：虽有负面报道，但不是主流媒体且转载量不大，未引发关注、持续发酵，或被报道事项偏中性。该类声誉风险事件以持续关注和监测为主，由涉事部门持续监测。

（三）大力加强合规管理，强化员工对企业文化认同感

公司积极落实全面建设法治合规体系要求，加强法务和培训，持续开展"巩固治乱象"等专项工作，法律合规部全面参与公司重大决策事项、规章制度制定、风险化解等工作，发布合规指引，提高全员合规意识，规范从业行为，延伸了法律服务的支持范围，为公司合规经营保驾护航。加强反洗钱、征信、统计、消保等合规义务履行，加强金融稳定与信息安全，全年未发生重大风险和安全责任事故，为公司稳健发展提供了保障。同时，加强合规审计成果应用，强化问责落实，促进了公司合规经营。

六、健全全流程的风险防控体系

（一）投前的风险评估

在此阶段，信托公司应主要通过尽职调查、设定准入要求和科学评审，对业务风险进行提前有效把控。当前部分公司尽职调查质量有待提高，完善的尽职调查制度及工作指引不可或缺。首先应全面了解交易对手行业情况、财务状况、经营情况以及面临的法律风险等；其次应加强交易对手的资金用途核查，同时需重点关注项目还款资金来源。此外，可要求业务团队尽量本地展业，以更好地了解交易对手。对于较为复杂的项目，应借助中介机构参与开展更为专业的尽职调查。部分公司已建立行之有效的中介机构选聘相关制度，进一步加强中介机构准入管理，提高了项目尽调工作效率及质量。

（二）投中的风险管控

投中阶段，信托公司应主要通过风险管控措施、产品结构设计等方式，对业务风险进行有效把控。首先，担保条款设置。部分信托业务应要求融资人对融入资金进行担保，包括提供保证及抵质押物等，并对担保的有效性进行严格审查，如担保人的担保能力、抵质押物的变现价值及流动性等方面。一般来说，物保比人保的担保性更强，设置抵质押物，能够有效缩小信托公司风险敞口。其次，在项目放款过程中，应逐笔进行严格审查，并落实与融资人合同文本的面签，向资金方充分披露或有风险、明确管理责任，不得承诺"刚性兑付"。

而在产品结构设计方面，信托公司主要根据不同的交易结构、产品性质等，与投资者风险偏好、承受能力及意愿有效匹配，降低产品运作风险。

（三）投后的风险监测

在投后风险管控方面，应主要通过动态跟踪监控，了解信托项目计划的实际执行情况，及早发现风险、及时预警并采取科学应对措施。对风险事项要及时报告披露，进而有效把控信托项目的投后风险。

首先，应持续关注交易对手，尤其注意其在资本市场上是否存在非理性行为。交易对手情况往往受到宏观环境、行业发展趋势、自身经营能力等方面的影响，履约能力及意愿也会发生一定变化。持续跟踪交易对手情况，对潜在风险事项提前预警，是投后管理的重要环节。要持续优化已建立的项目投后监控机制，对交易对手经营情况、财务状况、管理层行为特征等方面进行动态跟踪及监控，同时监测市场相关舆情信息，重点关注项目运行情况，提前识别风险事项并做好应对措施。

其次，应做好资金用途跟踪。要确保融出资金使用符合合同约定，防止资金被非法挪用。常见做法包括开设监管账户、资金回款专户监管、设置项目资金监控专员等，通过专户监控资金的使用、归集等信息，尽可能地在投后阶段对项目运行的绝大部分情况做到动态跟踪与监管调整。

最后，出现不良时，强化风险处置手段。主要包括设立风险专项处置小组，综合采取直接催收、诉讼清收、债权转让、引入第三方接盘、公证强制执行、债务和解、债务重组、处置担保物及查封物等综合措施化解项目风险。也可利用一些创新手段，如收购标的资产、委托中介机构清收、设立不良资产投资基金等，更有效地处置不良资产，降低信托公司整体信用风险。

以笔者所在博士后设站单位中铁信托为例，其在实践中主要做到了以下几点：

（1）提高准入门槛、规范准入条件。重点把好准入关，针对重点领域客户，中铁信托制定了更为严格的准入及尽调标准，从企业准入、区域准入、业态准入、押品准入等角度入手，对不同类型业务制定不同的准入标准和操作指引，使业务拓展取向更加明确。

（2）提高贷前尽职调查质量。制定尽职调查流程和可研报告模板，实现了对交易对手、所在区域、项目品质、抵质押物、风险预案等尽调和分析内容的规范化和标准化。提高立项审查贷后根据主体不同分类对融资方及其所属集团经营动态、信托资金用途、还款来源资金、抵质押物等进行全方位调查并持续监测。大力运用金融科技，利用移动互联网、大数据和人工智能等新型技术与手段，增强识别、研判和提前预防风险的能力。以较高水平的尽职调查报告做好应对市场风险、信用风险和操作风险等信托业务风险的前期准备工作。

（3）提高立项审查、项目评审质量。实行项目预评审制度，筛除不合规和有潜在风险的项目，提高了评审会的专注力和效率。引入专职评委机制，业务分类评审，针对不同风险类型、性质的项目选取专职评委，对项目核心风险的把控更具针对性。实施标准化审查机制，明确各业务类型从交易对手、资金投入、还款来源、风控措施、抵质押物、贷后管理等多个维度的审查标准和要点，显著提高了项目评审质量。

（4）加强贷后管理核查力度，中铁信托在原有贷后管理基础上增加了现场稽核抽查工作环节，核查重点项目运行情况，并较以往年度增加非现场检查频率，根据贷后管理材料，判断还款来源项目、客户经营状况等是否正常，项目经理是否严格履行贷后管理职责，并针对检查中发现的薄弱环节或管理短板提出相应的建议和措施，稽核跟踪后续。

参考文献

中文文献：

（一）著作

[1] 苏薪茗. 转型向未来：中国资产管理行业发展与监管 [M]. 北京：中国金融出版社，2018.

[2] 徐远. 经济的律动：读懂中国宏观经济与市场 [M]. 北京：中信出版集团，2018.

[3] 闫照祥. 英国贵族史 [M]. 北京：人民出版社，2000.

[66] 张圣平. 偏好、信念、信息与证券价格 [M]. 上海：上海人民出版社，2002.

[4] 张同庆. 信托业务风险管理与案例分析 [M]. 北京：中国法制出版社，2016.

[5] 郑也夫. 信托论 [M]. 北京：中信出版社，2016.

[6] 周小明. 信托制度比较法研究 [M]. 北京：法律出版社，1996.

[7] 田中和明，田中直史. 信托法理论与实务入门 [M]. 丁相顺，赖宇慧，等译. 北京：中国人民大学出版社，2018.

[8] 新井诚. 信托法 [M]. 刘华，译. 北京：中国政法大学出版社，2017.

[9] 约翰·N. 德巴克，约翰·V. C. 奈. 新制度经济学前沿 [M]. 张宇燕，等译. 北京：经济科学出版社，2003.

（二）期刊

[1] 蔡庆丰，宋友勇. 超常规发展的机构投资者能稳定市场吗？——对我国基金业跨越式发展的反思 [J]. 经济研究，2010（1）.

[2] 陈赤. 半是寂寥半澎湃：亲历信托业的低谷与高光时刻 [J]. 中国金融，2019，908（14）.

[3] 陈赤. 资管新规与信托转型 [J]. 中国金融, 2017 (23).

[4] 陈收, 陈立波. 中国上市公司"规模效应"的实证研究 [J]. 中国管理科学, 2002, 10 (6).

[5] 陈信元, 张田余, 陈冬华. 预期股票收益的横截面多因素分析: 来自中国证券市场的经验证据 [J]. 金融研究, 2001 (6).

[6] 初婧. 我国资产证券化市场发展初探 [J]. 北京金融评论, 2018 (2).

[7] 顾海峰, 刘丹丹. 中国信托公司风险运营效率评价体系及实证研究: 来自信托业 68 家机构的经验证据 [J]. 当代经济科学, 2015, 37 (2).

[8] 管百海. 资管新规与信托业转型: 风险管理视角下的信托公司主动管理 [J]. 当代金融家, 2018 (6).

[9] 管百海. 文化是引领信托业高质量发展方向标 [J]. 当代金融家, 2020, 179 (5).

[10] 管百海. 信托公司真正股权投资的房地产项目利益分配研究 [J]. 金融理论与实践, 2019, 476 (3).

[11] 花贵如, 刘志远, 许骞. 投资者情绪、企业投资行为与资源配置效率 [J]. 会计研究, 2010 (11).

[12] 黄宏斌, 刘志远. 投资者情绪与企业信贷资源获取 [J]. 投资研究, 2013, 32 (2).

[13] 冀泓吏. 信托制度的历史演进及在中国的继受 [J]. 经济师, 2009 (10).

[14] 姜爱萍, 李喜凤, 刘欣. 基于风险矩阵法与 Borda 序值法的房地产信托风险评估 [J]. 西部金融, 2015 (8).

[15] 蒋玉梅, 王明照. 投资者情绪与股票收益: 总体效应与横截面效应的实证研究 [J]. 南开管理评论, 2010, 13 (3).

[16] 李帅通, 陈雪萍. 我国企业年金信托受托人角色之重塑 [J]. 长春师范大学学报, 2019, 38 (1).

[17] 李岩, 金德环. 投资者情绪与股票收益关系的实证检验 [J]. 统计与决策, 2018, 34 (15).

[18] 林钟高, 秦幸昀. 管理者自信、内部控制与企业多元化经营 [J]. 新会计, 2015 (9).

[19] 刘国洁. 投资者情绪、股权融资成本与企业超额获利能力 [J]. 财会通讯, 2020 (11).

[20] 龙天炜, 陈飞虎, 于邀洋. 房地产投资信托基金风险研究述评与思考

[J]. 工程管理学报, 2017, 31 (5).

[21] 卢米雪, 朱喜安. 行业投资者情绪的测量及其对收益的影响效应研究 [J]. 统计与信息论坛, 2014, 29 (4).

[22] 鲁训法, 黎建强. 中国股市指数与投资者情绪指数的相互关系 [J]. 系统工程理论与实践, 2012, 32 (3).

[23] 闵峰, 黄创霞, 文凤华, 等. 宏观经济、投资者情绪和股票市场收益 [J]. 系统科学与数学, 2017, 37 (2).

[24] 潘爱玲, 潘清. 机构投资者持股对公司业绩的影响分析: 基于2009—2011年沪深上市公司的实证检验 [J]. 亚太经济, 2013 (3).

[25] 彭丁. 大股东控制、机构投资者治理与公司绩效: 基于深交所上市公司的经验证据 [J]. 宏观经济研究, 2011 (7).

[26] 钱小安. 建立中国统一的金融监管体制的构想 [J]. 财经科学, 2002 (1).

[27] 饶育蕾, 贾文静. 影响 CEO 过度自信的因素分析: 来自我国上市公司的经验证据 [J]. 管理学报, 2011 (8).

[28] 沈梦佳, 张利花. 房地产投资信托基金风险评估及实证研究: 以香港7只 REITs 产品和内地两只基金为例 [J]. 经营与管理, 2017 (12).

[29] 沈卫群. 中国信托业改革发展40年: 变迁, 成长与展望 [J]. 福建金融, 2018 (11).

[30] 舒建平, 肖契志, 王苏生. 动量效应与反转效应的演化: 基于深圳 A 股市场的实证 [J]. 管理评论, 2012, 24 (1).

[31] 宋冬林, 张迹. 机构投资者参与公司治理的经济学分析 [J]. 经济纵横, 2002 (5).

[32] 汪炜, 周宇. 中国股市 "规模效应" 和 "时间效应" 的实证分析: 以上海股票市场为例 [J]. 经济研究, 2002 (10).

[33] 王春. 投资者情绪对股票市场收益和波动的影响——基于开放式股票型基金资金净流入的实证研究 [J]. 中国管理科学, 2014, 22 (9).

[34] 王美今, 孙建军. 中国股市收益、收益波动与投资者情绪 [J]. 经济研究, 2004 (10).

[35] 王平, 刘园园. 信托项目风险管理案例研究: 以××信托有限公司为例 [J]. 中央财经大学学报, 2019, 378 (2).

[36] 王起国. 中小企业集合信托信用风险监管机制研究 [J]. 西南政法大学学报, 2015 (3).

［37］王涛．信托业转型：从资产管理到财富管理［J］．银行家，2019，214（8）．

［38］王婷婷．银行备战理财子公司，信托公司路在何方［J］．金融经济，2018（23）．

［39］王小涛．信托公司房地产信托市场风险评估：以粤港澳大湾区为例［J］．经济研究导刊，2019，399（13）．

［40］王玉国．转型期信托公司风险管理变革［J］．中国金融，2019，912（18）．

［41］文芳，汤四新．薪酬激励与管理者过度自信：基于薪酬行为观的研究［J］．财经研究．2012（9）．

［42］文凤华，肖金利，黄创霞，等．投资者情绪特征对股票价格行为的影响研究［J］．管理科学学报，2014，17（3）．

［43］吴海燕，杨朝军，龚霄．创业板投资者情绪及其收益率相关性研究［J］．上海管理科学，2012，34（3）．

［44］武功治．房地产投资信托风险防范措施研究［J］．当代经济，2015（35）．

［45］肖瑶．论经济增速换挡期的信托业转型策略［J］．金融经济，2018，498（24）．

［46］谢众，孔令翔．高管过度自信、内部控制与投资效率：基于中国A股上市公司数据的经验证据［J］．工业技术经济，2018（7）．

［47］熊和平．消费习惯、异质偏好与动态资产定价：纯交换经济情形［J］．经济研究，2005（10）．

［48］熊熊，张维，张永杰，等．银行治理、信贷配给与中小企业融资［J］．财经理论与实践，2008（1）．

［49］徐振华．中国股市规模效应和账面市值比效应的实证分析［J］．金融发展研究，2011（11）．

［50］杨合力，周立，王博．公司治理、机构投资者与企业绩效：来自中国上市公司的经验证据［J］．财政研究，2012（8）．

［51］杨玉丰，鲁长瑜．新形势下我国信托业面临的风险及对策［J］．经济纵横，2017（4）．

［52］姚江涛．促进信托行业提质增效：读《美国信托监管指引：资产管理》与《日本信托银行年报与信托税制》［J］．中国金融，2019，896（2）．

［53］姚远，姚贝贝，钟琪．投资者情绪对股票收益率的影响研究：基于上

证 A 股数据的实证分析 [J]. 价格理论与实践, 2019 (5).

[54] 易志高, 茅宁. 中国股市投资者情绪测量研究: CICSI 的构建 [J]. 金融研究, 2009 (11).

[55] 余强. 信托公司参与股票质押融资的业务模式及风险分析 [J]. 环球市场, 2018 (29).

[56] 袁璨, 朱丽军. 信托公司参与 PPP 项目的形式和风险防范 [J]. 现代管理科学, 2015 (6).

[57] 赵磊, 朱小丫. 融资类信托的风险成因及其法律规制 [J]. 扬州大学学报: 人文社会科学版, 2020 (4).

[58] 朱佳俊, 覃朝勇. 中国房地产信托产品风险溢价的影响因素: 基于 CAPM 的分析 [J]. 技术经济, 2015 (8).

[59] 朱丽萍. 我国信托业务风险的特征、来源与影响因素分析 [J]. 价格理论与实践, 2015 (3).

(三) 学位论文
[1] 冯守尊. 论信托的契约性 [D]. 北京: 对外经济贸易大学, 2007.
[2] 林琳. 我国对发达国家信托立法的借鉴 [D]. 哈尔滨: 哈尔滨工程大学, 2007.

英文文献:
(一) 著作
[1] BROCK W, HOMMES C H. Heterogeneous Beliefs and Routes to Complex Dynamics in Asset Pricing Models with Price Contingent Contracts [M] //HOMMES C, RAMER R, WITHAGEN C. Equilibrium, Markets and Dynamics. Heidelberg: Springer Berlin Heidelberg, 2002.

[2] SHLEIFER A. Inefficient Markets [M]. Oxford: Oxford University Press, 2000.

[3] STEIGER, WILLIAM. A Test of Nonrandomness in Stock Price Changes [M]. Cambridge: The MIT Press, 1964.

(二) 期刊
[1] ASMAA A. Corporate Governance, Ownership Structure and Bank Performance in Jordan [J]. International Journal of Economics and Finance, 2014 (6).

[2] DAVID A. Heterogeneous Beliefs, Speculation, and the Equity Premium [J]. The Journal of Finance, 2008 (63).

[3] ARMINGTON C, ODLE M. Small Business: How Many Jobs? [J]. Brookings Review, 1982, 1 (2).

[4] ATHANASOULIS S G, SHILLER R J. The Significance of the Market Portfolio [J]. Review of Financial Studies, 1997, 13 (2).

[5] BAKER M, STEIN J C. Market Liquldity as a Sentiment Indicator [J]. Journal of Financial Markets, 2004, 7 (3).

[6] BANZ R W. The Relationship between Return and Market Value of Common Stocks [J]. Journal of Financial Economics, 1981, 9 (1).

[7] BARBER B M, ODEAN T. Trading is Hazardous to Your Wealth: The Common Stock Investment Performance of Individual Investors [J]. Journal of Finance, 2000, 55 (2).

[8] NICHOLAS B, SHLEIFER A, VISHNY R. A Model of Investor Sentiment [J]. The Journal of Financial Economics, 1998, 49 (3).

[9] BAYSINGER B D, KOSNIK R D, TURK T A. Effects of Board and Ownership Structure on Corporate R&D Strategy [J]. Academy of Management Journal, 1991, 34 (1).

[10] BELL D E. Regret in Decision Making under Uncertainty [J]. Operations Research, 1982, 30 (5).

[11] LEE C M C, SHLEIFER A, THALER R H. Anomalies: Closed—End Mutual Funds [J]. The Journal of Economic Perspectives, 1990, 4 (4).

[12] XIE C, WANG Y X. Does Online Investor Sentiment affect the Asset Price Movement? Evidence from the Chinese Stock Market [J]. Mathematical Problems in Engineering, 2017 (2).

[13] COOTNER P H. Stock Prices: Random vs. Systematic Changes [J]. Industrial Management Review, 1962, 3 (2).

[14] CUTLER D M, POTERBA J M, SUMMERS L H. Speculative Dynamics [J]. Review of Economic Studies, 1990, 58 (3).

[15] BONDT D, THALER R. Does the Stock Market Overreact? [J]. The Journal of Finance, 1985, 40 (3).

[16] ELISABETE S V, MARIA E N, ANTóNIO G D. Determinants of Portuguese Firms' Financial Performance: Panel Data Evidence [J]. International

Journal of Productivity and Performance Management, 2019, 68 (7).

[17] FAMA E F. Efficient Capital Markets: A Review of Theory and Empirical Work [J]. The Journal of Finance, 1970, 25 (2).

[18] FAMA E F. Efficient Capital Markets: II [J]. The Journal of Finance, 1991, 46 (5).

[19] FAMA E F, FRENCH K R. Value Versus Growth: The International Evidence [J]. The Journal of Finance, 1998, 53 (6).

[20] FOERSTER S R, SCHMITZ J J. The Transmission of U. S. Election Cycles to International Stock Returns [J]. Journal of International Business Studies, 1997, 28 (1).

[21] GEORGE S. Public Sentiment and the Price of Corporate Sustainability [J]. Financial Analysts Journal, 2020, 76 (2).

[22] GRANGER C W J, MORGENSTEM O. Spectral Analysis of New York Stock Market Prices [J]. Kyklos, 1963, 16 (1).

[23] GROSSMAN S. On the Efficiency of Competitive Stock Markets Where Traders Have Diverse Information [J]. The Journal of Finance, 1976, 31 (2).

[24] HARRY V R. Stock-Market "Patterns" and Financial Analysis: Methodological Suggestions [J]. The Journal of Finance, 1959, 14 (1).

[25] HONG H, STEIN J C, YU J. Simple Forecasts and Paradigm Shifts [J]. The Journal of Finance, 2007, 62 (3).

[26] LEVY R A. Relative Strength as a Criterion for Investment Selection [J]. The Journal of Finance, 1967, 22 (4).

[27] LI Y, LI W P. Firm-Specific Investor Sentiment for the Chinese Stock Market [J]. Economic Modelling, 2021 (97).

[28] LO A W, MACKINLAY A C. Stock Market Prices Do Not Follow Random Walks: Evidence from a Simple Specification Test [J]. Review of Financial Studies, 1988 (1).

[29] MARKOWITZ H. Portfolio Selection [J]. Journal of Finance, 1952, 7 (1).

[30] MALKIEL B G. The Efficient Market Hypothesis and Its Critics [J]. Journal of Economic Perspectives, 2003, 17 (1).

[31] MANDELBROT B. Forecasts of Future Prices, Unbiased Markets, and "Martingale" Nodels [J]. Journal of Business, 1966, 39 (S1).

[32] MEHRA R, ORESCITT E. The Equity Risk Premium: A Puzzle [J]. Journal of Monetary Economics, 1986 (15).

[33] NOFSINGER J R. Social Mood and Financial Economics [J]. The Journal of Behavioral Finance, 2005, 6 (3).

[34] OSBOME M F M. Brownian Motion in the Stock Market [J]. Operations Research, 1959, 7 (2).

[35] POUND J. Proxy Contest and the Eminency of Shareholder Oversight [J]. Journal of Financial Economies, 1988, 20 (1-2).

[36] ROSENBERG B, REID K, LANSTEIN R. Persuasive Evidence of Market Inefficiency [J]. Journal of Portfolio Management, 2009, 11 (3).

[37] ROUWENHORST K G. Local Return Factors and Turnover in Emerging Stock Markets [J]. The Journal of Finance, 1999, 54 (4).

[38] SAMUELSON P A. Proof That Properly Anticipated Prices Fluctuate Randomly [J]. Industrial Management Review, 1965, 6 (2).

[39] SHLEIFER A, VISHNY R W. Large Share Holders and Corporate Control [J]. Journal of Political Economy, 1986 (94).

[40] SHILLER R J. The Use of Volatility Measures in Assessing Market Efficiency [J]. The Journal of Finance, 1981, 36 (2).

[41] STATTMAN D. Book Values and Stock Returns [J]. The Chicago MBA: A Journal of Selected Papers, 1980 (4).

[42] ANG T C, LAM F Y E C, WEI K C J. Mispricing Firm - Level Productivity [J]. Journal of Empirical Finance, 2020 (58).

[43] WAHAL S. Pension Fund Activism and Firm Performance [J]. Journal of Financial and Quantitative Analysis, 1996, 31 (1).

[44] ZALINA Z, ZARINA M Z, ABDUL R A H, et al. Investor Sentiment and Firm Financial Performance of Malaysian IPO Firms: Pre and Post Financial Crisis [J]. International Journal of Financial Research, 2019, 10 (5).

[45] ZWEIG M E. An Investor Expectations Stock Price Predictive Model Using Closed-End Fundpremiums [J]. The Journal of Finance, 1973 (28).

(三) 报告

[1] LANG M, MCNICHOLS M. Institutional Trading and Corporate Performance [R]. Palo Alto: Stanford University, 1997.

附录 1

《信托公司监管评级与分级分类监管暂行办法》
金规〔2023〕11 号

第一章　总则

第一条　为全面评估信托公司的经营稳健情况与系统性影响，有效实施分类监管，促进信托公司持续、健康运行和差异化发展，根据《中华人民共和国银行业监督管理法》、《中华人民共和国信托法》、《信托公司管理办法》（中国银行业监督管理委员会令2007年第2号）等法律法规，制定本办法。

第二条　本办法适用于在中华人民共和国境内依法设立的信托公司，开业时间不足一个会计年度和已进入破产程序的信托公司不参与监管评级。

第三条　信托公司监管评级是指金融监管总局及其派出机构结合日常监管掌握的情况以及其他相关信息，按照本办法对信托公司的管理状况和整体风险作出评价判断的监管工作。

信托公司系统性影响评估是指金融监管总局结合日常监管掌握的相关信息，按照本办法就单家信托公司经营状况对金融体系整体稳健性和服务实体经济能力的影响程度作出判断的监管工作。

信托公司监管评级和系统性影响评估结果是实施分类监管的基础。

金融监管总局及其派出机构以下统称监管机构。

第四条　分类监管是指监管机构根据信托公司年度监管评级结果及系统性影响评估结果，对不同级别和具有系统性影响的信托公司在市场准入、经营范围、监管标准、监管强度、监管资源配置以及采取特定监管措施等方面实施区别对待的监管政策。

第五条　信托公司的监管评级和系统性影响评估工作由监管机构按照依法合规、客观公正、全面审慎的原则组织实施。

第二章　监管评级要素与评级方法

第六条　信托公司监管评级包括公司治理、资本要求、风险管理、行为管理、业务转型等五个模块。各模块内设置若干评级要素，由定性要素和定量指标组成。

信托公司监管评级方法主要包含以下内容：

（一）评级模块权重设置。评级满分为100分，各评级模块的分值权重如下：公司治理（20%），资本要求（20%），风险管理（20%），行为管理（30%），业务转型（10%）。

（二）评级要素得分。对各评级要素设定分值，其中对定性要素设定评价要点和评分原则，对定量指标明确指标值要求。评级要素得分由监管评级人员根据公司实际情况，对照评价要点、评分原则及指标值要求，结合专业判断确定。

（三）评级模块得分。评级模块得分为各评级要素得分加总。

（四）评级得分。评级得分由各评级模块得分按照模块权重加权汇总后获得。

（五）等级确定。根据评级得分确定信托公司监管评级的初步级别。在此基础上，结合监管评级调整因素形成监管评级结果。

第七条　信托公司在评价期内存在下列情形之一的，监管机构可调增其初评得分：

（一）持续正常经营的公司，公司注册资本增加10%（含）以上；

（二）协助监管机构对其他金融机构进行风险处置；

（三）监管机构认可的其他情形。

第八条　信托公司在评价期内存在下列情形的，监管机构应下调其初评结果。

（一）存在下列情形之一的，初评结果下调一个级别：

1. 多次或大量开展为其他金融机构提供监管套利的通道业务；

2. 多次向不合格投资者销售信托产品；

3. 向信托产品投资者大量出具兜底承诺函；

4. 新开展非标资金池业务；

5. 违反资管新规要求对信托产品进行刚性兑付；

6. 违规从事未经批准的业务。

（二）存在下列情形之一的，初评结果下调两个级别：

1. 故意向监管机构隐瞒重大事项或问题，造成严重后果；

2. 多次或大量开展违规关联交易，导致公司资产被占用，或严重损害投资者合法权益；

3. 发生重大涉刑案件，引发重大业务风险或不良社会影响。对自查发现的涉刑案件，公司主动消除或减轻危害后果的，可只下调一个级别。

（三）出现下列重大负面因素之一，导致公司出现重大经营风险的，监管评级结果不得高于 5 级：党的建设严重弱化，公司治理存在严重缺陷，财务造假、数据造假问题严重等。

（四）监管机构认定的其他应下调监管评级级别的情形，视情节严重程度决定下调幅度。

第九条 信托公司的监管评级结果分为 1—6 级，数值越大反映机构风险越大，需要越高程度的监管关注。其中，监管评级最终得分在 90 分（含）以上为 1 级；80 分（含）—90 分为 2 级；70 分（含）—80 分为 3 级；60 分（含）—70 分为 4 级；40 分（含）—60 分为 5 级；40 分以下为 6 级。监管评级结果 3 级（含）以上为良好。

第十条 金融监管总局每年可根据行业监管要点、信托公司的经营情况和风险特征，适当调整评级要素、评价要点和评分原则，并于每年监管评级工作开展前明确。

第三章 监管评级组织实施

第十一条 信托公司的监管评级周期为一年，评价期间为上一年 1 月 1 日至 12 月 31 日。上年度评级全部工作原则上应于每年 4 月底前完成。

第十二条 信托公司监管评级由金融监管总局信托监管部门牵头组织，相关部门协助，各派出机构具体实施。按照派出机构初评、金融监管总局复核、监管评级结果反馈、档案归集的程序进行。

第十三条 金融监管总局有序推动信托公司监管评级工作线上化，进行评级流程跟踪和管理，增强信托公司监管评级工作的规范性和准确性。

第十四条 信托公司应按照本办法如实向金融监管总局派出机构提供相关数据和信息，反映自身情况、存在的问题以及被采取的监管措施，并于每年 3 月 1 日前上报金融监管总局派出机构。金融监管总局派出机构发现数据和信息失真时，应及时与信托公司核实，并采用修正后的数据和信息进行监管评级。

金融监管总局派出机构应持续、全面、深入收集监管评级所需的各类信息，包括但不限于：非现场监管信息、现场检查报告、监管专项报告，公司有关制度办法、内外部审计报告、年度经营计划等经营管理文件，信访和违法举报信息及其他重要内外部信息等。

第十五条 监管评级初评由金融监管总局派出机构的机构监管部门牵头实施，初评过程中应充分征求现场检查、信息科技、消费者权益保护等相关监管部门意见。金融监管总局派出机构应综合分析信托公司相关信息，按照本办法规定的评级方法和标准，开展监管评级初评，形成初评结果。

初评结果由金融监管总局派出机构于每年 3 月 31 日前向金融监管总局报送。

初评对每一项评级要素的评价应分析深入、理由充分、判断合理，准确反映信托公司的实际状况，必要时可以通过现场走访、监管会谈等方式就有关问题进行核查。

第十六条　金融监管总局对监管评级初评结果进行复核，确定信托公司监管评级最终结果，并将最终结果反馈金融监管总局派出机构。

第十七条　金融监管总局派出机构应将信托公司的最终评级结果以及存在的主要风险和问题，通过监管会谈、非现场监管意见书、监管通报等方式通报给信托公司，并提出监管意见和整改要求。

金融监管总局派出机构应加强对信托公司单个模块评级得分情况的持续关注，对于单个模块得分低于该模块满分60%或连续两年得分下降明显的，应视情况督促信托公司制定改善该模块的整改计划，并依法采取相应监管措施和行动。

第十八条　年度监管评级工作结束后，信托公司因公司治理和股权管理出现重大变化、发生重大突发事件或重大涉刑案件、出现流动性危机、发生对监管评级产生实质性影响的其他重大事件等，导致管理状况或风险发生重大变化的，金融监管总局派出机构可申请对监管评级结果进行动态调整。

监管评级动态调整应履行初评、复核、结果反馈和资料存档等程序。

第十九条　评级工作全部结束后，监管机构应做好评级信息、评级工作底稿、评级结果、评级结果反馈等相关文件、材料的存档工作。

第二十条　信托公司的监管评级结果应作为综合衡量信托公司经营状况、管理能力和风险水平的重要依据。

监管评级结果为 1 级，表示信托公司经营管理各方面较为健全，出现的问题较为轻微，且能够通过改善日常经营管理来解决，具有较强的风险抵御能力。

监管评级结果为 2 级，表示信托公司经营管理各方面基本健全，风险抵御能力良好，存在一些需要在日常经营管理中予以纠正的问题，需引起公司和监管机构的关注。

监管评级结果为 3 级，表示信托公司经营管理存在一些明显问题，虽基本能够抵御经营环境变化带来的风险挑战，但存在的问题若未能及时纠正，则可能导致经营困难及风险状况劣化，应给予重点关注并采取必要的监管措施。

监管评级结果为 4 级，表示信托公司经营管理存在较多或较为严重的问题，且未得到有效处理或解决，很可能影响其持续经营能力，需要监管高度关注，立即采取纠正措施。

监管评级结果为 5 级，表示信托公司经营管理存在非常严重的问题，风险较高，很可能陷入经营困境，需要加强盯防式监管或贴身监管。监管机构可根据需要，依法对信托公司划拨资金、处置资产、调配人员、使用印章、订立以及履行合同等经营管理活动进行管控。同时，督促公司及股东立即采取自救措施，通过市场化重组、破产重整等措施进行风险处置，以避免经营失败。

监管评级结果为 6 级，表示信托公司经营管理混乱，风险很高，已经超出机构自身及其股东的自救能力范围，可能或已经发生信用危机，个别机构已丧失持续经营能力，必要时需进行提级监管或行政接管，以避免对金融稳定产生不利影响。被金融监管总局认定为高风险机构的信托公司，无需参与初评，评级结果直接定为 6 级。

第二十一条 金融监管总局对年度监管评级工作开展情况和评级结果进行分析，并结合实际情况，适时对监管评级工作及效果进行后评价，总结经验和教训，持续改进完善信托公司监管评级体系。

第二十二条 中国信托业保障基金有限责任公司、中国信托登记有限责任公司、中国信托业协会应积极配合监管机构，为监管评级工作提供支持。

第四章 系统性影响评估

第二十三条 信托公司系统性影响评估要素包括公司受托管理的各类信托资产规模，资产管理类信托自然人投资者人数、金融机构投资者数量及相关信托资产规模，同业负债余额等。

第二十四条 金融监管总局牵头开展信托公司系统性影响评估，派出机构负责数值报送、结果运用等工作。金融监管总局选定上一年度末全部信托业务实收信托规模最大的 30 家信托公司作为参评机构，并按照以下方法对参评机构的行业影响力进行评估：

（一）评估要素及权重设置。各评估要素及权重分配如下：资产管理类信托资产规模（25%）、资产服务类信托资产规模（10%）、公益慈善类信托资产规模（5%）、资产管理类信托自然人投资者人数（25%）、资产管理类信托金融机构投资者数量（15%）及金融机构认购的信托资产规模（15%）、同业负债余额（5%）。金融监管总局可根据行业风险特征和业务复杂程度，每年适当调整评估要素和各要素具体权重。

（二）评估要素得分。对参评机构单一评估要素按数值大小排序后分段给分。

（三）评估总分。评估总分由各评估要素得分加权汇总后获得。

（四）评估结果。评估总分在 85 分以上（含）的为具有系统性影响的信托公司。

第二十五条　金融监管总局派出机构应在向金融监管总局报送监管评级初评结果的同时，报送辖内信托公司系统性影响各评估要素数值。

第二十六条　金融监管总局应及时将信托公司系统性影响评估结果反馈相关派出机构。

第五章　分类监管

第二十七条　监管评级结果和系统性影响评估结果是监管机构确定监管标准和监管强度、配置监管资源、开展市场准入、采取差异化监管措施的重要依据。

金融监管总局派出机构应根据信托公司的监管评级结果，深入分析公司风险状况及其成因，并结合单个模块评估结果和系统性影响评估结果，调整每家信托公司的监管计划，确定非现场监管重点以及现场检查的频率、内容和范围，相应调整监管标准和准入要求，并督促信托公司对所发现问题及时整改。

第二十八条　监管机构应依据信托公司的监管评级结果，从 1—6 级，逐步加强非现场监管强度，相应扩大现场检查的频率和范围。对具有系统性影响的信托公司，应进一步强化监管，提高审慎监管标准，加大行为监管力度。

第二十九条　监管机构可根据监管评级结果反映出的信托公司经营情况和风险状况，依法对其业务范围和展业地等增加限制性条件。对于监管评级良好，且具有系统性影响的信托公司，可优先试点创新类业务。

金融监管总局可以根据行业发展情况和风险监管要求对分级分类监管条件进行适当调整。

第三十条　信托公司因监管评级结果下降不再满足本办法第二十九条规定开展相应业务的条件时，可设置一年考察期，下一年度监管评级结果仍不能恢复的，信托公司原则上应按照第二十九条规定落实相关要求，确需个案处理的，信托公司应报属地监管机构同意。

第三十一条　监管评级良好的信托公司应积极承担引领行业转型发展和帮助行业化解风险的社会责任，监管机构在对已出现风险的信托公司进行处置时，可指定监管评级良好的信托公司担任托管机构或承担相应职责。

第三十二条　信托公司缴纳机构监管费和业务监管费时，监管评级结果 1—4 级分别对应监管费计算中风险调整系数的一至四级，监管评级结果 5 级与 6 级对应监管费计算中风险调整系数的五级。信托业保障基金筹集时，不同监管评级结果的信托公司执行差异化标准。

第三十三条 信托公司监管评级和系统性影响评估结果原则上仅供监管机构内部使用，不得对外公布。必要时，监管机构可以采取适当方式向有关政府或金融管理部门通报，但应要求其不得向第三方披露。信托公司应对监管评级结果和系统性影响评估结果严格保密，不得用于广告、宣传、营销等商业目的。

第六章 附则

第三十四条 本办法由金融监管总局负责解释。

第三十五条 本办法自印发之日起施行。《信托公司监管评级办法》（银监办发〔2016〕187号）同时废止。

附录 2

《信托公司资金信托管理暂行办法（征求意见稿）》
（"2020 年新规"）

第一章　总则

第一条　为了规范信托公司资金信托业务，保护资金信托投资者合法权益，根据《中华人民共和国信托法》《中华人民共和国银行业监督管理法》《关于规范金融机构资产管理业务的指导意见》（以下简称"资管新规"）及相关法律法规，制定本办法。

第二条　在中华人民共和国境内设立的信托公司开展资金信托业务，适用本办法。

本办法所称资金信托业务，是指信托公司作为受托人，按照投资者的意愿，以信托财产保值增值为主要信托服务内容，将投资者交付的资金进行管理、运用、处分的信托业务活动。

本办法所称资金信托，是指信托公司接受投资者以其合法所有的资金设立信托，按照信托文件的约定对信托财产进行管理、运用或者处分，按照实际投资收益情况支付信托利益，到期分配剩余信托财产的资产管理产品。资金信托应当为自益型信托，委托人和受益人为同一人，本办法统称投资者。信托受益权出现转让、继承等依法变更情形的，投资者随之变更。

第三条　信托公司管理、运用信托资金，应当遵守法律、行政法规、国务院银行业监督管理机构的监管规定和信托文件约定，恪尽职守，履行诚实、守信、谨慎、有效管理的义务，为投资者的合法利益最大化处理信托事务，根据所提供的受托服务收取信托报酬。资金信托财产依法独立于信托公司的固有财产，独立于信托公司管理的其他信托财产。

机构和个人投资资金信托，应当自担投资风险并获得信托利益或者承担损失。信托公司不得以任何方式向投资者承诺本金不受损失或者承诺最低收益。

信托公司办理资金信托业务，不得为委托人或者第三方从事违法违规活动提供通道服务。信托文件约定的信托目的应当是委托人真实、完整的意思表示。委托人隐瞒信托目的或者信托目的违反法律、行政法规或者损害社会公众利益的，信托公司不得为其设立信托。

第四条　国务院银行业监督管理机构及其派出机构依法对信托公司资金信托业务实施监督管理。

第二章　业务管理

第五条　信托公司作为资金信托的受托人，应当履行以下职责：

（一）依法开展尽职调查并出具尽职调查报告。

（二）依法办理资金信托的销售、登记、报告事宜，制作并与投资者签订信托文件。

（三）为每只资金信托单独开立信托财产专户，对所管理的不同资金信托的受托财产分别管理、分别记账，按照信托文件约定进行投资。

（四）按照资金信托文件的约定确定信托利益分配方案，及时向投资者分配信托利益。

（五）进行资金信托会计核算并编制资金信托财务会计报告。

（六）依法计算并披露资金信托净值，确定资金信托参与、退出价格。

（七）办理与信托财产管理业务活动有关的信息披露事项。

（八）保存信托财产管理业务活动的记录、账册、报表和其他相关资料，除法律、行政法规、国务院银行业监督管理机构有关规定或者信托文件约定外，不得向任何机构或者个人提供。

（九）以受托人名义，代表投资者利益行使诉讼权利或者实施其他法律行为。

（十）法律、行政法规和国务院银行业监督管理机构规定的其他职责。

第六条　信托公司应当按照"资管新规"和国务院银行业监督管理机构有关规定对资金信托进行分类管理。

（一）按照投资者人数的不同分为单一资金信托和集合资金信托计划。

（二）按照运作方式的不同分为封闭式资金信托和开放式资金信托。

（三）按照投资性质的不同分为固定收益类资金信托、权益类资金信托、商品及金融衍生品类资金信托和混合类资金信托。各类资金信托的投资范围和比例应当符合"资管新规"的规定。

第七条　信托公司应当自行销售集合资金信托计划或者委托其他信托公司、商业银行、保险公司、保险资产管理公司、证券公司、基金管理公司以及国务院银行业监督管理机构认可的其他机构代理销售集合资金信托计划。信托公司和代理销售机构应当通过营业场所或者自有电子渠道销售集合资金信托计划。

信托公司委托其他机构代理销售集合资金信托的，应当明确代理销售机构的准入标准和程序，制定完善的代理销售管理规范，选择合格的代理销售机构并以代理销售合同形式明确界定双方的权利义务，明确相关风险的承担责任。

第八条　资金信托面向合格投资者以非公开方式募集，投资者人数不得超过二百人。每个合格投资者的投资起点金额应当符合"资管新规"规定。任何单位和个人不得以拆分信托份额或者转让份额受益权等方式，变相突破合格投资者标准或者人数限制。国务院银行业监督管理机构另有规定的除外。

合格投资者是指具备相应风险识别和风险承受能力，投资于单只资金信托不低于一定金额且符合下列条件的自然人、法人和其他组织：

（一）具有两年及两年以上投资经历，且满足家庭金融净资产不低于三百万元人民币，或者家庭金融资产不低于五百万元人民币，或者近三年本人年均收入不低于四十万元人民币。

（二）最近一年末净资产不低于一千万元人民币的境内法人或者依法成立的其他组织。

（三）基本养老金、社会保障基金、企业年金等养老基金，慈善基金等依法成立的社会公益基金。

（四）合格境外机构投资者（QFII），人民币合格境外机构投资者（RQFII）。

（五）接受国务院金融监督管理机构监管的机构依法发行的资产管理产品。

（六）国务院银行业监督管理机构视为合格投资者的其他情形。

资金信托接受其他资产管理产品参与，不合并计算其他资产管理产品的投资者人数，但是应当有效识别资产管理产品的实际投资者与最终资金来源。资产管理产品参与资金信托，管理人应当将资产管理产品的实际投资者资质情况提供给信托公司。

第九条　信托公司或者代理销售机构推介、销售资金信托，应当对资金信托划分风险等级，对个人投资者风险识别和承受能力进行评估并划分风险承受能力等级，不得向投资者销售风险等级高于其风险承受能力等级的资金信托。超过两年未进行风险识别和承受能力评估或者发生可能影响自身风险承受能力情况的个人投资者，再次投资资金信托时，应当重新进行风险承受能力评估。

信托公司或者代理销售机构通过营业场所或者自有电子渠道推介、销售资金信托，应当履行合格投资者确定程序，有效识别投资者身份，充分了解投资者的资金来源、个人及家庭金融资产、负债等情况，采取必要手段进行核查验证，审查投资者是否符合本办法规定的合格投资者标准，依法履行反洗钱义务，并按照国务院银行业监督管理机构的有关规定，对向个人投资者销售的过程进行录音录像。

第十条　信托公司推介、销售资金信托，应当有规范、详尽的信息披露材料，明示资金信托类型和风险等级，充分揭示资金信托风险收益特征和投资者风险自担原则，提示投资者识别、管理和承担投资风险，不得使用可能影响投资者进行独立风险判断的误导性陈述。代理销售机构应当使用信托公司制作的销售材料，不得擅自修改或者增减材料。

信托公司和代理销售机构应当要求销售人员充分揭示资金信托风险，保存销售人员的相关销售记录，对销售人员的操守资质、服务合规性和服务质量等进行监督，并将销售人员的投资者投诉情况、误导销售以及其他违规销售行为纳入内部考核体系。

信托公司应当保证投资者能够查阅和复制所有的信托文件，确认投资者在认购资金信托前已仔细阅读信托文件的全部内容，并申明知晓以下内容：

（一）资金信托具有投资风险，不承诺保证本金和最低收益。

（二）投资者应当以自己合法所有的资金参与资金信托，不得以借贷资金、发行债券等筹集的非自有资金或者非法汇集的他人资金参与资金信托。

（三）信托文件约定的信托目的应当是投资者真实、完整的意思表示，不存在隐瞒信托目的的情形。

（四）投资者应当真实、完整享有信托受益权，不存在为他人代持信托受益权的情形。

（五）信托公司按照信托文件管理信托财产所产生的风险，由信托财产承担。信托公司因违背法律、行政法规和信托文件约定而造成信托财产损失的，由信托公司依法以固有财产赔偿。

（六）信托公司、信托经理以及其他相关机构和人员的历史业绩不代表资金信托未来运作的实际效果。

（七）投资者已认真阅读并理解所有的信托文件，知悉资金信托的风险收益特征和风险等级，并愿意依法承担相应的法律责任和信托投资风险。

第十一条　集合资金信托计划应当聘请托管人进行托管。单一资金信托可以按照投资者意愿在信托文件中进行约定。单一资金信托约定不聘请托管人的，应当在信托文件中明确保障信托财产安全的措施和纠纷解决机制。

第十二条　信托公司管理运用资金信托财产，应当符合以下要求：

（一）资金信托的投资范围和投资比例由信托文件约定。信托资金实际投向突破信托文件约定的投资范围或者投资比例的，信托公司应当事前取得全体投资者书面同意或者经受益人大会表决通过。

（二）资金信托不得直接投资于商业银行信贷资产，不得直接或者间接投资法律法规和国家政策禁止进行债权或者股权投资的行业和领域。

（三）每只集合资金信托计划持有单一上市公司发行的股票的市值最高不超过该资金信托净资产的百分之二十五，每只结构化资金信托持有单一上市公司发行的股票的市值最高不超过该资金信托净资产的百分之二十，经国务院银行业监督管理机构认可的除外。全部投资者均为符合本办法第八条第二款第（一）、（二）、（三）、（四）项规定的合格投资者且单个投资者投资金额不低于一千万元人民币的封闭式集合资金信托计划不受本款规定比例限制。

（四）同一信托公司管理的全部资金信托持有单一上市公司发行的股票，不得超过该上市公司可流通股票市值的百分之三十，国务院银行业监督管理机构另有规定的除外。完全按照有关指数的构成比例进行证券投资的资金信托不受本款及前款规定比例限制。非因信托公司主观因素导致突破本款及前款比例限制的，信托公司应当在流动性受限资产可出售、可转让或者恢复交易的十个交易日内调整至符合要求。

（五）接受其他资产管理产品参与的资金信托，不得再投资公募证券投资基金以外的其他资产管理产品。资金信托可以再投资一层资产管理产品，但所投资的资产管理产品不得再投资除公募证券投资基金以外的资产管理产品。资金信托投资其他资产管理产品的，信托公司应当穿透识别底层资产。资金信托按照穿透原则合并计算的投资同一或者同类资产的比例，应当符合国务院银行业监督管理机构相关规定。

（六）信托公司管理的全部集合资金信托计划投资于同一融资人及其关联方的非标准化债权类资产的合计金额不得超过信托公司净资产的百分之三十。信托公司管理的全部集合资金信托计划向他人提供贷款或者投资于其他非标准化债权类资产的合计金额在任何时点均不得超过全部集合资金信托计划合计实收信托的百分之五十。国务院银行业监督管理机构另有规定的除外。

第十三条　信托公司管理资金信托涉及本公司固有财产及关联方的，应当以公平的市场价格进行，交易价格不得优于同期与非关联方开展的同类交易价格，并符合以下规定：

（一）按照法律、行政法规、国务院银行业监督管理机构和企业会计准则规定，全面准确识别信托公司的关联方，按照穿透原则将主要股东和主要股东的控股股东、实际控制人、关联方、一致行动人、最终受益人作为关联方进行管理。

（二）不得以信托资金与关联方进行不当交易、非法利益输送、内幕交易和操纵市场，包括但不限于投资于关联方虚假项目、与关联方共同收购上市公司、向本机构注资等。

（三）信托公司将信托资金直接或者间接用于向本公司及其关联方提供融资或者投资于本公司及其关联方发行的证券、持有的其他资产，应当事前就交易对手、交易标的和交易条件向全体投资者做出说明，取得全体投资者书面同意，事后告知投资者和托管人。信托公司以集合资金信托计划财产与固有财产进行交易，应当按照本款规定进行信息披露。信托公司以单一资金信托财产与固有财产进行交易，应当取得投资者书面同意。

（四）信托公司将信托资金直接或者间接用于本公司及其关联方单一主体的金额不得超过本公司净资产的百分之十，直接或者间接用于本公司及其关联方的合计金额不得超过本公司净资产的百分之三十。信托公司将集合资金信托计划的信托资金直接或者间接用于本公司及其关联方的合计金额不得超过本公司净资产的百分之十五。

第十四条 资金信托的投资合作机构应当是具有专业资质，符合法律、行政法规和国务院金融监督管理机构有关规定并受国务院金融监督管理机构依法监管的机构。投资合作机构包括但不限于资金信托所投资资产管理产品的发行机构、与资金信托投资管理相关的投资顾问等。

信托公司选择符合私募投资基金管理人担任资金信托的投资合作机构，应当符合以下条件：

（一）在中国证券投资基金业协会登记满一年、无重大违法违规记录的私募投资基金管理人。

（二）担任证券投资资金信托投资合作机构的，应当为私募证券投资基金管理人。

（三）担任私人股权投资资金信托投资合作机构的，应当为私募股权、创业投资基金管理人。

（四）国务院金融监督管理机构规定的其他条件。

信托公司受托境外理财资金信托的投资合作机构应当符合国务院银行业监督管理机构关于受托境外理财信托业务的有关规定。

第十五条 信托公司开展固定收益类证券投资资金信托业务，经信托文件约定或者全体投资者书面同意，可以通过在公开市场上开展标准化债权类资产回购或者国务院银行业监督管理机构认可的其他方式融入资金，并应当符合以下规定：

（一）每只结构化集合资金信托计划总资产不得超过其净资产的百分之一百四十。

（二）每只非结构化资金信托总资产不得超过其净资产的百分之二百。

信托公司计算资金信托总资产时，应当按照穿透原则合并计算资金信托所投资的资产管理产品的总资产。

信托公司开展固定收益类证券投资资金信托业务以外的其他资金信托业务，不得以信托财产对外提供担保，不得以卖出回购方式运用信托财产，不得融入或者变相融入资金，国务院银行业监督管理机构另有规定的除外。

第十六条　结构化资金信托优先级与劣后级的比例应当与基础资产的风险高低相匹配，并符合以下规定：

（一）固定收益类资金信托优先级与劣后级的比例不得超过三比一。

（二）权益类资金信托优先级与劣后级的比例不得超过一比一。

（三）商品及金融衍生品类、混合类资金信托优先级与劣后级的比例不得超过二比一。

结构化资金信托的中间级份额应当计入优先级。结构化资金信托不得再投资其他分级资产管理产品。

第十七条　信托公司应当做到每只资金信托单独设立、单独管理、单独建账、单独核算、单独清算，不得开展或者参与具有滚动发行、集合运作、分离定价特征的资金池业务，不得将本公司管理的不同资金信托产品的信托财产进行交易。

信托公司应当合理确定资金信托所投资资产的期限，加强期限错配管理，并符合以下要求：

（一）封闭式资金信托期限不得低于九十天。开放式资金信托所投资资产的流动性应当与投资者赎回需求相匹配，确保持有足够的现金、活期存款、国债、中央银行票据、政策性金融债券等具有良好流动性的资产。

（二）资金信托直接或者间接投资于非标准化债权类资产的，应当为封闭式资金信托。非标准化债权类资产的终止日不得晚于封闭式资金信托的到期日。

（三）资金信托直接或者间接投资于未上市企业股权及其受（收）益权的，应当为封闭式资金信托，并明确股权及其受（收）益权的退出安排。未上市企业股权及其受（收）益权的退出日不得晚于封闭式资金信托的到期日。

第十八条　信托公司开展资金信托业务，应当遵守《企业会计准则》和

"资管新规"等关于金融工具估值核算的相关规定，按照信托文件约定的方式和频率，确认和计量资金信托的净值。

信托公司应当建立资金信托净值管理制度和信息系统，确保估值人员具备净值计量的能力、资源和独立性，及时、准确、完整地反映和监督信托财产管理情况。

第十九条 信托公司应当在资金信托文件中约定信息披露的内容、方式、渠道、频率以及各方责任，按照法律、行政法规、国务院银行业监督管理机构有关规定和信托文件约定及时、准确、完整披露信息，确保投资者能够依法查阅和复制所披露的信息资料。

第二十条 资金信托文件中应当约定投资者转让信托受益权的，应当通过信托公司办理受益权转让手续，未办理受益权转让手续的，投资者应当承担相应的法律责任。

信托公司办理受益权转让手续，应当对受让人的合格投资者身份和风险承受能力等级进行合规性确认，向受让人履行风险告知义务，由受让人仔细阅读信托文件的全部内容，并申明知晓本办法第十条第三款所列事项。转让后，资金信托的合格投资者人数应当符合本办法规定，投资者风险承受能力等级应当与资金信托风险等级相匹配。

信托公司应当于资金信托终止后十个工作日内作出处理信托事务的清算报告，经审计后向投资者披露。信托文件约定清算报告不需要审计的，信托公司可以提交未经审计的清算报告。清算后的剩余信托财产，应当依照信托文件约定进行分配。信托公司应当妥善保存管理资金信托的全部资料，保存期自资金信托终止之日起不少于十五年。

第三章 内部控制与风险管理

第二十一条 信托公司董事会和高级管理层应当充分了解资金信托业务及所面临的各类风险，确定开展资金信托业务的总体战略和政策，建立与之相适应的管理制度、内部控制体系和投资者保护机制，具备所需要的业务处理系统、会计核算系统和管理信息系统等人力、物力资源。

信托公司从事资金信托业务，应当设立信托资金运用、信息处理等部门，配备与资金信托业务性质和风险管理要求相适应的专业人员，为每只资金信托至少配备一名信托经理。

第二十二条 信托公司应当根据资金信托业务性质和风险特征，建立健全资金信托业务管理制度，包括投资者适当性管理、准入管理、投资决策、风险管理、合规管理、人员与授权管理、销售管理、投资合作机构管理、托管、估值、会计核算和信息披露等。

信托公司应当制定和实施各类资金信托业务的风险管理政策和程序，有效识别、监测和控制资金信托的信用风险、流动性风险、市场风险等各类风险。信托公司应当建立健全资金信托业务的内部控制体系，作为信托公司整体内部控制体系的有机组成部分。

信托公司应当至少每年对资金信托业务进行一次内部审计，至少每年对资金信托业务的内部控制情况进行一次外部审计，按照信托文件约定的方式和频率对资金信托进行外部审计。信托公司应当将资金信托业务外部审计报告及时报送银行业监督管理机构。

第二十三条 信托公司应当确保资金信托业务与固有业务相分离，与其他信托业务相分离，资金信托之间相分离，资金信托业务操作与其他业务操作相分离。

信托公司以自有资金参与单只本公司管理的集合资金信托计划的份额合计不得超过该信托实收信托总份额的百分之二十。信托公司以自有资金直接或者间接参与本公司管理的集合资金信托计划的金额不得超过信托公司净资产的百分之五十。因集合资金信托计划规模变动等因素导致前述比例超标的，信托公司应当依照国务院银行业监督管理机构规定以及信托文件约定在三十个交易日内调整至符合要求。

信托公司开展资金信托业务，应当遵守市场化交易和公平交易原则，实现投资者合法权益最大化，不得在资金信托之间、资金信托投资者之间或者资金信托投资者与其他市场主体之间进行利益输送。

信托公司应当建立有效的投资者投诉处理机制，明确受理和处理投资者投诉的途径、程序和方式，根据法律、行政法规、国务院银行业监督管理机构有关规定和信托文件约定妥善处理投资者投诉。

第二十四条 信托公司应当对每只资金信托的信用风险进行动态监测和控制。信托公司应当加强对承担信用风险的资金信托财产的资产质量管理，按照谨慎性原则确认资产账面价值，并至少按季参照国务院银行业监督管理机构关于贷款风险分类的有关规定进行风险分类。

信托公司应当有效识别、监测和控制每只资金信托的流动性风险，将资金信托业务纳入常态化压力测试机制，制定并持续更新流动性应急预案。

信托公司应当建立覆盖资金信托设立、登记、销售、投资和信息披露等业务环节的操作风险防控机制，依法履行受托管理责任。

信托公司应当根据资金信托所投资资产的质量情况，客观判断风险损失向表内传导的可能性，按照企业会计准则确认预计负债。信托公司开展资金信托业务，应当按照国务院银行业监督管理机构关于信托公司资本管理的监管规定计量风险资本。

第四章 监督管理

第二十五条 信托公司从事资金信托业务，应当按照以下规定履行信托登记和报告义务：

（一）按照国务院银行业监督管理机构有关规定办理信托登记。

（二）信托公司将信托资金直接或者间接用于向本公司及其关联方提供融资或者投资于本公司及其关联方发行的证券、持有的其他资产，应当提前十个工作日逐笔向银行业监督管理机构报告。信托公司及其关联方对外转让本公司管理的资金信托受益权的，信托公司应当提前十个工作日逐笔向银行业监督管理机构报告。信托公司以固有财产与资金信托财产进行交易，应当按照本款规定事前报告。

（三）信托公司应当于每季度结束之日起十个工作日内一次性向银行业监督管理机构报送当季已发生的关联交易、固有财产与信托财产交易、固有资金或信托资金参与本公司管理的资金信托情况报告，包括但不限于当季相关交易情况、交易清单以及除财产托管、账户开立、资金监管以外的其他当季关联交易逐笔情况说明。

第二十六条 银行业监督管理机构依法对信托公司开展资金信托业务的情况实施非现场监管和现场检查。

信托公司应当按照规定向银行业监督管理机构报送资金信托有关财务会计报表、统计报表、外部审计报告和银行业监督管理机构要求报送的其他材料，及时向银行业监督管理机构报告可能对信托公司或者投资者产生不利影响的重大事项和拟采取的应对措施。

银行业监督管理机构按照履行职责的需要，可以与信托公司董事、高级管理人员进行监督管理谈话，与信托公司监事及其他工作人员进行约见会谈，要求相关人员就信托公司开展的资金信托业务和风险管理的重大事项作出说明。

第二十七条 信托公司从事资金信托业务活动存在违法违规行为的，银行业监督管理机构应当依照《中华人民共和国银行业监督管理法》责令其限期改正。信托公司逾期未改正，或者其行为严重危及信托公司稳健运行、损害其他信托当事人合法权益的，银行业监督管理机构有权依照《中华人民共和国银行业监督管理法》第三十七条规定采取监管措施。

银行业监督管理机构发现资金信托投资者、代理销售机构、托管人、融资人、投资合作机构等存在违法违规行为的，有权责令信托公司采取应对措施，并将有关违法违规情形通报相关金融管理部门。

第二十八条　信托公司从事资金信托业务活动存在违法违规行为的，由银行业监督管理机构依照《中华人民共和国银行业监督管理法》等法律法规予以处罚。银行业监督管理机构可以依照《中华人民共和国银行业监督管理法》第四十八条和《金融违法行为处罚办法》等有关规定，对直接负责的董事、高级管理人员和其他直接责任人员进行处理，涉嫌犯罪的，依法移送司法机关。

第五章　附则

第二十九条　本办法中下列用语的含义：

单一资金信托，是指单一投资者以其合法所有的资金参与的资金信托。

集合资金信托计划，是指两个及两个以上投资者以其合法所有的资金参与的资金信托。

封闭式资金信托，是指有确定终止日，且自成立日至终止日期间，投资者不得进行认购或者赎回的资金信托。

开放式资金信托，是指自成立日至终止日期间，资金信托的信托单位总额不固定，投资者可以按照信托文件约定，在开放日和相应场所进行认购或者赎回的资金信托。

结构化资金信托，是指信托公司按照本金和信托利益受偿顺序的不同，将资金信托划分为不同等级的份额，不同等级份额的信托利益分配不按份额比例计算，而是由合同另行约定，按照优先与劣后受益权份额安排进行信托利益分配的资金信托。享有优先受益权的信托受益人称为优先受益人，享有劣后受益权的信托受益人称为劣后受益人。

证券投资资金信托，是指投资于依法公开发行并在符合法律规定的交易场所公开交易的证券的资金信托。

标准化债权类资产，是指符合"资管新规"第十一条定义的债权类资产。标准化债权类资产之外的债权类资产均为非标准化债权类资产。

服务信托业务不属于本办法所称资金信托，不适用本办法规定。服务信托业务，是指信托公司运用其在账户管理、财产独立、风险隔离等方面的制度优势和服务能力，为委托人提供除资产管理服务以外的资产流转，资金结算，财产监督、保障、传承、分配等受托服务的信托业务。

公益（慈善）信托业务不属于本办法所称资金信托，不适用本办法规定。公益（慈善）信托业务，是指信托公司依照《中华人民共和国信托法》《中华人民共和国慈善法》《慈善信托管理办法》等有关规定，按照委托人的意愿对信托财产进行管理和处分，依法开展公益（慈善）活动的信托业务。

第三十条 本办法自 年 月 日起施行。

《中国银监会关于印发〈银行与信托公司业务合作指引〉的通知》（银监发〔2008〕83 号）、《中国银监会办公厅关于进一步加强信托公司银信合作理财业务风险管理的通知》（银监办发〔2008〕297 号）、《中国银监会关于进一步规范银信合作有关事项的通知》（银监发〔2009〕111 号）、《中国银监会关于规范银信理财合作业务有关事项的通知》（银监发〔2010〕72 号）、《中国银监会关于进一步规范银信理财合作业务的通知》（银监发〔2011〕7 号）、《中国银监会办公厅关于信托公司票据信托业务等有关事项的通知》（银监办发〔2012〕70 号）同时废止。

本办法施行前公布的规章以及规范性文件与本办法的规定不一致的，以本办法为准。本办法由国务院银行业监督管理机构负责解释。

附录 3

《信托公司股权管理暂行办法》
（银保监会令〔2020〕4号）

第一章　总则

第一条　为加强信托公司股权管理，规范信托公司股东行为，保护信托公司、信托当事人等合法权益，维护股东的合法利益，促进信托公司持续健康发展，根据《中华人民共和国公司法》《中华人民共和国银行业监督管理法》《中华人民共和国信托法》等法律法规，制定本办法。

第二条　本办法适用于中华人民共和国境内依法设立的信托公司。

第三条　信托公司股权管理应当遵循分类管理、优良稳定、结构清晰、权责明确、变更有序、透明诚信原则。

第四条　国务院银行业监督管理机构及其派出机构遵循审慎监管原则，依法对信托公司股权实施穿透监管。

股权监管贯穿于信托公司设立、变更股权或调整股权结构、合并、分立、解散、清算以及其他涉及信托公司股权管理事项等环节。

第五条　国务院银行业监督管理机构及其派出机构依法对信托公司股权进行监管，对信托公司及其股东等单位和个人的相关违法违规行为进行查处。

第六条　信托公司及其股东应当根据法律法规和监管要求，充分披露相关信息，接受社会监督。

第七条　信托公司、国务院银行业监督管理机构及其派出机构应当加强对信托公司主要股东的管理。

信托公司主要股东是指持有或控制信托公司百分之五以上股份或表决权，或持有资本总额或股份总额不足百分之五但对信托公司经营管理有重大影响的股东。

前款中的"重大影响"，包括但不限于向信托公司派驻董事、监事或高级管理人员，通过协议或其他方式影响信托公司的财务和经营管理决策，以及国务院银行业监督管理机构及其派出机构认定的其他情形。

第八条　信托公司股东应当核心主业突出，具有良好的社会声誉、公司治理机制、诚信记录、纳税记录、财务状况和清晰透明的股权结构，符合法律法规规定和监管要求。

第九条　信托公司股东的股权结构应逐层追溯至最终受益人，其控股股东、实际控制人、关联方、一致行动人、最终受益人等各方关系应当清晰透明。

股东与其关联方、一致行动人的持股比例合并计算。

第十条　投资人入股信托公司，应当事先报国务院银行业监督管理机构或其派出机构核准，投资人及其关联方、一致行动人单独或合计持有上市信托公司股份未达到该公司股份总额百分之五的除外。

对通过境内外证券市场拟持有信托公司股份总额百分之五以上的行政许可批复，有效期为六个月。

第二章　信托公司股东责任

第一节　股东资质

第十一条　经国务院银行业监督管理机构或其派出机构审查批准，境内非金融机构、境内金融机构、境外金融机构和国务院银行业监督管理机构认可的其他投资人可以成为信托公司股东。

投资人及其关联方、一致行动人单独或合计持有同一上市信托公司股份未达到该信托公司股份总额百分之五的，不受本条前款规定限制。

第十二条　境内非金融机构作为信托公司股东，应当具备以下条件：

（一）依法设立，具有法人资格；

（二）具有良好的公司治理结构或有效的组织管理方式；

（三）具有良好的社会声誉、诚信记录和纳税记录；

（四）经营管理良好，最近2年内无重大违法违规经营记录；

（五）财务状况良好，且最近2个会计年度连续营利；如取得控股权，应最近3个会计年度连续营利；

（六）年终分配后净资产不低于全部资产的百分之三十（合并财务报表口径）；如取得控股权，年终分配后净资产应不低于全部资产的百分之四十（合并财务报表口径）；

（七）如取得控股权，权益性投资余额应不超过本企业净资产的百分之四十（含本次投资金额，合并财务报表口径），国务院银行业监督管理机构认可的投资公司和控股公司除外；

（八）国务院银行业监督管理机构规章规定的其他审慎性条件。

第十三条　境内金融机构作为信托公司股东，应当具有良好的内部控制机制和健全的风险管理体系，符合与该类金融机构有关的法律、法规、监管规定以及本办法第十二条（第五项"如取得控股权，应最近 3 个会计年度连续营利"、第六项和第七项除外）规定的条件。

第十四条　境外金融机构作为信托公司股东，应当具备以下条件：

（一）具有国际相关金融业务经营管理经验；

（二）国务院银行业监督管理机构认可的国际评级机构最近 2 年对其作出的长期信用评级为良好及以上；

（三）财务状况良好，最近 2 个会计年度连续营利；

（四）符合所在国家或地区法律法规及监管当局的审慎监管要求，最近 2 年内无重大违法违规经营记录；

（五）具有良好的公司治理结构、内部控制机制和健全的风险管理体系；

（六）所在国家或地区金融监管当局已经与国务院银行业监督管理机构建立良好的监督管理合作机制；

（七）具有有效的反洗钱措施；

（八）所在国家或地区经济状况良好；

（九）国务院银行业监督管理机构规章规定的其他审慎性条件。

境外金融机构投资入股信托公司应当遵循长期持股、优化治理、业务合作、竞争回避的原则，并遵守国家关于外国投资者在中国境内投资的有关规定。

第十五条　金融产品可以持有上市信托公司股份，但单一投资人、发行人或管理人及其实际控制人、关联方、一致行动人控制的金融产品持有同一上市信托公司股份合计不得超过该信托公司股份总额的百分之五。

信托公司主要股东不得以发行、管理或通过其他手段控制的金融产品持有该信托公司股份。

自然人可以持有上市信托公司股份，但不得为该信托公司主要股东。国务院银行业监督管理机构另有规定的除外。

第十六条　投资人及其控股股东、实际控制人存在以下情形的，不得作为信托公司主要股东：

（一）关联企业众多、股权关系复杂且不透明、关联交易频繁且异常；

（二）被列为相关部门失信联合惩戒对象；

（三）在公开市场上有不良投资行为记录；

（四）频繁变更股权或实际控制人；

（五）存在严重逃废到期债务行为；

（六）提供虚假材料或者作不实声明，或者曾经投资信托业，存在提供虚假材料或者作不实声明的情形；

（七）对曾经投资的信托公司经营失败或重大违法违规行为负有重大责任，或对曾经投资的其他金融机构经营失败或重大违法违规行为负有重大责任且未满 5 年；

（八）长期未实际开展业务、停业或破产清算或存在可能严重影响持续经营的担保、诉讼、仲裁或者其他重大事项；

（九）拒绝或阻碍金融管理部门依法实施监管；

（十）因违法违规行为被金融管理部门或政府有关部门查处，造成恶劣影响；

（十一）其他可能对履行股东责任或对信托公司产生重大不利影响的情形。

除本条前款规定外，投资人的控股股东、实际控制人为金融产品的，该投资人不得为信托公司主要股东。

第二节　股权取得

第十七条　投资人可以通过出资设立信托公司、认购信托公司新增资本、以协议或竞价等途径取得信托公司其他股东所持股权等方式入股信托公司。

第十八条　投资人入股信托公司应当履行法律法规和公司章程约定的程序。涉及国有资产管理、金融管理等部门职责的，应当符合相关规定。

第十九条　投资人入股信托公司前应当做好尽职调查工作，充分了解信托公司功能定位、信托业务本质和风险特征以及应当承担的股东责任和义务，充分知悉拟入股信托公司经营管理情况和真实风险底数等信息。

投资人入股信托公司应当入股目的端正、出资意愿真实。

第二十条　投资人入股信托公司时，应当书面承诺遵守法律法规、监管规定和公司章程，并就入股信托公司的目的作出说明。

第二十一条　投资人拟作为信托公司主要股东的，应当具备持续的资本补充能力，并根据监管规定书面承诺在必要时向信托公司补充资本。

第二十二条　投资人拟作为信托公司主要股东的，应当逐层说明其股权结构直至实际控制人、最终受益人，以及与其他股东的关联关系或者一致行动关系。

第二十三条　投资人应当使用来源合法的自有资金入股信托公司，不得以委托资金、债务资金等非自有资金入股，出资金额不得超过其个别财务报表口径的净资产规模。国务院银行业监督管理机构及其派出机构可以按照穿透原则对自有资金来源进行向上追溯认定。

第二十四条　投资人不得委托他人或接受他人委托持有信托公司股权。

第二十五条　同一投资人及其关联方、一致行动人参股信托公司的数量不得超过 2 家，或控股信托公司的数量不得超过 1 家。

投资人经国务院银行业监督管理机构批准并购重组高风险信托公司，不受本条前款规定限制。

第三节　股权持有

第二十六条　信托公司股东应当遵守法律法规、监管规定和公司章程，依法行使股东权利，履行法定义务。

第二十七条　信托公司主要股东不得滥用股东权利或利用其影响力干预董事会、高级管理层根据公司章程享有的决策权和管理权，不得越过董事会和高级管理层直接干预或利用影响力干预信托公司经营管理，进行利益输送，或以其他方式损害信托当事人、信托公司、其他股东等的合法权益。

第二十八条　按照穿透原则，信托公司股东与信托公司之间不得直接或间接交叉持股。

第二十九条　信托公司主要股东根据公司章程约定提名信托公司董事、监事候选人的，应当遵循法律法规和公司章程规定的条件和程序。控股股东不得对股东（大）会人事选举结果和董事会人事聘任决议设置批准程序。

信托公司存在持有或控制信托公司百分之五以下股份或表决权的股东的，至少应有一名独立董事或外部监事由该类股东提名产生。

第三十条　信托公司主要股东应当对其与信托公司和其他关联机构之间董事、监事和高级管理人员的交叉任职进行有效管理，防范利益冲突。

信托公司主要股东及其关联方与信托公司之间的高级管理人员不得相互兼任。

第三十一条　信托公司主要股东应当建立有效的风险隔离机制，防止风险在股东、信托公司以及其他关联机构之间传染和转移。

第三十二条　信托公司股东应当遵守法律法规和信托公司关联交易相关规定，不得与信托公司进行不当关联交易，不得利用其对信托公司经营管理的影响力获取不正当利益，侵占信托公司、其他股东、信托当事人等合法权益。

第三十三条　信托公司股东应当在信托公司章程中承诺不将所持有的信托公司股权进行质押或以股权及其受（收）益权设立信托等金融产品，但国务院银行业监督管理机构或其派出机构采取风险处置或接管措施等特殊情形除外。

投资人及其关联方、一致行动人单独或合计持有同一上市信托公司股份未达到该信托公司股份总额百分之五的，不受本条前款规定限制。

第三十四条 信托公司股东应当自发生以下情况之日起十五日内，书面通知信托公司：

（一）所持信托公司股权被采取诉讼保全措施或者被强制执行；

（二）违反承诺质押信托公司股权或以股权及其受（收）益权设立信托等金融产品；

（三）其控股股东、实际控制人质押所持该股东公司股权或以所持该股东公司股权及其受（收）益权设立信托等金融产品；

（四）取得国务院银行业监督管理机构或其派出机构变更股权或调整股权结构行政许可后，在法定时限内完成股权变更手续存在困难；

（五）名称变更；

（六）合并、分立；

（七）其他可能影响股东资质条件变化或导致所持信托公司股权发生变化的情况。

第三十五条 信托公司主要股东及其控股股东、实际控制人发生本办法第十六条规定的情形的，主要股东应当于发生相关情况之日起十五日内，书面通知信托公司。

信托公司主要股东的控股股东、实际控制人发生变更的，主要股东应当于变更后十五日内准确、完整地向信托公司提供相关材料，包括变更背景、变更后的控股股东、实际控制人、关联方、一致行动人、最终受益人等情况，以及控股股东、实际控制人是否存在本办法第十六条规定情形的说明。

信托公司主要股东应当通过信托公司每年向国务院银行业监督管理机构或其派出机构报告资本补充能力。

第三十六条 信托公司主要股东应当根据本办法第五十三条规定，如实向信托公司提供与股东评估工作相关的材料，配合信托公司开展主要股东的定期评估工作。

第三十七条 信托公司出现资本不足或其他影响稳健运行情形时，信托公司主要股东应当履行入股时承诺，以增资方式向信托公司补充资本。不履行承诺或因股东资质问题无法履行承诺的主要股东，应当同意其他股东或者合格投资人采取合理方案增资。

第三十八条 信托公司发生重大风险事件或重大违法违规行为，被国务院银行业监督管理机构或其派出机构采取风险处置或接管等措施的，股东应当积极配合国务院银行业监督管理机构或其派出机构开展风险处置等工作。

第四节　股权退出

第三十九条　信托公司股东自取得股权之日起五年内不得转让所持有的股权。

经国务院银行业监督管理机构或其派出机构批准采取风险处置措施、国务院银行业监督管理机构或其派出机构责令转让、涉及司法强制执行、在同一投资人控制的不同主体之间转让股权、国务院银行业监督管理机构或其派出机构认定股东无力行使股东职责等特殊情形除外。

投资人及其关联方、一致行动人单独或合计持有同一上市信托公司股份未达到该信托公司股份总额百分之五的，不受本条规定限制。

第四十条　信托公司股东拟转让所持股权的，应当向意向参与方事先告知国务院银行业监督管理机构关于信托公司股东的资质条件规定、与变更股权等事项有关的行政许可程序，以及本办法关于信托公司股东责任和义务的相关规定。

有关主体签署的股权转让协议应当明确变更股权等事项是否需经国务院银行业监督管理机构或其派出机构行政许可，以及因监管部门不予批准等原因导致股权转让失败的后续安排。

第四十一条　股权转让期间，拟转让股权的信托公司股东应当继续承担股东责任和义务，支持并配合信托公司股东（大）会、董事会、监事会、高级管理层依法履职，对公司重大决议事项行使独立表决权，不得在股权转让工作完成前向信托公司推荐股权拟受让方相关人员担任公司董事、监事、高级管理人员或关键岗位人员。

第三章　信托公司职责

第一节　变更期间

第四十二条　信托公司应当如实向拟入股股东说明公司经营管理情况和真实风险底数。

第四十三条　在变更期间，信托公司应当保证股东（大）会、董事会、监事会及高级管理层正常运转，切实防范内部人控制问题。

前款中的"变更"，包括信托公司变更股权或调整股权结构、合并、分立以及其他涉及信托公司股权发生变化的情形。

信托公司不得以变更股权或调整股权结构等为由，致使董事会、监事会、高级管理层人员缺位 6 个月以上，影响公司治理机制有效运转。有代为履职情形的，应当符合国务院银行业监督管理机构关于代为履职的相关监管规定。

第四十四条　信托公司应当依法依规、真实、完整地向国务院银行业监督管理机构或其派出机构报送与变更股权或调整股权结构等事项相关的行政许可申请材料。

第二节 股权事务管理

第四十五条 信托公司董事会应当勤勉尽责，董事会成员应当对信托公司和全体股东负有忠诚义务。

信托公司董事会承担信托公司股权事务管理最终责任。信托公司董事长是处理信托公司股权事务的第一责任人。董事会秘书协助董事长工作，是处理股权事务的直接责任人。

董事长和董事会秘书应当忠实、诚信、勤勉地履行职责。履职未尽责的，依法承担法律责任。

第四十六条 信托公司应当建立和完善股权管理制度，做好股权信息登记、关联交易管理和信息披露等工作。

第四十七条 信托公司应当建立股权托管制度，原则上将股权在信托登记机构进行集中托管。信托登记机构履行股东名册初始登记和变更登记等托管职责。托管的具体要求由国务院银行业监督管理机构另行规定。

上市信托公司按照法律、行政法规规定股权需集中存管到法定证券登记结算机构的，股权托管工作按照相应的规定进行。

第四十八条 信托公司应当将以下关于股东管理的相关监管要求、股东的权利义务等写入公司章程，在公司章程中载明下列内容：

（一）股东应当遵守法律法规和监管规定；

（二）主要股东应当在必要时向信托公司补充资本；

（三）应经但未经监管部门批准或未向监管部门报告的股东，不得行使股东大会召开请求权、表决权、提名权、提案权、处分权等权利；

（四）对于存在虚假陈述、滥用股东权利或其他损害信托公司利益行为的股东，国务院银行业监督管理机构或其派出机构可以限制或禁止信托公司与其开展关联交易，限制其持有信托公司股权比例等，并可限制其股东大会召开请求权、表决权、提名权、提案权、处分权等权利。

第四十九条 信托公司应当通过半年报或年报在官方网站等渠道真实、准确、完整地披露信托公司股权信息，披露内容包括：

（一）股份有限公司报告期末股份总数、股东总数、报告期间股份变动情况以及前十大股东持股情况；

（二）有限责任公司报告期末股东出资额情况；

（三）报告期末主要股东及其控股股东、实际控制人、关联方、一致行动人、最终受益人情况；

（四）报告期内公司发生的关联交易情况；

（五）报告期内股东违反承诺质押信托公司股权或以股权及其受（收）益权设立信托等金融产品的情况；

（六）报告期内股东提名董事、监事情况；

（七）已向国务院银行业监督管理机构或其派出机构提交行政许可申请但尚未获得批准的事项；

（八）国务院银行业监督管理机构规定的其他信息。

第五十条　信托公司主要股东及其控股股东、实际控制人出现的可能影响股东资质条件或导致所持信托公司股权发生重大变化的事项，信托公司应及时进行信息披露。

第三节　股东行为管理

第五十一条　信托公司应当加强对股东资质的审查，对主要股东及其控股股东、实际控制人、关联方、一致行动人、最终受益人等相关信息进行核实，并掌握其变动情况，就主要股东对信托公司经营管理的影响进行判断。

第五十二条　信托公司股东发生本办法第三十四条、第三十五条前二款规定情形的，信托公司应当自知悉之日起十日内向国务院银行业监督管理机构或其派出机构书面报告。

第五十三条　信托公司董事会应当至少每年对其主要股东的资质情况、履行承诺事项情况、承担股东责任和义务的意愿与能力、落实公司章程或协议条款情况、经营管理情况、财务和风险状况，以及信托公司面临经营困难时，其在信托公司恢复阶段可能采取的救助措施进行评估，并及时将评估报告报送国务院银行业监督管理机构或其派出机构。

第五十四条　信托公司应当将所开展的关联交易分为固有业务关联交易和信托业务关联交易，并按照穿透原则和实质重于形式原则加强关联交易认定和关联交易资金来源与运用的双向核查。

第五十五条　信托公司应当准确识别关联方，及时更新关联方名单，并按季度将关联方名单报送至信托登记机构。

信托公司应当按照穿透原则将主要股东、主要股东的控股股东、实际控制人、关联方、一致行动人、最终受益人作为信托公司的关联方进行管理。

第五十六条　信托公司应当建立关联交易管理制度，严格执行国务院银行业监督管理机构关于关联交易报告等规定，落实信息披露要求，不得违背市场化原则和公平竞争原则开展关联交易，不得隐匿关联交易或通过关联交易隐匿资金真实去向、从事违法违规活动。

信托公司董事会应当设立关联交易控制委员会，负责关联交易的管理，及时审查和批准关联交易，控制关联交易风险。关联交易控制委员会成员不得少于三人，由独立董事担任负责人。

信托公司应当定期开展关联交易内外部审计工作，其内部审计部门应当至少每年对信托公司关联交易进行一次专项审计，并将审计结果报信托公司董事会和监事会；委托外部审计机构每年对信托公司关联交易情况进行年度审计，其中外部审计机构不得为信托公司关联方控制的会计师事务所。

第五十七条　信托公司应当加强公司治理机制建设，形成股东（大）会、董事会、监事会、高级管理层有效制衡的公司治理结构，建立完备的内部控制、风险管理、信息披露体系，以及科学合理的激励约束机制，保障信托当事人等合法权益，保护和促进股东行使权利，确保全体股东享有平等待遇。

信托公司董事会成员应当包含独立董事，独立董事人数不得少于董事会成员总数的四分之一；但单个股东及其关联方、一致行动人合计持有信托公司三分之二以上资本总额或股份总额的信托公司，其独立董事人数不得少于董事会成员总数的三分之一。

信托公司董事会和监事会应当根据法律法规和公司章程赋予的职责，每年向股东（大）会做年度工作报告，并及时将年度工作报告报送国务院银行业监督管理机构或其派出机构。

第四章　监督管理

第五十八条　国务院银行业监督管理机构鼓励信托公司持续优化股权结构，引入注重公司长远发展、管理经验成熟的战略投资者，促进信托公司转型发展，提升其专业服务水平。

第五十九条　国务院银行业监督管理机构及其派出机构应当加强对信托公司股东的穿透监管，加强对主要股东及其控股股东、实际控制人、关联方、一致行动人及最终受益人的审查、识别和认定。信托公司主要股东及其控股股东、实际控制人、关联方、一致行动人及最终受益人，以国务院银行业监督管理机构或其派出机构认定为准。

第六十条　国务院银行业监督管理机构及其派出机构有权采取下列措施，了解信托公司股东（含拟入股股东）及其控股股东、实际控制人、关联方、一致行动人及最终受益人信息：

（一）要求股东逐层披露其股东、实际控制人、关联方、一致行动人及最终受益人；

（二）要求股东说明入股资金来源，并提供有关材料；

（三）要求股东报送资产负债表、利润表和其他财务会计报告和统计报表、公司发展战略和经营管理材料以及注册会计师出具的审计报告；

（四）要求股东及相关人员对有关事项作出解释说明；

（五）询问股东及相关人员；

（六）实地走访或调查股东经营情况；

（七）其他监管措施。

对与涉嫌违法事项有关的信托公司股东及其控股股东、实际控制人、关联方、一致行动人及最终受益人，国务院银行业监督管理机构及其派出机构有权依法查阅、复制有关财务会计、财产权登记等文件、资料，对可能被转移、隐匿、毁损或者伪造的文件、资料，予以先行登记保存。

第六十一条 国务院银行业监督管理机构及其派出机构有权采取下列措施，加强信托公司股权穿透监管：

（一）依法对信托公司设立、变更股权或调整股权结构等事项实施行政许可；

（二）要求信托公司及其股东及时报告股权有关信息；

（三）定期评估信托公司主要股东及其控股股东、实际控制人、关联方、一致行动人、最终受益人的经营活动，以判断其对信托公司稳健运行的影响；

（四）要求信托公司通过年报或半年报披露相关股权信息；

（五）与信托公司董事、监事、高级管理人员以及其他相关当事人进行监管谈话，要求其就相关情况作出说明；

（六）对股东涉及信托公司股权的行为进行调查或者公开质询；

（七）要求股东报送审计报告、经营管理信息、股权信息等材料；

（八）查询、复制股东及相关单位和人员的财务会计报表等文件、资料；

（九）对信托公司进行检查，并依法对信托公司和有关责任人员实施行政处罚；

（十）依法可以采取的其他监管措施。

第六十二条 国务院银行业监督管理机构及其派出机构应当建立股东动态监测机制，至少每年对信托公司主要股东的资质情况、履行承诺事项情况、承担股东责任和义务的意愿与能力、落实公司章程或协议条款情况、经营管理情况、财务和风险状况，以及信托公司面临经营困难时主要股东在信托公司恢复阶段可能采取的救助措施进行评估。

国务院银行业监督管理机构及其派出机构应当将评估工作纳入日常监管，

并对评估发现的问题视情形采取限期整改等监管措施。

第六十三条　国务院银行业监督管理机构及其派出机构根据审慎监管的需要，有权依法采取限制同一股东及其关联方、一致行动人入股信托公司的数量、持有信托公司股权比例、与信托公司开展的关联交易额度等审慎监管措施。

第六十四条　信托公司主要股东为金融机构的，国务院银行业监督管理机构及其派出机构应当与该金融机构的监管部门建立有效的信息交流和共享机制。

第六十五条　信托公司在股权管理过程中存在下列情形之一的，国务院银行业监督管理机构或其派出机构应当责令限期改正；逾期未改正，或者其行为严重危及该信托公司的稳健运行、损害信托当事人和其他客户合法权益的，经国务院银行业监督管理机构或其省一级派出机构负责人批准，可以区别情形，按照《中华人民共和国银行业监督管理法》第三十七条规定，采取相应的监管措施：

（一）未按要求履行行政许可程序或对有关事项进行报告的；

（二）未按规定开展股东定期评估工作的；

（三）提供虚假的或者隐瞒重要事实的报表、报告等文件、资料的；

（四）未按规定制定公司章程，明确股东权利义务的；

（五）未按规定进行股权托管的；

（六）未按规定进行信息披露的；

（七）未按规定开展关联交易的；

（八）拒绝或阻碍监管部门进行调查核实的；

（九）其他违反股权管理相关要求的。

第六十六条　信托公司股东或其控股股东、实际控制人、关联方、一致行动人、最终受益人等存在下列情形，造成信托公司违反审慎经营规则的，国务院银行业监督管理机构或其派出机构根据《中华人民共和国银行业监督管理法》第三十七条规定，可以限制信托公司股东参与经营管理的相关权利，包括股东大会召开请求权、表决权、提名权、提案权、处分权等。责令信托公司控股股东转让股权，股权转让完成前，限制其股东权利，限期未完成转让的，由符合国务院银行业监督管理机构相关要求的投资人按照评估价格受让股权：

（一）虚假出资、出资不实、抽逃出资或者变相抽逃出资的；

（二）使用委托资金、债务资金或其他非自有资金投资入股的；

（三）委托他人或接受他人委托持有信托公司股权的；

（四）未按规定进行报告的；

（五）拒绝向信托公司、国务院银行业监督管理机构或其派出机构提供文件材料或提供虚假文件材料、隐瞒重要信息以及迟延提供相关文件材料的；

（六）违反承诺、公司章程或协议条款的；

（七）主要股东或其控股股东、实际控制人不符合本办法规定的监管要求的；

（八）违规开展关联交易的；

（九）违反承诺进行股权质押或以股权及其受（收）益权设立信托等金融产品的；

（十）拒绝或阻碍国务院银行业监督管理机构或其派出机构进行调查核实的；

（十一）不配合国务院银行业监督管理机构或其派出机构开展风险处置的；

（十二）在信托公司出现资本不足或其他影响稳健运行情形时，主要股东拒不补充资本并拒不同意其他股东、投资人增资计划的；

（十三）其他滥用股东权利或不履行股东义务，损害信托公司、信托当事人、其他股东等的利益的。

第六十七条　信托公司未遵守本办法规定进行股权管理的，国务院银行业监督管理机构或其派出机构可以调整该信托公司监管评级。

信托公司董事会成员在履职过程中未就股权管理方面的违法违规行为提出异议的，最近一次履职评价不得评为称职。

第六十八条　在行政许可过程中，投资人、股东或其控股股东、实际控制人、信托公司有下列情形之一的，国务院银行业监督管理机构或其派出机构可以中止审查：

（一）相关股权存在权属纠纷；

（二）被举报尚需调查；

（三）因涉嫌违法违规被有关部门调查，或者被司法机关侦查，尚未结案；

（四）被起诉尚未判决；

（五）国务院银行业监督管理机构认定的其他情形。

第六十九条　在实施行政许可或者履行其他监管职责时，国务院银行业监督管理机构或其派出机构可以要求信托公司或者股东就其提供的有关资质、关联关系或者入股资金等信息的真实性作出声明，并承诺承担因提供虚假信息或者不实声明造成的后果。

第七十条　国务院银行业监督管理机构及其派出机构建立信托公司股权管理和股东行为不良记录数据库，通过全国信用信息共享平台与相关部门或政府机构共享信息。

对于存在违法违规行为且拒不改正的股东，或以隐瞒、欺骗等不正当手段获得股权的股东，国务院银行业监督管理机构及其派出机构可以单独或会同相关部门联合予以惩戒，可通报、公开谴责、禁止其一定期限直至终身入股信托公司。

第七十一条　在实施行政许可或者履行监管职责时，国务院银行业监督管理机构及其派出机构应当将存在提供虚假材料、不实声明或者因不诚信行为受到金融管理部门行政处罚等情形的第三方中介机构纳入第三方中介机构诚信档案。自第三方中介机构不诚信行为或受到金融管理部门行政处罚等情形发生之日起五年内，国务院银行业监督管理机构及其派出机构对其出具的报告或作出的声明等不予认可，并可将其不诚信行为通报有关主管部门。

第五章　法律责任

第七十二条　信托公司未按要求对股东及其控股股东、实际控制人、关联方、一致行动人、最终受益人信息进行审查、审核或披露的，由国务院银行业监督管理机构或其派出机构按照《中华人民共和国银行业监督管理法》第四十六条、第四十八条的规定，责令改正，并对信托公司及相关责任人员实施行政处罚。

第七十三条　信托公司存在本办法第六十五条规定的情形之一，情节较为严重的，由国务院银行业监督管理机构或其派出机构按照《中华人民共和国银行业监督管理法》第四十六条、第四十七条、第四十八条规定对信托公司及相关责任人员实施行政处罚。

第七十四条　信托公司股东或其控股股东、实际控制人、关联方、一致行动人、最终受益人等以隐瞒、欺骗等不正当手段获得信托公司股权的，由国务院银行业监督管理机构或其派出机构按照《中华人民共和国行政许可法》的规定，对相关行政许可予以撤销。

依照本条前款撤销行政许可的，被许可人基于行政许可取得的利益不受保护。

第六章　附则

第七十五条　本办法所称"以上"均含本数，"不足"不含本数，"日"为工作日。

第七十六条　以下用语含义：

（一）控股股东，是指根据《中华人民共和国公司法》第二百一十六条规定，其出资额占有限责任公司资本总额百分之五十以上或者其持有的股份占股份有限公司股本总额百分之五十以上的股东；出资额或者持有股份的比例虽然不足百分之五十，但依其出资额或者持有的股份所享有的表决权已足以对股东会、股东大会的决议产生重大影响的股东。

（二）实际控制人，是指根据《中华人民共和国公司法》第二百一十六条规定，虽不是公司的股东，但通过投资关系、协议或者其他安排，能够实际支配公司行为的人。

（三）关联方，是指根据《企业会计准则第 36 号关联方披露》规定，一方控制、共同控制另一方或对另一方施加重大影响，以及两方或两方以上同受一方控制、共同控制或重大影响的。但国家控制的企业之间不因为同受国家控股而具有关联关系。

（四）一致行动，是指投资者通过协议、其他安排，与其他投资者共同扩大其所能够支配的一个公司股份表决权数量的行为或者事实。达成一致行动的相关投资者，为一致行动人。

（五）最终受益人，是指实际享有信托公司股权收益的人。

（六）个别财务报表，是相对于合并财务报表而言，指由公司或子公司编制的，仅反映母公司或子公司自身财务状况、经营成果和现金流量的财务报表。

第七十七条　本办法由国务院银行业监督管理机构负责解释。

第七十八条　本办法自 2020 年 3 月 1 日起施行。本办法实施前发布的有关规章及规范性文件与本办法不一致的，按照本办法执行。